Michael Winkler

Kritik der Pädagogik

Der Sinn der Erziehung

Verlag W. Kohlhammer

Alle Rechte vorbehalten
© 2006 W. Kohlhammer GmbH Stuttgart
Umschlag: Gestaltungskonzept Peter Horlacher
Gesamtherstellung:
W. Kohlhammer Druckerei GmbH + Co. KG, Stuttgart
Printed in Germany

ISBN-10: 3-17-017891-1
ISBN-13: 978-3-17-017891-5

Inhaltsverzeichnis

Vorbemerkung

Dieses Buch hat eine lange Vorgeschichte. Sie reicht zurück zu tastenden Versuchen während einer Gastprofessur an der Universität Graz im Jahre 1990. Die Gründe für viele Jahre meist nur sporadischer Arbeit an ihm sind vielfältig: Kaum überschätzen lassen sich die Effekte, welche das extreme Experiment der Elternschaft nach sich zieht; eigene Kinder stiften allerdings den Zweifel an dem, was über Pädagogik und Erziehung einfällt. Auswirkungen zeigt die Tätigkeit an einer Universität, in der – von den Zwängen einer akademischen Unkultur einmal abgesehen – das Schreiben von Texten nur mehr als Gelegenheitsforschung gilt und in die Nähe einer genehmigungspflichtigen Nebentätigkeit rückt.

Sehr viel stärker wirkte sich jedoch die Dynamik aus, mit der sich die Veränderungen in pädagogischen Zusammenhängen vollziehen; nicht minder berührte das Unternehmen, wie sich eine Disziplin Interessen beugt, die selten mit Einsicht, schon gar nicht mit Theorie, sondern mit Steuerungsambitionen zu tun haben. Dass die modernen Gesellschaften sich als liberal, d. h. als desinteressiert an den Bedingungen des Zusammenlebens ihrer Mitglieder zeigen, zugleich aber massiv diese zu kontrollieren versuchen, geht an Pädagogik nicht spurlos vorbei; dass die Erziehungswissenschaft unter dem Etikett der Bildungsforschung sich daran beteiligt, löst zumindest beim Nachdenken über Pädagogik Irritationen aus.

Diese Situation schlägt sich in der äußeren Konstruktion und in der inneren Systematik dieses Buches nieder: Es geht ihm um eine Vergewisserung, die allerdings sperrig wirkt. Vier Ankerpunkte halten sie. Formal behauptet sie, dass Erziehung eine nahezu sachliche Qualität hat, die aber immer an Reflexionen, an das Nachdenken über sie geknüpft ist. Mehr noch: Erziehung geschieht, aber muss gewollt sein, der Normativität entkommt man nicht. Das bestimmt dann die pädagogische Denkform. Inhaltlich bindet sie die eigene, distinkte Logik des Erziehungsgeschehens, welche sich als evolutionär entstandenes Problem zeigt, an gesellschaftliche und kulturelle Entwicklungen, zeigt also Erziehung eingebettet in diese und durch sie herausgefordert.

Ein solcher Aufbau hat Folgen: Pädagogische Theorie kann nur einigermaßen kompliziert und nicht frei von Zumutungen dargestellt werden; sie schwankt zwischen allzu allgemeinen Überlegungen und überzogen konkreten, besonderen Befunden. Bei aller strukturellen Bestimmtheit bleiben Erziehung und ihre Theorie an gesellschaftliche und kulturelle Veränderung gebunden und daher offene Projekte. Einen endgültigen Bescheid lassen sie nicht zu; Erziehung muss lebenspraktisch wie in der Reflexion über sie regelmäßig neu ausgefochten werden.

Deshalb ist das Buch *hoffentlich* nicht abgeschlossen, sondern stellt einen Entwurf des Denkens, vielleicht sogar einen Vorwurf dar. Es möchte Perspektiven der Reflexion aufzeigen, Offenheit ist beabsichtigt. So paradox dies klingt: Es folgt einer streng systematischen Grundidee. Sie wird aber in einer Weise dargestellt, die einem mäandrierenden Bachlauf ähnelt, mit Seitenarmen, die gelegentlich versickern. Wie das Biotop nimmt es ein gewisses Schutzrecht in Anspruch: Man wird sich, bitte, vielleicht auch einmal so über pädagogische Zusammenhänge vergewissern dürfen, selbst wenn manche Gedanken verloren wirken. Nicht immer weiß man so genau, wohin sie führen. Allerdings sei nicht verschwiegen, dass sie einem Hang zur Opposition allzumal gegenüber dem Zeitgeist gehorchen.

Bücher entstehen nur in seltenen Fällen als Leistung Einzelner. Vermutlich kleidet man nur alte Gedanken in eine neue Hülle. Die abschließende Durchsicht des Textes ergab einen leicht erratisch wirkenden Umgang mit Autoren, penible Leser werden einige Säulenheilige erkennen: Friedrich Schleiermacher, Karl Marx und Sigmund Freud, Zygmunt Bauman, Norbert Elias und Michel Foucault. Meist schreiben sich Bücher auf Zuruf anderer und nach deren Einwänden, die aber unbeachtet bleiben. Einigen danke ich stellvertretend, obwohl manche vermutlich verblüfft, auf diese Weise einer Gruppe zugerechnet zu werden: Jens Brachmann, Herbert E. Colla, Ralf Koerrenz, allzumal mit seiner Warnung vor den apokalyptischen Reitern, Christian Lüders als der vehemente Verteidiger einer sozialwissenschaftlich angelegten empirischen Erdung, Heinz Sünker als sein ideeller Gegenspieler und Verfechter kritischer Theorie. Katharina Schumann war wichtig als Gesprächspartnerin in Sachen Biologie, Sebastian Kneitschel hat als erster das Manuskript gelesen und sich des Kommentars weitgehend enthalten. Der Einfluss von Wolfgang Sünkel ist groß, doch schreibt er präziser und klarer. Meine Familie hat mir die Normalität bewahrt, die man üblicherweise beim Schreiben umfangreicher Texte verliert. Endlich danke ich ganz besonders dem Lektor des Kohlhammer-Verlags, Herrn Dr. Klaus-Peter Burkarth, der nicht resigniert hat, obwohl ich zuweilen keine Antwort auf seine mahnenden E-Mails gegeben habe.

> „Die bedenklichsten Fälle sind jene, die
> anfangs so harmlos wirken, dass man ihnen
> keine Bedeutung beimisst. Es ist etwa so wie bei
> Krankheiten, die mit einem dumpfen Gefühl
> des Unbehagens beginnen und sich oft nicht
> mehr heilen lassen, wenn man sie schließlich
> ernst nimmt." (Georges Simenon)

Einleitung:
Ein Plädoyer für eine eigene Logik von Erziehung

„Die bedenklichsten Fälle": Kein Pädagoge, kein Erziehungswissenschaftler,
schon gar kein Bildungspolitiker spricht hier; Kommissar Maigret sagt dies zu
seinem Inspektor Janvier, nach einem weiteren Tag in dem von einem Kanonen-
ofen überhitzten Büro am Quai des Orfèvres. Seine dunkle Vorahnung gilt einem neuen Verbrechen, nicht der Pädagogik und ihren Problemen – es sei denn,
sie zählt zu den kriminellen Sünden. Dennoch trifft zu: Erziehung beginnt meistens als harmlose Angelegenheit, wird aber schnell kompliziert. Noch mehr gilt
dies für das Nachdenken über sie, wie es als Pädagogik bezeichnet wird – in der
nur vordergründig bestehenden Doppeldeutigkeit von pädagogischer Theorie
und pädagogischer Praxis; einer Praxis, die als solche erst zugänglich wird, wenn
sie sich ihrer selbst vergewissert.

Damit beginnen die Komplikationen. Denn vor dem Hintergrund einer auf-
geregten öffentlichen Debatte, mit Bezug auf eine Wissenschaft, die sich beim
Thema *Erziehung* nicht sicher ist, verfolgen die Überlegungen eine gleicherma-
ßen bescheidene wie ambitionierte Absicht. Vielleicht sind sie zum Scheitern
verurteilt: Sie unternehmen nämlich, was ein alter, dann in Aufklärung und Krise des 18. Jahrhunderts vertraut gewordener Begriff als *Kritik* bezeichnet (vgl.
Koselleck 1976). Sie zielen auf Beschreibung, Prüfung und Auseinanderlegung
von Vorstellungen, welche den Sachverhalt der Pädagogik bestimmen, wie ihn
vorrangig die Begriffe Erziehung, Unterricht und Bildung thematisieren. Sie
wollen diese Phänomene, ihre Probleme und Wirklichkeiten besser verstehen.
Sie suchen Denkwege in einem Dickicht, wollen Einsichten in Zusammenhänge
von bemerkenswerter Komplexität und einiger Kontingenz ermöglichen. Insofern liegt der Akzent auf Erkenntnis oder – vorsichtiger – auf einer Nachdenklichkeit, die sich des Sinns der Pädagogik zu vergewissern versucht, ohne vor
empirischen Befunden Halt zu machen.

Die Spannung zwischen den öffentlichen Debatten über Pädagogik, zwischen
populären Diskursen einerseits, dem wissenschaftlichen und fachlichen Problem
eines sachlich hinreichenden Begriffs von Erziehung andererseits markiert den
Horizont. Dieser zeigt drei Möglichkeiten, über Pädagogik und ihre Phänomene
zu sprechen.

Erstens nutzen öffentliche Diskurse die Begriffe der Pädagogik, *Bildung* und *Erziehung* als Leitmetaphern der politischen Rhetorik, welche dann in die alltägliche Kommunikation einsickern. Auseinandersetzungen über Erziehung dienen dazu, ein gesellschaftliches und kulturelles Selbstverständnis zu finden, wobei Fragen sozialer und kultureller Verbindlichkeiten, der nötigen Offenheit, Integration und Normativität zur Debatte stehen. Diskurse über Erziehung und Bildung verbinden das kulturelle Gedächtnis mit der Frage nach Zukunftsfähigkeit, häufig artikuliert in der Diskussion über einen Bildungskanon, dann im Blick auf erwartbares und gewünschtes Verhalten. Erziehung soll die Suche nach gemeinsam geteilten Werten ersetzen, Auseinandersetzungen über Manieren und Sekundärtugenden folgen. Vordergründig bewegen Probleme der sozialen Integration, im Hintergrund stehen ökonomische Interessen. Dabei werden mit hoher Allgemeinheit Ansprüche und Erwartungen formuliert, welche Pädagogik schlechthin zum Thema machen; *die* Bildung und *die* Erziehung werden verhandelt, als ob es vollständige Gewissheit über sie gäbe.

Öffentliche Diskurse transportieren aber in ihrer versteckten Normativität ein ungeprüftes Hintergrundwissen. Danach ist Bildung per se wertvoll und ein wünschenswertes Gut, das mit wirtschaftlichem Wohlstand verbunden ist und jede öffentliche wie individuelle Anstrengung rechtfertige. Doch nicht nur, dass der Begriff der Bildung und der mit ihm gemeinte Sachverhalt vor wenigen Jahrzehnten noch als Kennzeichen von konservativem Idealismus galten und durch *Qualifikation* und *Sozialisation* ersetzt wurden – was immerhin zu erkennen gab, wie Gesellschaft eine Zurichtung der Beteiligten versucht. Vielmehr scheint einige Skepsis gegenüber den ökonomischen Versprechungen geboten, welche Bildung mit wirtschaftlicher Prosperität gleichsetzen. Der „cash nexus" ist komplizierter; nicht Geld allein, sondern politische Ambitionen, Macht und Eitelkeiten regieren die Welt (vgl. Ferguson 2003). Für die Bildungssysteme zeigen zwar die verfügbaren Daten, wie ein hoher Bildungsstand der Bevölkerung mit gesamtwirtschaftlichem Reichtum einhergeht; doch handelt es sich um Korrelationen und nicht um Kausalität (vgl. Wolf 2002; 2004). Vielleicht leisten sich gerade reiche Gesellschaften den Luxus, großen Teilen der Bevölkerung Bildung vorzuenthalten.

Zweitens stehen die öffentlichen Diskurse jenen nahe, welche dem „Erziehungssystem der Gesellschaft" gelten; vom Zugang eher soziologisch prägt sie ein realistischer, zuweilen affirmativer Zug. Sie thematisieren Erziehung und Bildung als Institutionen und Pragmatiken, theoretisieren sie als eine soziale und kulturelle Praxis, die sich historisch und funktional ausdifferenziert sowie eigene Beschreibungen wie Steuerungscodes entwickelt hat. Es geht um „die Summe der Reaktionen einer Gesellschaft auf die Entwicklungstatsache" (Bernfeld 1973, S. 51), wobei die Funktion solcher Institutionen und Praktiken darin besteht, Gesellschaft und Kultur über den Wechsel der Generationen zu stabilisieren. Bei allen Fortschrittserwartungen tendieren diese Diskurse daher zum Konservativismus. Immerhin: Mit Blick auf das Erziehungssystem kann man nach der Leistungsfähigkeit von Schulen oder Heimen fragen. Man kann prüfen, ob das Schulsystem ermöglicht, dass Kinder das Lesen lernen; es regt auf, wie Gesellschaften Bildungsgänge in einer Weise organisieren, bei der die Testleistungen in den ersten fünfzehn Lebensjahren hoch bleiben, während andere das einmal Erlernte nicht mehr fördern. Solche Beobachtungen stellen vor Rätsel, führen allerdings nicht notwendig zur Erkenntnis in Sachen Pädagogik. Eine kritische Theorie vermerkt hingegen, wie das Geschäft zur Verteilung sozialer Chancen beiträgt, weil in ihm das Bildungs- oder auch Sozialkapital erworben wird, das die „feinen Unterschiede" bestimmt und den sozialen Status kenntlich macht.

Drittens wären die Diskurse um das konkrete Geschehen und in diesem zu nennen, die es – meist post festum – als Erziehung oder Bildung identifizieren. Denn überwiegend bleiben pädagogische Sachverhalte unsichtbar und treten erst durch pädagogische Kommunikation in das Bewusstsein, die nach den Effekten für die Entwicklung der Einzelnen, der beteiligten Gruppe oder eben der ganzen Gesellschaft fragt. Darin liegt das Dilemma: Bildung und Erziehung verbergen sich im alltäglichen Zusammenhang, in Alltagsroutinen und in den „Standardsituationen", in welchen sich soziale Zusammenhänge und Institutionen organisieren, gar im „heimlichen Lehrplan" einer Schule. Sie vollziehen sich subtil und sublim, unterhalb der Oberfläche des manifesten Alltagsgeschehens.

Möglichkeiten der Theorie

Angesichts dieser drei Ebenen stellt sich die Aufgabe einer Theorie der Pädagogik, welche um die Bedingungen von Erkenntnis weiß: Sie bleibt unsicher, da sie dem Falsifikationsprinzip gehorcht, rechnet mit Vorbehalten, welche der realistische Zugang kaum, der öffentliche Diskurs aber überhaupt nicht ertragen. Endlich argumentiert sie im Bewusstsein der Reduktionen, welche sich angesichts der Komplexität des Ganzen kaum vermeiden lassen. Das zwingt Theorie zur Vorläufigkeit und Unverbindlichkeit; manche Fragen kennt sie noch gar nicht und einige sind so ungenau, dass Befunde nicht generiert werden können.

Eine solche Theorie lässt sich tendenziell in zwei Formen denken: In der einen verfährt sie als Beschreibung, Analyse und Erklärung eines Gegebenen. Damit sorgt sie für Ernüchterung, zielt auf Entparadoxierung. Sie hält das erkannte Elend fest. Dem steht als andere Form eine Theorie gegenüber, welche Möglichkeiten und Alternativen aufdeckt, dabei reflexiv, kritisch, aber auch ungenau arbeitet und mit Dialektik zu tun hat, Widersprüche und Paradoxien aufnimmt, Ambivalenzen und Ambiguitäten nicht ausblendet. Als „Unschärfetheorie von Erziehung" (Koerrenz 2004) lädt sie ein, Erziehung als Improvisation (Danner 2001) oder als Experiment zu verstehen – was, nebenbei, als realistische Auffassung des Geschäfts gelten muss.

Diese Differenz von Theorieformen ist historisch nicht neu (vgl. Toulmin 1991), wenngleich sich der erste Typ durchgesetzt hat. Er ist mit den Namen von Bacon, Descartes und Newton verbunden, obwohl diese als Moralisten von Zweifeln geplagt wurden. Dem anderen Denkzugang, für den Montaigne, Pascal, auch Vico stehen, ging es darum, Praxis in ihrer Historizität und unter der

Prämisse einer Frage nach ihrem Sinn zu sehen, wobei auch sie eher Skeptiker denn Gewissheitsfanatiker waren. Diese zweite Tradition des modernen Denkens zielt auf Selbstvergewisserung unter den Bedingungen von Unsicherheit: Für sie sind pädagogisches Wissen wie die Theorie der Pädagogik ihrer Entstehung nach und in ihrer Form unsicher und operieren inhaltlich mit Ungewissheit. Dies gilt für sie, obwohl Pädagogik sozial anerkannt und für notwendig gehalten wird, daher durchaus stabil erscheint. Sie ist in den Alltagswelten wie in den öffentlichen Debatten verankert, als ein Denkmuster, das im Versprechen auf Sicherheit Ungewissheit vergessen lässt und technologische Defizite durch Heroismus kompensiert. Nur: Erziehung lässt sich zwar kaum umgehen, doch ahnt jeder zugleich, dass sie sich nicht als Maßnahmevollzug zielführend und punktgenau realisieren lässt; jede Erfahrung spricht dagegen. Dennoch werden diese Erfahrungen zur Seite geschoben und ausgeglichen dadurch, dass man sich mit Programmatiken der Wirkung und des Erfolgs überbietet; Helden der Erziehung sind in den pädagogischen Diskursen am Werk.

Skepsis und Unsicherheit erlauben aber kaum eine „allgemeine" oder eine „systematische Pädagogik"; ein einheitlicher pädagogischer Grundgedankengang oder ein verbindliches Muster des Nachdenkens über Erziehung bleiben unerreichbar, streng genommen kann über diese nur *unsauber* geschrieben werden. Vielleicht wäre eine strengere, enger gefasste Systematik vorzuziehen; Klaus Prange hat dafür energisch plädiert und zugleich Erkenntnisgewinne verbucht. Doch geschieht dies zumindest um den Nachteil, manche Erfahrungen nicht aufnehmen zu können, welche mit dem Erziehungsproblem verbunden sind. Ein skeptischer Zugang praktiziert daher ein hermeneutisches Verfahren: Es geht ihm um systematische Bestimmungen, welche in einem Begriff der Erziehung zu denken sind, ohne den Versuch einer pädagogischen Gegenwartsdiagnose aufzugeben. Ihn leitet die Frage: Was bedeuten die historisch und gesellschaftlich zu beobachtenden Entwicklungen für die Pädagogik? Im Durchgang durch die Gegenwartsphänomene will er klären, was Pädagogik auszeichnet, auch und gerade im Zusammenhang mit gesellschaftlichen und kulturellen Entwicklungen. So muss noch geprüft werden, wie diese Erziehung modifizieren. Kann es sein, dass sie strukturelle Grundbedingungen von Erziehung so weit berühren, dass diese neu und anders gedacht werden müssen?

Einiges spricht für solche Veränderungen. Sie fallen vielleicht weniger dramatisch aus, als die Katastrophenszenarien dies behaupten, gleichwohl berühren sie das Problem wie den Sachverhalt der Erziehung so weit, dass sie in ihrem Begriff zu berücksichtigen sind: Die Empirie des demographischen Wandels, der Rückgang von Kinderzahlen, damit Verschiebungen in den für Erziehung konstitutiven Differenzstrukturen, wie sie klassischerweise mit dem Generationenverhältnis ausgedrückt werden, könnten Themen sein. Nicht minder berühren die Möglichkeiten, welche sich aus der Pränataldiagnostik ergeben; der Begriff der Erziehung dehnt sich nämlich aus auf die Beeinflussung des natürlichen Materials der pädagogischen Prozesse, mithin auf die Gestaltung der Entwicklungstatsache. Das stellt vor eine Dimension von Beeinflussung, die den Fantasien einer Bemächtigung von Menschen über Menschen neue Realität gibt.

Vor allem liegt eine empirische wie systematisch relevante Veränderung der historisch gegebenen sozialen und kulturellen Bedingungen von Erziehung darin, dass diese gleichsam frei gesetzt wird: In den modernen Gesellschaften der Gegenwart, gleich ob man sie mit der Signatur *Postmoderne* versieht, als *flüssige*, *zweite*, *radikalisierte* oder *reflexive Moderne* bezeichnet, gewinnt das Problem der Erziehung eine in doppelter Hinsicht dramatische Bedeutung: Zum einen tritt es als Aufgabe hervor, wie dies zuvor niemals der Fall gewesen ist. In allen bislang bekannten Gesellschaften stützten sich die Praktiken im Umgang mit Kindern und Jugendlichen auf einen praktisch wirksamen Prozess der Zurichtung; er fand im Konsens der Gesellschaftsmitglieder statt. So paradox dies klingt: bevor junge Menschen zu erziehen waren, waren sie schon erzogen. Diese Voraussetzung aller Erziehung schwindet, Erziehung muss die Voraussetzung für sich selbst, eine Form von Edukabilität erzeugen. Zum anderen aber stellt sich diese Aufgabe unter der Bedingung wachsender Unsicherheit. Voraussetzungen wie Bedingungen von Erziehung sind ungewiss oder zumindest instabil geworden, wie zugleich die Perspektiven undeutlich werden, welche sie eröffnet. Auch dies lässt die eigene Logik des pädagogischen Geschehens hervortreten – und die These lautet: diese Logik verlangt, die Möglichkeit zu begründen, dass Subjekte Optionen wahrnehmen können.

Folgen von Theorie – das leidige Problem der Praxis

Selbstverständlich zielen solche Überlegungen auf Theorie. In den Diskursen der Pädagogik gehört es allerdings zum guten Ton, Nachdenken nur in praktischer, möglichst in reformerischer Hinsicht zulassen zu wollen. Theorie ist umstritten, ihr genuines Interesse an Erkenntnis und an Vorstellungen, welche ein Verständnis der Sachen geben, hat für viele nur eingeschränkten Wert, vielleicht weil sie Ernüchterung hervorrufen. Diese antitheoretische Haltung entspricht der alltäglichen Lebensführung; es gibt nur wenige Bereiche, in welchen wir reflektiert agieren. Vielleicht ist dies auch nicht notwendig. Schiebt man allen Heroismus zur Seite, kann man sogar die pädagogische Praxis mit dem Betrieb eines Autos vergleichen: Was in einer Verbrennungsmaschine passiert, verstehen wir kaum, bei den eingebauten Teilen vertrauen wir den Herstellern. Im Notfall rufen wir die „Engel" eines Automobilclubs zu Hilfe. Im Großen und Ganzen verlassen wir uns jedoch darauf, dass der Motor funktioniert und „das Gas annimmt", wie ein technisch naives Verständnis behauptet. Fatalerweise denken sogar geschulte Köpfe im Alltag häufig „falsch" und benutzen Geräte ohne korrektes Verständnis (vgl. Gardner 1991). Sie „schalten den Strom an", obwohl dieser Ausdruck eine physikalisch unzulängliche Beschreibung gibt. Aber vielleicht lässt sich das Leben wissenschaftlich gar nicht bewältigen.

Mit Erziehung geht es nicht anders. Wir betreiben sie, wie wir Autos fahren – vergessen hier wie dort, welche Schäden wir anrichten; notfalls ruft man eine Super-Nanny zur Hilfe. Manchmal drücken wir auch in pädagogischen Zusammenhängen „aufs Gas" und reden über Kinder wie über Motoren: die laufen nicht richtig, kommen nicht auf Touren oder spinnen heute einfach. Bei all dem verwenden wir höchstens Alltagstheorien, häufig aber nicht einmal diese. Sicher benötigen diejenigen mehr Theorie, die mit Kindern zu tun haben, welche in Schwierigkeiten geraten sind; die Werkstätten eben, die oft auch nur Probefahrten machen und sich zuweilen auf das Basteln einlassen müssen.

Was ist dann der Nutzen von Theorie? Zunächst Erkenntnis für diejenigen, die wissen wollen. Dies bedeutet nicht, dass sie besser handeln können. Umgekehrt sollte von guten Theoretikern nicht die gute Praxis erwartet werden: Manche Menschen begreifen hervorragend, wie Motoren funktionieren, im Straßenverkehr versagen sie aber. Selbst Musikkritiker müssen kein Instrument spielen, um beurteilen zu können, ob und wie weit eine Aufführung gelungen ist; eigene Erfahrung wird sie nur geneigter stimmen, Verständnis für einen misslungenen Auftritt zu entwickeln.

Theorie macht Strukturen sichtbar, die den Sachverhalt der Erziehung bestimmen und damit eine Norm des Könnens geben. Sie umreißt, was nicht aus dem Bewusstsein treten darf, wenn es um Rahmenbedingungen und Voraussetzungen des Geschehens geht. Insofern hat sie allerdings praktische Konsequenzen, ohne unmittelbar Rat in Erziehungsdingen erteilen zu können. Das spricht übrigens nicht gegen Ratschläge. Sie nützen wohl häufiger, als gemeinhin zugestanden wird. Denn sie helfen, dem konkret erlebten Problem der Erziehung standzuhalten, vermitteln das Gefühl der Solidarität und beruhigen mit Erfahrungen. Zuweilen genügt zu wissen, dass das Geschehen in anderen Fällen noch dramatischer verläuft; die Empfehlung zur Gelassenheit und zu Vertrauen klingt zwar banal, verrät dennoch Weisheit: Auch wenn Kinder und Jugendliche eigenartig, vielleicht sogar schwierig sind, werden sie die Phase überstehen, die mit Erziehung bezeichnet wird.

Theorie spricht daher keinen Vorbehalt gegenüber praktischen oder pragmatischen Erwägungen aus, nicht einmal gegenüber pädagogischen Technologien: Zum Glück lassen sich Menschen manipulieren. Wenn es gelingt, einem Kind und seinen Eltern wieder die Nachtruhe zu verschaffen, dient dies allen Beteiligten. Realistisch gesehen treffen weder die Behauptung vom pädagogischen Technologiedefizit oder das Technologieverbot zu (vgl. Tenorth 1999). Erziehung, vielleicht sogar Bildung, gewiss aber Unterricht werden mit Techniken sowie Tricks verwirklicht. Nur: Mit ihnen ist Pädagogik nicht begriffen; peinlich werden sie, wenn sie ohne Reflexion, ohne Einordnung und ohne Bestimmung ihrer Grenzen und Möglichkeiten verfolgt werden. Zu einer Gefahr aber verwandeln sie sich als Ingenieursmentalität, die Probleme des Aufwachsens bearbeiten und lösen will.

Solche Ingenieursmentalität versagt vor allem, wenn die Aufgaben der Erziehung und Bildung auf die Haut rücken. Dass das pädagogische Problem sozial und kulturell gegenwärtig freigelegt wird, schafft neue Verantwortlichkeit: Wir sind persönlich zuständig für das, was wir gegenüber Kinder und Jugendlichen repräsentieren, was wir ihnen präsentieren. Wir können uns dem schlicht nicht mehr entziehen: die Zeit des pädagogischen Zynismus ist ebenso wie die der faulen Ausreden vorbei. Zu diesen gehört die von der plural gewordenen Welt, in der normative Zumutungen nicht mehr zu formulieren sind. Aber eben diese Pluralität macht im pädagogischen Zusammenhang und für diesen eine Klärung der Werte und Normen nötig, welche man für sich und in einer Gesellschaft beachtet sehen will. Es war ein Verdienst der viel gescholtenen 68er Generation, eine auf begründete Werte gestützte pädagogische Praxis verwirklichen zu wollen, gegenüber einer Beliebigkeit und Nachlässigkeit sowie gegenüber einer Inanspruchnahme von Erziehung durch gesellschaftliche Kontrollmächte. Vor allem: Eben diese Pluralität verlangt Aufmerksamkeit für die strukturellen Grundbedingungen von Erziehung: Verlässlichkeit und Verbindlichkeit, sichere, bergende Verhältnisse und die Möglichkeit zu eigener Erfahrung und Wirksamkeit, Berücksichtigung von Entwicklungsprozessen, des eigentümlichen Hin und Her im Aufbau von Persönlichkeiten, Ordnung und Konflikt. All dies gehörte zum pädagogischen Wissen, wurde aber demontiert und dementiert, weil es bloß normativ erschien. Möglicherweise lässt sich ein zuweilen schmerzhafter Prozess der Erinnerung und Neuaneignung auch pädagogischer Reflexion nicht vermeiden, der dann alte Frontstellungen überwindet. Denn: Unter dem Etikett einer neuen Leistungsorientierung wird zwar gegen Kuschelpädagogik und Laisser-Faire Abrichtung gefordert, obwohl Selbstständigkeit, Selbstreflexion, Kritikfähigkeit, solidarisches Lernen messbare Erfolge erzeugen. So seltsam dies den neuen Mut-zur-Erziehung-Aposteln erscheint: All dies gehört wiederum zu den Einsichten einer kritischen Pädagogik, die schon Schwierigkeiten mit Verlässlichkeit und Verbindlichkeit hatte. Hier wie dort wird man wohl lernen müssen, was Erziehung unter den Bedingungen der späten Moderne auszeichnet.

Grundannahmen: Erziehung als Gegenstand eigener Art

Eine Kritik der Pädagogik wie ein Begriff der Erziehung ruhen auf Grundannahmen, die vielleicht trivial erscheinen, auf der anderen Seite aber sich schnell als das erweisen, was pädagogische Theorie allemal ist; sie zeigt sich weitgehend kontra-intuitiv. Mit dem, wie man im Allgemeinen über Erziehung denkt, hat sie wenig, vor allem nur vermittelt zu tun. Vermittelt deshalb, weil eben diese allgemeinen Vorstellungen von ihr wieder auftauchen, an unerwarteter Stelle, zuweilen seltsam, aber doch zur Kenntlichkeit verzerrt. Das Problem einer jeden pädagogischen Theorie in der Gegenwart besteht nicht nur darin, dass sie mit einer Komplexität zu tun hat, die sich – wenn überhaupt – nur mit hohem Aufwand rekonstruieren lässt; diese Komplexität gründet nicht zuletzt darin, dass mit Erziehung eben schon immer diskursive Zusammenhänge, das Nachdenken und Reden über sie im schon umrissenen Horizont stattfindet. Dabei aber beginnt die Sache zu zerfallen, es löst sich auf, was als Erziehung zu fassen und wie dies geschehen könnte. Jede Theorie sieht sich damit konfrontiert, das Unmögliche beschreiben und begreifen, mithin theoretisieren zu wollen. Ein Grund kann nur mit einer hypothetischen Annahme gelegt werden, mit der Annahme, dass Erziehung ein Sachverhalt eigener Art ist, wie schwierig er sich darstellt, wie verloren seine Erkenntnis manchmal erscheint.

- Eine *Realitätsvermutung* unterstellt daher, dass es eine Wirklichkeit der Pädagogik, allzumal von Erziehung gibt, die ein Objekt der Erkenntnis sein kann. Das steht zunächst im Widerspruch gegenüber den meisten lexikalischen Einträgen über Erziehung. Nach ihnen gilt der Sachverhalt als umstritten, da gemeinsam geteilte Auffassungen über Erziehung fehlen.

Friedrich Schleiermacher begann demgegenüber seine berühmte Vorlesung von 1826 mit der Bemerkung, man dürfe als bekannt voraussetzen, was im Allgemeinen unter Erziehung verstanden werde. Für ihn gab es, wenngleich beschränkt auf die jeweilige Gesellschaft und Kultur, zumindest eine Grundvorstellung davon, was als Erziehung zu gelten habe. Dabei war ihm klar, dass die Leistung von Erziehung kontrovers gesehen und beurteilt wird. Seine Vorlesungen diskutieren sogar extreme Auffassungen, um den sozialen Ort, die Struktur und vor allem die Funktion von Erziehung zu fassen. Er hängt die Theorie der Erziehung in eine Debatte divergierender Positionen ein, um so die Randpunkte des Geschehens aufzufinden und zu erörtern. Aber Erziehung wäre nicht verstanden, wenn sie allein aus dem einen oder dem anderen Punkt begriffen wird; sie liegt mit ihrer eigenen Logik „dazwischen".

Sein Rückgriff auf allgemein verfügbare, intuitiv verfügbare Vorstellungen unterscheidet sich deutlich von den heute üblichen schüchternen Lexikoneinträgen. Er notiert nämlich, dass der Erziehungssachverhalt als solcher unstrittig sei. Es gibt Erziehung, das darf man voraussetzen, die Existenz des Sachverhalts gilt als lebenspraktisch entschieden, man kann ihn analysieren. Strittig bleibt, ob und wieweit mit ihm Absichten und erst recht Ziele verbunden werden können, die über seine funktionale Leistung hinaus gehen, kontrovers bleiben die besonderen Absichten, die auf ihn projiziert werden, also Vorstellungen, nach welchen Erziehungshandeln das eine oder andere Verhalten, den einen oder anderen Persönlichkeitsentwurf hervorzubringen habe. Was will denn die ältere Generation mit der jüngeren? Dies muss stets aufs Neue diskutiert werden.

- Eine weitere Vorentscheidung verknüpft Pädagogik eng mit *Erziehung*; sie steht als der entscheidende Sachverhalt im Vordergrund. Auch hier entlastet die Wirklichkeitsannahme mit einer Art diätetischen Funktion. So erledigt prinzipien- und geltungstheoretische Erwägungen der schlichte Hinweis: Schau hin! Die Vielzahl von Einrichtungen und Praktiken, welche von den Beteiligten der Erziehung zugerechnet werden, gibt Anlass zur Vermutung einer Objektivität des Erziehungssachverhalts. Die Existenz von Kindergärten, Schulen, Heimen und anderen Institutionen erlaubt, eine Kategorie „Erziehung" für diese zu entwerfen: Offensichtlich wird erzogen. Zugleich muss man weniger die schönen Ideen einer perfekten Erziehung prüfen, sondern kann eine Realität zur Kenntnis nehmen, wie sie sich als Gute-Nacht-Kuss zeigt. Das Geschehen ist zuweilen banal. Dennoch ist es heilsam zu fragen, was in Institutionen geschieht, die als pädagogisch bezeichnet werden. Was machen die Beteiligten und warum tun sie es? Warum unterbleibt im Heim, vielleicht aus gutem Grund, der Gute-Nacht-Kuss? Warum werden „Standardsituationen" nicht beachtet, die in Familien intuitiv bewältigt werden? Selbst Urteile über gute oder schlechte Erziehung bestätigen noch die Objektivitätsvermutung, weil sie voraussetzen, dass es einen Kandidaten für sie gibt.

• Das Interesse an Erziehung konterkariert allerdings die Debatten, die sich auf *Bildung* richten, meist aber das reflexive Niveau von Bildungstheorie verfehlen. Die fachliche Debatte vermeidet hingegen den Erziehungssachverhalt, weil er durch Momente kontaminiert erscheint, die mit schwarzer Pädagogik in eins gesetzt werden. Eben dies macht Erziehung in all ihrer Komplexität zu dem interessanteren Sachverhalt: *Bildung* wird überambitioniert und trivialisiert diskutiert; vor allem wird in ihrem Namen gründlich gelogen, Bildung ist ein sozial kontaminiertes Deutungsmuster (vgl. Bollenbeck 1994). Man tut, als spräche man weiterhin über das große Konzept, das auch ein Humboldt nur im Fragment hat darstellen können; meist meint man aber institutionell betriebene Ausbildung, Schulbildung als eine evaluationsfähige Instruktion und Abrichtung für gesellschaftliche Verwertungszwänge. Eine Theorie der Erziehung kann sich hingegen aus ihren Widersprüchen nicht retten, wie sie Kant mit der Frage beschrieben hat: „Eines der größten Probleme der Erziehung ist, wie man die Unterwerfung unter den gesetzlichen Zwang mit der Fähigkeit, sich seiner Freiheit zu bedienen, vereinigen könne. Denn Zwang ist nötig! Wie kultiviere ich die Freiheit bei dem Zwange?" (Kant 1964, S. 711).

• Wohl alle Kulturen wissen um diese Komplexität von Erziehung und sprechen sie in *Distinktionen des Pädagogischen* aus. Das Nachdenken über Erziehung stellt kein deutsches Phänomen dar, das von teutonischer Geistphilosophie, zu viel Pietismus und einer unpolitischen Bürgerlichkeit geprägt wird. Richtig ist *einerseits* nur, dass die verwendeten Begriffe nicht unmittelbar in andere Sprachen zu übersetzen sind. Die Intensionen der relevanten Ausdrücke stimmen nicht einmal im deutschsprachigen Raum überein; so hat die eigene Denkgeschichte Österreichs zu anders umrissenen Bedeutungshöfen geführt (vgl. Johnston 1983). *Andererseits:* Nicht nur kennt auch die englische Sprache *pedagogy*, gegenwärtig in der Spannung zwischen testfähigen Lehrmethoden (LeGrand Richards 1998, S. 295) und einer *critical pedagogy*, nicht nur gibt es eine *philosophy of education*, nicht nur werden die pädagogischen Phänomene in gesellschaftlichen und kulturellen Zusammenhängen analysiert (vgl. Halsey u. a. 1997). Vielmehr weisen noch triviale Texte die Differenzen der pädagogischen Sachverhalte aus.[1] Über kulturelle und sprachliche

---

[1] Ein hübsches Beispiel bietet eine Stelle in Agatha Christie's Kriminalroman „Mrs. McGinty's Dead": „„Ah', said Mrs Sweetiman. ‚Girls aren't trained proper to service nowadays. My mother, she started at thirteen and she got up at a quarter to five every morning. Head housemaid she was when she finished, and three maids under her. And she trained them proper, too. But there's none of that nowadays – girls aren't trained nowadays, they're just educated, like Edna'« (Christie 1974, S. 142).

Grenzen hinweg deuten sich Bestimmungsmerkmale an, die auf Unterschiede in der Sache und an dieser verweisen. Etwas banal formuliert: Schule ist offensichtlich überall etwas anderes als der Knast – dies lässt sich beschreiben und diskutieren.

- Solche Unterscheidungen erlauben, insbesondere der Erziehung die *eigene Qualität* eines *Sachverhalts sui generis* zuzusprechen: Dies rückt zwar in die Nähe des Topos von der „Autonomie der Pädagogik", doch lässt sich Erziehung unter dieser Prämisse als Zusammenhang von natürlichen wie gesellschaftlichen und kulturellen Zusammenhängen analysieren, welche Einfluss auf sie haben. Die entscheidenden Theorieprobleme liegen nämlich darin, dass und wie einerseits letztlich naturwissenschaftliche und gesellschaftswissenschaftliche Erkenntnisse verknüpft werden können. Andererseits muss die Theorie versuchen zu verstehen, wie die objektive Qualität dann doch nur durch sinnhaftes Handeln realisiert wird. Mit der Annahme einer eigenen Qualität von Erziehung nähert man sich dem an. Ihr sachlich hybrider Charakter, dass es um Natur und Geist gehen könnte, kann nur mit dieser Annahme theoretisiert werden, bei der sie dann als eine unabhängige Größe, mithin nicht von vornherein als determiniert oder funktional bestimmt wird. Erst so lässt sich prüfen, ob und inwiefern sie als ein eigenes System auf soziale und kulturelle Anforderungen reagiert und noch Effekte erzeugt, die nicht zu erwarten, also nicht determiniert waren. Auf solche „negativische Mechanismen" und kontra-intentionale Wirkungen wurde vielfach hingewiesen, von Salzmann, Kleist ebenso wie auf tragikkomische Weise in Johann Gottlieb Schummels „Spitzbart".
- Erziehung als ein Gegenstand sui generis kann nicht beliebig außer Betracht bleiben: Sie lässt sich weder in einen Vorgang der „socialisation" auflösen, auch wenn Gesellschaften sich ihre Individuen mit einer Macht und Unausweichlichkeit zurichten, der man wenig entgegensetzen kann. Noch ist sie bloß eine Erfindung der bürgerlichen Gesellschaft, um industriöse Subjekte zu erzeugen und der Verwertung zuzuführen. Daran ist zwar wahr, dass auch dies betrieben wird. Aber ist damit Erziehung begriffen? Ist ihr nicht als Verdienst anzurechnen, dass sie auf mehr verweist? Sozialen und kulturellen Zwängen lässt sich zwar kaum entgehen. Sie sind auferlegt, möglicherweise sogar um der Subjekte willen, die lernen müssen, sich ihnen auszusetzen. Aber Erziehung hat noch eine andere Bedeutung. Sie erzeugt ein Verhältnis gegenüber Gesellschaft und versucht, die Subjekte dieser gegenüber zu bemächtigen. Sie ist Erziehung, wenn sie sich dem zumindest öffnet, das ein emphatischer Begriff der Bildung denkt (vgl. Heydorn 1979, S. 9 f) – bei allen Zweifeln, die dieser inzwischen weckt.
- Wer Erziehung als Realität sui generis begreift, vermeidet also Kategorienfehler. In pädagogischen Debatten wird häufig *politisch* diskutiert, wo nach *sach-*

In deutscher Übersetzung lautet die Stelle: „... ‚Aber heutzutage gibt's das nicht mehr – die Mädchen werden heute nicht mehr ausgebildet, sie bekommen nur eine Erziehung, wie Edna'". Übersetzungen sind also möglich.

lichen Bestimmungen der Erziehung zu fragen ist; damit verschwinden die Differenzen, die zwischen der politischen Bewertung von Bildungskontexten und einem pädagogischen Urteil bestehen. Wenn inzwischen von Politik für Kinder und Jugendliche gesprochen wird, verrät dies zuweilen, wie man sich den sachlichen Nötigungen zu entziehen versucht, die mit Erziehung gegeben sind. Wie wichtig aber die Differenz einer politischen und einer pädagogischen Bewertung ist, zeigt noch die empirische Forschung. Sie belegt nämlich, wie manche Gesellschaften und Länder ein Klima pflegen, das sich positiv auf pädagogische Prozesse auswirkt. Bildungsfreundliche Mentalitätsmuster operieren mit einer Einstellung, in der Erziehung um den Preis ein höheres Gewicht zukommt, dass in der Lebenspraxis eine höhere Normendichte anzutreffen ist. *Politisch* beurteilt wirken sie autoritär, *pädagogisch* aber schaffen sie günstigere Voraussetzungen für das Aufwachsen und eröffnen Möglichkeiten der Selbständigkeit.

- Mit der Annahme von Erziehung als Gegenstand sui generis gewinnt man endlich eine kritische Arbeitshypothese, die den Blick auf andere Disziplinen erst ermöglicht: Eine Beschäftigung mit Erziehung verlangt nach allen Dimensionen einer „menschenwissenschaftlichen" Vergewisserung; sie braucht dazu aber die Annahme eines mit Erziehung gegebenen Sachverhalts, um eigene Fragen an andere Disziplinen stellen und Verknüpfungen mit diesen herbeiführen zu können. Zur Skepsis gegenüber anderen Disziplinen berechtigt jedoch, wie wenig diese von pädagogischem Denken lernen. Dabei lässt sich dieses unschwer etwa an neurowissenschaftliche Befunde anschließen: Beim Blick in Maria Montessoris Schriften würde sogar Wolf Singer klar werden, dass die von ihm geforderte Neuropädagogik längst erfunden ist. Der jüngere Biologismus verblüfft mit unbedachter Normativität: Voland und Voland notieren beispielsweise, wie „der ‚bessere Mensch' [...] pädagogische Utopie" bleibe, monieren aber „verkümmerte Potenziale" und „versäumte Entwicklungschancen", empfehlen daher, schon früh mit dem Erwerb von Fremdsprachen zu beginnen (Voland/Voland 2002; vgl. Treml 2002). *Verkümmert und versäumt* – das setzt Maßstäbe voraus, die mit der Erkenntnis der Möglichkeit nicht benannt sind. Dass man Fremdsprachen erlernen sollte, ist weder evolutionstheoretisch noch mit der Biologie des Gehirns zu begründen. Kultur, Ethik und Moral sind hier schon gefragt, außer man will bloßer Herrschaft den Weg freimachen, die durch Verweise auf natürlich gegebene Bedingungen gerechtfertigt wird. Oder anders: Der *Zusammenhang* von Natur, Gesellschaft und Kultur gibt der Erziehung die eigene Objektivität.

- Schließlich lässt sich Erziehung nur als Sachverhalt eigener Qualität in ihrer Komplexität, in ihren inneren Spannungen und Widersprüchen, Ambivalenzen und Brüchen begreifen. Diese Annahme sichert also den Blick auf Erziehung als *einen* Gegenstand und erlaubt so, die Ambivalenz als Widerspruch in der Sache auszuhalten, dass Erziehung auf Unterstützung und Förderung von Subjektivität zielt, diese systematisch aber voraussetzen muss und pragmatisch zuweilen als Gegensatz zu sich selbst empfindet und einzuschränken sucht. Sie will Subjektivität, indem sie diese formal unter gesellschaftliche

Imperative stellt, weil sie Subjekte in gegebener Gesellschaft sein sollen. Sie liefert Subjekte an eine gegebene Gesellschaft aus, damit diese nicht an diese ausgeliefert sind. Sie diszipliniert, damit Selbstzwang möglich wird, als Ausgangspunkt von Herrschaft über Bedingungen, die einen unterwerfen: Solche Paradoxie ist nur auszusprechen, wenn Erziehung eine unabhängige Größe ist; selbst wenn zugleich zu ahnen ist, wie es um ein unmögliches Geschäft geht. Ihre Widersprüche und Spannungen zu binden, macht nötig, eine Einheit sich wenigstens theoretisch vorstellen zu wollen – man würde es andernfalls *im Kopf nicht aushalten.*

Theorie und Normativität

Grundannahmen stützen sich auf Entscheidungen. Dass die Aufmerksamkeit einem Thema gilt, trifft schon selbst eine solche Vorentscheidung, die nicht in der Sache gründet; über diese weiß man doch am Anfang zu wenig. Neugierig zu sein, verrät zudem einen Affekt, der mit einem inneren Engagement verbunden ist: Wer Pädagogik ernst nimmt, sich um Fragen der Erziehung kümmert, wer ihre Kritik betreibt, dem geht es um den Schutz der – im weitesten Sinne des Ausdruck – Erziehung. Dieser verlangt dann vielleicht sogar Intoleranz und Illiberalität. Nur ein Beispiel: Die Nachlässigkeit erstaunt, mit der über die Wirkung von Medien gesprochen wird. Es zeugt von Naivität, wenn einem ganzen System Effekte abgesprochen werden, das doch auf solche angelegt ist. Dass Kinder und Jugendliche nicht von Darstellungen der Werbung beeinflusst werden, darf ins Reich der Mär verbannt werden. Dass Computer-Spiele keine gegenüber der Tötungshemmung desensibilisierenden Effekte haben sollen, obwohl sie von den Armeen zu diesem Zweck eingesetzt werden, erstaunt.

Selbstverständlich kann man sich gegen Einflüsse von Gesellschaft nur bedingt wehren. Aber dies entlässt nicht aus der Aufgabe, Konflikte durchzuhalten. Vor allem: Einiges spricht dafür, wie eine fortschreitende Moderne zu einer Bedrohung dafür wird, dass Menschen sind und werden können – sie gefährden die Bewältigung der allerdings aufgetragenen und nicht selbstverständlich zu erledigenden Aufgabe, die Möglichkeit des Humanen als Prozess der Humanisierung zu betreiben. Dies beschreibt Aufgabe und Leistung von Erziehung, wie sie in modernen Gesellschaften schwieriger wird. „Man könnte sogar die Meinung vertreten, der entscheidende Schritt zu einer spezifisch menschlichen Kultur bestehe darin, die Folgen der Veränderungsdynamik lebender Systeme nicht nur einem bewusstlosen Spiel der Gene zu überlassen, sondern sie in vorausschauende menschliche Reflexion aufzunehmen. Kultur (und ihre individuelle Aneignung als Bildung) bestünde dann gerade in der Fähigkeit zu gemeinsamer Selbstreflexion und auf dieser Basis zur Transformation einer gesellschaftlichen Lebensform, die beginnt, sich selbst zu gefährden" (Peukert 1997, S. 291). Darin liegt der Ernst von Erziehung: Es muss begriffen werden, dass es weder darum geht, Naturprozesse voranschreiten zu lassen, noch Sozialisation zu vollstrecken.

Pädagogik hat mit einer Differenz zu tun, die auch daraus entsteht, dass Wertfragen bekümmern und der zuweilen vergeblich erscheinende Versuch unternommen wird, sich um eine gute Kultur des Aufwachsens kollektiv wie individuell zu bemühen. Es geht dann um Verbindlichkeiten, um Normativität – ohne sogleich homerisches Gelächter befürchten zu müssen. Denn das Experiment einer Gesellschaft und einer Kultur, in der die Subjekte den Zugang zu moralischer Reflexion ihrer eigenen Situation nicht gefunden haben, könnte fatal enden.

I Nachdenken über Erziehung: Die Form der Pädagogik

„Ich glaube Ihnen", sagte Wimsey. „Aber das
kommt daher, dass ich auch Dinge glauben
kann, die ich nicht verstehe. Alles nur eine
Frage der Übung." (Dorothy Sayers)

I   Erziehungskatastrophen oder:
Annäherung an eine schwierige Lage

Es gibt Katastrophen, die sich nicht vermeiden lassen. Erziehung zählt zu diesen, vermutlich immer und überall, spätestens, seitdem Vorstellungen von ihr
und über sie bestehen. Mit Pädagogik geht es um Angelegenheiten, die selten
Lob erhalten. Wer sich mit ihnen beschäftigt, sollte vorsichtshalber eine gehöri-
ge Portion Ironie und Resignation mitbringen; anders lassen sich die Desaster-
Bulletins kaum ertragen. So überrascht kaum, wenn Pädagogik gegenwärtig in
der Krise steckt und Erziehung als zweifelhaftes Unternehmen gilt; irritieren
würden anders lautende Aussagen: Eltern, Lehrerinnen und Lehrern wie Sozial-
pädagoginnen und Sozialpädagogen wird zwar wenig Gutes nachgesagt, gleichwohl sollen sie gründlich in die Pflicht genommen werden, für gute Manieren
wie für bessere Schulleistungen sowie dafür zu sorgen, dass der Nachwuchs die
Zumutung erträgt, als Zukunft der Gesellschaft zu gelten. So viel Erziehung
war jedenfalls noch nie – und so schlecht war sie nach Meinung der mehr oder
weniger Beteiligten nie zuvor. Erziehungskatastrophen und -notstände werden
beklagt, aber sie geben Anlass, Anstrengungen bei Erziehung und Bildung zu
fordern, als ginge es um das Überleben.
   Pädagogik scheint prädestiniert für dramatische Inszenierungen. Den Begriff
wie die in seinem Kontext bezeichneten Phänomene umgibt, wie vieles, das in
der Aufklärung hervorgetreten ist, eine Aura des Sakralen (vgl. Starobinski 1992,
S. 34); sie stützt den pädagogischen Heroismus. Zwar wird er kaum von Gegen-
begriffen dämonisiert, doch besteht ein schillerndes Feld von reizvoll Uner-
wünschtem: Natur, Barbarei, Mangel an Kultur oder Zivilisiertheit, Wildheit und
Willkür, fehlende Moral, Umtriebigkeit und Verwahrlosung, nur wenig lässt sich
jenen nicht anlasten, welchen es an Erziehung oder Bildung mangelt. Insofern
geht es um einen Zentralbegriff der Lebensgestaltung: Nach den Kontroversen
über Beziehungen, nach dem Streit über gestiegene Preise für Lebensmittel und
Benzin, bilden Fragen zur richtigen Erziehung das entscheidende Thema existen-
tieller Verständigungsprozesse. Sollte es überhaupt Kontinuität und Gemeinsamkeit unter den Aufregungen geben, welche die Mitglieder der menschlichen Gattung sich bescheren, dann lässt sich diese auf einen Begriff bringen: Pädagogik
lässt das Wunder aller Kommunikation in einmaliger Weise gelingen, nämlich Verständigung bei allem Unverständnis wie im völligen Dissens. Das macht die Dauerhaftigkeit aus, mit der sie beschäftigt, bestärkt durch den Trost, dass es um ein
Drama geht, das nicht notwendig als Tragödie endet.

Unter dieser Voraussetzung sind Befunde zur Situation der Pädagogik mit Vorsicht zu werten: *Einerseits* entdecken sie nämlich wenig Neues. Seit der Antike gleichen sich die Anlässe und Inhalte pädagogischer Debatten. Sie sollten nicht überbewertet werden, ihr Niveau bleibt notorisch niedrig. Populismus ist in pädagogischen Zusammenhängen der Normalfall, mitreden kann jeder, Sachverstand hemmt eher die Kommunikationslust. *Subjektiv* gehorchen die Beteiligten nämlich banalen Motiven: Weil sie existentiell sind, reizen Themen der Pädagogik und lassen sich vermarkten; der wirtschaftliche Ertrag ist nicht zu unterschätzen. Pädagogische Debatten stützen sich zudem auf eine weithin geteilte Erfahrungsgrundlage. Sie sind demokratisch, teilen doch alle das Schicksal, erzogen worden zu sein. Passionen machen aber anfällig, je schmerzhafter sie waren, umso mehr wünscht man Leidensgenossen, nicht minder erzeugen sie Wiederholungszwänge. Psychoanalytiker rechnen mit Sublimierung: Pädagogisch raisonniert sich ungeniert jenseits aller Tabus über das Ergebnis von Sexualität, von den Fantasien der Bemächtigung ganz zu schweigen, die in Schlagritualen ihren Ausdruck finden. Aber vielleicht trifft nur zu, was Johann Friedrich Herbart dunkel schwante: Pädagogische Ideen sind angeboren, andernfalls wäre kaum zu erklären, wie jeder mitreden kann.

Ein *objektiver* Anlass pädagogischer Debatten liegt hingegen darin, mit ihnen soziale und kulturelle Krisen bewältigen zu wollen. Vermutlich geben pädagogische Diskurse als Religionsersatz Trost in unsicheren Zeiten, zumal Erziehung wirklich zu den Geschehnissen im menschlichen Leben gehört, welche die größten Überraschungen bereithalten. Aber schon Jean Paul mokierte sich, wie politische Entscheidungen umgangen werden, indem man sie als solche der Pädagogik beschreibt; sie lassen sich verdrängen, indem sie auf eine junge Generation projiziert werden. Damit liegt die entscheidende Absicht pädagogischer Debatten darin zu erziehen. Ihr Thema mögen zwar Fragen der Erziehung, des Unterrichts und der Bildung sein, doch die Funktion solcher Diskurse liegt in der subtilen Einrichtung von Verhaltensstandards und Normen für eine ganze Gesellschaft. Zwar schlagen sie den Esel, nämlich die junge Generation, meinen aber volkserzieherisch den Sack, nämlich alle Mitglieder einer Gesellschaft. Indem diskutiert wird, wie erzogen werden soll, wird den Beteiligten vermittelt, was man von ihnen erwartet: Die Diskussion selbst erzieht schon machtvoll, zuweilen genügt damit zu drohen, dass pädagogisch gesprochen werde. Immerhin wollte Walter Ulbricht mit der Errichtung der Berliner Mauer den Klassenfeind erziehen. Insofern verfolgen die Autoren solcher Debatten, Publizisten und Politiker, eine hegemoniale Aufgabe. Sie richten Dispositive ein, die das Verhalten steuern. Auch das jüngste Muster gehorcht diesem Prinzip: die Behauptung nämlich, dass eine pädagogische Aufbruchstimmung entstanden sei (vgl. Schlaffke 2002), spricht doch nur die subtile Aufforderung aus, sich ihr zu fügen.

Andererseits: In aller Kontinuität pädagogischer Diskurse zeigt sich Diskontinuität: Vermutlich war noch nie konsensfähig, was als Aufgabe der Erziehung und Anspruch an sie *ausgesprochen* wurde; pädagogische Autoren waren meist Utopisten, die keinen sozialen und kulturellen Ort für das nachweisen konnten, was ihnen durch den Kopf ging. Anders hingegen die mentalen und pragmatischen Muster, welche das pädagogische Geschäft in der alltäglichen Lebenspraxis bestimmten – sie waren konform und funktional wirksam. Das ändert sich in der Gegenwart, da in modernen, vorgeblich und vielleicht auch wirklich rationalen Gesellschaften dem Ausgesprochenen ein höheres Gewicht zukommt. Die im Diskurs explizit gemachten Vorstellungen zermürben die unreflektierten Vorstellungen und Muster, die in der alltäglichen Lebenswelt wirken. Sie lassen in einem gleichzeitig banalen wie dramatischen Sinn unklar werden, was im Allgemeinen unter Erziehung zu verstehen und im Besonderen durch diese zu leisten ist: Der Begriff der Erziehung wie auch die mit ihm gemeinte Sache scheinen in einer Situation gesellschaftlich und kulturell suspendiert, in der sie fatalerweise nötig sind, weil das Handeln nicht mehr traditionsgestützt und intuitiv vonstatten geht. Es gibt daher weder einen praktischen Konsens noch die theoretische Sicherheit, die für die Bewältigung des Geschehens nun erforderlich wäre; es wird wohl solche Sicherheiten auch nicht mehr geben. Von Diskursen beeindruckte und reflexiv gewordene Gesellschaften sind unsichere Gesellschaften, noch das sie leitende Muster einer Stabilisierung über Expertise verstärkt den Zweifel. Insofern entsteht Raum für eine neue Machtverteilung in den hegemonialen Prozessen, zuweilen bilden sich veränderte Strukturen aus. Neue Vordenker treten auf, nicht mehr die Angehörigen der Kirchen oder der Politik, wohl aber die gut bezahlten Sprecher der Medienkonzerne, manchmal die Akteure der medialen Nachmittagsunterhaltung. Die volkserzieherische Absicht solcher Debatten gewinnt so eine besondere Intensität; sie lässt gesellschaftliche Veränderungen vermuten, die sich auf das Problem und die Aufgaben auswirken, welche durch Pädagogik bewältigt werden. Öffentlich geführte pädagogischen Diskurse leisten dann jene soziale Integration, zu welchen die Gesellschaften der Individuen nicht mehr in der Lage sind; man erzieht, indem man über Erziehung redet.

Schon das stetig wachsende Angebot von Erziehungsratgebern könnte als Indiz gewertet werden, wenngleich diese zuallererst unglückliches Bewusstsein verraten. Sie zeugen von Verunsicherung, zu der sie zwar selbst beitragen, weil sie mit der Logik von Expertenwissen argumentieren – ein Wissen, das sich regelmäßig selbst dementiert, zudem partikular bleibt, wo es um komplexe Vorgänge geht. Zum Scheitern verurteilt kann es erst recht auf den Markterfolg hoffen, weil es ein Optimierungsversprechen gibt, das auf öffentlich erzeugte Bedürfnisse reagiert. Nachfrage nach Rat nimmt dort zu, wo kulturelle Sicherheiten verschwinden oder durch das Muster der Expertise ersetzt werden: Jedem seinen Ratgeber!

Pädotainment

Die neue, jüngste Machtverteilung entsteht in einem weit aufgespannten Feld der Auseinandersetzung, auf dem Politiker, Publizisten und Professionelle mit Strategien der Dramatisierung und gegenseitiger Überbietung agieren. Neben dem *Politainment* (Dörner 2000) macht sich ein *Pädotainment* breit, sofern nicht beide als pädagogisches Event in eins fallen: Indizien für diese neue Situation finden sich in einer Rhetorik, die weltweit anzutreffen ist: Roman Herzog verlangte mit präsidialem Nachdruck einen Ruck für Bildung im ganzen Land, Tony Blair setzte in seinen Wahlkämpfen das „Education, Education, Education" mit einem Nachdruck auf die Tagesordnung, der an Catos „ceterum censeo" erinnert; wenngleich Kenner der Schulen an sich selbst und an der Berichterstattung zweifeln, zur Verblüffung auch von BBC und Times Educational Supplement belegen die Ergebnisse englischer Schüler bei Vergleichsuntersuchungen die Tauglichkeit der Strategie. Bill Clinton machte sich die Nachrichten über die amerikanischen Schulen zu eigen, um die wachsende Zahl der Analphabeten in den Rachen von Bill Gates zu werfen. Auch das funktioniert: Allem Zweifel nicht nur konservativer Kulturkritiker zum Trotz (vgl. Berman 2002) gilt das amerikanische Bildungswesen als Vorbild. Vermutlich entnehmen Bildungsreformer nicht nur in Deutschland ihr Wissen den College-Soaps des kommerziellen Fernsehens. Der Druck der Computer-Industrie auf das Bildungssystem aber wächst: Schon schaltet Micro-Soft Werbespots, die Kinder vor Schulportalen zeigen und eine bessere Zukunft in der Informationsgesellschaft versprechen, gesponsert durch einschlägig aktive Unternehmen.

Die pädagogische Gegenwartssituation zeichnet aus, wie die Debatten um Erziehung vor allem die Konjunkturen einer Mediengesellschaft widerspiegeln; Pädagogik ist die Pädagogik der Medien. Das zeigt sich in der raschen Abfolge von Positionen, die oft einseitig zugespitzt für das Ganze stehen, bestimmt durch eine quotenorientierte Darstellung, in welcher einzelne Ereignisse epidemische Qualität gewinnen, während die durchschnittliche Realität kaum zur Sprache kommt. Medienvertreter weisen sich als Experten aus, Politiker formulieren Programme, deren Grundlagen man vergeblich sucht. Angehörige der pädagogischen Professionen wirken mit, manchmal bringen sich noch Vertreter der Erziehungswissenschaft ein. Auch für Pädagogik schlägt wohl die „Stunde der Wahrheit" (Weingart 2001), in der die alten Unterscheidungen nicht mehr gelten, wissenschaftlich generiertes Expertenwissen, mediale Konstruktionen, politische Instrumentalisierungen und eine irritierte Öffentlichkeit eine neuartige Mischung eingehen.

Damit bewegt sich die Debatte in einer Spannweite inhaltlicher Auffassungen, die sich in ihrer Gegensätzlichkeit kaum mehr aufeinander beziehen lassen; mit Logik und Rationalität darf man ebenso wenig argumentieren wie ideologiekritisch: Gierig nehmen Medien und Politik die Formel vom Ende der Erziehung auf, um sie sogleich als Appell für mehr Erziehung zu benutzen. Die Antipädagogik hatte sie schon verkündet, Hermann Giesecke betete sie nach (Giesecke 1985), aber erst die neurobiologische Forschung sollte den Kronzeugen abgeben. Judith Rich Harris verkündete die Endzeit der Erziehung, gestützt auf Genforschung und Neurobiologie wie aufgrund der bedingt revolutionären Einsicht, dass die Gleichaltrigengruppe den Einfluss der Älteren weit überwiege (Harris 1998). Wenig später schwenken die Protagonisten der Debatte in das andere Lager, weil sie die Befunde der empirischen Bildungsforschung als Beweis dafür interpretieren, dass Eltern und Lehrer versagen. Unterstützung finden sie erneut in einer Neurowissenschaft, deren mediale Vermarktung der Pädagogik vorwirft, sie verschlafe die Erkenntnisse, und zugleich festhält, gerade Pädagogen nähmen begeistert die neurowissenschaftlichen Befunde auf.

Medienvertreter und Nachrichtenmagazine diskutieren die Themen der Pädagogik einflussreich, aber mit einer Sachkenntnis, die der von Kräuterweiblein gleicht, welche über die Entwicklung der Medizin sinnieren. *Spiegel-Special* ruft aus „Kinder, Kinder. Erziehung in der Krise", *Focus* macht mit neu entdeckten Möglichkeiten einer optimalen Förderung kindlicher Entwicklung vertraut, um wenig später Monster-Kids zu präsentieren. In der *Zeit* und später der Buchausgabe ihrer Texte überrascht Susanne Gaschke mit Einsichten, die sie selbst für keine hält (vgl. z. B. Gaschke 2001, S. 43 f). Stets geht es um die ganze Gesellschaft (vgl. Gaschke 2001, S. 28), stets handeln „viele", doch kann es keiner recht machen. Nachrichtenmoderatorin Petra Gerster und Partner Nürnberger springen dem zur Seite, Peter Struck verdichtet seine Kolumnen aus Hamburger *Morgenpost* und *Eltern for Family* zu umfangreichen Traktaten (vgl. Winkler 1997), die ihn zum Erfolgsautor der Pädagogik machen.

Doch das Beispiel schlechthin für das Pädotainment bieten die Auseinandersetzungen um das Programme for International Student Assessment; die Debatte betreibt Volkserziehung. Dabei wirkt in ihr eine seltsame Koalition von wirtschaftlichen Interessen und moralischen Motiven, um einen Krieg für eine neue Pädagogik zu führen. Korrekt müsste der Titel des OECD-Unternehmens nämlich lauten: Programme for International Student Adjustment; immerhin geht es um Indikatoren für Investitionsentscheidungen, die mit „human capital" rechnen. Nur Optimisten sehen darin Umrisse einer Allgemeinen Bildung für moderne Gesellschaften, in der Realität verkommt dieser Anspruch auf das Niveau von Testfähigkeit und Tests, während die geprüften „competencies" das ganze Leben der Subjekte unter den Grundsatz der *employability* stellen. Strategisch und funktional sollen Haltungen erzeugt werden, mit welchen die Subjekte sich und ihr ganzes Leben einem ökonomischen Diktat ausliefern, sich dabei selbst für dieses formen – wobei zugleich Produktion und Konsum eine Allianz in diesem Versuch eingehen, Subjekte so zuzurichten, dass sie sich selbst abrichten.

Veränderte gesellschaftliche und kulturelle Lagen als Hintergrund der Mediendiskurse

Gewiss: Von aller Sensationslust einmal abgesehen, sehen sich die Beteiligten als Aufklärer wie als Erzieher der Nation. Das Dilemma besteht darin, dass sich in diesem medienvermittelten Machtspiel einige in den Vordergrund drängen, die Lösungen für Probleme hervorzuzaubern, welche noch gar nicht richtig erkannt und begriffen sind. Deshalb verwundert die Gewissheit der Rezeptemacher, die sich bei Bedenken kaum mehr aufhalten: Was macht eigentlich die Protagonisten solcher Debatten so sicher, dass eine Änderung von Erziehung überhaupt möglich ist? Kann Erziehung überhaupt anders sein, als die gesellschaftlichen und kulturellen Verhältnisse dies zulassen? Ist die Katastrophe gar keine Katastrophe, sind vielleicht die Schuldigen weniger verantwortlich, als man ihnen gerne attestieren möchte? In welchem Maße kommt Erziehung ein Spielraum für ein Handeln zu, das dann verantwortlich auszugestalten wäre? Mit welchen Maßstäben und Kriterien müsste solches Handeln geprüft und gemessen werden?

Das ist aber keine rein akademische Frage mehr; sie lässt sich nicht in gelassener Theoriearbeit untersuchen. Bei aller Kontinuität pädagogischer Diskurse und ihrer Themen hat ihre Aufgeregtheit heute einen eigenen Grund; dieser hat nichts mit Erziehungskatastrophen, aber mit einer katastrophalen Situation für Erziehung zu tun. Das Dilemma und die Besonderheit der gegenwärtigen Situation liegen nämlich darin, dass die (post-)modernen Gesellschaften zunehmend die Bedingungen ihrer Existenz beschädigen und zerstören. Darauf hat die ökologische Bewegung aufmerksam gemacht. Dass sie in Vergessenheit gerät, kann als Symptom des Gemeinten gelesen werden. Nicht minder haben sich große Teile der Politik, vorangetrieben und unterstützt von einer zuweilen schon mafiös wirkenden Medienwelt, auf den Weg gemacht, diese Situation in die Zuspitzung zu treiben; sie lassen sich von erschreckender Unwissenheit gegenüber der Vergangenheit bestimmen und folgen dem Diktum von Henry Ford, nach welchem gilt „history is bunk". Sie wollen wohl eine Gesellschaft, die dem Irrgarten des Schreckens ähnelt, den Aldoys Huxley erwartete. Ihre Schlüsselworte sind nicht mehr *Gegenwart* und *Zukunft*, sondern *Reform* und *Innovation*, wobei weder die Form bedacht wird, welche wiederherzustellen wäre, noch ein Neues zu sehen ist, das doch zu fassen wäre. Der Prozess gilt, nicht mehr eine Sache.

Diese Politik zielt vor allem darauf, die Infrastrukturen von Gesellschaft und Kultur zu vernichten; sie werden flüssig gemacht, in jeder Hinsicht des Ausdrucks: Staatsvermögen, das die Menschen einer Gesellschaft erwirtschaftet haben, wird verschleudert, Strukturen durch Beweglichkeit ersetzt, wobei Flexibilität als das Zauberwort erscheint. Paradoxerweise werden noch die Voraussetzungen des Kapitals vernichtet – was vielleicht sogar Hoffnung geben könnte. Politik tut dies, um einen Kapitalismus zu forcieren, der diesen Namen inzwischen wieder mit Stolz trägt. Sie tut dies, indem sie die Güter des Volks verkauft, um den Preis, dass sie nicht mehr für alle funktionieren, sondern ein Gewinn für wenige erzielt wird; noch nie ist der Prozess so schnell gewesen, in welchem das Vermögen sich in den Händen weniger konzentriert. Allmende wird privatisiert – schon tastet man das wichtigste Lebensmittel, Wasser, an, nachdem die Luft um des Profits einiger verpestet wurde. Die Privatisierung der englischen Eisenbahnen ist längst zum Symbol dieses Irrwitzes geworden, doch lernt niemand daraus. Ein Blick in die Analysen von Marx und Engels könnte sich also lohnen, vielleicht war es ein Irrtum, den Staats- und Kasernenkommunismus und seinen Zusammenbruch als deren Widerlegung zu lesen. Diese Feudalgesellschaften waren noch gar nicht gemeint, die Brutalität eines totalen Kapitalismus steht erst noch bevor.

Aber es ist nach der pädagogischen Konsequenz zu fragen, welche die Diskurse der Gegenwart bestimmt. Hier spitzt sich die Situation darauf zu, dass die

Kapitalisierung des Lebens und vor allem die Vernichtung der Infrastrukturen eben jene Zusammenhänge betrifft, welche unabdingbar für das Aufwachsen sind. Die Kultur des Aufwachsens verschwindet, sowohl in dem Sinne eines Rahmens und Raumes für dieses wie auch in dem der Möglichkeiten und Verfahren. Paradoxerweise tut sie dies in einem Moment, in welchem die Offenheit der gesellschaftlichen und kulturellen Situation mehr, bessere, klügere Pädagogik erforderlich macht: Die Moderne der Gegenwart vernichtet Pädagogik und damit die Bedingung, dass Menschen als Menschen sein können.

Gewiss: das klingt übertrieben, auf zuweilen unverständliche Weise werden Kinder erzogen. Es gibt eine erstaunliche, eigentlich unverständliche Widerständigkeit, ein kontrafaktisches Handeln gegenüber der Wirklichkeit von Gesellschaft und Kultur, das vielleicht mit Natur zu tun hat. Gleichwohl bleibt die Tendenz festzuhalten, gegen die zu wehren eine Überlegung notwendig ist. Denn auch die gegenwärtige Situation wird handelnd hergestellt, oft wider Bewusstsein, wider Wissen und wider Daten. Es ist ein Geschehen, das mit menschlicher Praxis zu tun hat, die nicht unausweichlich geschieht.

„Hier gründet sich der Fetischdienst, der seit
längerer Zeit mit der ‚Methode' getrieben
wird – als sei eine Leistung schon allein durch
die Korrektheit ihrer Methode wertvoll; dies
ist das sehr kluge Mittel für Legitimation und
Schätzung unbegrenzt vieler Arbeiten, die von
dem noch so weitherzig gefaßten Sinn und
Zusammenhang der Erkenntnisentwicklung
abgeschnürt sind." (Georg Simmel)

2 Die Erziehungswissenschaft und ihr Gegenstand

Erziehung in der Krise: Die Schwierigkeiten mit dem Gegenstand Pädagogik und den an diesen geknüpften Phänomenen gründen also in der Sache selbst, stellen aber zunächst eine Krise der pädagogischen Reflexion und der Erziehungswissenschaft dar. Das mag unproblematisch sein, so lange Pädagogik als ein zwischen Menschen und durch diese praktiziertes Geschehen in der sozialen und kulturellen Wirklichkeit verstanden wird, das selbst dann keinen vollständig rationalen Kriterien folgt, wenn es nicht bloß intuitiv sondern an Reflexionen gebunden geschieht. Schwierig wird es hingegen, wenn angesicht der skizzierten Lage das Nachdenken über Erziehung, die wissenschaftlich interessierte Beschäftigung mit ihr, vor allem eine skeptische Theorie notwendig werden. Doch bestehen seit Jahrhunderten Zweifel daran, dass Pädagogik wissenschaftlich behandelt werden könne; sie wurden gerade wieder erneuert (vgl. z. B. Ebmeier 2001; OECD 2005). Inzwischen gilt unter Erziehungswissenschaftlern die Pädagogische Wissensform selbst als verdächtig, ihre Begriffe scheinen kontaminiert als Pathosformeln (Rieger-Ladich 2002), sogar als *pädagogischer Kitsch* (Reichenbach 2003). Sie tendiere zur Eklektik, versuche Unvereinbares und Heterogenes zu bündeln und zu integrieren. Nicht szientifische Standards, keine theoretische Prämissen, sondern praktische Interessen beherrschen sie und zwingen sie zur Dogmatisierung (Tenorth 1987, S. 703). Irritierenderweise wird eben dieser Eklektizismus sogleich wieder eingefordert, wenn es um die Wissenschaften geht, welche gerade hoch im Kurs stehen; von den Neuro- und Kognitionswissenschaften dürfe man schon lernen, wie auch von einer empirisch gewendeten Psychologie.

Mehr noch: wie in keiner anderen Disziplin oder Profession werden externe Maßstäbe geltend gemacht: Eckwerte und Richtgrößen bestimmen eine Sozialpädagogik, die einer Verwaltungsreform unterliegt, in Evaluationen genutzte Bildungsstandards sollen ein Schulsystem modernisieren, das dazu nicht mehr befragt, aber in materieller Hinsicht sich selbst überlassen wird. Fachvertreter der Allgemeinen Pädagogik machen aus dieser Not eine Tugend und verlangen, dass Pädagogik weniger als Nachdenken über Erziehung, sondern als Reflexion im öffentlichen Raum und in pragmatischer Absicht betrieben werden muss; als eine Instanz öffentlicher Auseinandersetzung habe sie moralische Verantwortung wahrzunehmen, um der Demokratisierung zu dienen. John Dewey wird für diese Auffassung in Anspruch genommen, welche die Dilemmata pädagogischer Theorie überwunden soll: Nicht Reflexion, sondern Gestaltung erzieherischer Verhältnisse und der Bildungsinstitutionen aufgrund der verfügbaren Informationen sollen das Thema der Pädagogik bilden. Die Gestaltungswut lässt manchen die eigenen Texte nicht mehr lesen.[2]

Mit der Pädagogik ist die Erziehungswissenschaft inzwischen so ins Gerede geraten, dass um ihren Bestand gefürchtet werden muss. Das Schimpfwort von der „Welterklärungswissenschaft" ist ihr aus ihren eigenen Reihen verliehen worden und unter dem Etikett der „applied development science" steht die Psychologie schon bereit. Nach der sozialwissenschaftlichen und soziologischen Wendung, in der Pädagogik als Sozialisation auf einen Determinismus verengt wurde, dem nur mit Mühe Autonomie abgerungen weden kann, verdrängen die jüngeren psychologischen Ansätze wiederum Gesellschaft und kümmern sich wenig um soziale und kulturelle Rahmenbedingungen. Sie hoffen auf Kausalitäten und Techniken, mit welchen Einzelne zu einem guten Funktionieren kommen. Erziehung, pädagogische Praxis erscheint solchen Determinationslogikern als Relikt theologischer und philosophischer Träume, wenngleich die Neurowissenschaften daran erinnern, dass das Lernen von den Angeboten abhängt, welche eine Gesellschaft und eine Kultur machen.

Diese Krise zeichnet sich schon länger ab, Ausdrücke wie „realistische Wende" und Formeln wie die vom Übergang der Pädagogik in die Erziehungswissenschaft (oder sogar vice versa) deuteten Übergangssituationen an. Vermutlich gründet das Problem in der Ablösung des geisteswissenschaftlichen Paradigmas, mit dem nicht nur der philosophische Duktus pädagogischer Reflexion, sondern fatalerweise auch ihr epistemologischer Kern geknackt wurde; Erziehung muss eben gedacht werden, hat mit einer Idee zu tun. Wie kaum ein anderer hat Klaus Mollenhauer dies erkannt und begriffen, mit welchen Folgen pädagogische Reflexion auf dem Weg zur Erziehungswissenschaft den Bezug auf Texte und symbolische Darstellungen verliert. Ihr Dilemma besteht offensichtlich darin, dass ihr in der Wende zu Empirie und Daten nicht nur die Tradition der eigenen Begrifflichkeit aus dem Blick gerät. Vielmehr verliert sie die sprachlich-re-

---

[2] Dieter Lenzens Studie „Bildung neu denken! Das Zukunftsprojekt" ignoriert nicht nur den Wissensbestand der von ihm herausgegebenen „Enzyklopädie Erziehungswissenschaft". Erstaunlicherweise übersieht Lenzen die faschistische Tendenz wenigstens der Internet-Fassung: „Zur Deregulierung des Bildungswesens wird empfohlen, dass der Staat […] die Finanzierung der individuellen Ausbildung sukzessive auf die Bildungsunterstützung von sozial schlechter Gestellten, aber Leistungsfähigen, reduziert". Dies verweigert jenen, die – aus welchen Gründen – nicht „leistungsfähig" sind, die Unterstützung durch die öffentliche Hand. Wenn Behinderung, Krankheit, auch Schwangerschaft Leistungsfähigkeit einschränken, werden also die Betroffenen aus dem Bildungssystem ausgegrenzt (vgl. Vereinigung der Bayerischen Wirtschaft 2004).

flexive Gebundenheit ihrer Gegenstände und damit diese selbst. Platt formuliert: Mit allen Daten einer empirischen Forschung pädagogischer Phänomene wissen wir nicht mehr, was diese als pädagogische Phänomene auszeichnet; Forschung gewinnt wichtiges Wissen über Schulen, Heime und Familien, kann aber keine Aussage mehr über die praktische Erziehungswirklichkeit treffen, in welcher die Beteiligten als Akteure involviert sind.

Wissenschaftliches Nachdenken über Pädagogik, eine Theorie der Erziehung, pädagogische Reflexion aber haben Probleme der Lesbarkeit von Welt zu bearbeiten und sind mithin an Texte und an eine Reflexion gebunden, die noch im Ungefähren und Ungewissen sich bewegt, weil sie Grenzen thematisiert und die Aufmerksamkeit auf den Übergang an Grenzen richtet: Sie hat mit den Grenzen zwischen Sprechen und Nichtsprechen, zwischen Natur und Geist, möglicherweise sogar mit der Grenze von Gesellschaft zu tun, an der Subjektivität vermutet wird (vgl. Dux 2000, S. 94). Dieses Ungefähre aber geben Daten nicht unmittelbar zu erkennen. Mit diesen allein gelingt es kaum, Erkundigungen über ein Handeln einzuholen, das als sinnhaft von den Beteiligten gedeutet und gestaltet wird.

In der empirischen Wende der Erziehungswissenschaft wird dieses Denken im Ungefähren programmatisch aufgegeben, wobei sie sich selbst demontiert. Nach dem Erfolg soziologischer Denkmuster setzt sich eine angelsächsisch geprägte pädagogische Psychologie durch – um den Preis, dass Messverfahren Gewicht gewinnen, über deren Implikationen kaum noch nachgedacht wird. Am Ende zeigt sich ohnehin die Betriebswirtschaft als *winner*, wobei kaum jemand Anstoss an ihrem normativ-axiomatischen Zugang nimmt. Die besondere Tragik der Situation liegt allerdings darin, dass zugleich zentrale Motive pädagogischer Reflexion in den wissensbasierten Verständigungsprozessen über Welt platziert werden: Pädagogisches Denken hat das Verständnis ihrer Sache um Figuren organisiert, in welchen Selbsterzeugung im Zentrum stand; Autopoiesis, Selbst-Konstruktion folgen dem, doch bleibt das Begriffspaar *Bildung des Subjekts* präziser, paradoxerweise, weil es mehrdeutig ist: *Bildung*, in der Verknüpfung eines aktiven und passiven Sinns ebenso wie in der Ambiguität von Prozess und Produkt, führt konzeptionell zusammen, dass man (in natürlichen Ereignissen und durch gesellschaftliche Bedingungen) geschaffen wird, diese aber in origineller Weise verarbeitet und in eine neue, unerwartete Form mit eigenem Gehalt transformiert. Dies geschieht als Vorgang, der doch zugleich immer wieder Ergebnisse hervorbringt, die selbst wiederum zu Voraussetzungen des weiteren Geschehens werden – wie schon Piaget mit Bezug auf Hegel zeigt. Auch dafür hat die Theorie der Pädagogik einen Begriff eingeführt, nämlich *Bildsamkeit*. Es gehört zur Ironie der gegenwärtigen Situation, dass die jüngere Debatte angesichts neurologischer Befunde fordert (vgl. OECD 2005), Pädagogik müsse endlich die Plastizität des menschlichen Gehirns anerkennen; sie hat dies längst, aber thematisiert sogar die praktisch-sinnliche, zur Entwicklung fähigen und diese mitkonstruierende Existenz von individuellen Subjekten. Ähnlich verbindet der pädagogische Begriff des *Subjekts* die Bedeutung des Unterworfenen und des selbst autonom und mündig Handelnden, verknüpft Bedingtheit und Überschreiten dieser Bedingungen, um noch darauf zu verweisen, dass und wie aus der Welt der Dinge das Weltwissen *heraus* zu lesen ist; das sujet zieht uns in seinen Bann und doch verfügen wir über es, weil wir es selbst sind.

Diese Grundideen einer bedingten Neu-Konstruktion, *Bildung*, einer Bedingungen unterliegenden Selbstmächtigkeit, *Subjektivität*, leiten inzwischen im Blick auf das Verständnis der conditio humana Naturwissenschaften ebenso wie Sozialwissenschaften und die residual erscheinenden Geisteswissenschaften. Die Erziehungswissenschaft gibt hingegen ihre eigenen theoretischen Erinnerungen zunehmend preis. Sie verweigert sich der Chance, ihre bislang im vernünftigen Denken – das als „spekulativ" abgetan wird – gewonnenen Einsichten neu zu interpretieren; geschweige denn, dass sie ihre Theorien als Theoretisierung von Erfahrung liest. An die Stelle eines zwar offenen, ihren Gegenstand angesichts von Selbststeuerung unsicher denkenden, gleichwohl der Sache verpflichteten Zugangs setzt sie ihre Hoffnung auf Wirkungsvorstellungen. Etwas provokant formuliert: Aus der Kritik an Ungewissheit und Unklarheit ihrer eigenen Theorie gibt sie zunächst das Denken und dann sich selbst auf – paradoxerweise in einem Moment, in welchem nicht nur ihre Kategorien und Begriffe erfolgreich wurden, sondern die ihr vertraute Ungewissheit und Unsicherheit zum zentralen Problem der sozialen und kulturellen Wirklichkeit allzumal im pädagogischen Geschehen selbst wurden.

Über die Gründe dieser Art von Selbstzerstörung lässt sich nur spekulieren; sie sind schon lange angelegt und haben vielleicht auch mit mangelndem Selbstbewusstsein zu tun:

- Möglicherweise hängen sie mit den vielen Anfängen wissenschaftlichen Nachdenkens über Pädagogik zusammen: In der Antike, 1780 mit der Berufung von Ernst Christian Trapp auf den Hallenser Lehrstuhl oder in den 20er Jahren mit der Einrichtung der Kulturpädagogik in den Philosophischen Fakultäten; die Wissenschaftsgeschichte macht deutlich, wie Erziehungwissenschaft eher diffus beginnt und ihre schwachen Grenzen gegenüber anderen gesellschaftlichen Systemen beibehält.
- Damit fehlt ihr nicht nur ein tragfähiger Gründungsmythos – obwohl sie diesen an der Figur des Pädagogen selbst erfassen kann. Vielmehr kann sie keine eigenen Geschichten erzählen, oder genauer: sie kann diese Geschichten nicht als Erzählungen lesen, in welchen ihre Sache verhandelt wird: Erkenntnis und Theorie entstehen aber immer in einem hermeneutischen Prozess, in welchem Texte das Denken an- und aufregen, die allerdings im Blick auf Beobachtungen, Erfahrungen und Reflexionen zu prüfen sind, welche Erkenntnis aktuell zur Verfügung stellt. Die Sprache der Vergangenheit bleibt das Mittel, um Gegenwart zu erschließen, und entwickelt sich als Medium des Begreifens weiter. Eben dies hat der geisteswissenschaftliche Zugang stets betrieben, selbst wenn er auf eine bloße Rezeption und Interpretation von Ideen und Texten beschänkt schien und zuweilen einem Monumentalismus verfiel. Doch die als „einflussreiche Semantiken" verspotteten pädagogischen Klassiker haben eine wichtige gegenstandskonstitierende Funktion: Die Texte von –

um eine willkürliche Auswahl zu treffen – Comenius, Rousseau und Pestalozzi, Kant, Fichte und Hegel, Herbart und Schleiermacher sowie Makarenko stellen Verständigungskontexte her, die überhaupt erst den Blick auf die Sache lenken. Sie laden Forschung mit Theorien: Pädagogische *Klassiker* und ihre *grundlegenden Texte* stehen für Entdeckungen der Pädagogik und bezeichnen Problemstellungen, Diagnosen, bewährte Einsichten und Verfahren. Sie wirken heuristisch bei der Erschließung von Wissen über die pädagogischen Phänomene, sie markieren Aufmerksamkeits- und Relevanzstrukturen. Nicht zuletzt stellen sie Erfahrungswerte zur Verfügung, die operatives „Wissen" festhalten: Als Informanden über pädagogische Sachverhalte vermitteln sie Erkenntnis, die ihnen zuweilen in einem archäologischen Verfahren abgerungen und dann erst erprobt werden muss. Nur: dazu muss man sie überhaupt erst lesen, um sie dann zu übersetzen und auf gegebene Erfahrungszusammenhänge zu projizieren.

- Diese kognitive Schwäche der wissenschaftlichen Beschäftigung mit Pädagogik wirkt sich desaströs auf die Diskussion von grundlegenden Problemen und Sachverhalten aus. Diskussionen werden vielmehr immer von außen mit dem Effekt aufgedrängt, dass sich in der Disziplin ein paradigmatisches Grundverständnis gar nicht ausbilden kann. Verstärkt wird dies noch durch den liebevoll gepflegten Gestus, nach welchem Handlungsanleitungen und Wirksamkeit als Maßstab der Erkenntnis dienen. Das Verhältnis von Theorie und Praxis gilt zuweilen als das eigentliche Problem der Pädagogik, tritt oft in dem Wunsch auf, zu Reformen beizutragen. Erkenntnis, die Suche nach angemessener Beschreibung, scharfe Analyse, Vergewisserung über Grundlagen und Grundlegung, die Arbeit an Begriffen und Systematik haben deshalb nur geringes Gewicht. Boshaft wäre daher von einer Disziplin ohne Gegenstand und von einer Profession ohne Wissen zu sprechen.

- Von einer Disziplin und einer Profession, deren Lage aber versüßt, dass sie im öffentlichen Gespräch präsent sind und auf diese reagieren dürfen. Das führt allerdings zur Vermischung von Kritikstrategien, die eine dem Gegenstand angemessene Untersuchung kaum erlauben. Was als sachliche Notwendigkeit nachgezeichnet werden könnte, gerät rasch in einen ideologiekritisch begründeten Verdacht. Wer für Erziehung Sicherheit und Gewissheit fordert, gilt dann als Anhänger schwarzer Pädagogik und eines politischen Konservativismus, sieht sich aber zugleich von falschen Freunden umstellt, welchen es in der Tat um Disziplinierung geht.

Was auch immer die Gründe für die eigentümliche, aber eben auch lohnenswerte Diffusität der Erziehungswissenschaft und der Pädagogik als Profession sein mögen, in ihrer Summe führen sie nicht nur zu einem fehlenden Selbstbewusstsein, sondern zum schon angedeuteten Mangel an einem epistemologischen Kern, mithin an einem kognitiven Grundkonzept, das die Debatten binden und Forschung überhaupt erst ermöglichen könnte. Ein wenig dramatisiert gesprochen besteht das Dilemma darin, dass ein hinreichendes Gegenstandsverständnis weitgehend fehlt, möglicherweise sogar die Einsicht noch gar nicht vorhanden ist, dass ein solches zumindest auch eine, allerdings unverzichtbare Aufgabe einer wissenschaftlichen Beschäftigung mit pädagogischer Theorie ist. Noch dieser Gedanke wird abgewehrt. Aber nach einem Gegenstandsverständnis zu fragen, hat nichts mit Ontologie, nichts mit der Suche nach einem „Wesen" vor aller historischen und sozialen Rahmung, schon gar nicht mit heimlichen Normativismus zu tun: Zwar wendet sich die Kritik an vorgeblich falscher Normativität zurecht gegen Menschenbilder, die durch Erziehung verwirklicht werden sollen; sie problematisiert ein Denken, das Programme und Absichten, Vorstellungen des Machens und Erzeugens in den Vordergrund stellt und einen idealen Menschen fingiert, der doch nur mit Eschatologien oder dem Traum von Perfectibilité zu tun hat. Die Ambitionen des Aufklärungsdenkens wie der technischen Vernunft erliegen einem prometheischen Mythos, der die Büchse der Pandora verschwiegt, vor allem aber blind gegenüber konkreten Lebensumständen macht. Dennoch erliegt die antinormative Haltung einer mehrfachen Verengung von Perspektiven: *Zum einen* verwechselt sie die an Erziehung herangetragenen Erwartungen mit der Einsicht in notwendig gegebenen Momente und Strukturen: Wie jedes kunstvolle Handeln (vgl. MacIntyre 1987) birgt Erziehung als Ausdruck ihrer eigenen Qualität einen normativen Anspruch, an dem sich pädagogisches Können messen lassen muss. Der – wie Herbart formuliert – Schlendrian des langgedienten Schulmeisters darf dies nicht sein. *Zum anderen* sind Normen Teil der sozialen Wirklichkeit, die als Erwartungen mit Erziehung verbunden werden und diese formativ bestimmen. Daher stellt Normativität einen aufzuklärenden Sachverhalt dar, zumal er Optionen und Folgen sichtbar macht, die aus deren Wahl entstehen. Mögliche Normen nicht auf ihre Alternativen zu prüfen, bleibt auf einem Reflexionsniveau, das als magisch bezeichnet werden kann, weil es auf die Kriterien verzichtet, die Barbarei erst erkennen lassen. Normen und Ziele zu setzen, verrät denn auch menschliche Freiheit, die im pädagogischen Zusammenhang vielleicht doch eine Rolle spielt.

So banal dies klingt: Eine Disziplin und eine Profession, theoretisch arbeitende Pädagogen und Praktiker des Geschäfts müssen eine Ahnung von dem haben, wovon sie reden, das sie theoretisch oder empirisch erforschen. Vielleicht genügt es, ein epistemisches Feld zu markieren, auf welches hin Argumentationen und Forschungsstrategien entworfen werden. Nur geschehen muss dies allemal. Das Padaraox besteht dabei darin, dass gerade Erziehung zu den Themen gehört, die bislang randständig blieben oder vergessen wurden; die Disziplin hat sie den öffentlichen Diskursen überlassen, ohne auch nur wenigstens nachzusehen, was in diesen verhandelt wird (vgl. Andresen 2002). Brezinka beklagte zwar noch am Reden über Erziehung „Sprachverwilderung" (Brezinka 1988), Tenorth notierte ein „Begriffswirrwarr", in Handbüchern kam und kommt der Begriff gar nicht mehr vor (Roth 2001). Sie bildete ein „vernachlässigtes Thema" (Oelkers 1991) und schien zuletzt von den Debatten über Bildung fast verdrängt.

Immerhin zeigt sich aber neue Aufmerksamkeit für das Thema, wenngleich sich bei aller „wiederentdeckten Erziehung" (Wisskirchen 1996) die „Probleme mit dem Begriff" (Fuhr 2000, S. 431) kaum ausräumen lassen. Die Zunahme der Publikationen belegt sie (vgl. z. B. Grzesik 1998; Negt 1997; Savater 1998), beginnend mit Dietrich Benners Buch „Allgemeine Pädagogik" (Benner 2001), welches das Erziehungsphänomen grundlegend und prinzipiell durch seine Zuordnung in den Gesamtzusammenhang menschlicher Praxis bestimmt. Ähnlich lassen sich Arbeiten um Biographieforschung und Moralerziehung lesen, wenn sie den Zusammenhang von Erziehung und Gesellschaft aufgreifen. Nicht zuletzt verrät ein wieder erwachsendes Interesse an einer kritischen Pädagogik dieses Bemühen um Grundlagen und Grundsachverhalte von Pädagogik. Anspruchsvolle, elaborierte theoretische Ansätze zum Thema nehmen zu: Im Nachlass Niklas Luhmanns fand sich der Versuch, mit dem Erziehungssystem der Gesellschaft einen weiteren Bereich im Zusammenhang der evolutionären und funktionalen Ausdifferenzierung zu erfassen (Luhmann 2002), phänomenologisch und empirisch angeregt sind die Studien von Hans Rauschenberger (Rauschenberger 2001), Ralf Koerrenz hat eine – bislang unveröffentlichte – „Stufentheorie der Erziehung" vorgelegt (Koerrenz 1995), allen voran ist Walter Herzogs epochale Untersuchung „Zeitgemäße Erziehung" zu nennen (Herzog 2002); dass sie bislang wenig rezipiert wird, liegt an einer Disziplin und einer Profession, die sich keine Zeit zum Lesen nimmt. Gleichwohl lässt die Schärfe in manchen Kontroversen, allzumal in jenen um Vorschläge von Klaus Prange, ahnen, wie dringlich das Problem erscheint.

Strittig ist der systematische Ort einer solchen theoretischen Vergewisserung über Erziehung. Zu erwarten wäre dieser in der Allgemeinen Pädagogik, doch hat sie ihren Status aufgrund der Ausdifferenzierungsprozesse von Pädagogik als wissenschaftlicher Disziplin verloren. Zwar verstärkt das Auseinandertreten von Subdisziplinen und Teilprofessionen den Zwang, nach gemeinsamen Grundfragen wenigstens zu suchen, mindert aber zugleich die Möglichkeit dazu – die Vertreter spezialisierter pädagogischer Professionen werden demnächst dem Vorbild törichter Unternehmen und Politiker folgen und ihre Prämissen nicht mehr in der Pädagogik, sondern in einer eigenen „Philosophie" suchen. Deshalb lässt sich noch nicht entscheiden, ob die jüngeren Untersuchungen zum Thema Erziehung Nachhall finden. Bislang jedenfalls stellen diese das Problem und den Sachverhalt von Erziehung nicht ins Zentrum der Fachdebatten. Zuweilen weisen die Beteiligten sogar zurück, dass es um Pädagogik gehen könnte und treten lieber als Spezialisten auf, welche sich als Lernbegeleiter, Betreuer, Strategen des Empowerment, Manager des Sozialen und Kulturellen verstehen, während Erziehung mit einem Tabu belegt erscheint.

Man muss dieses nicht unbedingt brechen. Doch lohnt es sich allemal, ihm ein wenig auf die Spur zu kommen, auch wenn dies mit Begegnungen verbunden ist, für die Wissenschaft üblicherweise keinen Sinn hat. Vor allem: angesichts der skizzierten Situation könnte es sein, dass die Existenz der Erziehungswissenschaft und die Stabilität der pädagogischen Professionen davon abhängt, dass sie sich auf das Thema Erziehung einlässt und nicht nur einem Bildungsdiskurs verfällt, der zynisch bleibt, weil er die Voraussetzungen des gemeinten Geschehens ignoriert: Diese sind nämlich mit dem Erziehungssachverhalt gegeben, wie schwer dieser auch immer zu erfassen ist.

3 Das Tur-Tur-Phänomen und andere Eigentümlichkeiten pädagogischen Denkens

Jim Knopf ist bekanntlich jener dunkelhäutige Knabe, vermutlich – wie eine der political correctness verpflichtete Sprachregelung nahe legt – afrikanischer Herkunft, der als postalischer Irrläufer nach Lummerland geliefert wurde; bei dem eigentlichen Adressaten, der Drachendame Malzahn, kam er nicht an, weil dem Absender, der Wilden 13, hinreichende Rechtschreibkenntnisse fehlten. Schon dies gibt allen Anlass zu pädagogischer Nachdenklichkeit: Nicht nur, weil besagte Dame eine Schule leitet – wobei dies nicht mit Verallgemeinerungen über das Personal von Schulen überstrapaziert werden sollte. Vielmehr bestätigt sich deren Notwendigkeit schlagend: Auch Bösewichte sollten Schreiben und Lesen lernen, wenn sie ihre Beute korrekt abliefern wollen. Dann aber: Jim findet – *interkulturelle Erziehung* liegt nahe – Aufnahme im Kreise der Untertanen von König Alfons dem Viertelvorzwölften. Er wird liebevoll betreut von seinen psychologischen Eltern Frau Waas und Lukas dem Lokomotivführer. Mit Lukas geht Jim in der – ein Hinweis auf die Bildungsqualität der Technik – Lokomotive Emma mehrfach auf große Fahrt. Zwei Deutungen bieten sich an, nämlich einerseits jene konventionelle, die Motive der Odyssee erkennt, sie mithin als Metaphern für Bildungsprozesse oder ganz empirisch als Bildungsreisen sieht, wie sie im 18. Jahrhundert den gehobenen Schichten selbstverständlich waren, von Boswell bis Smollett literarischen Niederschlag gefunden, Goethe zu seinem Wilhelm Meister angeregt haben. Andererseits könnte man Jim Knopfs Reisen auch zwischen Walter Benjamins Passagenwerk und Paul Virilios Dromologie ansiedeln, um in ihnen Metaphern von Mobilität zu erkennen, wenn nicht gar auf eine Pädagogik der Performanz zu schließen.

Zwischen den Glaswäldern Chinas, dem Mund des Todes und der Begegnung mit dem unglücklichen Halbdrachen Nepomuk, dem das Feuer ausgegangen war, haben Jim Knopf und Lukas eine denkwürdige Begegnung. Sie treffen auf Herrn Tur Tur. Herr Tur Tur ist ein Scheinriese. Ihn zeichnet aus, dass er – aus der Ferne betrachtet – in immenser Größe erscheint und ziemlichen Schrecken verbreitet. Nähert man sich ihm an, dann schrumpft sein Erscheinungsbild auf ein menschliches Maß zusammen; er wirkt sogar ziemlich klein. Nur: Wer nähert sich ihm schon, wenn er Übermächtigkeit befürchten muss?

Auseinandersetzungen mit Erziehung und über diese überlagert ein solches Tur-Tur-Phänomen: Pädagogische Debatten und Kontroversen wachsen rasch zu großen gesellschaftlichen Ereignissen heran. Sie geben Anlass zu zwei gegensätzlichen Mythen von der Erziehung: Der erste pädagogische Mythos handelt von der Größe der Erziehungsaufgabe, an der wir nur scheitern können. Kafkas berühmten Brief an den eigenen Vater leitet diese Figur. Jene umgedrehte Perspektivität, die Tur Turs trauriges Schicksal besiegelt, lassen die mit Erziehung verbundenen Aufgaben aus der Ferne als unbewältigbar erscheinen. Die pädagogische Mythologie hat hier einige Schuld auf sich geladen, weil sie die Erzählungen über Erziehung mit Figuren ausgeschmückt hat, die durchaus bange machen. Das gilt schon für die Prämissen, unter denen das Geschehen zurechtgelegt wird: Prometheus steht hier nicht nur dafür, dass er das Feuer für die Menschen gestohlen hat, sondern ihnen so die Selbstschöpfung ermöglichte, die dann pädagogisch zu realisieren wäre – ärgerlicherweise gegen all den Unbill, der aus Pandoras Büchse entfleucht. Schon deshalb scheint Herkules gefordert, wenngleich rasch Sisyphos ins Geschäft kommt. Seitdem also über Erziehung nachgedacht wird, wird sie gern mit menschheitlichen Aufgaben in Verbindung gebracht, damit also, dass Erziehung die Humanisierung des Humanen zu betreiben hat. Vor allem die europäische Aufklärung trägt dazu bei, der Königsberger Weltweise Kant allzumal, wenn er in der Erziehung das Prinzip aller Vervollkommnung zu finden meint.

Der Mythos von der Größe der Aufgaben schreckt ab. Beeindruckt durch den Tur-Tur-Effekt überlegen sich Paare, ob sie Kinder haben wollen – von allen möglichen Nachteilen für Konsum und Karriere einmal abgesehen. Werden sie nicht an der Größe der Erziehungsaufgabe scheitern? Kinder entstehen als „Kopfgeburt" (Beck-Gernsheim 1988a) in mühsamen Abwägungs- und Aushandlungsprozessen, in welchen die Schwierigkeiten zur Debatte stehen, die mit dem Nachwuchs drohen: Virtuelle Kindheiten, würde nicht den empirischen Zeugungsprozess in der Mehrzahl der Fälle – hoffentlich – weniger der Kopf leiten. Der Tur-Tur-Effekt hält allerdings an; die Kinder selbst sehen sich schon mit ihm konfrontiert: Dem Vierjährigen tritt die künftige Einschulung als Riesenaufgabe gegenüber, oftmals mit der leisen Drohung verbunden, bald beginne der Ernst des Lebens; ihre Erzeuger können sich der Anstrengungen und Zumutungen kaum erwehren, die an sie herangetragen werden. Die Größe der nächsten Aufgabe überschattet den nächsten Tag, auf den dann wenig Freude aufkommt – am Ende haben Kinder und Jugendliche dies so weit verinnerlicht, dass sie unter Zukunftsängsten leiden.

Denkt man das Tur-Tur-Phänomen zu Ende, erschreckt ein Verdacht: Je größer die Distanz wird, um so mehr geht die flimmernde Wirklichkeit des Riesen in die Welt über. Die Konturen und Grenzen verschwimmen, welche den Riesen von seiner Umwelt unterscheiden lassen. Tur-Tur ist dann überall, eine Figur, die der ähnelt, welche Thomas Hobbes mit seinem „Leviathan" ein wenig konkreter dachte. Erziehung reicht dann in alle Lebensbereiche hinein und wird mit diesen vermengt. Sie ist so tief in die historische und soziale wie in die alltäglich erfahrene Lebenswirklichkeit eingewoben, dass sie gar nicht mehr zu erkennen ist oder an jene tückischen Biester erinnert, die in Stephen Spielbergs Film als Gremlins an allen Ecken und Enden auftauchen, um mit bösem Grinsen das Gefühl hervorzurufen, man könne ihnen nicht entkommen. Erziehung wäre demnach völlig diffus und zugleich omnipräsent – nicht zu bewältigen und doch stets als Aufgabe zu erkennen. Oder mit den seriösen Worten Theodor Litts: „Erzogen wird täglich und stündlich, in einer Unzahl von Wohnstätten, Schulstuben und Arbeitsräumen – in Millionen und Abermillionen von Worten, Gebärden, Geboten, Verboten. Es macht geradezu das Wesen der Erziehung aus, dass sie sich nicht, wie etwa das politische Tun, zu großen, weithin sichtbaren und spürbaren Aktionen zusammenrafft, sondern in einem unübersehbaren Netzwerk von einzelmenschlichen Bezügen über Zeit und Raum zerstreut" (Litt 1965, S. 62).

Aus dieser Situation rettet dann der andere Mythos. Er handelt von der geringen Größe der Erziehung. Gegenüber der übermenschlich erscheinenden Aufgabe gibt er Trost mit der Erfahrung, Erziehung sei gar nicht zu bemerken und daher zu bewältigen – eigentlich gäbe es sie gar nicht, much ado about nothing. In der Tat trifft zu: So genau weiß keiner, wann er erzieht. Zwischen dem Wechseln von Windeln, der Aufforderung, das Zimmer aufzuräumen, dem gemeinsamen Gang zu McDonalds, den Auseinandersetzungen über Kleidung an kalten Tagen, Tischmanieren, hinreichendes Zähneputzen und dem Gute-Nacht-Kuss verschwindet Erziehung auf eigentümliche Weise, zunächst in kleine Gesten, der hochgezogenen Augenbraue oder den leicht verschärften Ton. Am Ende beschränkt sich das pädagogische Geschäft im konkreten Miteinander auf den Vollzug eines mühsamen Alltags, zerrissen zwischen den Bizarrheiten jugendlicher Ausdruckswelten einerseits, den Wirkungen von Institutionen andererseits, welche selbst pädagogisch sein sollen. In all dem plagt Erziehung nur als jene Müdigkeit, die aus einer vergeblich erscheinenden Wiederholung von Aufforderungen zu Selbstverständlichem entsteht, das aus Selbständigkeit geschehen sollte.

Tur-Tur-Effekt, großer und kleiner Mythos – was lehrt all dies? Dass man überhaupt auf Mythen zurückgreift, hat vermutlich zuerst damit zu tun, dass das pädagogische Denken in einer säkular werdenden Gesellschaft Religion zu ersetzen beginnt. Pädagogik stiftet Sinn, gibt Hoffnung im Irdischen wie zugleich ein Heilsversprechen; und sie verschafft Erleichterung und Entlastung, weil man nicht selbst ein guter Mensch sein muss, sondern dies durch Erziehung an den Nachwuchs delegieren kann. Eine Erleichterung, die um so wichtiger wird, je mehr Welt und Erziehung verschwimmen. Frühere Gesellschaften taten sich wohl leichter damit, ein Ende der Erziehung konventionell zu regeln, die Erzogenen von jenen zu unterscheiden, an welchen pädagogische Arbeit noch vonnöten wäre. Das Gefühl einer Allgegenwart wenigstens pädagogischer Motive und Rituale, einer Unausweichlichkeit von Erziehung macht sich spätestens seit Beginn des 20. Jahrhundert und endgültig erst in der jüngeren Entwicklung moderner Gesellschaften breit. Dann aber erlauben der Mythos von der Größe und der von der Kleinheit der pädagogischen Aufgabe doch einige Einsicht in die Form das pädagogischen Denkens über Erziehung.

- Erziehung zeigt sich als ein Tur-Tur-Phänomen, das sich aus Distanz und Nähe zu dem Geschehen ergibt. Ein eigentümlicher *Ziehharmonikaeffekt* lässt Erziehung groß und klein wirken, sie zeigt sich weit und schmal. Ihre großen Aufgaben werden undeutlich, während bei den kleinen Aktivitäten das Ganze aus dem Blick gerät; die Aufgaben fallen an vielen Ecken und Enden des Zusammenlebens an, werden zuweilen sogar übersehen. Oft genug gleicht das in einer Gesellschaft entworfene Bild von Erziehung einem Monumentalgemälde, gegenüber dem die Beteiligten und Betroffenen ganz klein wirken. Umgekehrt aber vergisst man zuweilen, wie die kleine Geste, das Wort, die Kopfbewegung einem Leben eine Wendung geben. Größe und Kleinheit des Geschehens sind beide gegeben, es gibt Anlass zur Bescheidenheit angesichts einer Aufgabe, die vielleicht doch Welt bewegt: Wer über Erziehung nachdenkt, sieht sich mit Tur Tur konfrontiert, während sich die Realität vor dem so eröffneten Horizont zuweilen bescheidener ausmacht; Sünder sind wir allemal. Das Nachdenken und Reden über Erziehung, welches ihr Bedeutung verleiht, verweisen auf einen nicht einzuholenden Möglichkeitshorizont dessen, was als Erziehung gedacht werden muss – ohne jedoch je verwirklicht worden zu seien.

Es gibt also gar keine Erziehung, die ihrem Begriff gerecht wird, sondern höchstens schlechte Annäherungen an diese in der Trivialität des Alltags. An Tur Tur kommen wir eben nicht heran, weil er in der Nähe sich als kleines Männchen erweist. Die Drohung mit Größe bleibt aber doch bestehen – so recht trauen die Augen der Erfahrung nicht. Wenn wir uns von Tur Tur lösen, wächst er; zugleich aber stellt sich das Gefühl ein, dass eben doch eine Größe mit ihm verbunden ist, die vielleicht sogar Gefahr bedeutet. Nicht anders mit Erziehungsprozessen. Aus der Ferne wirken sie umfassend und gewichtig: Für die Individuen können sie sich über ein ganzes Leben erstrecken: Die Erfahrung zeigt, wie manchmal die eigenen Kinder zur Rache der Eltern an einem selbst werden – oder eben freundlicher: Erziehung endet erst dort, wo man selbst ihr Geschäft betreiben muss. Kollektive erleben Erziehungsprozesse, die Jahrzehnte umfassen können. Auch dies gilt im Guten wie im Schlechten: Wenn Adornos Satz, dass Auschwitz nie mehr wieder sein dürfe, am Ende doch geteilt wird, könnte dies einen solchen langen Prozess anzeigen. Dass und wie sich Bewohner der neuen Bundesländer von jenen der alten unterscheiden, wie insbesondere die familiären Umgangsstile anders ausgeprägt sind, zeigt ebenfalls einen solchen kollektiven Erziehungsprozess an.

• Das Nachdenken über Erziehung hat mit einem *Überschuss an Merkmalen, Notwendigkeiten und Aufgaben* zu tun. Manchmal meint der Begriff im Sinne eines Kollektivsingulars ein Geschehen, das ganze Gesellschaften oder wenigstens Generationen erfasst, das auf große Teile einer Biographie sich bezieht – etwa wenn wir davon erzählen, wie unsere Eltern uns erzogen haben. Vieles kann unter ihm gefasst und debattiert werden. Aber oft meint der Ausdruck doch nur eine ganz besondere, isolierte Aktivität, die im Gedächtnis bleibt, eigentümlich unauslöschlich. Das bedeutet zugleich, dass sowohl die Extension des Begriffs – mithin die Ausdehnung des durch ihn Bezeichneten – wie zugleich auch die Intension – also die Liste aller Merkmale, die er bezeichnet – unbestimmt sind. In diesen großen und kleinen Zusammenhängen aber fließt eine solche Menge an Bestimmungen ein, dass Wesentliches von

Unwesentlichem kaum zu trennen ist. Das Nachdenken über Erziehung oszilliert nicht nur vom Großen zum Kleinen, sondern mäandriert zwischen Momenten, bei welchen das eine ein Gefühl von Wichtigkeit weckt, während andere gar nicht bewusst werden.

Zumeist rettet sich pädagogisches Denken aus dieser Spannung mit Summenbegriffen, die als Kontingenzformeln dienen. Es verwendet Generalisierungen, die häufig ethisch aufgeladen erscheinen: Von Ganzheit ist beispielsweise die Rede, selbst der Bezug auf Systeme zeigt sich als Versuch, den Dilemmata zu entgehen, die aus diesem Schwanken des pädagogischen Denkens zwischen groß und klein, weit und nahe entstehen, die endlich darin gründen, dass eben nicht Bestimmtheit zu erreichen ist. Am Ganzen als System betrachtet lassen sich Strukturen entdecken, denen gegenüber der Zufall als jene Besonderheit entspricht, welche als das Konkrete zum Ausgangspunkt zu nehmen ist. Dem lässt sich kaum widersprechen – pädagogische Situationen sind besondere, die an ihr Beteiligten konkret und individuell. Nur: in solcher Flucht in das Einzelne bleibt wiederum das Ganze unverstanden.

- Obwohl man ein Leben lang mit Erziehung zu tun hat, zeichnet diese eine eigentümliche *Flüchtigkeit* aus. Ein wenig ähnelt sie den glitschig-glibbrigen Kunststoffmassen, die in manchen Hollywood-Produktionen für Aufsehen sorgen. Nicht nur, dass Geschehnisse und Ereignisse mit hoher pädagogischer Bedeutung oft nebenbei passieren, wiederum in einer kleinen Geste, in einer unerwarteten Reaktion. Vielmehr lässt sich das Erziehungsgeschehen kaum festhalten, sondern bleibt nur als Mischung von Begebenheiten und Ereignissen mit unterschiedlicher Dauer in Erinnerungsspuren erhalten. Deshalb schwankt die Erinnerung, die uns Erziehung als Erfahrung vergegenwärtigen und zugänglich machen will. In jedem Moment des Lebens entsinnen wir uns nicht nur anders der Erziehung, die uns widerfahren ist, sondern haben eine andere Erziehung im Gedächtnis. Wem das Wort vom Menschen als einem nicht festgestellten Wesen als anthropologische Figur zu gefährlich erscheint, der wird es doch für den Erziehungssachverhalt zugestehen müssen, wenigstens aber für das Reden und Nachdenken über diesen.

Form und Inhalt des pädagogischen Wissens sind also prekär. Es muss mit Spannungen und Widersprüchen, mit Geschichtlichkeit rechnen, welche sowohl seine Inhalte wie auch noch seine Darstellungsformen treffen; pädagogisches Denken bleibt formal und inhaltlich in Bewegung. Das macht es suspekt, der gemeinte Tatbestand lässt sich nicht fassen, obwohl er doch vermutet werden muss. Nicht genug damit: Wann und wo wir mit Erziehung zu tun haben, spielen Mehrdeutigkeiten, hybride Erscheinungen, Übergänge eine wichtige Rolle. Erziehung scheint bestimmt und entzieht sich eben, sie scheint groß und weit, zugleich aber doch eigentümlich winzig. Damit zerbrechen Gesprächsgrundlagen, zugleich aber entstehen auch Anregungen, möglicherweise sogar für ein Handeln, das aus Ungewissheit doch zu Bestimmtheit führt: Das Wort von der Erziehung als systematischer Improvisation (Danner) hat seine Berechtigung, wie zugleich auch deutlich wird, dass Erziehung radikal mit Verantwortung konfrontiert; es gibt nur bedingt Sicherheiten im Hintergrund: *nicht einmal des Ungewissen kann man sich sicher sein.*

Angesichts solcher Unbestimmtheit machen Kritiker der Pädagogik geltend, dass diese eigentlich keinen Gegenstand habe. Diese Vorbehalte gegenüber der Diffusität von Pädagogik und ihrem Erziehungsbegriff irren aber. Sie setzen Ungewissheit, die Schwierigkeit pädagogische Sachverhalte zu fassen, mit der Unmöglichkeit der Erkenntnis, wenn nicht gar mit der Inexistenz von Erziehung gleich. Dagegen sprechen aber schon die Beharrlichkeit der Diskurse und erst recht, wie pädagogische Institutionen und Pragmatiken notorisch zu schaffen machen. Gleichwohl lassen sich Problem und Sachverhalt der Erziehung nicht in einem einfachem Zugriff gewinnen. Selbst wenn es sich bei Erziehung um eine soziale und kulturelle Konstruktion handelt, dann wäre diese doch notwendig, nämlich eine Konstruktion, vielleicht eine Erzählung, in der wir uns über ein unausweichliches Problem verständigen (vgl. Iser 1993), mit immer wieder neuen und unterschiedlichen Modellen, sowohl des Begreifens wie vor allem auch der Lösung des Problems.

Pädagogik hat aus dieser Not bislang eine Tugend gemacht, die allerdings der Disziplin eher geschadet und die Profession zuweilen irritiert hat: Der Mehrzahl ihrer Texte, welche das Problem und den Sachverhalt der Erziehung festhalten, fehlt eine szientifische Form – gleich welcher Anspruch an wissenschaftliche Darstellungen historisch auch jeweils erhoben wurde. Die große systematische Abhandlung, welche den Gegenstand durchdekliniert und entfaltet, blieb die Ausnahme; nach Trapps *Versuch einer Pädagogik* haben eigentlich nur Herbart in seiner *Allgemeinen Pädagogik* und im *Umriss pädagogischer Vorlesungen* sowie die ihm folgenden Autoren des 19. Jahrhunderts solche eindeutig theoretischen Entwürfe versucht. Pestalozzis „Nachforschungen" kommt zwar der Rang einer systematischen Untersuchung zu, doch berührt diese nur die Voraussetzungen von Erziehung. Schleiermacher entwirft seine „Grundzüge der Erziehungskunst", die er zwar wissenschaftlich denkt, aber als Vorlesung bewusst diskursiv hält. Auch sie kann – zumindest formal betrachtet – nur bedingt als streng systematisch angesehen werden.

Pädagogisches Denken bewältigt die unvermeidliche Unbestimmtheit in der Sache damit, dass es sein Thema und seinen Gegenstand in einer gleichsam sachlich unangemessenen Form bearbeitet. Siegfried Bernfelds Diktum, man dichte nicht Pädagogik, sondern habe sie gefälligst zu denken, übersieht dies: Die pädagogische Denkform ist zunächst literarisch, dann vielleicht philosophierend reflexiv, aber eben nicht streng wissenschaftlich; *man denkt Erziehung, indem man von ihr erzählt.* Die Theorie der Erziehung hat also in der Vergangenheit eine Denkform aufgenommen und entwickelt, in der sie die Instabilität des Gegenstandes, seine Brüchigkeit, innere Widersprüchlichkeit und seine Historizität nicht aufgelöst, sondern in eine Darstellungsform übernommen hat, in der sie zulässig blieb. Formal und häufig inhaltlich macht sie dazu ihren sachlich und objektiv gleichsam *undenkbaren* Gegenstand *denkbar*, indem sie ihn utopisch darstellt: Wer Erziehung in der realen sozialen und geschichtlichen Welt begreifen will, scheitert notwendig, weil sie dort nicht konsistent zu fassen ist. In der anderen Welt der Literatur aber kann man sie dekontextualisieren, ästhetisch vorstellen, sie in die Paralogik und Unlogik einer Erzählung bringen, die auch Veränderungen zum Thema macht, welche unmittelbar weder systematisch noch linear sprachlich abzubilden sind. Pädagogisches Denken bewegt sich daher „behind the looking glass", stellt Erziehung in einer Welt vor, die dann eben Lewis Caroll's Erzählungen von Alice im Wonderland ähnelt. Die pädagogische Denkform ist insofern imaginativ. Ihr Inhalt lässt sich nicht in einer direkten Repräsentation, sondern nur in einem Spiegel festhalten, der wir ein Vexierbild wirkt und vom Betrachter denn auch immer gedacht werden muss; Erziehung lässt sich ohne (theoretische) Fantasie kaum fassen. Sie benötigt das Medium des Literarischen (vgl. Burke 1996, S. 149), die vage Darstellung verhilft zur Klärung. Die Briefform, wie sie Castiglione, später Locke und Chesterfield wählen, macht dabei das Private so publik, dass es Authentizität verbürgt, zugleich moralisierend wirkt. In der Form des Romans gelingt es, die Systematik des Erziehungsgeschehens einzuholen, weil eine komplexe Totalität in Raum und Zeit zur Darstellung kommt. Sie ist zu finden in Rousseaus *Emile*, bei Jean Paul wie endlich bei Anton Makarenko; ähnliches gilt für die Aphorismen eines Lessing oder den *Streiflichtern* eines Axel Hacke. Die Probleme und Strukturen von Erziehung und Bildung lassen sich nicht in einer „normalen" Gegenstandstheorie erfassen, Romane, die kleinen Erzählformen wie die Novelle, sogar Aphorismus und Fragment, möglicherweise der Witz, ermöglichen überhaupt erst die Einsicht in sie.[3]

Literarische Repräsentationen bannen und halten ästhetisch das „flüssige Geschehen" fest, das Erziehung auszeichnet. Zwar bricht die Logik der literarisch-fiktionalen Erzählung die gegenständlichen Strukturen von Erziehung, bringt sie aber so erst zur Darstellung; die Werke gehorchen der Technik des Erzählens und folgen einer durch die Dramaturgie literarischer Darstellung erzwungenen Charakteristik von Protagonisten und Handlungslogik. Aber so kann zum Ausdruck kommen, was *ordentlicher* Theorie verwehrt bleibt: Die literarische Form kann die Beweglichkeit der pädagogischen Reflexion und so der Erziehung selbst abbilden wie in eine Komposition bringen, durch welche sie geschlossen wird. Das literarische Werk weist als Erzählung – aber eben nur als solche – einen Anfang und ein Ende auf, das für die Erziehung selbst und ihre Reflexion eben nicht zu markieren ist. Es kann Prozesse darstellen, die ohne Kausalität sich vollziehen, es kann in Zuspitzung und Vereinseitigung Momente des Erziehungsgeschehens schlaglichtartig beleuchten und hervorheben, es kann Situationen und Prozesse thematisieren, ohne die Logik des Erzählens zu brechen.

Damit entsteht die pädagogische Denkform als ein gleichsam uneigentliches Denken über Erziehung, nämlich als ein Erzählen; es ist daher kein Zufall, wenn

---

[3] Ein leider wenig beachtetes Beispiel bietet hierfür die „Grammatik der Phantasie" von Gianni Rodari; seine Kunst, Geschichten zu erfinden, stellt nicht nur eine Einführung in die literarische Erfindungskunst dar, sondern kann als ein faszinierender Text über Erziehung gelesen werden. Er macht deutlich, wie Erzählungen Welt so gestalten, dass sie überhaupt erst angeeignet werden kann (Rodari 1992).

sich im pädagogischen Denken regelmäßig ästhetische Urteile finden. Sie schleichen sich durch die unvermeidliche Denkform ein. Die Logik der Repräsentation im literarischen Vexierbild lässt wiederum verstehen, warum Erziehung oft durch Negation ins Bewusstsein gerät. Die Literatur erlaubt, den unvermeidlich realen Sachverhalt von Erziehung eben als nicht gegeben zu fingieren – und umgekehrt begegnen in der Literatur auch monströse Darstellungen von Erziehungssystemen, welche in der Realität kaum aufzufinden sind. Die literarische Darstellung erlaubt hier eine Art ideeller Reinheit des Geschehens, die praktisch realisiert nur als totalitär anzusehen wäre; Rousseaus „Emile" kann als Paradebeispiel dafür gelten, doch vor allem zeichnet dies die erziehungsutopischen Darstellungen aus; aber: ihr Erkenntnisgewinn liegt genau in dieser Überzeichnung. Sie machen durch die ästhetisch zugespitzte Darstellung Elemente von Erziehung sichtbar, die in der Wirklichkeit passieren könnten; deshalb sollten sie nicht als Ideal, sondern als Warnung gelesen werden: *Dies kann in der Erziehung passieren.*

Aber so viel ist auch klar: Mit Erzählungen kann man in einer rational gewordenen Welt Nobelpreise für Literatur, aber kaum Anerkennung in wissenschaftlichen Zusammenhängen gewinnen. Formal gesehen bedeutet dies, dass pädagogische Begriffe unscharf sind; Erziehung wird mit injunktiven Begriffen (Liedtke 1980) gedacht, lässt sich nicht präzise durch festsetzende Definitionen sichern; pädagogisches Denken findet eben im Ungefähren statt. Es erscheint instabil, ein Wissen im Prozess, diskursives Wissen, in welchem Verständigung über Erziehung stattfindet. Aber dieser szientifische Nachteil, den bislang die literarische Darstellung kompensierte, gewinnt eine neue Bedeutung unter Bedingungen moderner Wissenschaft: Denn das pädagogische Wissen nähert sich damit jener Wissensform an, die gegenwärtig unter dem Etikett „mode 2" diskutiert wird – als Ausdruck neuer Verhältnisse zwischen Gesellschaft und Wissenschaft (vgl. Nowotny u. a. 2004), auf Wegen der Wissensproduktion, deren Beschreibung ein wenig esoterisch klingt: Selbstorganisation und Emergenz, dann Performanz scheinen die maßgebenden Schlüsselworte. Mit einem idealistischen Beiklang kann man argumentieren, dass sich die Idee der Erziehung durch das pädagogische Denken in die Räume der sozialen und kulturellen Entwicklung hinein organisiert, so dass die Teilnehmer der Diskurse sich schon selbst um – wie das neuerdings heißt – robustes Wissen bemühen müssen: Sie müssen um ihre Auffassungen streiten, das vordergründige Krisensymptom vielfältiger Diskurse, medialer Auseinandersetzungen erweist sich als unvermeidlich und anregend. Man darf die Diskurse inhaltlich nicht als verbindlich nehmen, doch kann man sich dem Zwang zur Diskursivität nicht entziehen – wohl wissend, dass in solchen Diskursen Machtprozesse eine Rolle spielen.

Damit entsteht eine neue Form von Theorie, nämlich eine reflexive Pädagogik, die sich von den uneinlösbaren Ansprüchen der Systematik befreit, ohne sie zu vergessen. Zwar sind definitive Bescheide weiterhin nicht zu erhoffen, auch die Daten empirischer Bildungsforschung reichen nicht aus. Aber das Nachdenken kann offener, weniger geordnet, eben diskursiv werden, sich auf Reflexion über Erziehung einlassen, welche das Nachdenken über Erziehung und die Erziehung selbst als Existentiale begreift, die sich aus der Bewältigung humaner Indifferenz ergeben und gerade deshalb offen bleiben. Das Nachdenken über Erziehung geht auf ein Sinnzentrum, das mit einem selbst zu tun hat. Eben deshalb vollzieht es sich als ein nicht abzuschließender Prozess; dies gilt für das Ganze menschlicher Selbstvergewisserung im historischen Zusammenhang wie für die einzelnen Pädagogen, für Eltern also ebenso wie für Lehrerinnen und Sozialpädagogen, endlich sogar für diejenigen, welche sich denn als erzogen fühlen. Insofern müssen die Vorbehalte über die pädagogischen Diskurse relativiert werden; sie gehören zur Sache, weil das Erziehungsgeschehen immer wieder neu reflektiert und in seinem Sinn erfasst und auszuhandeln ist. Erziehung ist in dieser Hinsicht als ein offenes Geschehen zu begreifen, das mit dem Versuch einer Verständigung über Welt zu tun hat. Ihre Theorie aber kann sich erlauben, mit Bruchstücken zu operieren, mit der Anerkennung von Diskursivität als einer Konstruktionsform, in der pädagogisches Wissen möglich wird. Das ist das Neue der gegenwärtigen Situation, die insofern genutzt werden kann.

4 Das Erziehungsphänomen: Handlung und Reflexion

Dass Erziehung nicht als solche gedacht, sondern literarisch erzählt wird, um so hinter den Spiegeln der ästhetischen Darstellung sichtbar zu werden, spricht ein sachliches Merkmal von Erziehung aus. Denn bei aller Mühe: man kann nicht auf sie hinweisen. Was man sieht, sind Begleiterscheinungen, Umgebungen, immerhin fest genug, um die Objekthaftigkeit von Erziehung zu rechtfertigen. Angesichts des noch weit entfernten Herrn Tur Tur fällt Jim Knopf sogar das reichlich einsilbige „Da" schwer, um seine erste Wahrnehmung auszusprechen. Es gelingt ihm nicht so recht, Lokomotivführer Lukas auf den Riesen hinzuweisen – nicht nur, weil Lukas seinen eigenen Blick mit dem Rauch aus seiner Pfeife vernebelt. Jim Knopf merkt schnell, mit einem eigentümlichen Phänomen konfrontiert zu sein; es entspringt nicht seiner Einbildung, seiner Vorstellungswelt, bleibt aber auch nicht gleich, wenn man sich ihm nähert. Ohne durch die Theorien der Postmoderne beeindruckt zu sein, denkt er bei Herrn Tur Tur zuerst an ein Flimmern, wie es von heißen Tagen vertraut ist. „Fata" ruft er aus, merkt sogleich, dass es nicht um ein Hitzetrugbild geht; er ahnt, dass es um Wirklichkeit geht. Tur Tur existiert, aber er existiert in Abhängigkeit vom Beobachter, der durch seine Distanz die Größe des Beobachtungsobjekts erst herstellt.

Obwohl also die vertraute Rede von „der" Erziehung eine geradezu dingliche Wirklichkeit nahe legt, stellt sie kein einfaches, kein anschaulich aufzeigbares Objekt dar; höchstens ironisch kann man auf sie verweisen: Ohrfeigen für den Nachwuchs lassen sich damit kommentieren, dass wieder einmal heftig erzogen werde. Vielleicht halten viele an den rabiaten Methoden fest, weil sie bei diesen etwas Handfestes mit Erziehung verbinden können. Der deiktische Satz: „Da ist Erziehung" lässt sich aber kaum sagen, zumindest wenn man ihn mit einer hinweisenden Geste verbindet. Was für Gesellschaft (vgl. Elias 1991, S. 29) und Kultur gilt, trifft auch hier zu: Es gibt keine unmittelbare, sinnliche Evidenz von Erziehung, weder gelingt die Auseinandersetzung mit ihr als live-Kommentar noch als unmittelbar umzusetzende Handlungsanweisung. Erziehung ist unsichtbar, obwohl mit einiger Selbstverständlichkeit darüber befunden werden kann, was denn als misslungene, verfehlte oder gar fehlende Erziehung gelten soll: dass jemandem Erziehung fehlt, ein solches Urteil fällt leicht, leichter sogar als der Befund, jemandem gehe Bildung ab. Hier machen sich zumindest Skrupel breit, es könnte diskriminieren. Ein ungehobelter Kerl mag einer wohl sein, aber ungebildet – das klingt nach Überheblichkeit, Bildungsbürgertum und blankem Missverstand für die teuflischen Mächte, die von Bildungsbeteiligung ausschließen.

Bei Erziehung geht es also um einen kompliziert verflochtenen Zusammenhang von Strukturen und Prozessen, von – im allgemeinsten Sinn des Ausdrucks – Institutionen und Handlungen, die aber kommunikativ gefasst und so in einem Sinnzentrum fokussiert werden; es geht um einen bedeutsamen Zusammenhang, der eine ganze Lebensspanne umfassen kann, vielleicht noch gar nicht abgeschlossen ist, während doch längst ein Zustand erreicht wird, in welchem man erwachsen scheint und längst meint, Distanz zur Erziehung gewonnen zu haben. Praxis der Erziehung wird doch nur in Reflexion und Kommunikation zugänglich, ist ein merkwürdiges Geschehen, das in seinem Aggregatzustand schwankt – nur zu fassen, indem ihm ein Sinn zugesprochen wird.

Das führt in einen beunruhigenden Widerspruch: Denn Erziehung ist zwar als ein soziales und kulturelles Geschehen zu identifizieren, aber als solches eindeutig indifferent. Sie ist eben zunächst nicht Erziehung, sondern ein Geschehen wie jedes andere, vielleicht noch ein Handeln – aber selbst darüber besteht keine Gewissheit. Dieses wird zur Erziehung erst, indem es an kommunikative Akte, an Beschreibungen von Vorstellungen, an Bilder gekoppelt wird, mit welchen wir dem Geschehen nach-, nämlich hinterher-denken. Wenn wir über Erziehung reden, geschieht dies im Bezug auf Erinnerungen oder im Blick auf Künftiges, meist in der Beschreibung und Analyse von Rahmenbedingungen, die gerne selbst wiederum recht allgemein als Vorwurf an „die" Gesellschaft beschrieben werden. Erst hierin tritt dann Intentionalität hervor, die vielleicht als Wunsch, als Hoffnung, mehr oder weniger eingestanden gegeben war, letztlich als Ausdruck einer Normativität, der wir selbst gehorchen, ohne uns Rechenschaft darüber abgeben zu können. Insofern hat die psychoanalytische Kritik an Erziehung durchaus recht, die dunkle Triebhaftigkeit hinter dem Geschehen vermutet.

Jedes Reden über Erziehung benötigt also ein begriffliches Konzept, mit welchem das Geschehen vor Augen gestellt wird. Das spricht einen seit Herbart bekannten Befund aus: Ohne die Brille der (oder zumindest: einer) pädagogischen Theorie lässt sich Erziehung nicht sehen und erkennen. Aber die Theorie schwankt, wirkt nicht bloß wie eine Ziehharmonika, sondern wie ein Zoomobjektiv, das nicht festzustellen ist. Der Grund für diese Eigentümlichkeit liegt darin, dass im Erziehungssachverhalt zwar Ereignisse und Vorgänge, Institutionen und Handlungen gegeben sind, die aber doch nicht von vornherein als Erziehung gelten dürfen. Sie werden vielmehr durch nachdenkliche Subjekte als pädagogische Phänomene identifiziert und bestimmt. Das ist allerdings kaum anders als bei Phänomenen wie dem der Gesellschaft, der Kultur, auch der Liebe: um zu lieben, muss man eine Vorstellung, sogar eine kleine Theorie der Liebe im Kopf haben (Luhmann 1982), die man besser sofort wieder vergisst, weil man sonst nicht lieben kann. Gefühle, Vorstellungen sind sozial und kulturell codiert, ohne jedoch an Authentizität zu verlieren (Elias 1998). Nicht anders geht es der Erziehung: Sie hat eine faktische und empirische Grundlage, die systematisch vor aller Reflexion besteht, durch Nachdenken erst zugänglich und durch Entscheidungen bestimmt werden kann. Schleiermacher hat dies in die Formel gefasst, dass die Praxis durch die Theorie eine bewusstere wird. Reflexion, systematisch gebundene Einsicht strukturiert demnach unsere Wahrnehmung, wie sie denn auch dem Handeln Gründe gibt, die als berechtigt gelten können – sei es als Ergebnis von methodisch geführter Erkenntnis und der so gewonnenen wahren Urteile oder als begründete normative Entschließung. Das gilt aber schon für den Sachverhalt der Erziehung selbst, den auszeichnet, Handlung und Reflexion zu verknüpfen; genauer noch: Erziehung ist nur als ein Zusammenhang einer Problemstruktur, eines Handelns und der Deutung dieses Geschehens durch einen Diskurs und in diesem zu begreifen.

Der Offenheit und Beweglichkeit des pädagogischen Denkens stehen damit aber semantische Feststellungsmechanismen gegenüber, die Pädagogik gerinnen und versteinern lassen, um so einen Begriff der Erziehung, genauer: empirisch vorfindliche Begriffe festzuhalten. Das bedeutet zunächst allgemein, dass das Nachdenken über Erziehung, ihre Theorie ein erstes entscheidendes und empirisches Merkmal der Sache selbst in der Kommunikation über Erziehung findet – die Realitätsvermutung bestätigt sich an den pädagogischen Diskursen, ihre Stetigkeit der Debatten legt den Verdacht (und somit die Einsicht) nahe, dass diese Auseinandersetzungen selbst ein entscheidendes Merkmal von Pädagogik darstellen: Die Wirklichkeit der Erziehung ist *in* Reflexion und Kommunikation gebunden, die Sache und der Begriff, den sich Menschen von ihr machen, lassen sich nicht trennen. Wer über Erziehung etwas erfahren will, muss sich mit den Begriffen der Erziehung auseinander setzen, die lebenspraktisch wirksam einen Erfahrungsraum und einen Erwartungshorizont indizieren und eröffnen (Koselleck 1984, S. 264), welcher wiederum Kommunikationen steuert. Das Erziehungsphänomen besteht nur als ein eigentümlicher Zusammenhang von sozialer Realität und einer den pädagogischen Sinn erst stiftenden pädagogischen Kommunikation. Erziehung verweist mithin auf subjektive Praxis von Menschen, die in deren lebensweltlichen Zusammenhängen in einem symbolisch gebundenen Bewusstsein gründet; das Wissen um Erziehung wird mit anderen geteilt und entsteht vor einem Horizont, der die kollektiv geteilten wie individuell verfügbaren Orientierungssysteme ausmacht (vgl. Berger/Luckmann 1980; Berger/Berger/Kellner 1974, bes. S. 18 ff).

Obwohl doch schon immer „so etwas wie Erziehung" stattfindet, hängen ihre Beobachtung und ihr Verständnis somit von der Bereitschaft ab, sie überhaupt als solche wahrzunehmen; sie setzen eine Form von gebundener Vorstellung voraus, die ihr eine Bedeutung geben. Insofern kann man Erziehung nicht jenseits der Vorstellungen und Theorien verstehen, die sich Menschen von der Erziehung machen. Das Geschehen wird stets in den Bedeutungshorizonten und den Denkmöglichkeiten wahrgenommen, welche eine Gesellschaft und eine Kultur zur Verfügung stellen – wo eine solche „Semantik" fehlt, fehlt ein Bewusstsein von Erziehung. Sie findet statt, ohne dass Aufhebens von ihr gemacht wird, vollzieht sich in Bereichen, die als pädagogische erst begriffen werden, wenn man sie pädagogisch interpretiert – um den Preis des ethnologischen Problems, dass man sich nicht sicher sein kann, ob man damit die Auffassungen und Vorstellungen der beteiligten Akteure überhaupt trifft.

Verfallen wir damit dem Konstruktivismus? Vor allem: Geben wir so nicht jenen recht, die pädagogische Theorie als eine bloße Semantik abtun, der keine Realität korrespondiere? Gewiss stellen pädagogische Konzepte soziale und kulturelle Konstruktionen dar – eben weil sie auf menschliche Nachdenklichkeit zurückgehen. Dies aber bedeutet nicht, dass sie für die Gegenwart beliebig sind: Reflexionen verwenden Annahmen und Konzepte, Differenzierungen, die historisch zugänglich geworden sind, in welche wir einsozialisiert wurden. Mancher mag Erziehung als Erfindung, als bloßes Deutungsmuster abtun. Erziehung könnte ein bloßes Sprachspiel sein – aber wir bewegen uns in diesem, leben, denken und handeln in ihm und mit ihm. Mehr noch: Die in diesem Sprachspiel verwendeten Unterscheidungen und Bedeutungen sind in einer langen Geschichte aufgeschichtet, verknüpft zu einem Netz, das nicht nur unsere Weltauffassung, sondern unser Handeln in dieser hält. Selbst wenn man bestreiten mag, dass die pädagogischen Diskurse eine Wirklichkeit außerhalb ihrer selbst haben, so erzeugen sie doch Wirkungen. Der *Erziehungssachverhalt* erinnert an den Zentaurus, an jene Gestalt der antiken Mythologie, die aus Mensch und Pferd zusammengesetzt ist: Die fehlende empirische Evidenz von Erziehung zwingt nämlich dazu, die Kommunikation über Erziehung, die pädagogischen Diskurse als ein Moment des Erziehungsgeschehens selbst zu thematisieren und sowohl in ihrer Genese wie in ihren Inhalten zu rekonstruieren. Diskurse sind freilich kein systematisch geordnetes Wissen, sie lassen sich nicht einmal in einem Schema ordnen; vielleicht kann man die Punkte benennen, durch welche sie wie in einem Tableau aufgespannt werden. Diskurse sind eine Formation von Ideen, „mehr als eine willkürliche Gruppierung, aber weniger als ein logisches System" (Burke 1996, S. 18), die aber gerade deshalb anfällig wird für Zugriffe. Sie schaffen Bedeutsamkeit (Oelkers 2001, S. 179), zumindest auratische Verhältnisse. Es sind Deutungsmuster, die Wirklichkeit zugänglich machen, strukturieren und folgenreich organisieren; unauflöslich, weil die Moderne auf solche Selbstdeutung angewiesen ist (Folkerts 1987, S. 46 ff), in welcher sie zu ihren Strukturen kommt.

Hier sind die Dispositive zu orten, die Foucault als zentrale Mechanismen einer kommunikativ vermittelten Selbstkonstitution der Moderne identifizierte; vor ihm hatte der Leipziger Historiker Karl Lamprecht, inspiriert durch Wilhelm Wundt, von dem „Diapason der sozialpsychologischen Faktoren" gesprochen, in welchem sich „materielle Kultur und allgemeine psychische Dispositionen" (Lamprecht 1988, S. 253) so zusammenfügen, dass gesellschaftliches Handeln möglich wird. Die pädagogischen Dispositive bestimmen die Wirklichkeit der Erziehung, weil und indem sie Legitimitäten verteilen. Sie repräsentieren Hierarchien von Ideen und Werten; das Verlangen nach pädagogischer Aufmerksamkeit gehört schon zu diesen: Wenn Eltern und Erzieher aufgefordert werden, dem Lernen der Kinder besondere Wachsamkeit zu schenken, so ist dieser Attentismus ein Muster, nach welchem Legitimation, der Platz in einer Gesellschaft verteilt wird. Es geht um eine Aufmerksamkeit, deren Nichtbeachtung sanktioniert wird – unabhängig davon, ob solche Beobachtung praktisch überhaupt möglich ist.

Schichten pädagogischer Diskursivität

Es gibt mithin eine Objektivität von Erziehung, auf welche pädagogische Kommunikation und pädagogische Diskurse hinweisen, die zugleich Teil dieser Objektivität sind. Eine Objektivität, die in unterschiedlicher Weise zu Tage tritt, nicht nur weil sich die Diskurse ändern. Sie verfügt vielmehr selbst über zwei Realitätsschichten. Die eine rückt in die Nähe anthropologischer Fragestellungen, kann aber nicht als solche behandelt werden; sie ruhen im anthropologischen Schlaf. Man kann sie nur als die fundamentale Problemstruktur von Erziehung identifizieren und analysieren. Dieser Problemstruktur kann man eine objektive Gültigkeit zusprechen, doch unterscheiden sich Grad und Ausmaß, in welchem sie historisch und in Abhängigkeit von gesellschaftlichen Bedingungen für die Akteure virulent wird. Die andere Realitätsschicht findet sich in Gestalt der Pragmatiken und Institutionen, mit welchen das pädagogische Problem bearbeitet und vielleicht bewältigt werden soll – hierzu gehören wiederum die pädagogischen Diskurse, auf die man zurückgreifen muss, um sich überhaupt erst dem Problem anzunähern. Insofern trifft zu, dass man, wie Bernhard Schwenk hervorgehoben hat, auf einen allgemeingültigen Erziehungsbegriff nicht nur verzichten muss, sondern im Einverständnis mit der verfügbaren Semantik zu einer eigenen, dann selbst zu verantwortenden Begriffsbildung verpflichtet ist (Schwenk 1983, S. 389).

Deshalb zeigt sich Erziehung auf unterschiedlichen Ebenen jeweils unterschiedlich. Formal gesehen umklammern die dispositionell erzeugten und diskursiv genutzten Begriffe als „concord fictions" ein Bild des Ganzen (Iser 1993, bes. S. 161) und fangen es mit kollektiven Mentalitätsmustern ein, mithin in „dem verschwommenen Komplex der Bilder und spontanen Gewissheiten, auf die alle Mitglieder ein und derselben Gruppe sich berufen" (Duby 1992, S. 96). Die Diskurse erzeugen in ihren Zusammenhängen unterschiedliche Vorstellungen, wobei die Mythen des Alltags sowie die Vorstellungen eine Rolle spielen, wie sie medial konstruiert werden. Erziehungsbilder sind erzeugt durch Werbespots ebenso wie durch Schreckensmeldungen über Monster-Kids. Dabei sind diese „Sichten" auf Erziehung und die insofern konstruierten „Erziehungen" in Deutungsmuster eingebettet, die eine lange Vorgeschichte haben und für die Beteiligten als Deutungsmuster wie als „Moralsysteme" wirken (Febvre 1990, S. 111). Nur deshalb wird die volkspädagogische Wirkung pädagogischer Diskurse erst möglich. Doch tritt in der fortgeschrittenen Moderne eine Differenz auf, die mit der Durchsetzung von Massenmedien als steten Begleitern des Alltagsvollzugs zu tun hat; die Moralsysteme werden extern gelagert, während die alten Kommunikationssysteme, etwa das Gerücht, doch eine engere Bindung an die kommunizierenden Subjekte forderten. Sie mussten aussprechen, was sie für Erziehung halten wollten, während das moderne Subjekt sich auf die Instanz der Presse oder des Fernsehens berufen kann.

Diese Deutungssysteme lassen sich – wie schon Erich Weniger gezeigt hat – in einer Aufschichtung ordnen, welche von den unmittelbaren Alltagsreflexionen hin zu jenen reicht, welche vornehmlich durch philosophische oder gar wissenschaftliche Ansprüche modifiziert werden:

Als erste Wissensform finden sich Reflexionen der Erziehung, ein pädagogisches Wissen, das im Vollzug des Alltags, in den konkreten, erfahrenen und erlebten lebensweltlichen Zusammenhängen eingelagert ist und im familiären Kontext tradiert wird – wobei dies zuweilen mit der Intention von Distanzierung einhergeht. Dieses Wissen sichert sich ab durch Überzeugungen in pädagogischen Dingen, die mit anderen geteilt werden, etwa mit nachbarschaftlichen Netzwerken. In ihm geht es um Erfahrungsaustausch, um Tricks, dann um Bestätigung für das eigene Tun. In diese Alltagspädagogik sickern Vorstellungen ein, welche szientifisch recodiert werden können. Eltern treten beim ersten Kind noch als Sozialisationstheoretiker auf und richten ihre Praktiken gegen vermutete soziale und kulturelle Erwartungen: Mädchen mögen dann blaue Kleidung tragen, Hosen anziehen und mit Autos oder gar einer Eisenbahn spielen; die Ernüchterung angesichts der unvermeidlichen *rosa Phasen*, Rüschenkleider und dem Zwang der Barbie-Puppen bremst diese Ambitionen nur bedingt. Mit dem zweiten Kind vollzieht sich dann ein harter Wechsel hin zu einer Haltung, die man als die eines Verhaltensgenetikers beschreiben könnte; die Eigenschaften von Kindern werden dann biologischen Determinanten und der Erbmasse zugesprochen, zumindest nimmt man Abstand von sozialisatorischen Experimenten; bei Mädchen wird die Barbiepuppe zugelassen, vielleicht über den Umweg der Paten, bei Buben nimmt man verbittert wahr, wie sie pazifistische Elternhäuser damit terrorisieren, dass noch ein harmloser Kugelschreiber zum Maschinengewehr mutiert. Ohnedies breitet sich rasch die Einsicht aus, dass Jungs sich langsamer entwickeln und über lange Zeiten das Prädikat leichter Dämlichkeit verdienen – wobei dem gar nicht entgegensteht, dass sie von ihren Vätern immer noch bevorzugt werden. Ein drittes Kind ruft meist den nüchternen Pragmatiker auf den Plan, der eine Art gesundes Desinteresse demonstriert – sofern nicht eine in der Familiengeschichte späte Geburt Nesthäkchenambitionen erzeugt.

Noch durch die alltagsweltlichen Zwänge und Erfahrungen geerdet, schleichen sich in der zweiten Reflexionsform Momente eines Wissens ein, das mit dem Anspruch von Wissenschaftlichkeit gekoppelt wird – Erziehungsratgeber spielen eine wichtige, wenn auch problematische Rolle. Dieses Wissen bricht relativ früh, zuweilen schon vorgeburtlich, spätestens aber mit jenen Beipackzetteln ein, welche der Wöchnerin und dem Neugeborenen beigelegt werden: Verlaufskurven der zu erwartenden Gewichts- und Größenzunahme, Hinweise für gesunde Ernährung und mögliche Risikofaktoren treten auf. Es geht um pädiatrisches Wissen, das kommerziell überformt ist oder (gerade deshalb) in alternativen Diskursen korrigiert wird. Massage und Tragetuch markieren Kampfzonen.

Eine dritte Wissensform ist durch den Umgang mit pädagogisch Professionellen bestimmt. Dabei geht es weder um entwicklungspsychologisches oder pädagogisches Wissen, sondern um Strategien, jene Erwartungen und Anforderungen zu bewältigen, welche von Institutionen und als professionell behaupteten Pragmatiken ausgehen (vgl. Wilhelm 2005); man muss Institutionen überleben, Veränderungen bewältigen, welche Schule in den familiären Alltag einbringt. Umgekehrt spricht „erregte Aufklärung" (Rutschky 1992) professionelle Ambitionen aus wie zugleich eine Kritik der Expertenherrschaft, die vornehmlich eigene Interessen verfolgt; strukturell geht es darum, die Sphären des Privaten gegen den Einfluss jener zu verteidigen, die als Fachleute das ganze Ausmaß der Problematik vor allem im Dunkelfeld beschreiben. Damit entstehen Strukturen des Verdachts und der Verdächtigung, die wenigstens sensiblere Kreise beeindrucken.

Das verweist – viertens – wieder auf die medial konstruierten Debatten, die ihrerseits in drei Formen artikuliert werden. Zum einen bieten sie das bessere Wissen, welches in einer Generalisierungsformel zur Darstellung kommt, die möglichst als Expertenspruch legitimiert wird. Als ein Muster kann die Berichterstattung des „Spiegel" in Sachen PISA gelten, wenn diese feststellt: die deutschen Schulen versagen – eben alle, in jedem Augenblick, von Experten bestätigt. Das zweite Muster wird aus dramatisierender Beobachtung von Einzelfällen gewonnen und in der Steigerungsrhetorik eines „immer mehr" ins Spiel gebracht. An sie schließen die Elemente der Besorgnis an, die eine Lösung verlangt: Sie wird im Anruf von Zuständigen ausgesprochen – also im Appell an Eltern etwa oder an Lehrer –, dann in Disziplinierung und Kontrolle. Beide Verfahren sind nicht frei von Absurdität, weil einerseits die angesprochenen schon vorab als Täter entlarvt waren, andererseits Mängel an Disziplin und Kontrolle ja gerade als die Defizite sichtbar wurden. Man möchte mehr von dem, was sich eben als untauglich erwiesen hat.

Diese Debatten erzeugen Horizonte der Thematisierung und Relevanz, es kann daher nicht überraschen, dass einerseits Moralunternehmer das Feld bestimmen, andererseits hard-core Lobbyisten auftreten. Beide argumentieren selbstverständlich mit dem Allgemeininteresse und dem Anspruch wissenschaftlicher Begründung. Doch letztlich geht es um einigermaßen ungenierte Machtpolitik, die über Definitionen hergestellt wird. Hier werden die Schlüsselbegriffe generiert und durchgesetzt, zuweilen ohne Rücksicht auf intellektuelle Verluste – von Fragen der Redlichkeit ganz zu schweigen.

Endlich findet sich eine letzte Ebene des Wissens, auf der dieses mit Wahrheit assoziiert sein könnte. Das eine Problem besteht indes darin, dass die hier zu beobachtenden Theorien in der Tat weit weg von den Alltagsproblemen erzählt werden; andererseits sollten sie sich unabhängig von den als Klassikern behaupteten Theorien entwickeln, nur durch die Kraft ihrer Argumente und die Stichhaltigkeit ihrer Belege gelten. Bevorzugt werden Ansätze, die Erziehung als planbaren Prozess sehen, hin auf ein Ziel ausgerichtet, wobei der Erfolg der angewandten Methoden gemessen werden kann; das ganze Unternehmen vollzieht sich als Lernprozess, eigentlich kumulativ, ausgerichtet möglichst an gesell-

schaftlichen Vorstellungen; die Pädagogik der DDR hat beispielsweise so gedacht (vgl. Krause 2004, bes. S. 20 ff.), in Gestalt der jüngsten Erziehungskon-
zepte überholt sie nun ohne einzuholen. Insofern liegt Wahrheit darin, von der
ehemaligen DDR zu sprechen; es gibt eine *gegenwärtige*, wenigstens in den pädagogischen Debatten. Kein Zweifel: Diese Art von Pädagogik war erfolgreich,
freilich auch nicht frei von Nebeneffekten.

Diese oft latenten pädagogischen Theorien enthalten tief sedimentierte Vorstellungen, Ideen, die einer praktischen Philosophie zuzuordnen sind. Am Beispiel: Vorstellungen von Erziehung, wie sie in Europa geläufig sind, operieren
bei aller Differenz im Einzelnen mit einer Idee von Subjektivität. Sie sehen
Menschen als Urheber ihrer selbst, die sich durch ihre eigenen Entwürfe bestimmen und so eine Geschichte machen, in der sie wenigstens eine Rolle zu
spielen versuchen. Zur Vorgeschichte gehören auch die Bilder von Erziehung,
welche in einer Kultur entwickelt und dann – im weitesten Sinne des Ausdrucks
– als Theorien der Erziehung tradiert werden. Man kann also kaum über Erziehung reden, ohne sich über pädagogische Theorien auseinander zu setzen. Die
von ihnen entwickelten Vorstellungen von Erziehung, zuweilen als Klassiker der
Pädagogik kanonisiert, sind in den Köpfen präsent, nicht nur um das Geschehen
normativ zu regeln, sondern um es überhaupt erst thematisieren zu: Man muss
pädagogisch gebildet sein, um über Erziehung zu reden. Der pädagogische Diskurs ist selbst schon Teil jener Kultur, in der Bildung erst realisiert wird. Gleichwohl zeichnen ihn Ambivalenzen aus: Denn der Diskurs bringt Vorstellungen
über Erziehung hervor, welche diese sichtbar machen. Aber er birgt zugleich
die Gefahr, dass Tendenzen einer Beherrschung der Beteiligten durchgesetzt
werden.

Ohne Gewähr – Theorie als Bündel von Fiktionen

Die Einsicht, dass Erziehung nur als Zusammenhang von sozialer Wirklichkeit
und diese bestimmenden Diskursen zu begreifen ist, könnte als akademisch abgetan werden; sie zieht immerhin als Forschungsprogramm nach sich, dass man
die einzelnen Diskurse untersucht und rekonstruiert, dass man die Kontroversen
um Bedeutungen in ihrer lebens- und damit auch erziehungspraktischen Konsequenz aufsucht. Das kann machttheoretisch ambitioniert geschehen, das kann
aber auch erziehungstheoretisch angelegt sein, weil man versuchen kann, den
Fiktionen auf die Spur zu kommen, welche in den Diskursen gebraucht werden.
Und man kann endlich prüfen, ob sich nicht in diesen Diskursen als deren inneres Gliederungsprinzip eine bestimmte Vorstellung von Erziehung abbildet, die
man dann als das immer kommunikativ gebundene, gleichwohl gültige Verständnis von Erziehung fingieren kann; weil Denken und Sprechen, weil vielleicht auch Handlung und Kommunikation, weil Praxis und Sinn untrennbar
verbunden sind, könnte sich vielleicht als eine Art grammatische Funktion in

den Diskursen ein Wissen um Erziehung einschleichen, das man als ein objektives behaupten kann.

Diesen Weg könnte und kann man gehen; er hat den Vorteil, dass man ihn mit aufrechtem Gang benutzen kann. Denn auf ihm bleibt klar, dass ein – um es vorsichtig zu formulieren – eher objektiver Begriff der Erziehung unwahrscheinlich bleibt. Denn Diskursanalyse zeigt Veränderungen auf, macht Kämpfe um Bedeutungen sichtbar (vgl. Wilhelm 2005), von welchen der Status der Beteiligten abhängt. Das ist schon wichtig, allzumal in Erziehungsdingen: Ob mit der Vorstellung vom Zögling eine herabwürdigende Geste verbunden ist, ob der – im angelsächsischen Sprachgebrauch übliche – Blick auf das „good functioning" von Kindern nur eine technologische Haltung ist, entscheidet über die Qualität der Lebenspraxis; dass die vordergründig schnöde Perspektive mit größerer Freiheit für die Kinder und Jugendlichen einhergehen kann, zeigt sich vielleicht in einer solchen Diskursanalyse.

Das Problem einer so begründeten Theorie darf freilich nicht verschwiegen werden; sie reicht kaum über das hinaus, was man die Prüfung der Ereignishaftigkeit der diskursiven Szenen nennen kann; man weiß dann eben, wie sich die Beteiligten um Bedeutungen gestritten haben. Aber warum sie dies eigentlich tun, bleibt offen; nimmt man an, dass sie um ihrer Selbstbehauptung willen streiten, spricht man eine implizite Vermutung aus, die gleichsam vor den Diskurs weist. Selbstbehauptung ist dann eine Annahme, die den Forschungsprozess leitet; sie weist auf ein Moment, das man aber als der Sache zugehörig sehen kann. So scheint also die Überlegung in eine ausweglose Situation zu führen; diskurstheoretische Ansätze zeichnen erkenntnistheoretisch ziemliche eklige Tendenzen aus: So unvermeidlich sie scheinen, machen sie doch den Gedanken an ein Wissen zunichte, das ein wenig sicherer ist, weil es wenigstens die Unsicherheit denken und ordnen lässt.

Einen Ausweg aus dem Dilemma hat allerdings schon der Hinweis auf die literarische Darstellungsform gegeben, welche das pädagogische Wissen für sich gesucht hat. Eine bessere, auf Dauer tragfähige Antwort gibt überraschenderweise Friedrich Nietzsche, den die fehlende Evidenz von Erziehung zu einem hübschen Aphorismus veranlasst hat (was nebenbei die eben angestellten Überlegungen zur pädagogischen Wissensform noch bestätigt): „Wie ist eine Erziehung möglich, wenn es keine Freiheit des Willens giebt, wenn es keine Freiheit des Gedankens giebt, sondern wir nur Erscheinung sind. Dagegen zu sagen, dass es eine Erziehung im gleichen Sinne giebt, wie eine Freiheit des Willens – nämlich als nothwendige Wahnvorstellung, als vorgeschobnen Erklärungsgrund für ein uns gänzlich entzogenes Phänomen. Wenn also keine Erziehung eintritt, so ist dies ein Beweis, daß jenes Phänomen nicht existirt" (Nietzsche 1988a, S. 129 f.).

Josef Dolch zitiert dies nicht ganz ohne Empörung, weil dem Erziehungsphänomen die sachliche Gegebenheit genommen werde. Nietzsche schwebt allerdings Nüchternheit gegenüber den großen Ambitionen vor, die ihn an den angesichts der Despotie des Gymnasiums seinerzeit geführten Bildungsdebatten zwischen Latein und Kegelschnitten (vgl. DuBois-Reymond 1974, S. 146) irritieren; vermutlich litt er ohnedies an den unverdauten Wissenssteinen, die auch in seinem Bauche herumrumpelten (Nietzsche 1988b, S. 272). Abgesehen von seiner Sprachgewalt birgt sein Aphorismus jedoch eine methodisch weiterführende Implikation, die sowohl das Problem der Unsichtbarkeit von Erziehung wie auch das ihrer diskursiven Gebundenheit und damit gegebenen Relativität, endlich auch das mit ihrer Theorie verbundene Handlungsproblem lösen hilft. Denn „Erziehung" als Wahnvorstellung zu bezeichnen, legt nahe, sie als Fiktion zu denken – im gleichen Maße wie dies die Annahme von der Freiheit des Willens tut: Wir wissen weder, ob es die Freiheit des Willens oder aber – viel pragmatischer – Erziehung wirklich gibt; selbst die mit der Realitätsannahme aufgezeigten empirischen Institutionen und Pragmatiken könnten trügerisch sein. Vielleicht wird im Knast ja doch erzogen. Vielleicht findet in Schulen keine Erziehung statt. Aber um dies überhaupt klären zu können, muss man eine Vorstellung des „als-ob" entwickeln. Gestützt auf die Diskurse über Erziehung darf man heuristisch nicht nur die Annahme ihrer Existenz machen, sondern kann sie in theoretischen Fiktionen entwickeln. Man muss dies sogar tun, weil man andernfalls das Geschehen nicht versteht, selbst wenn sich dieses gegen die Annahme stellt, dem in der Fiktion Gedachten widerspricht. Aber wie hätte man das ohne sie je bemerkt? Die Idee Nietzsches eröffnet die Möglichkeit einer kontrafiktionalen Einsicht; vielleicht gibt es keinen freien Willen, vielleicht – aber das scheint angesichts der Diskurse unwahrscheinlich – gibt es keine Erziehung. Später – vermutlich unter Einfluss Nietzsches, definitiv beeindruckt durch Hans Vaihingers philosophischen und den erkenntnistheoretischen Fiktionalismus des Soziologen Wilhelm Jerusalem – hat Bruno Bettelheim eine solche Perspektive im Blick auf Individualität in pädagogischen und sozialen Prozessen diskutiert – aus der KZ-Erfahrung heraus, wie eben diese Individualität völlig negiert werden kann: Die Differenz des Individuums muss *theoretisch* angenommen werden. Ebenso ist empirisch die Wahrscheinlichkeit ziemlich groß, dass wir keine Erziehung vorfinden, dennoch muss ihre Existenz angenommen werden: Fiktionen erlauben nicht nur das Experiment der Vernunft in praktischer Hinsicht, allzumal wenn weder eine normative noch eine sinnlich-empirische Sicherheit besteht, sondern mit Illusionen von Individualität zu rechnen ist (Meyer-Drawe 1990). Fiktionen sind also Denkmittel einer Theorie, die Unsicherheiten nicht vermeiden will. Sie hält mit diesen im Prozess des Denkens inne, markiert vorübergehende Vorstellungen. Damit entstehen Verdickungen in einem Reflexionsprozess, Knoten. Ihre Einsicht kann nur bedingt und eingeschränkt als gültig behauptet werden. Fiktionen betreffen auch die Ordnung des Ganzen; man kann das Dargestellte möglicherweise anders arrangieren, ein Anspruch auf Verbindlichkeit verbietet sich, die Theorie als fiktionales System bietet nur eine Möglichkeit, die selbst noch einen diskursiven Charakter beibehalten will: Wir können so über Erziehung reden, aber andere Wege werden damit nicht ausgeschlossen: Das ist weder demokratisch oder – im Sinne von Richard Rorty (Rorty 1988) – solidarisch gemeint, darf auch nicht als Preisgabe von Wahrheit gelten; es geht nur um die unvermeidliche Konsequenz aus einer ersten Einsicht in den Erziehungssachverhalt, nämlich den in ihm gegebenen Zusammenhang von Handlung und Reflexion, dann aber um Vorsicht gegenüber uneinlösbaren Geltungsansprüchen. Im Übrigen sind wir durchaus gewohnt, mit solchen zurückhaltenden Informationen umzugehen: Jeder Lottospieler vertraut den im Fernsehen mitgeteilten Gewinnzahlen, obwohl doch deutlich unter diesen steht: Ohne Gewähr.

Fiktionen wirken endlich auch praktisch: Die Mehrzahl pädagogischer Begriffe sprechen keine Norm des Handelns aus, sie regeln dieses nur bedingt durch ihre Deutungsangebote; deshalb werden pädagogische Begriffe auch als Metaphern, ihr Zusammenhang als Metaphorologie verstanden (Herzog 2000). Mit ihnen werden keine technischen Anweisungen, aber Technologien ausgesprochen, weil die pädagogischen Fiktionen Verhältnisse von äußeren und inneren Umwelten zu dem aussprechen, was in diesen inneren Umwelten passiert: Der Begriff der Erziehung fingiert beispielsweise den Zögling als Subjekt, das sich selbst entwickelt. Trifft dies zu, dann muss Erziehung den Raum bestimmen, in dem dies passiert; dieser Raum aber muss praktisch geschaffen, zugleich auch abgegrenzt werden gegenüber Umwelten, in welchen die Entwicklung des Subjekts nicht möglich ist. Notabene: all das spricht ein Denkmodell aus, mit dem Informationen, auch Wissensbestände geprüft werden. Missverstanden wäre dieses Modell, wollte man es als normativ lesen.

Doch dabei bleibt allemal das Problem, wie man eine solche Theorie beginnen kann. Gibt es vielleicht notwendige Denkfiguren? Gibt es eine Grammatik, die wir in den Fiktionen der Erziehung abbilden müssen? Vor allem aber: Warum werden pädagogische Diskurse geführt und worauf beziehen sie sich? Warum und wie entsteht eine diskursiv gebundene Realität der Erziehung? Was ist das Problem, das so bearbeitet wird? Was ist das Problem, das die Erfindung von Erziehung löst, gerade in ihrer eigentümlichen, sie immer auszeichnenden Gestalt des Zusammenhangs von Handeln und sinnhafter, nämlich pädagogischer Kommunikation zu diesem?

Dies aber weist den weiteren Weg: Es muss einen Grund dafür geben, dass sich offensichtlich alle Gesellschaften ein dermaßen schwierig zu fassendes Geschehen erlauben. Der Feststellung durch die pädagogischen Diskurse steht die Faktizität gegenüber, welche empirisch gegeben ist in der Unausweichlichkeit eines pädagogischen Problems. Dieses bildet das Datum bene fundatum, in dessen Erkenntnis eine Grundlage sich findet, um mit höherer Gewissheit über Erziehung nachzudenken. Von diesem Zusammenhang aus lässt sich vielleicht rekonstruieren, was die theoretische Fiktion Erziehung auszeichnet, wie eigenartig sie sich dann auch in ihrer heute gegebenen Realität zeigt.

II Voraussetzungen und Bedingungen: Das Problem der Erziehung

5   Wie Natur ein Fenster für Erziehung öffnet

In pädagogischen Diskursen wird Erziehung objektiviert, ideengeschichtliche
Darstellungen wie auch Theorien verfestigen die pädagogische Reflexion. Bezieht man sich auf sie, kann man das im Diapason verankerte Dispositiv als die
pädagogische Tatsache lesen; Erziehung wäre dann nur pädagogische Kommunikation. Damit gerät man in die Gefahr, pädagogische Diskurse, mithin die Vergewisserung über Erziehung als Erzeugung bloßer, möglicherweise erfolgreicher
Semantik zu begreifen. Semantik verweist auf Semiosen, Zeichenprozesse sind
mehrdimensional, wenigstens aber bezeichnen Semantiken stets etwas – die pädagogische Semantik tut dies auch, mit aller Bedeutung, die sie transportiert.

Aber sie bezeichnet nicht unmittelbar die Sache der Erziehung. Der bloßen
Ahnung, dass es so etwas wie Erziehung als soziale Wirklichkeit und Praxis geben könnte, kommt man erst bei, wenn man tiefer ansetzt und ein Palimpsest erkennt: So gibt es pädagogische Institutionen und Praktiken ebenso wie Vorstellungen und Begriffe, die über längst unsichtbar gewordenen Texten lagern, welche Überlegungen, Konzepte, Empfehlungen formulieren, um Erziehung zu
bewältigen. Nicht immer wurde vollständig ausgelöscht, was früher geschrieben
wurde – deshalb bleiben Mythen wirksam (vgl. Tight 1999). Zuweilen folgen
die neuen Texte den alten Linien der Schriftzeichen – manche Vorstellungen lassen sich nicht ausrotten, obwohl ihnen jegliche Empirie widerspricht.

Durch all diese meist diskursiv gebundenen Schichten muss man hindurch,
nicht um ein *Wesen* der Erziehung zu erkennen, sondern um das *Problem* zu erfassen, zu dessen Lösung sie erfunden wurde. Pädagogische Semantik bezeichnet
zwar eine pädagogische Wirklichkeit, aber diese ist ihr *sicher* nur als ein *Problem*
zugänglich. Kurz: Es gibt einen Grund dafür, dass soziale und kulturelle Praktiken zu einer besonderen sozialen Realität sich verdichten, die dann als Erziehung bezeichnet und analysiert wird: Welche Funktion erfüllt aber das so benannte Geschehen – jenseits der besonderen Ausdrücke, welche in den verschiedenen Kulturen für es bestehen?

Einfache Fragen lassen sich nicht immer einfach beantworten. In die Tiefen
dieses sozialen und kulturellen Palimpsests weisen Überlegungen, die an Grund-
voraussetzungen des Geschehens erinnern. Deshalb beginnt pädagogische Theorie in der Regel mit einem Rekurs auf die anthropologischen Voraussetzungen
von Erziehung, obwohl Schleiermacher vor einem solchen Zugang warnt. Denn
solche Begründungsversuche zielen auf Bedingungen, welche in der menschlichen Existenz schlechthin gegeben sind und Erziehung erforderlich machen,

ermöglichen oder beschränken. Damit werden jedoch Konstanz und Kontinuität des Menschen schlechthin behauptet, welchen die Dynamik der sozialen und kulturellen Evolution widerspricht; die Vielfalt menschlicher Lebensformen, die schier unbegrenzte Fähigkeit, Veränderungen mitzutragen und zu erleiden, legen eher nahe, von einer Dynamik und einer Pluralität des Humanen auszugehen. Doch genügt es wiederum ebenso wenig, Plastizität und Variabilität des Menschen als sein Charakteristikum auszumachen und den Hypothesen seiner defizitären Existenz zu folgen. Denn dies verlangt, an die gegebenen, historisch entstandenen Umstände anzuknüpfen. Der Blick gilt der conditio humana in einem konkreten Sinne, während Menschenbilder meist mit viel Optimismus zu viel Bestimmtheit vorgaukeln, obwohl sie hochvariabel sind (vgl. Barsch/Heijl 2000).

Ähnlich wie die politische Theorie bewegt sich eine Theorie der Erziehung nur in dem Rahmen einer „Partialanthropologie" (vgl. Höffe 1995, S. 23, S. 25), welche zwar die natürlichen, allzumal die biologischen Bedingungen thematisiert, ohne jedoch mit diesen schon eine gegenständlich hinreichende Bestimmung finden zu können. Denn keine Anthropologie zeigt eine vorreflexiv gesicherte, empirisch gegebene, objektive Natur des Menschen auf; jede Anthropologie bringt vielmehr eine Einsicht in eine historisch gegebene menschliche Situation. „Die Natur des Menschen ist in keinem Sinne unmittelbar zugänglich, greifbar, verfügbar; Menschen suchen fortwährend und in zähen Bemühungen ihre eigene Natur zu erkennen und müssen Begriffe finden, in denen sie ihre Existenz und die Besonderheiten ihrer Erfahrung ausdrücken. Sie müssen ihre eigenen Expressionen betrachten" (Nelson 1977, S. 146). Ludwig Feuerbachs „Wesen des Christentums" und seine zu Unrecht vergessene praktische Philosophie haben deutlich gemacht, wie das Selbstverständnis des Menschen in all seiner Allgemeingültigkeit subjektive Erkenntnis ausspricht und insofern auch von dem abhängt, was Marx als Fetischbildung bezeichnet: Religion, vielleicht sogar das vorgebliche humane Konstituens der Arbeit (Kurz 1991; Postone 2003), am Ende noch die Idee einer Natur des Menschen fetischisieren soziale Beziehungen.

Das anthropologische Denken selbst tendiert zum Mythos, allzumal wenn es der Vorstellung vertraut, man könne durch den Rückgriff auf Natur bestimmen, was Pädagogik auszeichnet; das unterscheidet sich strukturell kaum von Vorstellungen, nach welchen Gott das Geschehen bestimmt. Eine andere Perspektive eröffnet sich hingegen, wenn man mit Freiheit zu rechnen beginnt: Weder die Festlegung durch Gott noch eine durch Natur stellt dann die Prämisse dar, vielmehr findet sich diese in der Unbestimmtheit des Menschen.

Erst diese Prämisse erschließt das anthroplogische Grundproblem, auf dem das pädagogische Palimpsest aufruht: Es gibt keine *bestimmten* anthropologischen Voraussetzungen, sondern eine grundsätzliche Offenheit, eben Freiheit von Natur oder Gott, aber auch von Gesellschaft. Das bedeutet aber nicht, dass das Problem von Erziehung außerhalb von Natur und Gesellschaft und Kultur, unabhängig von Natur und Geist erfasst werden kann. Im Gegenteil: Erziehung wird durch Natur möglich, um als eine dann kulturelle Erfindung die Naturvoraussetzung selbst noch zu bearbeiten; das natürliche Geschehen muss dann selbst Gegenstand einer Tätigkeit sein, die Natur bewahrt und der Naturbedingung überhaupt erst zur Wirklichkeit verhilft. Oder noch schärfer: Erziehung hat mit einem *Verhältnis* des Geistes zur Natur zu tun, das weder mit einfacher, materialistischer Kausalität noch mit sozialer und kultureller Determination oder göttlichem Wirken zu beschreiben ist. Das Problem der Erziehung entsteht vielmehr in einem *Feld*, in welchem es um die Grenze *und* um einen Zusammenhang zwischen Natur, Geist und Kultur wie Handeln, Geschichte wie Gegenwart und Zukunft geht, in dem eine eigene, neue Qualität entsteht, die weder dem einen oder dem anderen Pol zuzurechnen ist.

Ein Bewusstsein dieses Problems deutet sich schon früh an. Die Vorsokratiker schreiben: „Die Natur und die Erziehung sind einander ähnlich. Denn die Erziehung gestaltet den Menschen um; indem sie ihn aber umgestaltet, schafft sie (wiederum) eine Natur" (Griechische Atomisten 1991, S. 196); sie erkennen sogleich, wie darin eine Offenheit entsteht, die eine Zurückhaltung gegenüber aller Pädagogik nahe legt: „Kinder großzuziehen, ist ein Risiko [...] wenig Glückbringendes, das zudem gebrechlich und unsicher ist" (Griechische Atomisten 1991, S. 195). Die Philosophie der Aufklärung, die spätestens mit Rousseau in eine reflexive Selbstkritik eintritt, nimmt diese Figuren des antiken Denkens wieder auf; sie löst sich damit aus den einfachen Schematismen, die Rationalisten oder Sensualisten, dann ihre materialistischen Vertreter anbieten – gleich, ob sie sich auf Natur oder auf Gesellschaft beziehen, LaMettrie oder Helvetius folgen. Sie blieben allerdings mehrdeutig wie John Locke, der mit Vernunft rechnete, um Sinnesdaten zu integrieren. Tetens, dessen Schriften Kant inspirieren, entwickelt eine Anthropologie der Möglichkeit, ein Modell des konjunktivischen und potentialen Status von Humanität, dessen also, „was ein Mensch sein *könnte*, sein *würde*, und sein *müsste*" (Tetens 1966, S. 5). Allein durch angeborene Natur ist dies weder zu erreichen, weil „andere äußere Ursachen, von denen sie modifiziert wird, in ihre Art zu wirken einen Einfluss haben und diesen bestimmen sollten" (Tetens 1966, S. 7). Nur: für alle Wirkungen lassen sich auch Ursachen denken, die „möglich, nur hier nicht wirklich vorhanden sind" (Tetens 1966, S. 15). Der Mensch in „Gesellschaft mit seinesgleichen" findet nicht nur Differenz vor, die Interaktion ermöglicht, welche pädagogisch interpretiert werden kann: „Hier kann ein jedes einzelnes Mitglied von dem anderen lernen, und zugleich Lehrer sein. Und so kann wechselweise einer den anderen ausbilden. Dies kann geschehen" (Tetens 1966, S. 17), wenn symbolische Kommunikation entsteht; Sprache ist an das Erziehungsphänomen gebunden und vice versa (Tetens 1966, S. 20). Sprache wird zum Paradigma, in welchem die Naturmöglichkeit, Gesellschaft und Geschichte, endlich eine Form der Produktion des Neuen begreifbar werden.

Das Problem wird vor allem in den Begründungszusammenhängen des 18. Jahrhunderts herausgearbeitet. Herder, ein Anhänger der Plastizitätsthese, benennt 1784 in seinen „Ideen zur Philosophie der Geschichte der Menschheit" als „Prinzipium", wie alle Anthropologie auf Geschichte zurückverweist, ohne jedoch einen definitiven Anfang zu finden: „Empfinge der Mensch alles aus sich und entwickelte es abgetrennt von äußern Gegenständen, so wäre zwar eine Geschichte *des* Menschen aber nicht *der* Menschen, nicht ihres ganzen Geschlechts möglich. Da nun aber unser spezifischer Charakter eben darin liegt, dass wir, beinahe ohne Instinkt geboren, nur durch eine lebenslange Übung zur Menschheit gebildet werden, und sowohl die Perfektibilität als die Korruptibilität unsres Geschlechts hierauf beruhet: so wird eben damit auch die Geschichte der Menschheit notwendig ein Ganzes, d.i. eine Kette der Geselligkeit und bildenden Tradition vom ersten bis zum letzten Gliede.

Es gibt also eine Erziehung des Menschengeschlechts, eben weil jeder Mensch nur durch Erziehung ein Mensch wird, und das ganze Geschlecht nichts anders als in dieser Kette der Individuen lebt" (Herder 1995, S. 226). Doch wie Natur allein uns wenig weiterhilft, bietet Geschichte ebenfalls keine Sicherheit, auf die sich Erziehung stützen könnte: „Bleibt der Mensch unter Menschen, so kann er dieser bildenden und missbildenden Kultur nicht entweichen" (Herder 1995, S. 227). Georg Forster spitzt dies mit einem kritischen Seitenblick auf jene zu, die Kants Philosophie dogmatisch gebrauchen: Er warnt vor der „geschlechte[n] Humanität" (Forster 1958, S. 169). Sie entsteht, wo faktisch ausgeübte Erziehung eben die Produktivität des Individuums, Bildung unterdrückt: „Um so mehr muss man über den Unsinn der Erzieher erstaunen, die alles aufbieten, um in ihren Zöglingen eigenes Wirken zu hemmen" (Forster 1958, S. 168).

Anthropologische Schematisierungen und Duale, Vorstellungen eines homo duplex, werden also dem Problem der Pädagogik nicht gerecht, lassen nicht begreifen, warum und wie Erziehung möglich wird. Dies erfasst nur eine Dreifaktorentheorie, die sich schon bei Platon andeutet. Im Timaios-Dialog verhandelt er im Horizont des Problems von Sein und Werden die Konstitution der Seele (Platon Timaios 28a-29a und 34a-35a), später, im Mittelalter, spricht Hugo von Sankt Viktor unter Bezug auf den Timaios vom Werk Gottes, dem der Natur und dem des schaffenden Menschen (vgl. Oelkers 2001, S. 44). Die Alternativen Gott und Natur, Geist und Natur, Gesellschaft und Natur taugen genealogisch nicht; es reichen weder Offenbarung oder Erfahrung, noch Glauben oder Wahrheit, es genügen auch nicht Nachahmung oder Schöpfung. Wer mit dem Werden des Seins rechnet, kann sich sogar bei den Gegensätzen von wahr und falsch, von gut und böse nicht aufhalten. Das Problem reicht weit in die Soziologie hinein, die an dualen Anthropologien eigentümlich scheitert: Emile Durkheim (Durkheim 1974a) nimmt eine Spaltung des Menschen an und behauptet zugleich, dass dieser das Beste aus einer Gesellschaft gewinnt, die sich mit imperativer Macht der Natur bemächtige – und die Übel der Welt?

Die pädagogische Theorie denkt Erziehung nicht nur in einem Feld, das zwischen Natur und Geist, Leiblichkeit, Praxis und Normativität aufgespannt wird: Rousseau spielt mit dem Verhältnis von Natur und Gesellschaft, misst Gesellschaft an Natur, um zu zeigen, wie sie Natur zerstört und Natur zugleich doch aufgehoben sein soll, wie eine ideale Gesellschaft nur unter der Bedingung völliger Denaturierung möglich wird. Das Werden des Seins geschieht daher in einer eigenen Konstellation, für die eine Theorie der drei Bedingungen zeigt, wie es eine *Determination zur Freiheit* gibt, welche den so Gezwungenen nicht zur Disposition steht, von diesen aber verwirklicht werden muss. Paradox formuliert: Dass etwas nicht ist, zeichnet menschliches Denken und Urteilen als solches erst aus, darin unterscheiden sie sich noch von allen Tieren (Brandt 2005, S. 89). Diese Freiheit des Nichts, kann als das Grundproblem verstanden werden, das Erziehung formatiert. Präzise spricht es Johann Heinrich Pestalozzi aus, dem in seinen „Nachforschungen über den Gang der Natur des menschlichen Geschlechts" die ganze Komplexität der Problemlage aufgeht. Dass Menschen durch Natur und Gesellschaft bestimmt werden, stellt dabei das unbedeutende, theoretisch wie praktisch zu vernachlässigende Problem dar; man mag solche Bestimmungen, man mag die Kausalitäten begreifen wollen, um ihr Ausmaß zu erfassen. Vor die entscheidenden Fragen stellt aber der – wie groß auch immer zu bestimmende – Restbereich, nämlich die Praxis des Menschen, wie sie sich als „dieses Gemisch von Zufall und Freiheit" (Pestalozzi 1938, S. 57) ergibt: Begriffen werden muss also, wie Zufall und Freiheit jenseits und unabhängig von Kausalitäten geregelt werden (können). Diese Praxis bestimmen, so stellt Pestalozzi fest, drei Aktoren; sie ist Werk der Natur, Werk der Welt, also der Gesellschaft, Werk „meiner selbst" (Pestalozzi 1938, S. 122). In diesem Dreieck vollzieht sich ein Prozess von Aneignung und Konstitution: „Soviel sahe ich bald, die Umstände machen den Menschen, aber ich sahe eben sobalde, der Mensch macht die Umstände, er hat eine Kraft in sich selbst, selbige vielfältig nach seinem Willen zu lenken. So wie er dieses thut, nimmt er selbst Antheil an der Bildung seiner selbst, und an dem Einfluß der Umstände, die auf ihn wirken" (Pestalozzi 1938, S. 57).

Insofern verweist Erziehung zurück auf einen evolutionstheoretischen Zugang, der nicht unmittelbar auf die Selbsterzeugung des Menschen zielt, sondern vielmehr begründet, wie der *Mechanismus der Selbsterzeugung* zustande kommt. So paradox dies klingt: es gibt also keine im strengen Sinne anthropologische Erklärung von Erziehung, weil diese immer zurückverweist auf einen natürlichen Zusammenhang, der zugleich in sich und aus sich eine Differenz erzeugt, die selbst zu einem Motor subjektiver Konstitution wird. Struktur geht in einen Vorgang über, in welchem sich die Struktur bewahrt und ein anderes ermöglicht; es geht um Autopoiesis in einem strengen Sinne (vgl. Maturana 1998): Das Problem der Erziehung zeichnet aus, dass in ihm und durch es eine triadische Struktur und eine Differenzmöglichkeit entsteht. Sie wird durch Natur auf der einen Seite, Gesellschaft, Kultur, Geist auf der anderen Seite bestimmt und bringt aus sich heraus ein Drittes, nämlich eine Entwicklung zu einem Eigenen, das sich selbst bestimmt – es deutet sich durch die Existenz eines lebenden Wesens an, das aber unbedingt, insofern frei zur Selbstbestimmung ist. Eine dialektische Figur liegt nahe: die Differenz von Natur und Geist, deren Widerspruch, hebt sich auf in einem Bildungsgeschehen, das in ihr möglich wird, aus dem heraus oder in welchem sich dann Subjektivität als Potenz zeigt. Nahezu zeitgleich mit Pestalozzi umreißt Johann Gottlieb Fichte in der „zweiten Einleitung in die Wissenschaftslehre" von 1797 als konstitutive Struktur der Erkenntnis: Alle verfügen über Vernunft als Möglichkeit des Bewusstseins; sie liegt „mechanisch" dem Ich zugrunde, das sich aber durch Freiheit zu sich und so zu seinem Wissen um Welt erheben kann. Es bedarf der „Erhebung durch Freiheit in einer ganz anderen Sphäre, in deren Besitz wir nicht unmittelbar durch unser Dasein versetzt werden. Wenn dieses Vermögen der Freiheit nicht schon da ist, und geübt ist, kann die Wissenschaftslehre nicht mit dem Menschen anfangen" (Fichte 1911, S. 90). Fichte sieht sogleich, dass darin eine Grenze aller Instruktionspädagogik liegt. Denn eine solche Freiheit der Vernunft und die zu ihrem Gebrauch notwendigen „vorläufigen Erkenntnisse" sind „nicht auf eine systematische Weise beizubringen" und lassen sich nicht aufdringen. Es sind Kenntnisse, „die wir nur aus uns selbst, infolge einer vorher erlangten Fertigkeit, schöpfen können". Hier nun tritt die Aufgabe von Erziehung hervor, die Fichte mit Bezug auf Rousseau deutlich abgrenzt gegenüber dem Nützlichkeitsdenken der Philanthropen: „Alles beruht darauf, dass man mit seiner Freiheit, durch den steten Gebrauch derselben mit klarem Bewußtsein, sich recht innig bewußt geworden, und sie uns über alles teuer geworden sei. Wenn es in der Erziehung von der zartesten Jugend an der Hauptzweck und das bedachte Ziel sein wird, die innere Kraft des Zöglings nur zu entwickeln, nicht aber ihr die Richtung zu geben; wenn man anfangen wird, den Menschen für seinen eigenen Gebrauch, und als Instrument für seinen eigenen Willen, nicht aber als seelenloses Instrument für andere zu bilden, dann wird die Wissenschaftslehre allgemein verständlich und leicht verständlich sein. Bildung des ganzen Menschen von seiner frühesten Jugend an; dies ist der einzige Weg zur Verbreitung der Philosophie. Die Erziehung muß sich erst bescheiden, mehr negativ zu sein, als positiv; nur Wechselwirkung mit dem Zöglinge, nicht Einwirkung auf ihn ..." (Fichte 1911, S. 91).

Evolution und Erziehung

Das Problem der Erziehung entsteht im Zwischenfeld von Natur und Geist, die Struktur der Erziehung gewinnt in diesem ihre eigene Qualität. Damit ist umrissen, was evolutionär auf Dauer gestellt wird. Schon die frühen Entwürfe pädagogischer Theorie scheuten einen solchen Naturbezug keineswegs, nach den emphatischen Naturvorstellungen der Pädagogik des 18. Jahrhunderts folgten die Lehrbücher im neunzehnten Jahrhundert einem Denken, das pragmatisch biologisches Wissen mit – im Verständnis der Zeit – ethischen Figuren verbindet; Evolutionstheorien spielen eine wichtige Rolle (vgl. Muhri 1982), um die Wende zum 20. Jahrhundert galt für Reins „Enzyklopädisches Handbuch der Pädagogik" als verbindlicher Wissenstand, dass die pädagogische Theoriebildung sich auf evolutionstheoretische Befunde und Konstrukte zu beziehen hat (vgl. Liegle 2002). Erst Reformpädagogik und geisteswissenschaftliche Pädagogik verlieren diesen Bezug, verfallen dabei selbst unaufgeklärten organischen Metaphern. Mit der realistischen Wende gewinnen auch naturwissenschaftliche Befunde wieder Bedeutung für die Pädagogik (vgl. Liedtke 1972), um zuletzt sogar als Leitwissen behauptet zu werden (Treml 1987; 2002; Voland/Voland 2002). Dabei droht gelegentlich Biopolitik, vor allem der Rückfall in die seit Schleiermacher überholten und irrelevanten (vgl. Niemitz 1987) Frontstellungen eines Streits um Allmacht und Ohnmacht von Erziehung, um Umwelt und Erbe, um Anteile des einen und des anderen an der Persönlichkeit. Ein zusätzliches Problem liegt in der Vermischung von Fragen der Phylogenese, genauer: der evolutionären Konstitution einer Möglichkeit von Erziehung (vgl. Treml 2004) und solchen, welche die Ontogenese untersuchen und hier insbesondere auf Ergebnisse der Gehirnforschung zurückgreifen.

Phylogenetisch entsteht Erziehung als evolutionär relevante Funktion, die für die Gattung einen Selektionsvorteil bedeutet, ohne jedoch ihre genetische Grundkonstellation zu verändern. Diese ist seit 35 000 Jahren konstant, die natürliche Evolution vollzieht sich in deutlich größeren Zeiträumen – der Penny auf der Nelson-Säule am Londoner Trafalgar-Square zeigt diese kurze Existenz der biologisch einheitlichen menschlichen Gattung an. Der Bezug auf eine solche evolutionäre Funktion entlastet von teleologischen Vorstellungen, die auf eine Vervollkommnung der Gattung abheben, somit implizit normativ werden – später kommt eine Teleologie durch die Akteure selbst in das Geschehen.

Streng genommen ermöglicht Evolution allerdings nur „so etwas wie Erziehung"; sie konstituiert einen ontologisch relevanten Ort für sie, die aber zunächst eigentlich nur als ein Problem zu identifizieren ist, das gelöst und begriffen werden muss. Die eigentümlich triadische Struktur ruft nach einer eigenen Bewältigungsstrategie, die dann mit der Erfindung von Erziehung und der Sinnzuschreibung zu dieser gefunden wird. Vielleicht wurde sogar in der Geschichte der Menschen versucht, das Problem der Erziehung nicht durch Erziehung zu lösen; offensichtlich gibt es aber davon keine Kunde – möglicherweise, weil Erziehung nicht eingerichtet wurde. Mit der vermutlich zufälligen Einrichtung einer die angedeutete Struktur aufnehmenden und bewahrenden Praxis von Erziehung erhält die Gattung jedoch eine höhere Chance zur Kontinuität, einen Selektionsvorteil. Denn die Etablierung als spezifische Form eines umweltbezogenen Lernens bietet ein Instrument, um die eigene Existenzweise nicht nur zu stabilisieren, sondern zugleich eine Voraussetzung, um weitere Praktiken der Auseinandersetzung mit Umwelt zu entwickeln. Dass „so etwas wie Erziehung" zur Erziehung wird, wirkt nämlich wie ein „Wagenheber", der das Zurückrollen der Gattung in frühere Zustände verhindert (Tomasello 2002) und so eine dramatische Entwicklung der Unterschiede in den historischen und sogar gesellschaftlichen Lebensweisen der Menschen auslöst.

Das bricht freilich die Macht der Natur: Evolutionstheoretisch kann kaum mit einer genetischen Variation gerechnet werden – dazu ist der Zeitraum der Existenz von Anthropoiden zu kurz –, während zugleich eine ungeheure kulturelle Variation ausgelöst wird, die noch in die leibliche Organisation von Menschen eingreift. Dabei gewinnt das gesellschaftlich-kulturelle Erbe praktische Dominanz: Wenn die Evolution ihre soziale und kulturelle Wendung vollzogen hat, Gesellschaft und Kultur möglich und beständig geworden sind, tritt Natur zurück. Sie bleibt aber Voraussetzung, wird jedoch Gegenstand sozialer und kultureller Arbeit, mithin ständig vergesellschaftet, aber doch „eine Art von trägem Gewicht […], das einen inneren Riss zeitigt, der sich durch das ganze menschliche Subjekt zieht" (Eagleton 2001, S. 154). Auch Erziehung wird dann sozial und kulturell erzeugt – weshalb es ihr darum gehen kann, die Natur, natürliche Entwicklung gegenüber dem sozialen und kulturellen Zugriff zu verteidigen. Wenn Gesellschaft und Kultur zu Apparaten geworden sind, beginnen sie sich zu verselbständigen und mit eigener Macht zu agieren. Sie dringen dann auf ihren Erhalt und suchen Erziehung zu beherrschen, um sich zu reproduzieren – Pädagogik muss dann absichtsvoll die offene Struktur der Erziehung sichern, um die evolutionäre Dynamik zu bewahren.

Der Evolutionszusammenhang stellt sich somit als ein Rahmen dar, als Kontext des Erziehungsproblems, der dann ausgestaltet wird: Erziehung wird praktisch, weil und indem Evolution eine Öffnung ermöglicht und dabei „selbstreflexiv" wird. Im evolutionären Prozess entsteht also eine Struktur, die Neues erlaubt. Sie ermöglicht Selbstbezüglichkeit, weil dem in ihr gegebenen abhängig unabhängig Differenten sowohl Natur auf Dauer gegenüber gestellt wird, wie auch Gesellschaft und Kultur sich objektivieren. Georg Simmel hat eine analogen Mechanismus für Kultur ausgemacht: Menschen ordnen sich in ihrer tierischen Existenz in der Natur ein, wobei so Geist als Idee der Kultur entsteht. „Ihr liegt eine innere Tatsache zugrunde, die man als ganze nur gleichnisweise und etwas verschwimmend ausdrücken kann: als den Weg der Seele zu sich selbst" (Simmel 1996, S. 385).

Erziehung tritt so als eine eigene Struktur auf, nämlich als die Triade von Natur, Geist und „Freiheit", als Möglichkeit und Form, in welche dann soziale und kulturelle Momente, menschlich gestaltete *Zugaben* eingebaut werden. Die kulturellen Zugaben bestimmen dann Erziehung inhaltlich, ohne sich den strukturellen Bedingungen entziehen zu können (bzw. zu dürfen): Insofern kann man eine objektive Differenz der Erziehung festhalten, die daraus erwächst, eine Funktion der Natur zu sein und mit Kultur durch menschliche Praxis realisiert zu werden. Zugleich ermöglicht dies eine paradox anmutende Doppelung der Funktion von Erziehung: Sie erhält Natur, indem sie Gesellschaft und Kultur erhält sowie deren Entwicklung wie Veränderung ermöglicht. Dies macht nicht einmal vor der neurologischen Organisation von Menschen Halt, weil die entscheidenden höheren Nervenfunktionen symbolisch vermittelt sind und so das biologische Substrat menschlichen Handelns erst eigentlich formen. So erfährt im pädagogischen Geschehen die Naturgrundlage eine durchdringende Gestaltung. Die pädagogische Praxis, Erziehung, „kann als künstliche Entwicklung des Kindes definiert werden. Erziehung ist die künstliche Herrschaft über natürliche Entwicklungsprozesse, Erziehung beeinflusst nicht nur die einen oder anderen Entwicklungsprozesse, sondern gestaltet alle Verhaltensfunktionen ganz wesentlich um" (Wygotski 1985, S. 315).

Diese „Einbauten" in die Struktur der Erziehung haben eine außerordentliche Bedeutung für die Gattung wie für den Einzelnen. Zwar machen die sozialen und kulturellen Praktiken nur zwanzig Prozent der menschlichen Intelligenz aus. Doch bei diesem Fünftel der messbaren Intelligenz geht es um „Merkmale, die aus gesellschaftlicher Sicht sehr wichtig sind, zum Beispiel sprachlich-kommunikative Leistungen oder die Fähigkeit, sich sozial situationsgerecht zu verhalten" (Roth 2001, S. 347). Das kulturelle und gesellschaftliche Füllwerk birgt noch die fundamentalen Selbstkonzepte wie das von der Autonomie. So zeigt sich, dass die „Ich-Erfahrung bzw. die subjektiven Konnotationen von Bewusstsein kulturelle Konstrukte sind, soziale Zuschreibungen, die aus [...] der Beobachtung einzelner Gehirne nicht erklärbar sind". Damit aber beruht noch „die Erfahrung, ein autonomes, subjektives Ich zu sein, auf Konstrukten [...], die im Laufe unserer kulturellen Evolution entwickelt wurden. Selbstkonzepte hätten dann den ontologischen Status einer sozialen Realität" (Singer 2002, S. 73). Was also für menschliches Handeln wichtig wird, gewinnen die Akteure aus ihrer sozialen und kulturellen Umwelt, die so zu einem dominanten Faktor wird. Neurobiologische Einsichten machen also deutlich, dass der sorgfältige Umgang mit Gesellschaft und Kultur zur zentralen Aufgabe von Erziehung wird, dabei weder die Spannung von Natur und Geist, noch aber die in diesem Verhältnis gründende Freiheit vernachlässigen darf. Die kognitionspsychologische Untersuchungen Flynns zeigen zudem, dass Intelligenz eine kulturell vermittelte Dynamik auszeichnet; messbare Intelligenz hat im Laufe der Jahrhunderte zugenommen, obwohl die Menschen früherer Zeiten nicht als intellektuell eingeschränkt gelten dürfen. Indes: seit wenigen Jahren nimmt sie wieder ab (Donner 2005a): Hatte kulturelle Komplexität sie bislang gefördert, wird eben diese nun zur Gefahr für die Intelligenz selbst.

Die eigene Qualität der Erziehung beruht daher genau darin, diese triadische Struktur nicht nur zu bewahren, sondern in ihr den Raum zu sichern, der durch Bildung ausgefüllt wird. Durch Bildung eines sich in der Vermittlung von Natur und Gesellschaft selbst konstituierenden Dritten; emphatisch könnte man schon vom Subjekt sprechen, das – wie Rousseau und erst recht Pestalozzi begreifen – wenigstens Anteil an seiner Bildung hat und den Versuch unternimmt, einen Prozess zu beherrschen, der einem widerfährt, um sich in diesem selbst zu bewahren.

In diesem Raum werden die Beteiligten nämlich aus gleichsam *unbestimmter Bestimmtheit* und dem so ihnen auferlegten Umgang mit natürlichen und kulturellen Bestimmungen fähig, sich ihrer selbst bewusst zu werden und aus solcher ihnen möglichen (und durch Indiffererenz abgerungenen) Differenz sich selbst zu bestimmen; sie sind Natur und Kultur und sind dies nicht. Deshalb können sie Subjekte auch gegenüber der Natur und der Gesellschaft werden, von welchen sie schon ergriffen wurden, um sich so selbst zu beherrschen. Möglicherweise hat dieser Zusammenhang Nietzsche zur Figur des Übermenschen motiviert, nämlich zu einer Figur, in der Moral noch die Konvention übersteigt, welche Gesellschaft auszeichnet, weil sie zugleich der anderen Seite der Existenz in der Natur sich bewusst wird, diese sehr wohl fürchtend. Das Wissen um den Zusammenhang aber kann schon früher datiert werden, das Fries am Tempel von Delphi bringt es zum Ausdruck: Erkenne dich selbst, trage Sorge um dich. Das Subjekt muss sich um sich kümmern, gegenüber den Affekten, die es leiten und quälen, gegenüber einer Gesellschaft, die ihm ambivalent begegnet, nämlich als Verführung und Disziplinierungsmacht.

Dabei wirkt die evolutionär entstandene Struktur der Erziehung zugleich als ein Resonanzraum aller gesellschaftlichen und kulturellen Tätigkeit, die aber doch noch im Moment der freien Selbstgestaltung beherrscht wird: Alle Erziehung stellt den durch Natur selbst ermöglichten Versuch dar, die Natur unserer Existenz zu beherrschen oder gar zu kultivieren und in eine moralische Existenz zu überführen, ohne sie auslöschen zu können; Freud erinnert daran, dass und wie sich in der frühen Kindheit jene seelischen Mächte aufbauen, die später dem Sexualtrieb als Hemmnis in den Weg treten, nämlich Ekel, Scham, ästhetische und moralische Idealanforderungen. Aber ihm erscheint „diese Entwicklung eine organisch bedingte, hereditär fixierte […] Die Erziehung verbleibt durchaus in dem ihr angewiesenen Machtbereich, wenn sie sich darauf einschränkt, das organisch Vorgezeichnete nachzuvollziehen und es etwas sauberer und tiefer auszuprägen" (Freud 1972, S. 85). Doch wir müssen diese Selbstkontrolle selbst aufbauen – unter Bedingungen, die sich verändern und uns verändern. Banal formuliert: Kinder und Jugendliche von heute sehen anders aus als jene, die uns auf Bildern des 18. Jahrhunderts oder gar noch des beginnenden 20. Jahrhunderts begegnen; die gesellschaftlichen und kulturellen Bedingungen prägen sich in ihren Phänotyp ein, möglicherweise greifen sie sogar auf die biologischen Strukturen aus.

Allerdings tritt inzwischen eine dramatische Veränderung ein, die einen auf Natur verweisenden Zugang zur Bestimmung der Voraussetzungen von Erziehung in zweierlei Hinsicht dementiert: Zum einen beginnen Biotechnik und Reproduktionsmedizin die Prämissen menschlicher Existenz und das genetische „Material" technischer Kontrolle und Beherrschung zu unterwerfen; sie wollen der Kontingenz des Naturgeschehens entkommen: Wird die Zeugung von Kindern technisch und pharmakologisch geregelt, unterwirft dies die erste Voraussetzung einer jeden konkreten Erziehung der Beherrschung. Damit lösen die modernen Techniken der Empfängnisverhütung und der Reproduktion die Grundlagen von Erziehung zwar nicht auf. Sie stellen aber vor das Problem, dass aller Erziehung dann eine Entscheidung vorausgeht: Die Bedingungen von Erziehung werden also gesellschaftlicher Verantwortung und moralischer Entscheidung unterworfen. Zum anderen hängt die Eigenart von Erziehung davon ab, wie machtvoll Gesellschaft ist und ob sie überhaupt noch eine Differenz des Pädagogischen erlaubt. Dies kann zwar nur empirisch entschieden werden, doch deutet sich an, dass eine vollständige Vergesellschaftung etwa der Bildungsinstitutionen die Naturvoraussetzung des pädagogischen Geschehens infrage stellt. Deshalb muss man doch auch festhalten, dass Erziehung bei aller evolutionären Notwendigkeit immer zur Disposition steht. Sie vollzieht sich nicht mit Selbstverständlichkeit, sondern als eine Praxis, die sich ihrer bewusst sein muss.

„Es geht um Emergenz einer neuen Art von Realität
auf der Grundlage eines vorauszusetzenden
Materialitätskontinuums, das psychisch-chemisch-
biologisch und in unserem Falle dann auch
sprachlich-gesellschaftlich vorgegeben ist. Es
geht um das Einzeichnen von Grenzen in dieses
Kontinuum, um das Gewinnen von Form."
(Niklas Luhmann)

6 Erziehung als Lösung des Todes- und des Geburtsproblems

Das Problem der Erziehung stellt sich als triadische Struktur dar; die in ihr gegebene *Möglichkeit der Differenz* lässt zu, dass sich Erziehung als Sachverhalt eigener Qualität ausbildet. In den Subjekten selbst zeigen sich die Verhältnisse freilich komplizierter, sie erliegen einer Mischung von Natur und Geist, die zuweilen unerfreuliche Züge hat. Verhaltensforscher, Evolutionsbiologen betrachten
die biologische Natur und die genetische Ausstattung als die dominanten Faktoren menschlicher Existenz, Verhalten ruht auf archaischen Muster auf und ist
mit elementaren Codierungen verbunden, die von älteren Teilen des Gehirns gesteuert werden. Dabei geraten soziale und kulturelle Anforderungen sowie
Handlungsmuster in Konflikt mit den dort verankerten Mustern, umgekehrt
zeigt sich, wie die jüngeren Gehirnregionen die älteren kontrollieren und geradezu zivilisieren. Die Biologie des Menschen spielt mit sich selbst und begründet Alternativen, die man als Freiheit interpretieren kann: evolutionär jüngere
Teile des Gehirns überwinden ältere und werden von diesen bestraft. Als typi-
sche Fälle gelten vor allem das Bewegungs- und Ernährungsverhalten, die den alten Mustern eines Umgangs mit Knappheit von Nahrungsmitteln widersprechen; soziale und kulturelle Bedingungen unserer Existenz überschreiten das tief
liegenden Muster, das sich dann aber mit den Zivilisationskrankheiten rächt:
Moderne Gesellschaften und die in ihnen gegebenen technischen Geräte lassen
physische Anstrengung überflüssig werden und rufen Bewegungsarmut hervor;
damit aber schädigen sie die Natur des Menschen, die sie doch ermöglicht hat.
Kulturkritik hat schon recht, wenn sie beklagt, wie die Artefakte uns nicht nur
überholen, sondern möglicherweise ausrotten.

Gleichwohl: der entscheidende Befund lautet zunächst, dass – etwas emphatisch gesprochen – die Natur eine Möglichkeit der Differenz schafft; sie lässt
nicht nur Neues zu, sondern produziert in dieser in ihr schon gegebenen Spannung zwischen Natur und Geist eine Freiheit der Form; in dieser triadischen
Struktur löst sie Determinationen auf, die von der Natur oder der Gesellschaft
ausgeübt werden, wären diese allein maßgebend. Das Andere wird möglich,
muss aber realisiert werden, weil andernfalls die so gegebene Möglichkeit buchstäblich erstirbt. Darin liegt das pädagogische Problem. Es kann selbst aber nur

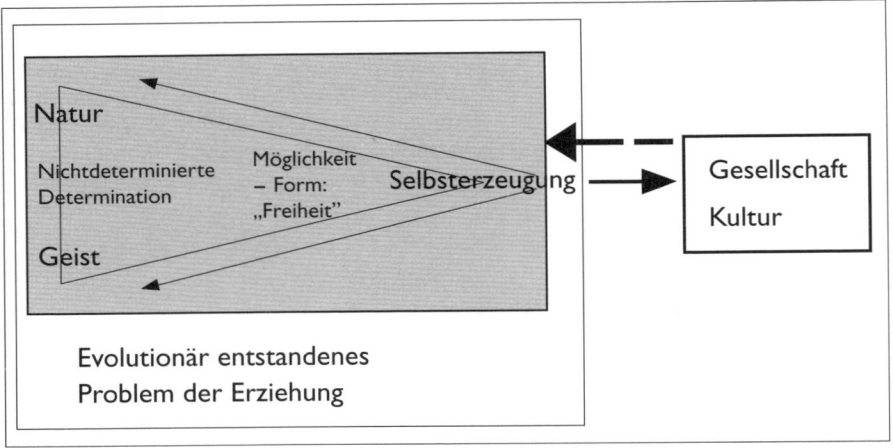

Abb. I: Erziehung als gesellschaftliche Organisation der sozialen und kulturellen Selbsterzeugung

gesellschaftlich und kulturell bewältigt werden, was allerdings vor eine Alternative stellt: Diese soziale und kulturelle Lösung kann entweder das Problem beseitigen oder aber – in der durch Hegel gezeigten Vieldeutigkeit des Ausdrucks – *aufheben*, nämlich in seiner Problemstruktur bewahren und lösen, weiterführen und pflegen, mithin in den Lösungen doch die Problemstruktur nicht tilgen, weil diese mit ihren Potenzen der Veränderung selbst evolutionär relevante Chancen eröffnet. Damit zeichnet sich ab, dass Gesellschaften und Kulturen Erziehung sinnvollerweise – oder: funktional – in dieser spezifisch eigenen Qualität konstruieren; sie tun dies auch in der Regel. Aber: zur Geschichte gehört auch immer die Alternative, nämlich dass sie eben nicht die Möglichkeitsermöglichung sichern, sondern Erziehung in einer Weise zu beherrschen versuchen, die das Problem tilgt – der Spruch liegt auf der Hand: Operation geglückt, Patient tot.

Allerdings stellt die Erhaltung der Problemstruktur den wahrscheinlichen Weg dar, der wohl auch die Geschichte der menschlichen Gattung vorrangig auszeichnet: Evolutionär als strukturell gegebenes Problem *freigesetzt* beginnt Erziehung im Übergang der biologisch-genetischen zur kulturellen Evolution. *Übergangsfeld* ist wörtlich zu nehmen, weil die menschliche Art sich in der Savanne, zwischen bewaldetem Gebiet und freiem Feld, im Raum der Alternative hat erhalten können; ihr Anfang liegt mithin in einem Raum, der Optionen eröffnet: Menschliches Leben beginnt mit Alternativen, mit Kontingenz – diese muss nicht geplant und gewollt sein, Menschen haben nicht immer, wie Marx optimistisch hoffte, einen Bauplan im Kopf. Sie reagieren experimentell auf Notlagen und Bedrängnisse. Dennoch: das Übergangsfeld erlaubt unterschiedliche Verhaltensmöglichkeiten, erzeugt vielleicht sogar Reflexionsdruck, bietet jedenfalls Optionen, die aus einer genetischen Fixierung lösen, Entscheidungen, Verständigung und soziale Regelungen verlangen: Du gehst in die Wüste, wir gehen in den Wald; hier und dort lauern Gefahren, für die wir unterschiedliche Handlungsweisen und Geräte entwickeln müssen, auf die wir dann zurückgreifen können – wenn wir sie im Gedächtnis behalten: Arbeit führt zu solchen Werkzeugen und Techniken. Im sozialen Zusammenhang entsteht also eine Realität der Möglichkeiten, die für das Denken und Tun von Menschen eine konstitutive, nämlich freiheitsgebende Bedeutung hat.

Die spezifische Funktion von Erziehung liegt dann darin, dass sie diese Optionen zugänglich macht, welche in den geschichtlich-gesellschaftlichen Bedingungen menschlicher Existenz entstanden sind. Sie löst damit nicht aus den *nicht-bedingenden Bedingungen*, denen Menschen ausgesetzt sind. Jüngere Forschungen machen darauf aufmerksam, dass ihre Leistung nur im Kleinen groß ist: Sie öffnet den Zugang zu jenen 200 Millisekunden, auf welche das Libet-Experiment aufmerksam macht (Libet 2004): Sie macht gesellschaftlich und kulturell verfügbare Alternativen zugänglich, welche dem Gehirn die Möglichkeit des Innehaltens und der Entscheidung gegenüber dem Impuls gestatten, der neuronal schon gesetzt ist. Den Naturimpuls bremsen Reflexion, Abwägung, vielleicht auch moralische Entscheidungen, mithin der Bezug auf soziale Interaktionen.

Insofern setzt Erziehung keine Freiheit voraus, gleichwohl realisiert sie eine evolutionäre Möglichkeit und erzeugt Freiheit, indem sie Natur(möglichkeit) mit Gesellschaft und Kultur vermittelt,[4] in welcher die Potenz der Freiheit enthalten ist; darin entstehen Optionen und Differenzen, Umwege, welche Kultur eigentlich erst auszeichnen (vgl. Blumenberg 1987; Cassirer 1993, S. 47). Diese Potenz der Freiheit bezieht sich also auf die kulturellen Rahmenbedingungen und Möglichkeitsweisen menschlicher Existenz, welche diese in einer Weise verändern, dass Menschen darauf Bezug nehmen können oder sogar müssen. Denn Menschen gewinnen einen evolutionären Vorteil durch ihre Produkte, der sie aber sogleich unter Zugzwang setzt: Wer einmal die Höhle verlassen hat, um in selbst erbauten Häusern zu wohnen, die er an vorher unbewohnbaren Stellen errichtet, muss sich nun das Wissen um den Hausbau bewahren – Höhlen sind möglicherweise zu weit entfernt, um noch Schutz gewähren zu können. Durch Arbeit entstehen lebensrelevante Artefakte, welche neben und gegenüber den biologischen Genen als Meme kulturelle und technischen Evolution aussdrücken (Dawkins 1998; vgl. Treml 2004, S. 176 ff). Meme sind menschliche Ideenkomplexe, Wissen, Fertigkeiten, die durch Tradition weitergegeben werden, in welcher sie reproduziert, variiert und selegiert werden. Die memetische Evolution läuft um ein Vielfaches schneller als die genetische Evolution, nicht nur weil sie auf andere Speichermöglichkeiten zurückgreift, sondern tatsächlich ausgelagert wird. Meme haben insofern den evolutionären Vorteil, dass sich die Gattung nicht stets mit ihnen beschäftigen muss – freilich um den Preis des Vergessens und der möglicherweise entstehenden Notwendigkeit, die Meme wieder

---

[4] Libet übersieht nämlich, dass die Möglichkeit des Innehaltens, also die Bereitschaft, den vorgeblich determinierten Impuls des Gehirns zu unterbrechen, ebenfalls biologisch gegeben sein muss.

bedeutungsvoll zu machen. Sie gehen entweder verloren oder müssen verarbeitet werden, denn „biologisch gesehen sind wir Menschen sozusagen die Überlebensmaschinerie unserer Gene, und kulturell gesehen die Überlebensmaschinerie unserer Ideensysteme, unserer Meme" (Schurz 2003, S. 18).

Das nicht-genetische Erbe

Erziehung, die pädagogische Praxis reagiert auf diese Externalisierung menschlicher Gattungseigenschaften. Diese Externalisierung und deren memetische Stabilisierung gehen darauf zurück, dass die menschliche Gattung in der eigenen physischen Reproduktion ihre natürlichen Lebensbedingungen verändert und gestaltet. Dafür hat sich der Begriff der *Arbeit* etabliert, zumindest in jenem Sinn der Sicherung eigener Existenz durch Auseinandersetzung mit Natur und ihrer Aneignung. In diesem Prozess geschieht dreierlei: Zum einen wird Natur in die natürlich-leibliche Verfasstheit der Menschen übernommen; sie fügen sich der Natur, wie diese in ihnen aufgeht. Zum anderen verwandeln sie die Natur; sie geben ihr eine neue, für die eigenen Bedürfnisse und Absichten entscheidende Gestalt. Darin wird Natur zu einer Kunst-Natur, mithin zu kultivierter Natur, die – etwas paradox formuliert – als inhaltliche Möglichkeiten der evolutionären formalen Möglichkeit besteht. Kultur gewinnt damit jedoch die Qualität einer objektiven Bedingung menschlicher Existenz, auf die sich das Handeln beziehen kann und sogar muss. Endlich aber wird die so objektivierte Natur zugleich auch Instrument des eigenen Handelns – das vollzieht einen weiteren Schritt von der natürlichen hin zur kulturellen Evolution, weil Kultur nun auch verteidigt werden will. Sie erhebt einen normativen Anspruch, wird so zur Kultur in einem emphatisch überhöhten Sinn.

Umgewandelte Natur dient als kulturelle Voraussetzung und Bedingung der menschlichen – philosophisch – Gattung oder – biologisch – Art. In ihrem Reproduktionsprozess erzeugt sie ein außerhalb ihrer physischen Verfasstheit liegendes, externes „Gattungswesen", das als – wie Marx und Engels dies in einer einzigartigen Formulierung begriffen haben – Ensemble der gesellschaftlichen Verhältnisse die menschliche Praxis in je eigener historischer Form regelt und so in dieser Optionen eröffnet; die Alternative von Barbarei, Zivilisation und Humanität ist eine menschlich geschaffene Möglichkeit. Das bedeutet mehrerlei: Zivilisierung und Kultivierung der Gattung wie der Einzelnen überlagern und überdecken dabei Natur, die aber zuweilen wieder ans Tageslicht tritt; die Psychoanalyse Freuds hat damit vertraut gemacht. Die anthropologisch behaupteten Defizite der menschlichen Natur haben weniger mit der Natur, sondern damit zu tun, dass das gesellschaftliche Gattungswesen nicht zugänglich wurde. Endlich aber verweist der Begriff des „Ensembles" darauf, dass Gesellschaft und Kultur nicht geplant und gewollt entstehen sondern mit einer Eigenmächtigkeit; die selbst erzeugte gesellschaftliche Geschichte kann sich noch gegen die Individuen stellen. Denn „die Gesellschaften, die Menschen miteinander bilden, [sind nicht] von Menschen gemacht. Es ist wahr genug, dass es keine Gesellschaften ohne Menschen gibt und dass sie nicht funktionieren oder sich entwickeln würden, wo nicht Menschen handeln und ihre Ziele verfolgen. Aber aus der Verkettung der Handlungen und somit auch der Pläne von Menschen geht eine ungeplante Ordnung hervor, die als Typus von der Ordnung dessen, was wir ,Natur' nennen, verschieden ist" (Elias 1983, S. 167). Das aber belegt eneut, dass nicht nur Natur, sondern auch Gesellschaft beherrscht werden muss; die Besonderheit der pädagogischen Problemstruktur liegt darin, dass sie dies ermöglicht.

Wie basal und elementar auch immer dies geschieht: Sobald die menschliche Gattung eine Form der Kultur erzeugt, bezieht sie sich mit nahezu unausweichlicher Notwendigkeit auf diese, durch ihre eigene Arbeit veränderten Naturbedingungen; evolutionstheoretisch gesprochen verschaffen sie nicht nur einen Vorteil gegenüber anderen Lebewesen, sondern leiten die Entstehung von Lebensbedingungen ein, die ihren Selektionsvorteil noch verstärken. Menschen in ihrer dann selbst schon historischen existentiellen Situation bewegen sich von diesem – eigentlich nur hypothetisch zu markierenden – Moment an im Kontext von durch sie selbst objektivierten Lebensformen und Lebensinhalten. Sie beziehen sich auf Handlungsweisen, Techniken, Regeln, auf Kunst, Sprache, kollektive Überzeugungen u.s.w., welche ihnen selbst zugleich zuhanden sind und insofern ihre Handlungsmöglichkeit verändern, vor allem ihre Kraft verstärken. Mit dem nicht genetischen Erbe geht es also um eine „künstliche" Welt und zugleich um das kulturelle Gedächtnis, wie es in den einzelnen Gesellschaften entwickelt, objektiviert und – entscheidend – symbolisiert sowie schriftlich festgehalten wird, um endlich in seinem Real- wie Sinngehalt die Bestimmung aller Handlungen zu geben (vgl. Assmann 1999, S. 19, 33 ff). Das historische und gesellschaftliche Gattungswesen dient als – in jeder Hinsicht des Wortes – Lebensmittel: es speichert und steuert in seinen Regeln, allzumal in den Verknüpfungen von Symbolketten Kognitionen und Handlungen, tut dies jedoch einer Grammatik gleich, die mit einem bestimmten Inventar eine Vielzahl von Äußerungen in der von ihr beschriebenen und erfassten Sprache erlaubt (vgl. Mills 1973, S. 254). Damit eröffnet es Optionen, für die es wiederum selbst Bewertungsmöglichkeiten bereit stellt – man kann dies als das Ethos bezeichnen, das am Ende in eine moralische Herausforderung insofern übergeht, wenn es selbst Freiheit zu einem Maßstab erhebt.

Deshalb gilt die Menschheit – wie der Prometheus-Mythos erzählt – als ihr eigener Schöpfer. Sobald aber Kultur in diesem weiten, alle Objektivationen umfassenden, die gesellschaftliche Organisation und Verfassung noch meinenden Sinn entstanden ist, bedarf es nun eines Verfahrens, die Möglichkeit der Freiheit im evolutionär entstandenen strukturellen Zusammenhang inhaltlich zu realisieren, Naturpotenz zum Geist, Form mit Inhalt real werden zu lassen. Genau dies leistet Erziehung. Weil sie gleichsam *begeistet*, natürlich gegebene Möglichkeit bestimmt, erscheint sie als vornehmlich gesellschaftliche und kulturelle Aktivität; eben als Summe der Reaktionen auf die Entwicklungstatsache. Doch trifft dies nur bedingt zu. Sie fungiert zwar als Tradition des nichtgenetischen Erbes, die Voraussetzung dafür aber liegt in einer prinzipiellen Offenheit, wie sie in dem Verhältnis von Natur und Geist besteht.

Dabei geschieht dies nicht ohne Paradoxien: So bilden Gesellschaften und Kulturen auch Zonen aus, die verborgen bleiben sollen. Das Tabu ist der Inbegriff einer Objektivation des Geistes, an welche die Subjekte nicht angeschlossen und höchstens untergründig vertraut werden sollen; zuweilen ist man nur Subjekt, wenn man das Tabu beachtet, während zur Unperson wird, wer das Tabu bricht: *Du sollst nicht wissen* hat Alice Miller als eine Funktion von Erziehung ausgemacht, aber überinterpretiert. Es geht damit um Inhalte und Verhaltensformen, die geradezu vor Tradition geschützt werden sollen. In der Alltäglichkeit des Erziehungsgeschehens begegnen sie, wenn ein Sachverhalt zufällig zur Sprache kommt und sogleich gesagt wird: Vergiss dies doch besser wieder. Solche Tabuzonen entwickeln sich unterschiedlich und können variieren, sicher im Zusammenhang mit den materiellen Bedingungen einer Gesellschaft, vor allem in dem mit den realistischen Lebenschancen ihrer Mitglieder. Damit zeichnet sich eine Verbindung von Erziehung und Herrschaft ab: wer den Zugang zu Bereichen regelt und kontrolliert, verfügt über andere, hält diesen etwas vor. Sie können dann an den Möglichkeiten des menschlichen Gattungswesens nicht teilhaben; das Tabu ist insofern pädagogisch problematisch, weil man mit ihm von einem Moment des nicht-genetischen Gattungswesens ausgeschlossen wird.

Geburt und Tod

Als eine gesellschaftliche Reaktion, als Tradition der Kultur erfüllt Erziehung eine Doppelfunktion, nämlich die Bewältigung des Problems der Geburt und die des Problems des Todes. In jener Hinsicht geht es darum, die Neugeborenen und somit die jüngere Generation mit einer Welt vertraut zu machen, die durch frühere Tätigkeit schon bestimmt ist – die sogenannten „Wilden Kinder" zeigen, wie erst durch diese Verknüpfung eine über Animalität hinausreichende Lebensfähigkeit der Angehörigen einer jüngeren Generation zu sichern ist, wenn nicht sogar deren physische Existenz davon abhängt, dass sie Sozialität erfahren. Im Blick auf den Tod geht es hingegen darum, über den physischen Tod der Gattungsmitglieder hinaus die Vergegenständlichungen ihrer Arbeit, das externalisierte Gattungswesen zu erhalten. In beiderlei Hinsicht, mithin zur Reproduktion des Individuums wie zu der von Gesellschaft, entfaltet sich Erziehung als eine sozial und kulturell gesonderte Tätigkeit, die dann als eine ethisch gebotene Angelegenheit erscheint, um das *geschichtlich-gesellschaftliche Erbe* zu erhalten. Allerdings darf man nicht verschweigen, dass es einen weiteren, nicht minder elementaren ethischen Grund für Erziehung gibt, der nicht hintergangen werden darf: Er liegt in jener Existenzzumutung, die aus der Zeugung entsteht. In ihr entsteht Leben, das die Zustimmung zu sich selbst nicht gegeben hat. Mehr noch: es muss sich selbst in einer Auseinandersetzung mit Welt konstituieren, mithin aus einer Lebenssituation befreien, die ihm zugemutet worden ist. Erziehung hat die Aufgabe, eben jene Zumutung zu überwinden, in ihr die Selbständigkeit zu ermöglichen und zu sichern, die im Akt der Entstehung nicht gegeben war und nur als Aktivität verfügbar ist.

Einfacher lässt sich verstehen, wie Erziehung auf das Geburtsproblem reagiert: Menschen sind Möglichkeit und bedürfen aufgrund ihres Status einer Frühgeburt der Zuwendung, Pflege, somit der „allseitigen Besorgung" (Pestalozzi). Zwar entwickeln sie sich nach biologischen Prinzipien, nach eigenen „Bauplänen" (Montessori), wobei dies einerseits als neurophysiologische Entwicklung, Entfaltung, Differenzierung von Zellen und der Verfestigung von strukturellen Zusammenhängen zwischen diesen, andererseits eben unvermeidlich in Interaktion mit den Lebensbedingungen geschieht, die das Aufwachsen umgeben und ermöglichen. Durchaus bilden sich die je neu in die Welt Eintretenden in ihrer Auseinandersetzung mit sich und der Welt selbsttätig; sie sind selbstkonstruktiv. Dennoch steht ihnen das „Menschenwerk" in dieser Umwelt nicht nur fremd, sondern eigentlich bedeutungslos gegenüber und bedroht sie sogar in vielfacher Hinsicht; man wird in eine geschichtliche, gesellschaftlich determinierte, sozial und kulturell kodierte Welt hineingeboren, die sich nicht unmittelbar selbst expliziert. Sie sind physisch bedroht – um ein banales Beispiel anzuführen: Der neurologische Apparat verarbeitet zwar ab einem bestimmten Zeitpunkt schnelle Bewegungen im Raum (wobei eine angemessene Schätzung von Geschwindigkeit zu den spät erworbenen Leistungen gehört), sieht sich aber von Automobilen einigermaßen überfordert. Erziehung dient deshalb dazu, durch Verinnerlichung von Verhaltenskontrolle zu verhindern, dass Kinder Opfer eines Straßenverkehrs werden, den sie nicht überblicken. Sie sind psychisch bedroht durch – altmodisch formuliert – Menschenwerk, das sich in ihre Seelen einschleicht und dort verharrt. Menschen tun einander Grausamkeiten an, zeigen diese in Bildern, deren Anblick traumatisiert und Entwicklungsprozesse zerstört oder behindert.

Erziehung stellt also das Instrument dar, mit welchem Gesellschaften selbst in einer historisch je gültigen Weise die kognitiven wie affektiven Prozesse und Aktivitäten so modifizieren, dass die Akteure sich in den sozial und kulturell gebilligten Formen bewegen können. Objektivationen werden symbolisch bestärkt und in potentiell bedeutungsvollen Spuren hinterlegt. Sie umhüllen die Praktiken ihrer Mitglieder, sollen und müssen daher erkannt und interpretiert werden, um sie zu erfassen und auf die eigene Lebenspraxis der Mitglieder einer Gesellschaft zurück zu beziehen; diese stärken dabei sich und ihre eigene Praxis, indem sie die Spuren des kulturellen Gedächtnisses instrumentell nutzen. Im Zusammenhang der Erziehung werden also die sozialen und kulturellen Steuerungen des Handelns erworben, welche ihrerseits eine soziale und kulturelle Praxis (wieder) ermöglichen. Weil Gesellschaften wesentlich symbolisch strukturiert sind, wird diese Problematik spätestens mit der Einführung der Schrift einsichtig. Da die Verbindung von Schriftzeichen und deren Bedeutung arbiträr ist, kann die Aneignungstätigkeit seitens der jüngeren Generation zwar in eine neue Gebrauchsweise der objektiven Umwelt führen, ermöglicht ihr jedoch weder die Kenntnis der mit diesen schon verbundenen Bedeutungen, noch die Fähigkeit, angemessen mit den Erfindungen der Menschheit umzugehen; selbst der Gebrauch einfacher Werkzeuge bedarf der Erläuterung. Mehr noch: Die kultürlichen Bedingungen – wie die Verbesserung von Hygiene- und Nahrungsstandards – wirken etwa im Prozess der Akzeleration bis in die physische Organisation der Individuen, sie dienen nicht nur als Lebensmittel, sondern wirken lebensgestaltend zumindest bis in den Phänotypus hinein.

Sehr viel schwerer fällt es jedoch, Erziehung als Antwort auf das Todesproblem zu begreifen, obwohl dies systematisch (und in der Sache) einen Vorrang hat. Erziehung entsteht so betrachtet nämlich, um die menschliche Gattung in ihren Objektivationen hinaus auf Dauer zu stellen. Man kann dies – mit Hans Jonas – als Implikation des Lebenssachverhalts sehen, der von vornherein auf Fortbestand angelegt ist: Leben selbst verlangt jedenfalls, dass noch der Tod im Bezug auf es bestimmt wird. Aus der biologischen Verfassung erwächst das Prinzip zur Lebenserhaltung (Jonas 1979). Weil aber *wesentliche* Bedingungen der menschlichen Existenz durch deren eigene Leistung gegenüber ihrer physischen und biologischen Existenz externalisiert wurden, begründet die Faktizität des physischen Todes eine gesonderte Tätigkeit, welche dieses *geschichtlich-gesellschaftliche Erbe* bewahrt – oder wenigstens den evolutionären Rückschritt vermeidet. Erziehung ist der Wagenheber, der das Zurückrollen verhindert.

Gesellschaften haben nämlich ein Interesse daran, sich selbst zu erhalten; sie zielen mit ihrer Kultur und in dieser darauf, sich auf Dauer zu etablieren. Sie tun dies durch Entwicklung und den Erhalt des kulturellen Gedächtnisses: Sie bilden Wissensspeicher, etablieren Orte des Gedenkens und professionalisieren Personen, die über das kulturelle Gedächtnis eines Kollektivs verfügen, es bewahren und pflegen, zugleich auch immer wieder dieses an die Mitglieder zurückbinden (Assmann 1999). Sie tun vor allem gut daran, Erziehung selbst zu einem eigenen System zu machen, das sie als solches ausdifferenzieren, um es in seiner strukturellen Eigentümlichkeit zu bewahren. Sie begründen eine sozial und kulturell definierte Autonomie, die der Tendenz nach das Problem der Erziehung und den Sachverhalt als solchen in seiner eigenen Qualität bewahrt. Sie wird so zur sozialen Tatsache eigener Art, damit auch resistent gegenüber sozialem und kulturellem Wandel. Gesellschaft und Kultur bleibt gleichsam nichts anderes übrig, als den Erziehungssachverhalt soweit zu verstetigen, dass dieser noch selbstreflexiv wird.

Warum ist dies weise oder – analytisch nüchtern – funktional kaum abweisbar? Zum einen wird diese Verstetigung von Erziehung spätestens dann notwendig, wenn das nicht-genetische Erbe, wenn die Meme nicht mehr unmittelbar, gleichsam lebensweltlich und lebenspraktisch zugänglich sind, sondern in Speichern abgelagert werden. Man kann dies als zweite Externalisierung des Gattungswesens bezeichnen. Doch je stärker Gesellschaften und Kulturen Wissensspeicher in Anspruch nehmen, je mehr sich ihr Gedächtnis von den unmittelbaren sozialen Praxen löst und materialisiert bewahrt, umso instabiler wird es – zumindest in seiner handlungsfundierenden Leistung. Muss schon das nicht-genetische Erbe gesichert werden, so bedeutet diese zweite Externalisierung als Erinnerung an das Artefakt, dass das Vergessen zur dramatischen Gefahr wird. Es ist nun als kulturelles Gedächtnis bedroht: Man weiß nicht mehr, was gespeichert wurde, warum es aufgezeichnet niedergelegt wurde, wie dies geschah und wo man es niedergelegt hat. Insofern wird ein System der Erziehung, mithin die institutionalisierte Praxis nötig, in welcher die Struktur erhalten wird, die man als das pädagogische Problem erkennen könnte.

Man kann einwenden, dass Gesellschaften aber doch nicht die ganze Problemstruktur institutionalisieren, somit die sie eigentlich auch bedrohende Möglichkeit der Öffnung erhalten; immerhin stellt die Selbsterzeugung ihre je gegebene Existenz in Frage, selbst wenn diese Selbsterzeugung doch stets auf Gesellschaft und Kultur als Instrumente und Werkzeuge angewiesen ist und durch Erziehung zumindest auch mit diesen verbunden wird. Mit der Ausdifferenzierung von Erziehung als eigenem System schützen sich aber Gesellschaften davor, dass sie selbst die Übermacht gewinnen und damit die eigenen Voraussetzungen und Bedingungen infrage stellen. Als Werk der Gattungsmitglieder entstanden, die sich in Gesellschaft und Kultur in einem Zusammenhang vernetzen, ihre individuellen Anteile der Arbeit so miteinander verfügen, dass mehr entsteht, als jeder Einzelne für sich erzeugen könnte, können Gesellschaft und Kultur zu einer gegenüber den Einzelnen objektiven und zugleich transzendenten Instanz werden. Sie werden übermächtig und so auch erfahren. Schon in ihrer Entstehung liegt daher, dass sie Eigenmacht und Eigendynamik noch bis zu dem Maß gewinnen, dass ihnen – noch einmal ist an Feuerbach zu erinnern, der die moderne Soziologie hier inspiriert hat – göttliche Qualität zugesprochen wird.

Doch Gesellschaften sind keine freundlichen Unternehmungen, was die beste Kultur in Gestalt der Tragödie ausspricht; Wohltat und Barbarei sind verträgliche Weggefährten (Bovenschen 2000, S. 31). Daher darf schon prinzipiell die Verbindung mit dem nicht-genetischen Gattungswesen nicht zu fest hergestellt werden. Erziehung muss also immer so eingerichtet werden, dass sie gegenüber einer – an bloßer Stabilisierung, Tradition und Vermittlung gemessenen Aktivität – immer ein wenig misslingt. Gesellschaften und Kulturen müssen wenigstens – so sehr dies dem alltäglichen Erziehungsverständnis widerspricht – in der Erziehung eine Art Selbstvergessenheit sichern; sie müssen ihr inneres Strukturmoment der Offenheit bewahren. Man kann dies als die eigentlich *pädagogische Aufgabe* sehen, welche auch die Unbestimmtheit der pädagogische Diskurse prägt. Eine alles beherrschende, sich selbst in ihrem Bestand kontrollierende Kultur tendiert nämlich zur Verfestigung und Versteinerung. Sie schottet sich gegen die Leistung derjenigen ab, welche sie lebendig erhalten. Genauer: Eine erstarrte Kultur ist resistent gegenüber Erziehung und zerstört sich damit selbst, erstarrte, kalte – wie Lévy-Strauss sagt – Kulturen sterben letztlich ab. Denn auch ihr Fundament bleibt die in der Struktur gegebenen offene Möglichkeit, mithin die Chance einer Freiheit zur Subjektivität: Wer nicht Erinnerungsarbeit leistet, Meme vernachlässigt und das Memorieren unterlässt, entzieht zwar dem kulturellen Gedächtnis die Grundlage. Wenn aber Kulturen eine vollständige Sicherheit aus sich heraus bilden, binden sie ihre Mitglieder soweit, dass sie keine Optionen mehr entdecken können. Gesellschaft und Kulturen müssen also Freiheit und Vergesslichkeit gerade im Erziehungszusammenhang und für diesen entwickeln. Oder anders: sie benötigen Erziehung in ihrer Struktur, um nicht zu erkalten und zu versteinern. Erziehung muss also mit Lethe einhergehen (vgl. Weinrich 1997). Je mehr Kontrolle Erziehung unter Zwang bringt und die Möglichkeit der Veränderung löscht, je mehr also Gesellschaften sich zu ihrer eigenen Reproduktion der Erziehung bemächtigen, um so mehr zerstören sie das Optionspotential. Eine erstarrte Kultur, die aber das Vergessen vergisst oder verbietet, birgt die Tendenz notorischer Dummheit, weil sie Verstand und Vernunft der Subjekte nicht zulassen will.

> „Kleinhirn an Großhirn! Kleinhirn an Großhirn!
> Nun lasst doch mal die Aufregung. Ihr zieht
> sowieso den kürzeren. Großhirn an Kleinhirn:
> Schönen Dank für den Tip. Verstanden. Großhirn
> an alle: Ärger langsam eindämmen. Adrenalin-
> Zufuhr stoppen. Blutdruck langsam senken.
> Fertigmachen zum Händeschütteln oder Schulter-
> klopfen. Großhirn an Zunge! Großhirn an Zunge!
> Bier bestellen! Zwei Stück. Eins für den Herrn
> gegenüber und eins für die Leber." (Otto Waalkes)

7 Verschaltung und Durchdringung: Vermittlung zur Aneignung

Im Verhältnis von *Problem* und *Sachverhalt* der Erziehung zeigt sich ein dann vielleicht doch anthropologischer Prozess, in welchen „jeder Mensch mit sich selbst verwickelt ist" (Elias 1983, S. 77). In diesem Geschehen findet Selbstproduktion als Realisierung einer evolutionären Möglichkeit statt, wobei eine gesellschaftliche und kulturelle Umwelt entsteht, welche an die Akteure zurückgebunden wird. Dies geschieht in einem doppelsinnigen Geschehen, das Erziehung dann präziser begreifen lässt. Erziehung leistet nämlich als eine praktische Struktur die *Vermittlung* zwischen Natur und Geist, also Kultur bzw. Gesellschaft, die aber von den Akteuren als *Aneignung* praktiziert wird. Sie ruht auf neurophysiologischen Grundlagen auf, auch wenn diese keineswegs eindeutig sind (Cowan 1988, S. 110) und dies als Möglichkeitsform auch nicht sein können.[5] Das Gehirn entwickelt sich in einer Eigendynamik, welche interne Kontexte (Nijhout 2005) und äußere Reize beeinflussen; Umwelt, Gesellschaft und Kultur haben eine hemmende (Libet 2004) und strukturierende Funktion (Shatz 1994). Sie schalten Gene, schlagen gewissermaßen in dem als Buch des Lebens gegebenen Erbgut erst die Seiten auf (Donner 2005b). Doch bleibt Eigenleistung entscheidend (Paulsen 2004). Dabei ist das Geschehen so komplex, dass es doch Begeisterung erzeugt: Das Wunder der menschlichen Existenz und Entwicklung besteht darin, dass die Wahrscheinlichkeit des Scheiterns in diesem Geschehen viel größer ist als die Hoffnung, dass es doch bewältigt wird. Immerhin können sich die Subjekte einigermaßen ertragen; dies lässt sich eigentlich nicht erwarten und ruft, als Moment von Erziehung betrachtet, Staunen und Ehrfurcht vor dem hervor, was die sich bildenden Subjekte in ihr leisten.

---

[5] Spätestens hier lässt sich nachvollziehen, wenn die Untersuchung der pädagogischen Denkform so vehement auf Unsicherheit insistiert hat; diese liegt in den natürlichen Bedingungen der Erziehung begründet.

Vermittlung als fundamentales Prinzip

Vermittlung meint aber nicht, wie alltagstheretisch gedacht, dass Pädagogen Kindern und Jugendlichen ein bestimmtes Wissen, Verhaltensweisen, vielleicht auch Formen des Sehens und Fühlens beibringen, wie sie in einer Gesellschaft und Kultur üblich und gültig sind; sie macht nicht mit Nachdruck eine Kultur bekannt, um in sie einzuüben und ihre Beherrschung zu prüfen. *Vermittlung* stellt vielmehr ein fundamentales *Prinzip* der Organisation menschlicher Entwicklung dar, das pädagogische Praxis *ermöglicht*, aber nicht *unmittelbar intentional* durch diese realisiert wird. Sie steht in enger Beziehung zu *Bildung*, wie sie in älterer Diskussion verstanden und – etwa bei Dilthey – mit der Vorstellung einer Teleologie des Seelenlebens verbunden wird: In der evolutionär gegebenen Struktur ist nämlich Vermittlung schon angelegt, nämlich als basale Aktivität der Entwicklung und des – wie zuletzt betont wird – Lernens (vgl. z. B. Spitzer 2002; 2005; OECD 2005). *Bildung* bedeutet also durch Vermittlung bedingte Entwicklung, die wiederum auf Bildung zielt – wobei sich das Vermittlungsgeschehen als Aneignung zeigt, zu welcher hin Vermittlung initiiert war. Bildung macht endlich noch einen Vorgang der Selbstfeststellung zum Thema, welcher zugleich zu Übergängen führt – Entäußerung und Entfremdung, wie Hegel und Marx dies beschreiben, zugleich aber auch immer eine Form der Selbstverwirklichung. In der Vermittlung entsteht ein Neues, das zu sich selbst kommen muss, *Bildung* konkretisiert die als Möglichkeit gezeichnete Position gegenüber Natur und Geist. Ein wenig existentialphilosophisch gesprochen: Das ermöglichte Leben will es selbst auch werden und strebt zu dieser Realität (Reder 2005), Bildung vollzieht sich als voraussetzungsvolle Bildung zu einem Ich, das in der Aneignung sich ausspricht und sich feststellt, um sich wieder von sich selbst zu lösen, weil es sich überschreitet.

In der Ontogenese lassen sich Vermittlung und Aneignung nicht trennen, sie verschränken sich wechselseitig. Während aber Vermittlung einen eher abstrakten Vorgang darstellt, lässt sich Aneignung schon konkreter fassen – an ihr kon-

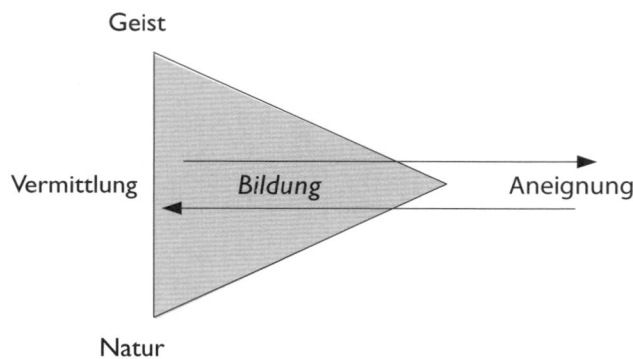

Abb. 2: Bildung im Zusammenhang von Vermittlung und Aneignung

turiert sich Subjektivität, weil Aneignungsprozesse mit Selbstvergewisserung und Selbstfeststellung einhergehen: Das Subjekt entsteht in seinem Bildungsprozess, weil und sofern diese Optionalität in sich birgt, Natur lässt zu, dass zwischen Natur und Geist zu entscheiden ist – damit legt sie die Spur zu einem Neuen, das sich selbst begreift.

So philosophisch dies klingt, geschieht es doch auf einer neurophysiologischen Grundlage. „Selbsterzeugte Aktivität" (Singer 2002, S. 45), also „Möglichkeit", verschaltet Gene und Meme zu Strukturen mit Relevanz für Kognition, Affekt, Emotion und Handlungen. „Genetische und epigenetische Faktoren kooperieren in Wechselwirkung, weshalb eine strenge Unterscheidung zwischen Angeborenem und Erworbenem unmöglich" (Singer 2002, S. 47) und eine Überbetonung des genetischen Determinismus obsolet ist (Singer 2002, S. 44). Im Vermittlungsvorgang erweitert sich das Potential von Aneignung: „Das Hineinwachsen des normalen Kindes in die Zivilisation ist gewöhnlich dadurch gekennzeichnet, dass die kulturelle Entwicklung mit den Prozessen der organischen Reifung eine Einheit bildet. Beide Entwicklungsebenen – die natürliche wie auch die kulturelle – fallen zusammen und fließen ineinander. Beide Reihen von Veränderungen durchdringen sich und bilden eine einheitliche Reihe der sozio-biologischen Persönlichkeitsbildung des Kindes. Da sich die organische Entwicklung in einem kulturellen Prozess vollzieht, wird sie zu einem historisch determinierten Prozess" (Wygotski 1992, S. 63). Aber: Dieser muss sozial und kulturell unterstützt und gefördert werden, weil andernfalls die Naturmöglichkeiten selbst geschwächt werden. Geschieht dies nämlich nicht, werden Möglichkeiten, Aktivität, nicht genutzte Verschaltungsmöglichkeiten und Verschaltungen „irreversibel" eingeschmolzen (Singer 2002, S. 48). Insofern trifft die alte Überlegung zu: „Was Hänschen nicht lernt, lernt Hans nimmer mehr." Hat aber Vermittlung zur Aneignung stattgefunden, bleiben spätere Lernprozesse möglich, wobei Lernprozesse in Zyklen zu organisieren sind, in welchen das schon einmal Bekannte wieder zugänglich gemacht wird. Damit wird deutlich, dass und wie Menschen konstitutiv auf Sozialität angewiesen sind; sie müssen mit Gesellschaft und Kultur vermittelt werden, weil andernfalls ihre evolutionär gegebenen Möglichkeiten weder zu realisieren sind noch Bestand haben.

Lässt sich Vermittlung genauer betrachten? Die Objektivationen des nicht-genetischen Erbes treten als Zeichen- und Symbolfunktionen auf, die im menschlichen Entwicklungsprozess, durch Vermittlung und Aneignung in die neuronalen Strukturen eingebaut werden, diese eigentlich erst konstituieren und in ihren Möglichkeiten begründen. In diesem Prozess entstehen die höheren psychischen Funktionen, weil die künstlichen Signalsysteme und die Entwicklung des Großhirns in enger Beziehung zueinander stehen. Sprache ist also konstitutiv (vgl. Bruner 2003; Wygotski 1974), durch sie wird die individuelle Ontogenese eigentlich erst an die Welt angeschlossen. Das Medium der Sprache verknüpft mit einem Reservoir an Bedeutungen Handlungsmöglichkeiten und Perspektiven und schafft so die Grundlage einer spezifisch kulturell geprägten Kognition, die immer an soziale Zusammenhänge gebunden ist. Zugleich modifiziert die Welt durch ihre Symbole die neuronalen Strukturen. „Der Mensch setzt künstliche Reize ein, signifiziert das Verhalten und stellt, von außen einwirkend, mit Hilfe von Zeichen neue Verbindungen im Gehirn her" (Wygotski 1992, S. 139). Er memoriert „aktiv mit Hilfe von Zeichen" (Wygotski 1992, S. 148), wobei diese als Mittel der Selbststeuerung dienen. „Das Zeichen ist nach innen gerichtet" (Wygotski 1992, S. 154). Die äußere Erfahrung geht auf diesem Weg in eine innere über, in welcher das Individuum lernt, mit und zu sich selbst zu sprechen (Wygotski 1992, S. 232). Das vollzieht das Gehirn in der Altersspanne von vier bis 21 Jahren, weshalb es zunehmend weniger unverschaltete Substanz im Cortex aufweist (Gogtay 2004).

Die Möglichkeit, die in Entwicklung und Lernen, Bildung mündet, stützt sich auf eine materielle Basis: Sie gründet in der Komplexität des Gehirns, das mit 100 Milliarden Nervenzellen ausgestattet ist, von welchen jede über 30.000 Synapsen gleichsam im Wartezustand verfügt; das Gehirn ist scharf darauf, sich betätigen zu dürfen, um sich darin festzustellen – durch das limbische System kann es sich dabei seiner selbst langsam bewusst werden. Damit zeigt sich erneut *einerseits* eine hochgradige Offenheit, eine Vielzahl von Möglichkeiten, die einen verantwortlichen Umgang verlangt. Diese Einsicht in die Formbarkeit des menschlichen Gehirns erzwingt eine normative Diskussion darüber, wie Gesellschaft und Kultur zu gestalten sind, welche dem Nachwuchs zugemutet werden: „Kinderhirne sind formbarer – und deshalb verformbarer –, als selbst die Hirnforscher noch bis vor wenigen Jahren geglaubt haben. Keine andere Spezies kommt mit einem derart offenen, lernfähigen und durch eigene Erfahrungen in seiner weiteren Entwicklung und strukturellen Ausreifung gestaltbaren Gehirn zur Welt wie der Mensch. Nirgendwo im Tierreich sind die Nachkommen beim Erlernen dessen, was für ihr Überleben wichtig ist, so sehr und über einen vergleichbar langen Zeitraum auf Fürsorge und Schutz, Unterstützung und Lenkung durch die Erwachsenen angewiesen, und bei keiner anderen Art ist die Hirnentwicklung in solch hohem Ausmaß von der emotionalen, sozialen und intellektuellen Kompetenz dieser erwachsenen Bezugspersonen abhängig wie beim Menschen" (Hüther 2004a, S. 66). *Andererseits* ist in der Offenheit der „neuronalen Maschinerie" zugleich die Grundlage menschlicher Praxis gegeben, die als Ausgangspunkt einer Reproduktion dient, in welcher Kultur entsteht. Sie bildet die Voraussetzung dafür, dass die gesellschaftlich verfügbaren Symbolsysteme erschlossen werden, um dann in einer komplexen Interaktion die Ausbildung der höheren, an symbolische Leistungen gebundenen psychischen Funktionen zu ermöglichen, welche doch schon in sich integriert, zugleich als Struktur und Prozess zu begreifen sind – wobei dies ganz besonders in den – je nach Zählart – vier bis fünf Gedächtnissen zu erkennen ist. Wygotski[6] konkretisiert diesen Prozess an den Altersstufen des heranwachsenden Menschen (Wygotski 1987). Dabei werden neue Strukturen von Vernetzungen konstruiert, die zugleich aber nicht eindeutig im Gehirn loziert werden, sich zudem nicht kontinu-

---

[6] Ich verwende durchgängig die „eingedeutschte" Schreibweise „Wygotski" statt „Vygotskij"; dies geschieht auch im Literaturverzeichnis und bei Titeln, die mit der russischen Schreibweise publiziert wurden.

ierlich vollziehen: Die sprunghafte Entwicklung, der fruchtbare Moment (Copei 1955) und die von Maria Montessori erkannte sensitive Phase gehören zu den Grundphänomenen neuronaler Aktivität, die mit den unterschiedlichen Stärken der Gehirnsphären zusammenhängen (vgl. Jung-Beeman u. a. 2004): Ontogenese vollzieht sich also tatsächlich als Vermittlung der „Natur" des Individuums und der sozialen wie kulturellen Symbolwelt, ist aber zugleich darauf angewiesen, dass sie mit den kulturellen Objektivationen zusammengeschlossen wird, um Zugang zum Spektrum menschlicher Entwicklungsmöglichkeiten zu finden (vgl. Wygotski 1992; 1987).

Dieser Vorgang von Vermittlung und Bildung kennt unterschiedliche Formen des Lernens. Sowohl das imitative Lernen wie auch das Innovationslernen nehmen die kulturelle und soziale Welt auf, sodass sie in den für Lebens- und Handlungsvollzüge fundamentalen Strukturen eingebaut und durch diese instrumentalisiert werden kann. Dies geschieht ebenfalls in einem konstruktiven Vermittlungsprozess. Als Lernen lässt sich nämlich zunächst jede Veränderung eines Systems begreifen, mit welchem dieses auf äußere Reize reagiert und seinen Zustand, seine Konzepte wie Aktionsformen dauerhaft durch Assimilation und Akkomodation verändert. Dabei bleibt zunächst offen, ob diese Reize internalisiert und in das System aufgenommen werden oder das System sich intern modifiziert; die Objekte wirken auf die Subjekte zurück und bringen diese zur Selbstveränderung (Piaget 1976, S. 81 ff); beide Möglichkeiten sind selbst dann denkbar, wenn Lernen als ein kumulativer Prozess stattfindet, der dazu führt, dass dem System mehr Optionen zukommen als ursprünglich gegeben waren: Lernprozesse verhindern, dass die neuronalen Möglichkeiten des Gehirns verloren gehen, indem sie diesen eine Struktur geben, mit welchen sie sich stabilisieren und erhalten werden. Dabei betreibt ein intern gesteuerter Konstruktionsprozess diesen Selbstaufbau. Er vollzieht auch einen Vorgang des *Vergessens*, denn das System muss in jedem Fall den vorhergegangenen Zustand aufgeben, entweder vollständig, indem es eine neue Systemkonfiguration erreicht, oder partiell, indem nun der vorhergehende Zustand nur als einer unter mehreren möglichen in Geltung bleibt. Die letztgenannte Möglichkeit hängt davon ab, dass ein Wissensspeicher vorhanden ist, der die früheren Zustände in Erinnerung behält, um sie gegebenenfalls dann wieder aufrufen zu können, wenn eine Situation eintritt, die derjenigen ähnelt, welche mit den zuletzt vorhandenen Fähigkeiten bewältigt werden können. Man muss mithin über ein Gedächtnis verfügen.

Damit werden nicht nur früheres Wissen und frühere Verhaltensweisen in Erinnerung behalten, sondern auch beurteilt und bewertet oder sogar bewusst wieder vergessen. Die Besonderheit des skizzierten Prozesses, die ihn als *Bildung* qualifiziert, besteht also darin, dass sich die Beteiligten selbst objektivieren; sie stellen sich gleichsam neben sich und sehen auf sich selbst. Modifikationsmöglichkeit, Gedächtnis und Erinnerung, wie endlich Prüfung und Entscheidung markieren also die Situation höherer Intelligenz, wie sie durch Vermittlung erst entsteht. Sie kann Lernen zur eigenen Aufgabe machen, es mithin – erstens – von äußeren Impulsen lösen, es dann – zweitens – in den Kontext von Aufgaben und Wertungen stellen, welche von dem einzelnen System unabhängig bestehen, von ihm aber wahrgenommen und berücksichtigt werden können. Drittens beobachten und bewerten höher organisierte Lebewesen den Vorgang des Lernens selbst noch, um ihn zu verbessern – metakognitive Strategien ermöglichen, sich selbst zu verstehen. Endlich – viertens – besteht ein wichtiges Element darin, dass das Lernen sich nicht auf die interne Verarbeitung beschränkt. Zum Lernen gehört nun, dass die neu erworbene oder neu erzeugte Konstellation wiederum in den Verhältnissen realisiert wird, die zwischen dem System und seiner Außenwelt bestehen: Ob jemand etwas gelernt hat, können wir nur feststellen, wenn eine andere Art der Wahrnehmung des Äußeren oder eine bislang nicht übliche Aktion in dieser zu beobachten sind – der Lernende begreift sich als Urheber, rechnet sich ein Geschehen zu und bestätigt sich darin. Die Erfahrung von Selbstwirksamkeit der Subjektivität entscheidet.

Aber: sie hängt davon ab, dass die gesellschaftlich kulturelle Welt selbst nicht homogen, eindeutig, sondern ambivalent, wenn nicht polyvalent bleibt: Der Mensch im Bildungsprozess ist wahlfähig; besser: Menschen haben in ihrer historisch-kulturellen Situation, welche sie aus dem elementaren, sie konstituierenden Vermittlungsprozess erzeugen, Bedarf an Optionen (vgl. Elias 1983, S. 132). Die symbolische Qualität der Welt, die Tatsache, dass sie ein Reservoir an Handlungen bereitstellen kann, führt dazu, dass Alternativen, Differenzen der Bedeutung und somit Interpretationszwänge bestehen. Die Umwelten, welche das Gehirn integriert, haben mit Unterschieden zu tun und müssen Differenzen aufweisen, damit die Möglichkeit der Bildung auch realisiert werden kann. Insofern aber zeigt sich die sogenannte anthropologische Offenheit von Menschen als Ergebnis ihrer vermittelten Existenz im Bildungsprozess. Umgekehrt aber wird deutlich, dass das Fehlen von Alternativen und Optionen Bildungsprozesse begrenzt; ohne Wahlmöglichkeit lernt man nicht, weil die eigene konkrete Lebenslage mit Indifferenz und daher mit Aussichtslosigkeit konfrontiert.

Aneignung

Kopf oder Zahl: Den Seiten einer Münze vergleichbar vollzieht sich aber Vermittlung nicht ohne Aneignung; während jene gleichsam den abstrakten Wert ausdrückt, zeigt sich diese als das konkrete Bild, nämlich als die praktische Seite der Lebenstätigkeit, in welcher die Subjekte sich als solche konstituieren, indem sie mit Welt umgehen. Sie machen sich die Welt zu eigen, setzen sich mit einem Universum auseinander, entnehmen einzelnen Erfahrungen allgemeine Einsichten und Prinzipien des Handelns, die sie doch konkret zusammenfügen. Daber prägen die Aneignungstätigkeit als Form weniger die objektiven gegenständlichen Sachverhalte, mit welchen man konfrontiert ist und die man aufzunehmen hat. Welt, Gesellschaft und Kultur werden in ihrer Vielfalt zugänglich, weil die Auseinandersetzung mit ihnen in vielfältigen Praktiken geschieht; mehr noch: so überaschend dies klingt, nicht die äußere, objektive Welt wird angeeignet, sondern im Prozess der Weltaneignung entsteht eine subjektive Repräsentation von Gesellschaft und Kultur: Im Aneignungsprozess entwickeln Zöglinge eine innere Relation von Individuum und Welt, in der und durch die sie sich selbst positionieren. Sie stellen sich in ein Verhältnis zur Welt, um sich selbst zu entdecken und zu bestimmen, sodass sie agieren können. Die Formung ihres Handelns und ihres Eigenverhältnisses erfolgt mit den Regeln, die sie sich aus der Welt heraus erzeugen – aneignend konstruieren, wenn und sofern dies die Welt zulässt. Aneignung vollzieht sich als Mimesis (vgl. Wulf 2001, bes. S. 77 ff) von Praxis; die Subjekte setzen in innere Bilder um, was sie beobachtet, erlebt und erfahren haben, um so ihre eigene Existenz als vermittelt zu begreifen. Genauer: Sie ahmen und bilden dies in den Formen und in den Inhalten nach, die ihnen aufgrund der sich gleichwohl erst damit vollziehenden Vermittlung zugänglich sind und so zu inneren Strukturen vernetzt werden, die als Repräsentationen des Außen *erdacht* sind.

Weil Verhältnisse aufgenommen werden, kann also Aneignung ohne soziale Beziehungen nicht vollzogen werden. Dies lässt sich schon an der Tätigkeit von kleinen Kindern verdeutlichen. Sie lernen in Kooperation mit Gleichaltrigen, auch mit Erwachsenen, sofern sich diese darauf einstellen, in den Prozess der Welterschließung einzutreten (Krappmann 1994; Krappmann/Kleineidam 1999; Youniss 1994). Dies setzt als Triebfeder des Handelns Affekte und Emotionen voraus, die sich zugleich in der Kooperation und durch diese konkretisieren (vgl. Greenspan/Benderly 2001). Jeder kooperative Prozess der Weltaneignung ist nämlich auf eine Dynamik wechselseitiger Anerkennung angewiesen, in welcher sich die Einzelnen aufgefangen und ermutigt fühlen, weitere Schritte in der Auseinandersetzung mit Welt zu gehen (vgl. Borst 2004). Nötig ist diese affektiv emotionale Sicherheit, weil jeder Bildungsprozess kritische Situationen erzeugt: Sich auf Aneignung einzulassen verlangt nämlich, die schon vollzogene Vermittlung selbst infrage zu stellen. Das Subjekt riskiert also durchaus seine eigenen Voraussetzungen und damit sogar die Bedingungen seiner Aktivität; es wird gleichsam auf bloßes Tun zurückgeworfen, die schon erworbenen Handlungsmittel taugen nur noch bedingt, um einer neuen Situation, einer noch nicht vertrauten gegenständlichen Welt gerecht zu werden. Aneignungshandeln im Bildungsprozess birgt also durchaus (selbst-)zerstörerische Züge, die man zu vermeiden sucht; schon Platons Höhlengleichnis illustriert dies eindrucksvoll. Bildung führt also zu Situationen der Instabilität und erzeugt Verunsicherung. Man leidet, weil man sich aktiv selbst fremd wird, schon im Lernprozess selbst, dann erst recht in seinem Ergebnis – dies lässt sich nur ertragen, wenn man sich seiner Umwelt und der in ihr gegebenen Koordinaten vergewissern kann, wenn man endlich auch das Gelernte in Beziehung zu einem vorher Vorhandenen stellen, von dem man sich als seiner Vorgeschichte distanzieren kann, wenn man auch die Beziehungen zu anderen nicht preisgeben muss.

Diese Schmerzen des Bildungsprozesses werden also einerseits gemildert, wenn die Individuen die für ihre Selbstkonstitution notwendige Entäußerung in einem Medium des Versorgtseins vollziehen können; deshalb müssen ihre elementaren physiologischen wie psychologischen Bedürfnisse befriedigt sein, damit sie keine Angst haben müssen, dass die neue Konstellation, welche sie in sich selbst vorfinden, sie nicht existentiell bedroht, sondern auszuhalten ist und sogar eine positive neue Situation eröffnet (vgl. Hüther 2001; 2004a; 2004b). Eine praktische Konsequenz zeigen Untersuchungen zur Entstehung von Gewalt in Schulen: Diese wird weniger durch ein von Gewalt geprägtes Milieu ausgelöst, sondern entsteht, wenn Leistung an hoch kompetitive Verhältnisse gekoppelt sind, die Gewinner und Verlierer erzeugen; Schulen können Gewalt vermeiden, wenn sie eine gute, Kooperation und Koproduktion fördernde Situation schaffen. Andererseits aber mildert die Aussicht auf gelingende Bildung das doch prekäre Geschehen – in der Pädagogik hat sich dies das Prinzip der Perspektivengestaltung zu eigen gemacht, das aber ebenfalls auf den bergenden sozialen Zusammenhang der Kooperation mit anderen angewiesen ist. Dabei ist diese gelingende Bildung erneut nicht allein in den Fähigkeiten und Fertigkeiten beschlossen, in den Kompetenzen, die man durch Aneignung erworben hat. Vielmehr entscheidet die Erfahrung von (Selbst-)Wirksamkeit über gelungene Aneignung.

Vermittlung und Aneignung entwickeln eine Kraft, die tief das Potential formt, das den Bildungsprozess ermöglicht. Erziehung in dem bislang skizzierten fundamentalen Sinn macht, dass sich Menschen schaffen. Dies gilt höchst konkret: Das subjektive Handeln wird durch Vermittlung und Aneignung geradezu festgestellt. Gesellschaft und Kultur bestimmen und prägen die neuronalen Strukturen und greifen tief in das Denken, Fühlen und Handeln ein; man verliert andere Möglichkeiten, die doch noch gegeben waren: Das sensorische Instrumentarium, Riechen und Fühlen werden gesellschaftlich und kulturell ebenso aus- und überformt (Jütte 2000) wie die Fähigkeiten, Krankheitszustände überhaupt erst zu entwickeln. Der Leib, seine motorische Expressivität, emotionale und affektive Zustände drücken gesellschaftliche und kulturelle Möglichkeiten noch bis hinein in Krankheitsbilder aus. Das Auge muss sehen lernen, die Nase begreifen, was zu riechen ist. Gesellschaft und Kultur schaffen die Rahmungen, in welchen sich noch bildet, was von den Subjekten als ihre Krankheit, ihr individuell eigener Zustand empfunden wird: Die Nervosität etwa entdeckt sich an den Subjekten an der Wende zum 20. Jahrhundert (Gay 1987, S. 330 ff). Vermittlung und Aneignung sind also immer historisch und sozial *gestimmt*, noch bis in hintergründige Biologie hinein. Individueller Charakter, Talent sind Individuelles im Medium des gesellschaftlich und kulturell Allgemeinen, wie umgekehrt das Allgemeine im Individuellen sich ausspricht; noch die Form der Individualität selbst stellt eine gesellschaftliche und kulturelle Möglichkeit dar.

Kleine Kritik des aktuellen neurowissenschaftlichen Furors

Enthalten die Einsichten der Neuro- und Kognitionswissenschaften soviel Neugigkeitswert, dass man der Forderung nach einer Neuropädagogik nachgeben sollte, wie sie von verschiedenen Seiten erhoben werden? Nüchtern betrachtet bleiben die Erträge gering, letztlich stabilisieren sie nur, was eine theoretische

Pädagogik weiß, wenn sie ihre eigenen Texte ordentlich liest und praktischen Erfahrungen auswertet. Überraschen mag, wie manch trivial erscheinende Einsicht nun Bestätigung erhält, aber für die öffentlichen Debatten geheiligt erscheint, weil sie naturwissenschaftlich begründet ist; zugleich muss sich die professionelle Pädagogik fragen lassen, ob sie eigentlich so ernst nimmt, was die Disziplin an Wissen und Reflexionen zur Verfügung stellt. Vielleicht sollte man dies aber pragmatisch sehen: Naturwissenschaftliche, medizinische und psychiatrische Kenntnisse können die Bedingungen pädagogischer Praxis sichern. Dass beispielsweise Kinder und Jugendliche auf viel Schlaf angewiesen sind, sich von diesem Bedarf aber nicht beeindrucken lassen und gegen die Zeichen ihres eigenen Körpers agieren, dämmert Medizinern schon lang – die Schulpraxis reagiert kaum mit einem späteren oder wenigstens langsameren Unterrichtsbeginn darauf. Im Gegenteil: Stundenplanmacher neigen wohl zur Ansicht, morgens sei ein junger Geist besonders frisch und aufnahmebereit und sollte daher die anspruchsvolleren Fächer absolvieren.

Gleichwohl sind gegenüber einer naturwissenschaftlichen Überformung pädagogischen Denkens einige Vorbehalte geltend zu machen. Die methodische Grenze einer Adaption dieses Wissens liegt dabei darin, dass es durch thematisch begrenzte Experimentalsituationen gewonnen ist, mithin keine Aussagen über komplexe Vorgänge fundiert, somit auch keine weitreichenden Entscheidungen in der Organisation von Bildungsprozessen erlaubt. Punktuell gewonnene Einsichten widersprechen, oft genug lösen für gewiss gehaltene Befunde einander schnell ab: Darf man nur mit einem kurzzeitig geöffneten Lernfenster in der menschlichen Entwicklung rechnen (vgl. Pauen 2004) oder muss man doch lebenslang lernen? Erinnert das Gehirn mit Speichern oder konstruiert es spontan Gedächtnisinhalte?

Eine nicht minder grundsätzliche Grenze für eine Aufnahme naturwissenschaftlicher Befunde errichtet die Individualitätsproblematik; sie ist eigentlich naturwissenschaftlich ausdiskutiert: Sachverhalt und Macht der Individualität lassen sich nicht hintergehen, sie bleiben aller Organisation pädagogischer Praxis auferlegt. Denn das Individuum ist das Faktum schlechthin, weil das menschliche Genom eine solche Vielzahl in der Kombination von Genen erlaubt, dass Individualität gegenüber aller genetischen Heredität anzunehmen ist; zu rechnen ist mit einer unendlichen Vielzahl von Phänotypen des Humanen (vgl. Asendorpf 1988).[7] Vor allem aber kommt in der Vermittlung zum Ausdruck, dass und wie „jeder einzelne Mensch in einer nur für ihn typischen Welt auf[wächst]. Diese Welt ist nie identisch mit der Welt der anderen. Nie erlebt er die gleichen Herausforderungen, Bedrohungen oder Gefährdungen im gleichen Alter wie andere, und niemals wird er genau die gleichen Erfahrungen machen können. Deshalb ist jeder Mensch zu jedem Zeitpunkt seiner Entwicklung einzigartig" (Hüther 2001, S. 50).

---

[7] Deshalb vernachlässigen die vorgestellten Untersuchungen die Frage der Geschlechterdifferenz. Sie fällt unter die Kategorie der Differenz (vgl. Baron-Cohen 2004) und ist empirisch zu bearbeiten.

Irritierenderweise nehmen jedoch bildungspolitisch interessierte Diskurse die erstaunlichen Übereinstimmungen nicht wahr, die zwischen einem philosophisch-geisteswissenschaftlichen Denken von Erziehung und Bildung auf der einen Seite und dem neurowissenschaftlichen Konstruktivismus auf der anderen Seite bestehen. Ein Beispiel hierfür bietet insbesondere die Debatte um die Vorschulerziehung. In jüngerer Zeit verfällt diese einem Optimierungs- und Beschleunigungsdenken und verlangt angesichts des bis zum siebten Lebensjahr geöffneten Lernfensters, dass Kinder möglichst früh zum Lernen angeleitet werden sollen; Dieter Lenzen hat sogar in einem Interview gefordert, man dürfe keine Zeit mit Spielen verlieren, vielmehr müsse ständig das Lernen organisiert werden. Doch: Zumindest in der Kindheit vollziehen sich die für die Selbstkonstruktion maßgebende Vermittlung und Aneignung durch Handlungen im Spiel, mithin in einer Tätigkeit, die aus Freiheit, Kreativität, Regelaufnahme und Regelerzeugung besteht, mit Verbindlichkeit und Improvisation, mit Nachahmung und Neuschöpfung, mit tiefem Ernst und dem Relativismus einhergeht, bei dem Kinder so tun als ob. Das Spiel scheint die beste Form, sich kreativ auf das Lebens vorzubereiten, so dass nahezu alle Gesellschaften die Zäsur der formalen Instruktion etwa zwischen dem sechsten und siebten Lebensjahr setzen; sie stellen diese Zeit bereit, um das für sie erforderliche Grundmaß an Autonomie sicherzustellen; wenn Tiefengrammatiken des Sozialen und Kulturellen zu erwerben sind, dann darf dafür die Zeit nicht gestrichen werden. Denn das Spiel fordert und fördert gerade in seiner experimentellen Offenheit die konstruktive Selbstbildungsleistung des Gehirns, kein scholar organisiertes Lernen leistet dies im gleichen Maße, weil es vorab bestimmte Vorstellungen erzeugen und neuronal festlegen will. Je früher curricular organisiertes Lernen beginnt, umso stärker legt es junge Menschen auf eine bestimmte Form von Gesellschaft und Kultur fest, der sie nicht mehr entkommen können; die neuronalen Möglichkeiten werden so eingeschränkt. Moderne Gesellschaften aber benötigen mehr Subjektivität, die sich selbst erzeugt – zumindest mehr, als eine geregelte Schule in den Vermittlungsprozess einbringen kann.

Entwicklung wird begünstigt, je mehr Möglichkeiten das Gehirn in sich und selbst verarbeiten kann, mithin produktiv und experimentell in seine Selbstkonstruktion aufnehmen kann. Das bedeutet einerseits, dass man ihm Lernmöglichkeiten eröffnen muss; die Förderung eines Zugangs zu dem Weltwissen scheint sinnvoll, doch präsentieren Gesellschaften und Kulturen üblicherweise eine hinreichende Vielfalt von Angeboten. Eher liegt ihr Problem darin, dass sie mit Zumutungen operieren, wie sie etwa eine mobile Gesellschaft an das sich entwickelnde Hirn und die ihm verfügbare Sensorik stellt. Es muss offen bleiben, ob ein kleines Kind sehen lernt, wenn es im Auto mit mehr als hundert Stundenkilometern durch Landschaften transportiert wird. Dass das Fernsehen Lernen im Kindesalter sogar verhindert, kann inzwischen als bewiesen gelten; es legt „Ansichten" fest, erlaubt mithin nicht die nötige Selektionsleistung der Wahrnehmung, die aber für Bildung erforderlich scheint.

Ebenso wenig wird diskutiert, ob eine Intensivierung, allzumal eine Scholarisierung des Lernens nicht auch unerwünschte Nebeneffekte hervorruft. Die

Plastizität des Gehirns verführt dazu, auf dieses mit geplanten Einwirkungen Einfluss zu nehmen. Doch lässt sich weder ausschließen, dass solche Einflussnahme die Selbstorganisation des Gehirns stört, noch ist von der Hand zu weisen, dass organisierte Lehrprozesse eine Formung erzeugen, welche das Gehirn schädigen. Scholare und didaktische Allmachtsphantasien könnten sich rasch als kontraproduktiv erweisen. Vor allem: Welche Zeit bleibt dann noch, um anderes zu lernen, wie es bislang in den nicht scholarisierten Lernprozessen spielerisch erworben wurde und für die menschliche Entwicklung wichtig war? Welche Folgen zieht es nach sich, wenn Kinder keine Zeit mehr haben, um zu spielen, und sich nicht mehr selbst erproben? Vermutlich sind sechs Jahre spielerisch-experimentelles Lernen notwendig, um die Kreativität eines Geistes zu bewahren, der mit sich selbst experimentiert und sich so selbst konstruiert.

Möglicherweise weiß die Pädagogik schon mehr, als sie sich selbst eingestehen will; der Nachhilfeunterricht allzumal durch Neuro- und Kognitionswissenschaften kann ihr nur helfen, das Gewusste wieder in Erinnerung zu bringen: Dass Kinder ihre Welt selbständig erschließen, dabei inneren Prinzipien des Aufbaus ihrer kognitiven und emotionalen Strukturen gehorchen, Bildungsprozesse möglichst frühzeitig beginnen sollten, dass es sensible und sensitive Phasen gibt, in welchen das Lernen besonders (und nachhaltig) beeindruckt werden kann, dass eine Balance zu halten ist zwischen freischwebendem Interesse, konzentrierter Aufmerksamkeit und einer anregenden Umwelt, an welche sich die Tätigkeit des Lernenden selbst anzuschießen habe – all dies gehört zu den Grundbeständen pädagogischer Reflexion, die weniger durch eine intensive Apparateforschung, aber doch erfahrungsgesättigt im Experiment des Denkens gefunden worden sind.

„Für jedes noch so komplexe Problem gibt es
eine ganz einfache Lösung, und die ist
meistens falsch." (Albert Einstein zugeschrieben)

8   Wie das pädagogische Problem sichtbar wird

Wittgenstein spricht einmal davon, dass die Sprache gegen die Welt anrennt, so
erst hervortritt und sich verfestigt. Ähnliches kann für die Erziehung gesagt werden. In der Evolution tritt zwar ihr Problem hervor, wird aber „unproblematisch" gelöst; selbstverständliche Vermittlungsarbeit, Umgangsverhältnisse, die
Arbeit am alltäglichen Überleben bewältigen es so weit, dass es nahezu verschwindet. Erziehung bleibt vorreflexiv, als ein normales Moment der Gattungs-
tätigkeit begräbt sie noch ihr Problem unter sich.

Wann aber bekommt man das Problem der Erziehung zu sehen? Es tritt vor
Auge, wenn der Bildungsprozess gegen die Welt anrennt, die ihm als ein Zauber-
spiegel dient, hinter den man zwar nicht blicken kann, der aber Verzerrungen erzeugt; das Problem der Erziehung verschwindet mit einer Art Cheshire-Cat-
Grinsen. Es tritt allerdings in Problemen hervor, welche die Gesellschaften und
Kulturen mit sich haben. Werden soziale und kulturelle Reproduktion prekär,
lässt dies auch das Erziehungsproblem sichtbar werden; in der Wahrnehmung
durch gesellschaftliche Konfliktlagen hindurch wird es ernsthaft – aber stets
durch Probleme kontaminiert, die mit ihm nichts zu tun haben. Erziehung, ihr
Problem und ihre Praxis werden zunehmend entdeckt, doch anders, oft politisch
verstanden: Fragen der sozialen Integration, des demographischen Wandels oder
der Zukunft des Wirtschaftsstandortes haben prima facie gar nicht mit Erziehung zu tun, wenngleich sie ihre *konkrete* Problemgestalt bestimmen; so werden
soziale, kulturelle und politische Fragen als solche gefasst, die prioritär pädagogisch zu behandeln und zu bearbeiten sind. Gesellschaften inszenieren Problem-
stücke, in welchen sie dann – zumindest auch – das Problem der Pädagogik und
Erziehung zur Aufführung bringen.

Es gibt eine Genaologie dieser Inszenierungen, mithin eine Geschichte der gesellschaftlichen und kulturellen Problematisierungen von Erziehung, ihrer Diskurse und der diese bestimmenden Dispositive (vgl. Berg 1960): Beginnend in
archaischen Gesellschaften entsteht eine Kulturgeschichte des Erziehungsproblems, diese Entwicklung des pädagogischen Problembewusstsein führt zu
Denkmustern, die in den pädagogischen Debatten bestehen bleiben, mithin die
Auseinandersetzung mit der Struktur des pädagogischen Problems einerseits
überlagern, andererseits aber doch auch das Wissen bestimmen, das in der pädagogischen Denkform zum Ausdruck kommt.

Ein dominantes Muster scheint dabei die Codierung von Erziehung in einem
Verhältnis der Erwachsenen zu Kindern (vgl. Oelkers 2004); dafür sprechen An-
schaulichkeit und Empirie der pädagogischen Institutionen und Pragmatiken,

welche das Erziehungsproblem an der Differenz zwischen dem Status des Nicht-Erwachsenen und des Erwachsenen brechen. Der Begriff der Pädagogik nimmt dies auf: Pais meint eben Kind, doch vergisst die Etymologie, dass es in der Antike mehr um einen sozialen Status und weniger um eine Altersgruppe geht. Der Jugendliche des alten Rom nähert sich schon dem fünfzigsten Lebensjahr, wenn ihm endlich das Establishment die Mitwirkung an den politischen Geschäften gestattet.

Zwar haben die meisten Gesellschaften und Kulturen eine Vorstellung von Kindheit, für die sie besondere Praktiken der Betreuung entwickeln; Ariès These jedoch, dass Kindheit in einer durch Erziehungssemantik konzentrierten Aufmerksamkeit erst in der Neuzeit entstanden sei, wird durch das historische Material widerlegt (Orme 2003; Schultz 1995; Becchi/Julia 1998 a, b). Kindheit und Jugend bilden gleichwohl soziale Kategorien, Chiffren (Bühler-Niederberger 2005), die mit physischen und psychischen Reifezuständen verbunden sind, auf welche sich soziale und kulturelle Aufmerksamkeit richtet; sie verweisen auf gesellschaftliche und kulturelle Ordnungen und drücken soziale Differenzierung aus (Alanen 1992; 1994), sind insofern mit Erziehung nur bedingt systematisch verbunden. Sie gehören der gesellschaftlichen Reaktion auf das Problem der Erziehung an, können als Teil einer generationalen Ordnung wieder aufgehoben werden (Honig 1999; vgl. Gillis 1980), was für das Erziehungsproblem nicht gilt. Dieses wird zwar sozial und kulturell verändert, steht aber strukturell nicht zur Disposition, auch wenn seine pragmatische Bearbeitung es zuweilen ignoriert. Kurz: Erziehung muss als ein allgemeineres Problem und ein allgemeinerer Sachverhalt begriffen werden, der – systematisch – nicht auf Kinder und Jugendliche beschränkt ist: Es gibt empirisch die Erziehung der Erwachsenen, auch der Älteren, Erziehung ist ein sehr viel grundlegender Sachverhalt, als dies eine Reduktion auf das Kind erscheinen lässt.

Gesellschaften und Kulturen codieren jedoch die Wahrnehmung des Problems der Erziehung, sie schaffen Dispositive und unterschiedliche Formen des Diapasons, welche einerseits die sozial und kulturell relevanten Bedeutungen bestimmen, andererseits die praktische Reaktion auf das Problem regeln und steuern: Dispositive sind Verteilungsregeln, die Bedeutungen in einer sozialen Wirklichkeit ordnen, welche in den Diskurse dann gefasst werden. Sie schaffen Sichtbarkeit und Zonen der diskursiven Konflikte, in welchen das pädagogische Denken sich dann jeweils materialisiert.

• Das erste, das eugenische Dispositiv war dem antiken Denken stets bewusst, prägte in der Neuzeit einen latenten Diskurs, um in der Gegenwart eine neue Schärfe zu gewinnen. Mit ihm wird das pädagogische Problem nämlich deutlich daran, dass Nachwuchs sein soll: Zeugung wie ihre Vermeidung spielen eine entscheidende Rolle in allen Gesellschaften: Sie erfinden Regeln, mit welchen ihr Personal gesichert wird; sie tun dies zuweilen sogar noch gegen den Willen ihrer Mitglieder. Umgekehrt entledigen sich nicht nur archaische Gesellschaften eines zu groß gewordenen Kinderreichtums. Platons *Politeia* wie die Aristotelische *Politik* überraschen entsprechend mit Maßgaben, die für eine rechte und taugliche Verbindung von Zeugungsfähigen gelten sollen; dies gehört zum Standardwissen von Herrschaft, um das in den Kämpfen um Verhütung und Abtreibung zumindest auch gerungen wird. Das Problem der Erziehung zeichnet sich mithin ab, wo die Herstellung des Nachwuchses debattiert wird. Eine lange Linie zieht sich von Fragen der Ausübung von Sexualität, der Regelung der Lüste, bis zu gynäkologischen Empfehlungen, später werden Überlegungen zu einem pränatal sinnvollen Verhalten angestellt. Dabei geht es auch um Herrschaft über das weibliche Geschlecht, Sexualität soll dem Zwang unterworfen werden, für das Gemeinwesen nützlich zu sein: Man will die Menschen so erziehen, dass sie Erziehung ermöglichen.

Im Hintergrund steht Bevölkerungspolitik, wie sie noch die jüngste Debatte auszeichnet, die unter dem Stichwort demographischer Wandel geführt wird. Zuweilen klingt an, dass Kinder zu zeugen sind, damit eine industrielle Reservearmee bestehen bleibt, Moralpädagogik bleibt nicht aus, wie absurd sie erscheinen mag: Dem Politiker, der die Gleichstellung homosexueller Beziehungen einfordert, wird entgegen gehalten, dass doch Familien zu fördern, die Zeugung und Erziehung von Kindern zu erleichtern sei – wer schwul ist, entzieht sich der Kindererziehung. So fordert ein volkspädagogisch ambitionierter Diskurs Fertilität und grenzt zugleich aus.

• Einem zweiten Dispositiv geht es um die Physis des Nachwuchses. Gesundheit und Diätetik bilden zentrale Motive, welche ein Verständnis von Erziehung konturieren und popularisieren. Wie ist der Nachwuchs gesund zur Welt zu bringen und zu erhalten? Die pädagogischen Debatten kreisen um Probleme der Gesundheit und ihrer Sicherung; das Erziehungsdenken wird wesentlich bestimmt von Medizinern. Dies reicht in die begrifflichen Grundvorstellungen hinein, die schon in der frühen Neuzeit regelmäßig Erziehung an die Körperfunktionen anbinden, welche mit Ernährung zu tun haben; das Wort *Erziehung* entsteht im Zusammenhang einer Ernährungs- und Verdauungssemantik (von Pogrell 2004). Man wird vollgestopft – längst bevor Gedanken an moralische Erziehung verschwendet werden.

Diese physiologische Perspektive bleibt erhalten – bis heute genießt der ärztliche Rat Priorität, wenn es um Kindheit geht, der aktuelle Biologismus und das Interesse an den Neurowissenschaften in den öffentlichen Debatten stellen Spielarten des Dispositivs dar. Historisch spielt der Sensualismus eine wichtige Rolle. Vor allem prägt John Locke das Denken, erst bei Rousseau wird ein psychologischer Akzent sichtbar – weil er möglicherweise die zeitgenössischen medizinischen Debatten nicht rezipiert hat (Mercier 1961). Medizinisches Wissen bleibt kontinuierlich in Geltung. So hält Kant als selbstverständliches Element der Pädagogik die „Wartung" der Kinder fest, Pestalozzi stellt die Besorgung an die erste Stelle der Pädagogik. Die Verbindung zwischen den medizinischen und pädagogischen Diskursen bleibt noch im 19. Jahrhundert präsent, wie die einschlägigen Allgemeinen Pädagogiken belegen (vgl. Gräfe 1845). Selbst die Nachschlagewerke am Anfang des 20. Jahrhunderts, etwa Reins Enzyklopädie, bleiben aufmerksam für die physische Seite des Geschehens; Maria Montessori und Janusz Korczak verdanken ihre Einsichten der medizinischen Ausbildung. Und heute? Die Versorgung mit frischen Pampers stellt den Anfang aller praktischen Erziehung dar – Erziehung beginnt damit, dass Kinder einen sauberen Hintern haben und gesund ernährt werden, von aller Massage einmal abgesehen.

- Ein drittes Dispositiv codiert Erziehung als Differenz des Innen und Außen: Nicolas Orme druckt in „Medieval Children" eine hübsche Szene aus einem flämischen Manuskript des 16. Jahrhunderts ab: Im tiefsten Winter steht ein Junge an der geöffneten Türe des elterlichen Hauses und uriniert aus dieser heraus in den Schnee (Orme 2003, S. 2). Erziehung beginnt damit, den Nachwuchs vor die Hütte zu verweisen, wenn er seine Notdurft verrichten muss. Man pinkelt nicht in die eigene Wohnung; selbst *vor* dieser wird man sich noch beherrschen. So hält sich im Englischen die Redewendung: Man scheißt nicht vor seiner eigenen Tür.

Erziehung verdeutlicht so die Grenze des Innen und Außen; diese sozial und kulturell entscheidende Aufgabe verbirgt eine tiefer liegende Differenz, nämlich die zwischen Profanem und Sakralem, allgemeiner noch die zwischen Erlaubtem und Verbotenem: Das Erziehungsbewusstsein erwächst am Tabu, mit welchem das Heilige umgeben wird. Diese Grenze wirkt streng und übertrifft selbst diejenige, welche zwischen Tod und Leben gezogen wird. Denn im Namen des Sakralen kann das Menschenopfer ebenso gefordert werden, wie das Tötungsgebot aus dem Heiligen begründet wird.

Um diese Grenze entstehen die ersten Institutionen und Pragmatiken, welche dann als pädagogische begriffen werden. Das Heilige stellt dabei das fundamentale kollektive Gut dar, an dessen Erinnerung systematisch zu arbeiten ist. Im Tabu muss es erlebt und ahnend sichtbar werden, ohne jedoch selbst dem Blick unmittelbar preisgegeben zu sein; der Ritus knüpft daran an, der als erste pädagogische Praxis schlechthin gilt. Mit ihm sichern Gesellschaften ihren Bestand an kollektiven Gütern und inneren Ordnungsmechanismen, indem sie den Eintritt in die Erwachsenenwelt als Aneignung inszenieren (vgl. Alt 1956).

Dieses Dispositiv wird so wirksam, weil es die das pädagogische Problem auszeichnende Optionalität in binär codierte Alternativen überführt, welche zwischen dem Hier und dem Dort bestehen. Ausgrenzung von Menschen erfüllt eine „volkspädagogische" Funktion, die verhindern will, dass Einzelne oder Gruppen die Möglichkeit der Alternative realisieren und wahrnehmen. In der Verbindung von Zulässigem und Unzulässigem, von Räumen des Gebotenem und des Unbotmäßigem einerseits, mit dem Profanem und dem Heiligen andererseits entsteht Verbindlichkeit des Handelns, die ihren Lohn verrät. Insofern führt dieses Dispositiv nahezu ungebrochen zur Moralisierung der Pädagogik.

- Ein viertes Dispositiv knüpft Erziehung an einen Heilsentwurf; es vollzieht eine Dynamisierung, wenigstens eine Projektion des Heiligen, die mit einer motivationalen Struktur einhergeht. Es geht um eine vorrangig das Christentum charakterisierende, niemals gelöste Spannung zwischen Zeitlichkeit der Existenz, der Sterblichkeit und einem Ideal, genauer: der Alternative zwischen erlösendem Heil und Untergang, zwischen Himmel und Hölle. Dieses Dispositiv enthält mehrere Ebenen:

Renaissance und Humanismus entwerfen die Möglichkeit der menschlichen Selbstgestaltung als Ergebnis einer Offenheit, die im göttlichen Schöpfungsakt entsteht. Pico de la Mirandola (1997) zeigt es in seiner berühmten Rede über die Würde des Menschen, die ein Verständnis von Erziehung ermöglicht, in welcher die Subjekte zur Selbstermächtigung im historischen Raum befähigt werden sollen – ihr müsste es um *Bildung* gehen, aber der Ausdruck kommt erst spät in der Büchersprache an, wie Mendelssohn das ausdrückt. Vorher wendet die Reformation dieses Geschehen auf die Individuen zurück, die sich selbst gegenüber rechenschaftspflichtig die Welt auf den Erfolg ihres Tuns hin befragen. Daraus entstehen die Dynamik des Kapitalismus, zugleich die besondere Aufmerksamkeit auf Erziehung, die protestantische Kulturen auszeichnet (vgl. Tawney 1972; Weber 1988). Askese, innere Steuerung, Prüfung wie Selbstkontrolle, schließlich auch das Element der Steigerung durch Wissen und Moral lassen einen Horizont der Reflexion entstehen, der die pädagogische Diskurse rahmt. Säkularisiert, profan und latent technisch wird das Heilsdenken aber in der Leitfigur der perfectibilité, welche eine Naturmöglichkeit entdeckt, die den paradiesischen Zustand innerweltlich denken lässt. Der Träger des Fortschritts wird zwar in der Gattung schlechthin entdeckt; weil diese aber schon verdorben erscheint, konkretisiert sich das Heil in einer Projektion auf die junge Generation, mithin als Erziehungsproblem.

Vor diesem Wahrnehmungshorizont entfaltet sich im 18. Jahrhundert das neuzeitliche Verständnis von Erziehung (vgl. Snyders 1971): Einerseits unterliegt es dem Universalitätsanspruch der Vernunft, der nun von einer „Erziehung des Menschengeschlechts" nicht nur die eigene Durchsetzung, sondern die Realisierung der vernünftigen menschlichen Verhältnisse in einem „zukünftig möglich bessern Zustand" erwartet (Kant 1964, S. 704). Erziehung wird von der Vernunft erzwungen, die sich ihrer Naturgrundlage vergewissert, um in dieser den besseren Entwurf als Projekt zu erkennen. Technologien der Erziehung dienen dann dazu, explosionsartig die Geburt einer zweiten, perfekten Natur des Menschen gegenüber seiner ersten Verfasstheit einzuleiten.

In der Sache führt dies dazu, dass Erziehung in der Zeit kontextualisiert und in einer Temporalstruktur identifiziert wird. Raummetaphern spielen zwar eine Rolle, aber die Zeitorientierung entscheidet. Überspitzt formuliert: die Neuzeit erfindet sich die Pädagogik, um mit ihr Erziehung als ein Instrument denken und praktizieren zu können, mit welchem ihre strukturellen Widersprüche prozessualisiert werden können; die strukturellen Duale werden in Folgen aufgelöst: Antike und Moderne, heute: Moderne und Postmoderne lauten solche Paare, in welchen die Entwicklungen aufgespannt werden, die man zu bewältigen hat; Erziehung kann das Dual auflösen – und wird darin zum Schlüsselphänomen einer Moderne, die sich als verzeitlicht begreift (vgl. Habermas 1985). In diesem Dispositiv wird sie Garant des Fortschritts, den die Aufklärung verspricht.

- Komplementär zum Fortschrittsdispositiv tritt das, welches – fünftens – Erziehung als Instrument zur Bewältigung des historischen Bruchs fasst. Wenn Kontinuität vernichtet wird, Tradition nicht mehr selbstverständlich scheint, entsteht das Bedürfnis, Erziehung zu gestalten. Die großen Entwürfe pädagogischer Reflexion nehmen dies auf, sie begreifen, wie das *Problem der Erziehung* sichtbar wird in einem Moment, in welchem sie eigentlich unwahrscheinlich erscheint. Der historische Bruch, die menschliche Katastrophe, sei sie bedingt durch Naturereignisse oder durch menschliche Aktivitäten selbst, das Fehlen von Kontinuität, das sowohl die fortlaufende Tradition wie aber auch die Gegenstände der Aneignung berührt, macht deutlich, wie Erziehung nötig ist. Unter solchen Bedingungen wird Vermittlung unwahrscheinlich und muss bewusst gestaltet werden; der Krieg wirkt auch hier als Vater aller Dinge: Aus der Erfahrung des dreißigjährigen Krieges entwickelt Comenius das umfassendste Programm einer Erziehung der ganzen Gesellschaft – allen alles umfassend zu lehren, lautet die Forderung angesichts der Erfahrung (Comenius 1961), dass eben nichts mehr weiter gegeben werden kann. Paradox ist diese Forderung, weil sie gar nicht mehr realisiert werden kann. Überleben muss erfunden werden. Aus dieser Situation entsteht die Einsicht, dass die Grundlage aller Erziehung darin besteht, dass sich die Subjekte zu sich selbst entwickeln müssen; die Entdeckung pädagogischer Subjektivität, der eigenen Bildungsarbeit von Subjekten in ihrer Lern- und Entwicklungssituation hat mit Notstand zu tun.

Nicht anders die zweite Zäsur der Neuzeit, die französische Revolution. Als Bruch lässt sie die eigene Logik von Erziehung ahnen, der pädagogische Reflexion beikommen muss – um den Preis, dass sie ihre Eindeutigkeit, die Mechanik und die Judiziösität verliert, die man gerne auf sie bezogen hätte. Das 18. Jahrhundert durfte als pädagogisches verstanden werden, weil sich in ihm neue Technologien der Erziehung und des Unterrichts etablierten, eingeführt unter Nützlichkeitsgesichtspunkten und zur Mehrung des Wohlstands; der utilitaristische Gedanken brachte das Geschäft voran, nicht nur – wie Trapp dies so schön formuliert – in Ausrichtung des Unterrichts an den mittleren Köpfen. Die Zäsur kam durch die französische Revolution, welche den Gedanken des Fortschritts ziemlich ins Straucheln geraten ließ: Zum einen geht mit ihr Kontinuität zu Ende, zugleich werden aber die zivilisatorischen Standards außer Kraft gesetzt, so dass man nun mit eindeutigen Verhältnissen nicht mehr rechnen durfte. Pädagogisches Denken musste sich nun als eine hermeneutische Reflexion der Erziehungssituation entwickeln, die sich der Gegebenheiten zu vergewissern und dem Subjekt die Bedingungen zu schaffen hat, dass es zur Bildung befähigt werde. Die Entwürfe pädagogischer Theorie, wie sie zu Beginn des 19. Jahrhunderts vorgelegt werden, machen zum Thema, wie unter zunehmend unsicher werdenden Verhältnissen Erziehung Bildung zu ermöglichen hat, in der Spannung zu den Anforderungen, welche eine Gesellschaft unvermeidlich stellen mag. Es liegt auf der Hand, dass damit das pädagogische Problem bewusst und die Erziehungsaufgabe ernsthaft gewusst werden kann; deshalb trägt dieses Dispositiv zur Entstehung von Erziehungswissenschaft mit bei.

- Das sechste Dispositiv verweist auf Institutionalisierung von pädagogischen Prozessen; es ist vorrangig pragmatisch ausgerichtet, obwohl es ein epistemisches Problem bearbeitet, nämlich die Spannung von Vergangenheit und Zukunft. Fortschritt, kulturell kumulative Effekte lassen sich nämlich nur dann möglichen, wenn man auf der Vergangenheit aufbaut. Zugleich will und darf man sich nicht auf die ganze Vergangenheit stützen, hält doch diese zumindest einige unerfreuliche Erfahrungen bereit, von welchen man sich lösen will, Erfahrungen vor allem des Scheiterns.

Der pädagogische Diskurs greift dieses Problem als ein didaktisches Problem auf, dass und wie man nämlich die erfolgreichen Modelle aufnehmen und *beybringen* muss, die in der Vergangenheit erworben worden sind – um den Preis, dass die eine oder andere gute Lösung in Vergessenheit gerät, nur weil sie aktuell nicht verstanden oder gebraucht werden kann. Darf aber vergessen werden? Das nichtgenetische Erbe sollte in Erinnerung bleiben und muss dies auch; Vermittlung findet sonst nicht statt. Eine Instanz gegen das Vergessen ist also notwendig, als Vorsichtsmaßnahme gegen ein Geschehen, dem man ohnedies kaum entkommt – deshalb überfrachten die Kultusministerien die Lehrpläne mit Erinnerungsgut: Bildung scheint auf die Auseinandersetzung selbst mit weit vergangener Vergangenheit angewiesen. Zugleich kann eine solche Instanz gegen das Vergessen verheerend wirken – weniger, weil sie das Gehirn überlastet, sondern weil die Irrtümer der Vergangenheit, die Fehlversuche im Gedächtnis bleiben. Zwar amüsiert, wenn man sieht, wie Erfinder zunächst gescheitert sind, weil sie das Neue noch nicht begriffen haben – die Unfälle mit den ersten Autos, die Abstürze der ersten Flugzeuge wirken wie Slapsticks. Sie im kollektiven Gedächtnis zu belassen und systematisch tradieren zu wollen, verzögert aber die Dynamik der kulturellen Evolution; man muss die Fehler der Vergangenheit nicht wiederholen, um sie zu vermeiden. Oder anders: präventiv gedachte politische Bildung etwa gegen den Faschismus läuft Gefahr, diesem Sympathie einzutragen.

Gesellschaft und Kultur selbst finden für dieses Problem keine eigene Lösung; sie zeigen und behaupten es als Problem der Erziehung, versuchen es also zu bewältigen, indem sie die Praxis der Erziehung systematisch institutionalisieren, mithin einen Raum organisieren, der Erinnerung und Vergessen regelt. Damit wird Fortschritt möglich, ohne das Vergangene ganz preiszugeben.

- Ein siebtes Dispositiv sieht Erziehung, um die Erfahrung der Unwahrscheinlichkeit von Welt zu organisieren. Je mehr der Verdacht entsteht, dass Gott nur bedingt Einfluss auf die Welt nimmt, umso größer wird die Unsicherheit über ihre Existenz und ihre Gestaltbarkeit. Neuzeitlich beginnt dieser Zweifel ebenfalls im Nachdenken über die Würde des Menschen, spitzt sich zu im Theodizee-Streit, wird dramatisch endlich, wenn Gott für tot erklärt wird; nicht weniger wirken sich die großen Katastrophen aus, allzumal das Erdbeben von Lissabon im Jahre 1755. Damit steht Kontingenz zur Debatte, die vielleicht grundlegende Erfahrung des neuzeitlichen Menschen, die der Volksmund in die hübsche Formel gebracht hat, nach welcher es – erstens – ohnedies immer anders käme, als man – zweitens – sich das so gedacht habe.

Erziehung soll nach diesem Dispositiv Kontingenz bewältigen, um gegenüber dem Zufall Ordnung zu erzeugen: Wenn die Welt unwahrscheinlich ist, wenn wenigstens die Alternative immer möglich erscheint, dann soll Erziehung als Macht der Ordnung dienen. Sie wird das Instrument, um die Welt zu beherrschen, allzumal um Kontrolle über ihre Mitglieder zu erreichen. Damit geht sie ein enges Bündnis mit der Moderne ein, die ihre eigene Ambivalenz durch Erziehung beseitigen will und sie so zur Disziplinarmacht schlechthin erhebt. Dabei tritt sie, allzumal in ihrer staatlichen Organisation, an die Stelle Gottes: Sie schafft gegen die Kontingenz der Welt Gewissheiten und die Fähigkeit, Entscheidungen zu treffen, ein Risiko einzugehen. Sie begründet ein Gefühl der Sicherheit und fördert die Bereitschaft, sich der Ungewissheit auszusetzen: Knaben müssen gewagt werden, sagt schon Herbart, der ängstliche Stubenhocker erscheint als unerwünschtes Gegenmodell, die Kontingenzkompensationstechnologie scheint gefunden – lebenslanges Lernen dient der Ich-AG, und die Pädagogik wirkt als das große Programm, das in der Hardware der pädagogischen Institutionen die Menschen zur Ordnung zurichtet.

- In diesen pädagogischen Institutionen operiert das achte Dispositiv mit der Grenze von Wissen und Nichtwissen. Es formt eine klassische Kampflinie, an der sich die pädagogischen Diskurse entzünden. Auch sie bricht auf in einer Auseinandersetzung mit theologischem Hintergrund, nämlich mit dem dem Zweifel am Offenbarungsglauben. Von Erziehung wird dabei erwartet, dass sie in Wissen einübt, Skepsis abwehrt. Was Vernunft und Sinnesdaten ergeben, darf nur kritisieren, wer eine bessere Alternative bereithält. Das sozial geheiligte Wissen, das mit Expertentum und Fortschritt überhöhte Wissen muss erhalten werden – Schulen werden als Horte der Bewahrung eines für gültig erklärten Wissens eingerichtet: Weder um Kritik noch um Denken geht es, sondern um ein Lernen, dass das gegebene Wissen gültig sei und man ihm blind zu vertrauen habe. Deshalb werden Pädagogik, Erziehung und Unterricht, mit Lernen, mit der Aneignung, der Konstruktion und vor allem der Prüfung von Wissen verkoppelt. Pädagogik wird zur Antriebsfeder der großen Wahrheitsmaschinerie, um welche sich die modernen Gesellschaften gruppieren.

Dieses Dispositiv kann technisch werden: Wie bekommt man das Wissen in die Köpfe? Wie sichert man ab, dass es darin bleibt und nicht vergessen wird? Wie kann man gewährleisten, dass das Wissen und nur das Wissen geglaubt wird? Wie endlich werden diejenigen, die legitimes Wissen verbreiten, unterschieden von jenen, die ein illegitimes Wissen erzählen, Geheimnisse vielleicht ausplaudern. Spätestens daran wird deutlich, dass es nicht bloß um kognitive Fragen geht, sondern Fragen der Verhaltenssteuerung im Vordergrund stehen, die mit

Statuspositionen zu tun haben. Der seltsam schlingernde Weg, auf welchem die pädagogischen Diskurse geführt werden, beginnt hier.

- Mit der Grenze von Wissen und Nichtwissen eng verbunden ist – neuntens – ein Dispositiv, das als Erziehung den Zugang zu den Wissensspeichern regelt; modern wird es mit *Literacy* benannt, wobei es um die Fähigkeit geht, die Welt in ihrer Symbolhaftigkeit zu erkennen und zu verstehen, dann selbst mit Symbolen umgehen zu können, sie zu sinnhaften und sinnvollen Zusammenhängen neu zu verbinden, um so in der Welt zu bestehen oder in sie einzugreifen: Erziehung soll die Fähigkeit sichern, auf Speicher von Symbolen zugreifen zu können, die Welt lesen und entschlüsseln zu wollen, sich der Speicher zu bedienen und diese zu nutzen. Umgekehrt aber steuert das Dispositiv den Ausschluss vom Lesen; es trägt dazu bei, den entscheidenden Zugang zur Welt zu verstellen und zu verbieten; no access (Rifkin 2002) heißt nichts anderes, als die Vermittlung zu verhindern, in welchen das verfügbare geschichtlich kulturelle, nicht-genetische Erbe angeeignet werden kann. Ohne Übertreibung: so wird die Humanisierung des Humanen verhindert. Das eine Wort, Lesen, signalisiert somit einen Kulminationspunkt für die Wahrnehmung des Problems der Erziehung, wie auch das Buch zu einem Fokus der Erziehungsdiskurse werden kann (vgl. Winkler 2004b): Am Lesen wird das Problem der Erziehung unmittelbar sichtbar, weil sich mit ihm zugleich das nicht-genetische Erbe zeigt und die kulturelle Evolution zu erleben ist.

- Vielleicht könnte man sich mit dem Lesen als dem zentralen Zusammenhang schon begnügen, an welchem gesellschaftlich und kulturell das Problem der Erziehung hervortritt. Dennoch: spätestens die modernen Gesellschaften erzeugen – zehntens – ein weiteres Dispositiv, nämlich die Alternative zwischen dem Ganzen und dem Besonderen. Der Streit wird von Anfang an mit großen Figuren geführt: Vorbereitet durch eine Auseinandersetzung um die Differenz von Mensch, homme, politischem Bürger, citoyen, und dem ökonomischen Akteur, bourgeois, wird er deutlich mit dem Ende der Standesgesellschaft und der Notwendigkeit, sowohl Aufmerksamkeit für das Ganze zu entwickeln, wie sich aber auch für individuelle Tätigkeiten zu qualifizieren. Vollkommenheit des Einzelnen und seine Brauchbarkeit für das wirtschaftliche Wohlergehen aller, wird als Polarität im letzten Drittel des 18. Jahrhunderts diskutiert und zu Gunsten des einseitig nützlich gemachten Individuums entschieden. Gefangen im Utilitarismus waren sich die philanthropischen Pädagogen zwar nicht ganz sicher, aber für den Fortschritt des Ganzen durften Hobelspäne zur Seite fallen. Angestachelt durch die bittere Polemiken gegen eine solche Erziehung zur Bestialität wählen Niethammer, Humboldt, die Neuhumanisten, eine andere Präferenz. Sie plädieren für eine Allgemeinbildung, welche dem Einzelnen eine harmonische Entwicklung seiner Kräfte erlaubt, um ihm damit eine Grundlage für eine Spezialisierung in den ständischen Ordnungen zu ermöglichen. Aber dies löst das Problem nur bedingt: Zunehmend setzt sich eine andere Überlegung durch, in welcher Form und Inhalt des pädagogischen Prozesses funktional unterschieden werden:

Die Form prägt das Subjekt hin zu einer Allgemeinheit; in ihr schlagen sich Gesellschaft und Kultur als formative Momente durch und lösen seine allgemeine Handlungsfähigkeit auf dem historischen Niveau aus; die Inhalte werden den Anforderungen des Produktionsprozesses, den besonderen Ansprüchen entnommen, welche die soziale Arbeitsteilung erzeugt. Gesellschaft differenziert sich aus und erzeugt unterschiedliche Leistungsfelder, welche spezialisiertes Wissen, besondere Fertigkeiten und Können verlangen. Diese Ausdifferenzierung schreitet weit voran bis in die habituellen Eigenschaften der Beteiligten; man kann sich gegenseitig erkennen.

Worin besteht aber das Problem, das nach Erziehung rufen lässt? Die eine Dimension erscheint vergleichsweise einfach – zugegeben: ein euphemistischer Ausdruck, wenn man die Realität beruflicher Bildung berücksichtigt: Man muss die für eine Tätigkeit Geeigneten erkennen und sie dann besonders ausbilden, in sie die Züge einsozialisieren, mit welchen sie sich als Vertreter ihrer Gruppe zu erkennen geben. Die zweite Dimension gibt sich schwieriger: Denn gegenüber der Spezialisierung müssen Einstellungen und Haltungen erzeugt werden, mit welchen der Zusammenhang des Ganzen gewahrt bleibt. Gegenüber der wachsenden Partikularisierung der Welt muss ein Gegengewicht des Ganzen etabliert werden. In aller Spezialisierung sind Elemente der Integration, eben des Allgemeinen zu erhalten; dabei kann sich dies noch dann ausdehnen, wenn die Spezialisierung selbst Züge einer Dynamik und wachsender Flexibilität gewinnt. Dann werden Grundkompetenzen oder Schlüsselqualifikationen gesucht, wobei diese schon wieder mit einer nach oben offenen Zahl an Schlüsseln spezialisiert werden; am Ende wiegt der Bund mit den Schlüsseln so schwer, dass er einem die Hose herunter zieht – aber vielleicht ist dies der Sinn der Sache: dass man nackt da steht. Die dritte Dimension des Problems: Je stärker Gesellschaft sich ausdifferenziert, je mehr Leistungsrollen ausgebildet und praktiziert werden, um so stärker muss ein komplementäres Element geschaffen werden. Wir müssen lernen, mit den Trägern von Leistungsrollen umgehen zu können. Dies wird zu einem tragenden Prozess, der am Ende des 20. Jahrhunderts in die Idee der Dienstleistungsgesellschaft eingeschmolzen und dann sogleich dementiert wird: Zwar gewinnt der Kunde Macht – aber er muss selbst schon kompetent dem Experten die richtigen Fragen stellen, sich in seiner Bedürftigkeit verständlich machen. Zunehmend wandern damit Leistungsaufgaben auf den Träger der Komplementärrolle zurück, der selbst zu einem Experten werden muss bei der Bewältigung eines Alltags in hochkomplexen Gesellschaften. Das stellt vor neue pädagogische Probleme, die nicht nur durch lebenslanges Lernen zu bewältigen sind, sondern ein Wachstum an eigenen Kompetenzen erfordern, die dann in der Tat in eine neue Form von Unternehmerschaft münden.

- Das weist auf ein elftes Dispositiv hin, das ebenfalls seit Beginn der Neuzeit zu beobachten ist, aber zunehmend an Brisanz gewinnt. Nicht bloß kulturkritisch ambitioniert kann man festhalten, dass moderne Gesellschaften auf eigentümliche Weise zur Verhärtung und Verdinglichung tendieren; als ein Erziehungsproblem zeigt sich dies, weil man lernen muss, Frustrationstoleranz zu entwickeln. Das scheint sogar eher zuzunehmen. Doch die besondere Eigentümlichkeit der Moderne liegt darin, dass Gesellschaft zugleich zunehmend verschwindet. Die Gesellschaft der Moderne ist eine Gesellschaft des Verschwindens.

Bilder der Welt hatten schon immer eine Funktion im Erziehungsgeschäft, das stets didaktisch angelegt war. Man muss auf etwas zeigen, an welchem man etwas lernen kann. Gleichwohl waren Gesellschaft und Kultur so weit selbstexplikativ, dass in den Zusammenhängen der Welt und des Umgangs mit ihr Erfahrungen möglich waren, die hinreichend auf Aufgaben des Miteinanders vorbereiteten. Seit Beginn der Neuzeit ändert sich das: Die Kontrolle von Welt in vernünftiger Erkenntnis und Handeln geht mit einer Erfahrung des Verschwindens der Welt einher. Wir sollen sie uns untertan machen, doch wird sie zunehmend unsichtbar und benötigt einen Vorgang, in welchem sie hervorgehoben und sichtbar gemacht wird. An der bürgerlichen Gesellschaft tritt dies besonders hervor; sie verbirgt ihre Mechanismen, gibt sich geheimnisvoll, wenn wir wissen wollen, wie sie funktioniert. Das Dispositiv verlangt daher Erziehung als eine didaktische Leistung, die jene Verhaltensweisen zeigt, die man kennen und können muss, damit wir auch gegenüber der unsichtbaren Hand bestehen, welche – wie Adam Smith so schön behauptet – den Markt und damit das entscheidende Forum moderner Gesellschaft ordnet.

Man darf die Fallen nicht unterschätzen, die gerade moderne Gesellschaften für Aneignungsprozesse bereithalten; darauf stützt dieses Dispositiv seine Plausibilität und Legitimation: Die Regeln dieser Gesellschaften bleiben eigentümlich unsichtbar, die normativen Gerüste zumindest problematisch und zunehmend unbekannt. Es bleibt undeutlich und unklar, wie Gesellschaften und Kulturen praktisch geregelt und normativ aufgebaut sind, wie Handlungen, Biographien und soziale Strukturen konstituiert sind, was als gültige Handlungsform präferiert wird. Und zugleich tritt die mediale Demonstration einer Vielfalt noch bizarrer Lebensstile mit Handlungsimperativen auf, die zur Probe einladen. Diese Unsicherheit trifft sogar die gesetzlichen Regelungen, welche im Alltag zuweilen keine Bedeutung mehr haben; jeder Verkehrsteilnehmer weiß dies. Das Dispositiv aber dringt auf die Einhaltung der Regeln, seine Rhetorik fordert, Kindern und Jugendlichen Grenzen zu setzen – die es aber nur bedingt realistisch zeigen kann. Mit ihm werden allerdings zugleich Normalitätsmuster in Geltung gebracht, die Abweichung demarkieren. Zum Teil zeichnet sie Willkür aus, Anormalität wirkt so als ein Generator gesellschaftlicher Kommunikation: Die für abweichend Erklärten sollen fremd gegenüber den Alltagserfahrungen des Einzelnen wirken, der sich nun nun in seiner Differenz gegenüber dem Ganzen, dem Sozialen und Kollektivem erkennen kann. So entsteht eine Disposition für das Soziale, am Gegenbild wird das positive Eigene denkbar. Dabei erzwingt aber die geringe Sichtbarkeit des Gesellschaftlichen eine zunehmende Ausdehnung pädagogischer Settings, in welchen das sozial und kulturell unsichtbar Gewordene didaktisch aufbereitet und sichtbar gemacht wird, manchmal sogar als falsches Versprechen: Dass sich Leistung in der Schule lohne, wird nach der siebzigsten Bewerbung unglaubwürdig.

• Das – zwölftens – zentrale Dispositiv steuert eine Kontrolle, die im Widerspruch von Zwang und Freiheit dem Einzelnen zunehmend auferlegt wird; der Sachverhalt ist entscheidend, aber kompliziert, verlangt nach einer längeren Betrachtung: Wachsende Unsichtbarkeit und Komplexität von Welt führen dazu, dass die Einzelnen nicht mehr einfach zu leiten und zu dirigieren sind; Disziplinierung fällt schwer, wenn sie mit dem Anspruch auf Freiheit und Individualität konfligiert. Kontrolle, Beachtung der politischen sowie der moralischen Ökonomie von Gesellschaft und Kultur müssen in die Einzelnen versenkt werden, um als ein vorkontraktuelles Element die Subjekte zu zivilisieren; es wirkt innerweltlich und innerpsychisch. Insofern zeigt sich eine Notwendigkeit von Erziehung, weil man die Subjekte nicht nur abrichten kann, welche in miserabler Situation leben. Sie müssen doch glauben, dass das ungerechte System fair sei; der Traum vom Aufstieg darf nicht völlig in Resignation aufgehen, weil Revolte droht.

In der alten Gesellschaft genügte dazu die Berufung auf Gott, zur Not sorgte die Verbrennung von Hexen für heilsamen Schrecken. Aber schon die Vertreibung Gottes durch die Ratio hinterließ Sicherheitslücken. Insofern darf nicht überraschen, dass intensive, genauer: invasive Kontrollmechanismen entwickelt werden, welche das Risiko eines dem Zugriff Gottes entzogenen Subjekts minimieren – entweder durch äußere Kontrollstrategien oder durch solche, die nach innen verlegt werden, ohne den Gewinn subjektiver Autonomie zu gefährden. Verantwortlichkeit geht auf die Individuen über, die sich von innen heraus selbst kontrollieren. Sie werten tradierte normative Zwänge, Scham, Reue in dem Sinnkontext eines Zivilisationsprozesses um und stellen diese auf jene neue Grundlage, die als Autonomie gegeben ist (vgl. Elias 1976).

Diese Aufgabe geht über Zivilisierung hinaus. Es reicht nicht mehr, Verhaltensstandards zu erwerben, die das Tun, das Denken und das Fühlen regeln. Nötig wird eine Kultivierung – nämlich der Erwerb einer Fähigkeit, Zivilisation selbst noch zu thematisieren und zu bearbeiten. Vor allem: nötig wird Moralisierung, der Erwerb einer Fähigkeit, in Freiheit zu agieren und sich zugleich doch Regeln zu unterwerfen, die man selbst entwickelt, welchen man sich wenigstens aus freier Einsicht unterwirft. Dabei bauen sie den Apparat der Selbstbeherrschung, der moralischen Standards wie auch der selbstreflexiven Vergewisserung auf, wie er seinen theoretischen Ausdruck am Ende in Kants Kategorischem Imperativ findet – um dann von Freud in seiner vergeblichen Zwanghaftigkeit entzaubert zu werden.

Institutionell wirkt der Staat mit seinen Macht- und Kontrollmitteln, mit den Klassifikationen allzumal, welche insbesondere im Strafrecht zur Anwendung kommen. Er schlägt Muster der Normalität vor, so dass sich das individuelle Subjekt in der „Hölle der Unterschiede" erkennt (Muchembled 1990, S. 137); das dazu taugliche Dispositiv hat sich schon gezeigt. Aber seinem Machtmonopol korrespondiert die Aufgabe, einen innerpsychischen Kontrollapparat zu errichten (vgl. Elias 1977). So wird Erziehung nötig, um das vernünftige Marktsubjekt zu erzeugen, das sich berechenbar verhält, Staatspädagogik leistet dazu einen wichtigen Beitrag.

Gleichwohl muss auch der Staat das *methodische Grundproblem* lösen: Wie lassen sich die abstrakten Regelsysteme, die Vorstellung von der Ordnung des Ganzen in die Subjekte einlagern? Nicht bestimmte Regeln, nicht bestimmte Verhaltensweisen, sondern einen Habitus, bei dem sich das Subjekt selbst daraufhin kontrolliert, ob es in vernünftiger Weise mit den Anforderungen von Gesellschaft und Kultur umgeht. Es geht um Selbstbeobachtung, um Prüfung: Kein stures Verhalten, das unbedacht automatisiert abläuft oder einer Norm sich einfach beugt; aber auch nicht bloß die willkürliche Auswahl aus unterschiedlichen Möglichkeiten, um einen aktuellen Erfolg zu erzielen. Nein: es geht darum, sich vor allgemeinen Modellen rechtfertigen zu können, die zur Verfügung stehen: to be reasonable, to be a Gentleman, Höflichkeit, Klugheit, Zivilisiertheit, Kultiviertheit, Bildung – die europäischen Gesellschaften kennen unterschiedliche Formen, um den Subjekten einen Modus der Reflexion ihrer eigenen Situation im Zusammenhang von Zivilisation und Kultur anzubieten.

Das Dispositiv verlangt Selbstbeobachtung als ein inneres Moment des Subjekts. Als Erzogener soll man sich nicht bloß an äußerlichen Maßstäben orientieren, nein: diese werden im Seelenleben verankert. Vor allem der deutsche Protestantismus dekliniert dies durch. So erfasst der Pietismus mit seinem Kult der Innerlichkeit das Problem der Erziehung als ein Eindringen in das Subjekt und eine Verankerung der Selbstkontrolle in diesem erfasst und bewältigt es technisch; August Hermann Francke überführt es in eine Technik der Selbstbeobachtung, die Wahrnehmung des Nachwuchses wird bei ihm geradezu *penetrant*. Sie verlangt, dass man sich dem Innen zuwendet, die Seele und ihren Ausdruck, die persönlich verbürgte Erfahrung in den Mittelpunkt des Denkens und Fühlens stellt (vgl. Schlaffer 2002, bes. S. 73 ff). Das hat einen Nebeneffekt: Die pietistisch inspirierte Literatur und die von ihr angeregten Techniken stehen an der Wiege psychologischer Erkenntnis: Der Pietismus macht mit seiner Innerlichkeitstheologie die pädagogischen Fragestellungen zugänglich. Auch das ermöglicht eine Erziehungswissenschaft, brockt aber die Schwierigkeit ein, wie Erziehung als funktionale Praxis zu betreiben ist. Man kann sie eher verstehen, sieht sich aber vor die Hürden gestellt, welche die Innerlichkeit dem Begreifen nun auftürmt.

Gesellschaften und Kulturen wollen Erziehung, um in Vermittlung und Aneignung so tief in die Subjekte einzudringen, dass diese von sich aus eine gegebene Ordnung wollen und kreativ beherrschen (vgl. Foucault 1969; 1976). Es geht darum, Beherrschung zu realisieren, indem die Beherrschten dies nicht merken, sondern als Akteure sich fühlen und auch so auftreten. Lässt sich die Hülle des Menschen durchstoßen? Parallelen zur Medizin, zur Entwicklung des hygienischen Denkens (vgl. Vigarello 1988) und zu den Anfängen von Psychiatrie und Psychotherapie klingen an (vgl. Ellenberger 1985). Findet man den physiologischen Impuls für den „homme machine"? Oder führt der Blick in die Seele zur dauernden Selbstbeobachtung? Erziehung erscheint als Möglichkeit, die

Haut des Individuums zu durchdringen, um in seine Seele zu gelangen, seine innere Verfasstheit unmerklich zu disziplinieren. Der Leib wird zum Adressaten der Kontroll- und Disziplinartechnologien, das Dispositiv verbindet hygienisch-diätetische und moralische Vorstellungen – im Diätwahn der Gegenwart klingt dies nach. Das Dispositiv verlangt Technologien, mit welchen die Disziplinierung sich die Natur zu eigen macht: Kleidung schmiegt sich nicht bloß dem Körper an, sondern bringt diesen in eine Form, die noch das Atmen behindert. Korsett und Krawatte sind so gesehen wirksame Erziehungsinstrumente.

Entscheidend ist: die Subjekte selbst beginnen sich zu öffnen, um den Eingriff in die eigene Haut und durch diese hindurch zu erlauben. Tattoos tragen die Zugehörigkeit unter der Haut ein; die elektronische Fußfessel übertrifft der implantierte Mikrochip. Piercing lässt Gesellschaft in einer Weise unter die Haut, die noch ihren Wärme- und Kälteschutz beschädigt. Computerspiele lösen die Trennung zwischen Spieler und Gerät auf; Ego-Shooter versetzen den Spieler in die Maschine, transplantieren das Programm in den Spieler. Man eignet sich eine Technik an, durch welche man in das Geschehen eingebaut wird. Noch scheint die Haut zu trennen, noch könnte es sein, dass die Sinnesorgane, das Auge allzumal auf den Bildschirm blicken. Aber die Mechanismen der Einigung scheinen strenger, das Netzwerk greift tiefer; der Körper selbst wird durch das so genutzte Gerät verändert. Damit hat sich dieses Dispositiv als das beste erwiesen.

• Das letzte, dreizehnte Dispositiv verblüfft ein wenig; man könnte es tautologisch formulieren: Das pädagogische Problem wird sichtbar gemacht an der Erziehung. Sie wird zum Problem ihrer selbst – das birgt die Chance zu einer Aufklärung, zu Wissen, zu Besonnenheit gegenüber seiner Struktur und zu ihrer Beachtung. Denn dieses Dispositiv stützt sich darauf, dass pädagogische Praxis stattfindet, sich ihrer selbst bewusst wird. Dass in ihm davon erzählt wird, sie habe sich überflüssig zu machen, gehört zu den Paradoxien des Geschehens: Je mehr also schon erzogen wird, desto mehr zeigt sich das Problem der Erziehung; genauer: je mehr Pädagogik institutionalisiert, je mehr sie methodisiert wird, umso mehr werden jene sichtbar, an welchen die Einrichtungen, Angebote und Leistungen scheitern und Erziehung eben als Bedarf zu erkennen ist. Vermutlich gründet dies darin, dass mit Institutionalisierung und Methodisierung die systematische Offenheit verloren geht, mit welcher pädagogische Praxis auf das Gemisch von Freiheit und Zufall einzugehen versucht.

Ahnung von Realität

Dieses letzte Dispositiv trägt Züge eines unglücklichen, nämlich eines gespaltenen Bewusstseins: Zwar tendiert es dazu, die einmal gefundene Lösung des pädagogischen Problems auf Dauer zu stellen; es zeigt sich als Triebfeder, mit der vorangetrieben wird, was man „Pädagogisierung" nennen kann. Nicht das pädagogische Problem, aber die konkreten pädagogischen Probleme lassen sich demnach am besten durch noch mehr Erziehung bearbeiten und lösen. Wir haben eben alle unsere Illusionen. Dabei tritt dieses Dispositiv nicht bloß als Steuerung öffentlicher Diskurse auf, sondern fungiert als eine Art Professionsideologie; es steckt hinter den Deutungen, die sich jene geben, welche das pädagogische Geschäft nolens volens als Hauptunternehmen in ihrem Leben betreiben. Damit dient es als Ernüchterungs- und zugleich Tröstungsinstanz, erlaubt gerade darin einen Blick auf die Struktur des Erziehungsproblems: Es macht aufmerksam auf die in diesem gegebene Kontingenz, lässt zweifeln, dass Technologien und Techniken möglich sind, wenn man mit nichtdeterminierter Determination und Möglichkeit zu tun hat. Tendenziell führt dieses Dispositiv in eine Pädagogik, die sich als Antipädagogik verstehen muss.

Den begrifflichen und sachlichen Ausweg aus diesem Dilemma bietet der Begriff des Subjekts, der zu einer Leitvorstellung des pädagogischen Denkens wird; er kann die Problemstruktur der Erziehung festhalten und erlaubt noch, diese pädagogisch zu denken: Vorstellung und Begriff des Subjekts und seiner Subjektivität entstehen zwar in der Antike, dürfen und müssen dennoch als die großen Hoffnungen der Neuzeit gelesen werden, mit welchen diese ihre eigenen Spannungen und Widersprüche zu bewältigen versucht; auch die an den Grenzen, die das Problem der Erziehung sichtbar machen. Man beginnt diese zu überwinden, indem man sie stets in das Subjekt als den Zusammenhang verlegt, der in seiner paradoxalen Grundstruktur die Begrenzung aufnimmt und zugleich das Versprechen gibt, sie doch schon immer wieder zu überwinden. Noch die Geschichte des Begriffs spiegelt dies wider, beginnend bei seiner Grundbedeutung des Unterworfenem, die in der Rede vom *miesen Subjekt* bis heute nachklingt. Das neuzeitliche Subjekt arbeitet sich selbst aus dieser Verfassung heraus, es überwindet sich in seiner Fesselung, transzendiert die eigene Situation, überschreitet sich in dem, was als Autonomie bezeichnet wird. Es gibt sich selbst die Gesetze, nach welchen es agieren soll und will – aber es erliegt nur einem Versprechen, das es einer Gesellschaft und einer Kultur abgehört hat, die ihm in ihrer Gegebenheit schon sagen, woran es sich zu halten hat. Die Vorgaben stehen fest.

Doch: Pädagogik macht sich die Vorstellung vom Subjekt zu eigen, weil dieses die Lösungsformel für die Dilemmata erzeugt, welche durch die Dispositive entstehen; man kann sie nicht ignorieren, wie man auch nicht das Problem aus den Augen verlieren darf, das sie über- und zugleich aufdecken. Eben deshalb muss man hier ein weiteres, letztes Dispositiv befürchten: Das *Subjekt* beweist sich als solches, in welchem es lernt, diese Grenzen und ihre Überwindung in sich aufzunehmen. Es erkennt und bestätigt seine Autonomie, indem es sich die Zumutungen zu eigen macht, die an es gerichtet sind. Man sollte dem Begriff der Subjektivität nicht zu schnell auf den Leim gehen, allzumal weil er doch Politik verrät und den Blick auf Pädagogik verstellen kann. Politisch thematisiert er Fremd- oder Selbstherrschaft, Unterordnung oder Freiheit, Unterwerfung, Zurücksetzung oder Selbstbestimmung und eigenes Rederecht; er hat deshalb eine Art Wahrheitsanspruch. Ein pädagogischer Subjektbegriff müsste sich bescheidener geben, auf Möglichkeit und Selbsttätigkeit, also auf das elementare Verständnis von Bildung abheben, wie es in die Selbstkonstruktion eingeht. Das pädagogische Subjekt ist ein Subjekt, das sich zu verlieren droht; es muss sich seiner selbst erinnern und sich erringen, in einem Prozess, der es zu einer Wahrheit des Selbst führt. Insofern verweist dieser Begriff des Subjekts nicht nur zurück auf die elementare Problemstruktur, sondern zeigt zugleich an, dass diese eine Vorstellung von Erziehung, eine Problemlösung verlangt, die diese Struktur bewahrt.

Aber wie soll das gehen? Erziehung als Praxis, absichtlich, gewollt und organisiert kann nur als ein Geschehen gelingen, in welchem die gesellschaftliche und kulturelle Welt dem möglichen Subjekt so zugänglich wird, dass sich dieses um sich selbst kümmern kann. Die *Sorge um sich selbst* tritt als das Motiv auf, das selbst in der Genealogie jener Dispositive nicht verloren geht, welche die pädagogischen Diskurse regeln. Es ist kein neues Motiv: Platon zeichnete es schon im Dialog des Sokrates mit dem Alkibiades auf. Neuzeitlich nehmen es diejenigen auf, welche skeptisch gegenüber dem Anspruch auf Welt- und Selbstbeherrschung bleiben. Pascals Hinweis auf den Menschen als biegsames Schilfrohr: *le moi est haïssable*, hält fest, wie vorsichtig wir gegenüber einem Selbst sein müssen, das durch äußeren Einfluss geformt wird. Rousseau unterscheidet die *amour de soi* von der *amour propre*. Jene steht für die Selbstsorge, die zu ermöglichen das pädagogische Arrangement einer Praxis der Erziehung entsteht, in welcher Emile den Prozess der Erziehung erfährt und sich selbst gestaltet. Selbstsorge steht somit für den – vielleicht vergeblichen – Versuch, sich gegenüber Gesellschaft und Kultur das Selbst zu bewahren, mithin Authentizität zu sichern (vgl. Trilling 1983), nicht um des eigenen Ich willen, sondern um die Gestaltung von Gesellschaft und Kultur bewahren zu können.

Darin deutet sich an, wie *Pädagogik* Erziehung denken kann, nachdem sich das Bewusstsein von ihr durch die Dispositive hindurchgearbeitet hat und sie zu denken vermag; so können Problem, Handlung und Reflexion in einer Weise zusammentreten, dass ein Begriff der Erziehung in einem strengen Sinn möglich wird.

Zwischenspiel

„Lass das doch nicht so alte Geschichten
werden, die man den Enkeln erzählt."
(Franz Josef Degenhardt)

9 Arbeit am Mythos in illustrierender Absicht

Ein *pädagogisches* Denken der Erziehung wird also möglich, obwohl die Dispositive der Diskurse dem entgegenstehen; doch indem das entsteht, in welchem das Erziehungssystem, seine Institutionen und seine Pragmatiken sich selbst denken müssen, indem Pädagogik sich mit sich selbst beschäftigt, wird *Pädagogik* denkbar. Aber worauf stützt sie sich, was könnte der Anfangspunkt sein, von welchem aus sie nicht nur ihr Problem im Bewusstsein halten, sondern auch ihre Praxis fassen könnte? Kann sie sich in einem Ursprungsmythos denken, der ihr den Blick doch nicht verstellt?

Der Begriff *Pädagogik* wird um 1780, mithin in jenem letzten Drittel des 18. Jahrhunderts in die deutsche Sprache eingeführt, das als pädagogisches Jahrhundert gilt, wie vor allem mit einschlägig bedeutsamen Ausdrücken geradezu überschwemmt wird (Roessler 1978); der Begriff der *Bildung* entsteht zugleich, zunächst als eher biologischer, dann philosophisch interessiert, gespeist aus dem Zusammenspiel von Natur- und Geistesphilosophie unter der prekären Konstellation, den deutschen pietistischen Innerlichkeitskult und die Einsichten eines zum Materialismus hin sich öffnenden Sensualismus zusammenbringen zu wollen. Der Begriff Pädagogik tritt als eine Art Summenbegriff auf, der den Horizont einer tendenziell professionalisierten pädagogischen Tätigkeit markiert – zu diesem Zeitpunkt in charakteristischer Weise durch den Titel des Sammelwerks ausgesprochen: „Allgemeine Revision des gesamten Schul- und Erziehungswesens von einer Gesellschaft praktischer Erzieher".

Der Begriff Pädagogik transportiert aber auch einen solchen Gründungsmythos, zumindest kann man diesen in einer Art ironischer Dekonstruktion der mit ihm verbundenen Vorstellungen erkennnen (Pongratz 1989). Mythen gehören immerhin zum Geschäft, am kleinen und großen Mythos der Erziehung hat sich das schon gezeigt, manches pädagogisches Symbolum transportiert sie, natürlich gehört auch die Karikatur vom pädagogischen Gutmenschen zu diesen. Einen zentralen Mythos liefert die Figur des Heilsbringers, dem noch Jesus eine eigene Sprache gegeben hat: Bleibt er in Markus 10,13 noch freundlich zurückhaltend, droht er in Matthäus 18 gleich Mühlsteine jenen an, welche die Kleinen nicht so ganz nett behandeln. Von Pädagogen werden Heilung der Welt und Fortschritt erwartet, die Dispositive regeln dies, die Diskurse erregen sich darüber.

Ein kognitiv relevanter Mythos aber ist schon mit dem Begriff des Pädagogen verbunden. Er gibt Einsichten in eine Praxis des Erziehens, die ihr Problem nicht ignoriert; er macht deutlich, dass Pädagogik ernst genommen werden kann, weil sie doch um ihre Sache weiß: Besorgt man sich nicht um Einwände von Historikern, Philologen und Philosophen (vgl. Marrou 1977), dann erlaubt die Figur des antiken Pädagogen ein erstes Bild von Erziehung: Als *Knabenführer* wirkt im antiken Griechenland ein Sklave, ausgesucht und vertrauenswürdig meist, vor allem gelehrt. Er begleitet den Sohn eines freien Bürgers zum Gymnaseion als der Stätte eigentlicher, formaler wie materialer Bildung. Fast trivial erscheint der unmittelbar erste Befund: Für den antiken Knabenführer liegen die Bedingungen des gesamten Geschehens darin, dass dieser wie auch der Knabe selbst *gehen*, wobei dem Knaben eine ethisch positivierte Priorität zukommt, von seinem Status her muss er eigentlich vorangehen. Es geht, wenn man so will, um Subjekte. Faktisch sind beide aktiv, sie handeln. Der pädagogische Sklave und sein Zögling sind unterwegs, sie laufen, sie bewegen sich – Erziehung hat mit Handeln zu tun.

Die Grundlage von Erziehung besteht also nicht als statisches Verhältnis, nicht im Unterschied von groß und klein, von erwachsen oder noch kindlich, schon gar nicht in dem von mündig oder unmündig. Im Gegenteil treten zwei gegenläufige Asymmetrien hervor, welche die schwankenden „Machtbalancen" bestimmen, die Erziehung offensichtlich auszeichnen: Eine Prämisse besteht darin, dass der Knabe frei, unabhängig, selbständig ist, eben als autonomes Subjekt auftritt. An ihm richtet sich der Erziehungsvorgang aus. Zugleich ist der Pädagoge in seinem politischen und rechtlichen Status dem Zögling deutlich unterlegen, hängt von diesem ab und ist als „Dienstleister" auf dessen Zeugnis angewiesen. Empirisch ist der Sklave aber dem jungen freien Herrn überlegen, weniger wegen seiner Kräfte, sondern weil er das Vertrauen des Hausherrn genießt; vor allem kennt er den Weg. Insofern kann man auch von einer lebenspraktischen Überlegenheit sprechen. Ausgestattet mit dem väterlichen Auftrag, der ihm Macht über den Knaben verleiht, sieht er sich in einer prekären Verantwortung. Der Sklave muss den Knaben schon ernstlich auf den Weg zerren und ziehen. Er plagt sich mit einem Zögling ab, den er aus dem schützenden Haus hin zur Bildung zieht – die Höhlenmetaphorik Platons drängt sich auf: Wie ist jene Umkehr – peripetie – zu bewältigen, in welcher wir aus dem Zustand eines bei aller Fesselung doch komfortablen Blicks auf die Schattenbilder des Feuers zwar befreit, aber in das schmerzende, blendende Licht der Erkenntnis geführt werden? Wie schaffen wir die Konversion vom zappenden couch-potatoe zur mühsamen Anstrengung vernünftiger Einsicht, allzumal wenn diese durchaus von Menschen verstellt wird, die hinter der Mauer die Figuren vorbeitragen, an welchen sich die in der Höhle Gefesselten ergötzen? Umkehr der Seele, ob durch peragogie hervorgerufen oder als peripetie durch den Einzelnen selbst bewirkt, vollzieht sich im Zusammenhang eines Herrschaftsverhältnisses, das selbst Platon vorsichtig ungeklärt gelassen hat.

Ohnedies darf das Problem der Umkehr nicht mit Erziehung identifiziert werden; Platon führt in die Probleme der Bildung ein. Erziehung vollzieht sich hingegen etwas weniger schmerzhaft, vielleicht sogar weil in ihr doch nachklingt, dass die Mühen der Geburt schlimm genug waren. Auf dem Weg zum Gymnaseion schreitet jedenfalls der Pädagoge dem Knaben voran. Er schafft so die Voraussetzung für die Bildung sowohl des Körpers wie auch des Geistes; er sichert zumindest Anwesenheit, bereitet Leiblichkeit für die Wendung der Bildung vor. Er wirkt unabdingbar propädeutisch, Erziehung bleibt aber Übergangsgeschehen. Ihm eignet ein Zwang, der jedoch auf die Passage beschränkt bleibt. Erst Bildung vollzieht sich dann in einem strukturell unterschiedenen Zusammenhang, abgegrenzt von den sozialen und kulturellen Zusammenhängen, durch welche der Pädagoge den Zögling führt, wobei er allerdings belehrend, wenigstens zeigend agiert.

Die Grundleistung des Pädagogen besteht zunächst darin, Sicherheit zu schaffen. Gerade der freie Knabe benötigt auf seinem Weg Schutz; er bedarf der Sorge eines anderen. Schützende Verhältnisse herzustellen kann mithin als eine der Hauptaufgaben von „Erziehung" gelten, für die der Sklave rigoros sorgt, indem er mit einem Knüppel die möglichen Angreifer abwehrt. Das geschieht ohne Rücksicht auf diese, aus einer absoluten Verpflichtung gegenüber dem Knaben. Ein advokatorischer Zug zeichnet sich ab, der fast blind macht. Alle Erziehung tritt anwaltlich auf, wenn sie nicht sogar dem Verhalten eines Leitwolfs bei der Verteidigung seines Rudels ähnelt. Sie ist nicht objektiv und neutral; moralisch beurteilt wird man manchem Räuber die Sympathie angesichts massiver Ungerechtigkeit in den Lebensverhältnisse nicht einmal verweigern wollen.

Mit dieser Arbeit des Schutzes geht einher, dass der Pädagoge mit seinem Öllämpchen den Weg beleuchtet. Er schreitet mit dem Licht voran, sorgt für Helligkeit, Erleuchtung. Als ein weiterer pädagogischer Stiftungsmythos und als Symbol verselbständigt sich dieses Bild und taucht in der Formel von der traditio lampadis wieder auf. Das Licht der Öllampe beleuchtet nicht nur den Weg. Es macht – in eingeschränktem Maße – die Welt sichtbar, es hebt hervor und lässt anderes in den Schatten zurücktreten. Der Pädagoge zeigt noch nicht – wenigstens im strengen Sinne des Ausdrucks, nach welchem der Didaktikus auf einen Gegenstand weist und diesen demonstriert. Das darf er nicht, weil er andernfalls die Schutzfunktion vernachlässigt. Er darf mit seinem Lämpchen nicht herumfuchteln. Aber sein Licht ermöglicht, dass Unterschiede gesehen und in einem Kontext erfahren werden. Pädagoge und Zögling bewegen sich nicht in einem Tunnel, sondern in einem sozialen und kulturellen Zusammenhang, den sie – verbunden in einer vorübergehenden Beziehung – gemeinsam durchschreiten, wobei das Licht manches erhellt, deutet und so auch Bedeutungen schafft; der Sklave ist Interpret einer Kultur. Dabei bewegt sich der Pädagoge einerseits mit dem Zögling in einem öffentlichen Raum – was vielleicht die Aufgabe des Pädagogen überhaupt erst entstehen lässt. Er kann sich andererseits seine Wege nicht beliebig aussuchen. Sie sind durch die Gesellschaft vorgegeben, öffentlich hergestellt und beobachtet, dennoch nicht frei von Risiken. Alle Gesellschaften bergen ein Element der Abweichung in sich, das nicht nur den Nachwuchs bedroht; endlich: noch die Deutung der Kultur durch den Pädagogen kann mit Irrtümern gespickt oder gar mit aufhetzenden Tönen verbunden sein.

Der Zögling wandert auf einem Pfad, den die Topographie (und vielleicht auch Topologie) einer bürgerlichen Gesellschaft, einer Polis, bestimmt. Darin gründet die Verbindlichkeit des Geschehens. Erziehung lässt sich nicht abweisen, sie hat mit Ansprüchen zu tun, die nicht zur Disposition stehen. Die Wege vom Haus in das Gymnaseion liegen in einer Kultur nun einmal fest; das bedeutet nicht, dass doch Umwege möglich und zuweilen sogar geboten sind. Gleichwohl kann man seiner Gesellschaft und ihrer Kultur nicht entkommen: Erziehung findet in einem vorgegebenen, gegliederten politischen, mithin sozialen und kulturellen Raum statt; sie ist nicht Hinführung, sondern geschieht in der Mitte von Gesellschaft und Kultur. Polis und Civitas stellen die unabdingbaren Erfahrungsräume dar, die allerdings nur durchschritten werden auf dem Weg zum vordergründig eigentlichen Geschehen – aber man kann sich darüber streiten, ob nicht das pädagogische Curriculum sogar wichtiger ist als die formale Bildung, erzwingt es doch, dass man sich gegenüber einer Welt feststellt, durch die man hindurch muss. Platt formuliert: Im Gymnaseion darf man zwar die hohe Kultur erwerben, erlebt man die Initiierung in Bildung, so weit diese kanonisiert ist. Man versteht erst dort, wie sich eine Gesellschaft selbst definieren möchte, was sie als ihre Werte wissen möchte. Darauf darf nicht verzichtet werden. Aber nur auf dem Weg dorthin erkennt man überhaupt erst den Horizont ihrer Bedeutung. Ohne Erziehung kommt man nicht zur Bildung. Den Zugang zur Bildung gewinnt man nur auf dem pädagogisch begleiteten Weg durch die bürgerliche Gesellschaft – sowohl in der Trivialität ihres Alltags wie vor allem auch in der Auseinandersetzung der Bürger untereinander. Bildung bleibt sinnlos, führt nicht einer im Raum der Öffentlichkeit auf sie zu, der auf Unterschiede aufmerksam macht, die dann durch Bildung bestimmt werden. Bildung ohne vorhergehende Welterfahrung bleibt seltsam leer; man muss gemerkt haben, wozu die Unterscheidung von Unterschieden taugt.

Pädagoge und Zögling gehen diesen Weg gemeinsam. Man mag ihr Verhältnis als Beziehung, gar als pädagogischen Bezug charakterisieren, obwohl dies vielleicht zu viel Emphase in das Miteinander der beiden legt. Das Umfeld scheint eigentlich wichtiger; die beiden müssen sich nicht einmal sehr mögen, gewiss nicht in Leidenschaft zueinander entbrannt sind, zumal dies in der Antike mit Konnotationen verbunden wäre, die in Schwierigkeiten hineinführen. Genauer betrachtet gehen sie auch nicht miteinander. Zwar hat sich viel später ein Bild für den Pädagogen eingebürgert, nach welchem dieser eher mitgeht, ihn begleitet, als Partner daherkommt und eigentlich ein wenig unaufmerksam gegenüber dem Zögling wirkt. Pädagogen verstehen ihr Geschäft dann als Methexis (vgl. Lenzen 1996). Das scheint auf den ersten Blick freundlich, zumal man so den Fallstricken zu entkommen scheint, mit welchen das Ziehen das Zöglings verwirklicht wird. Es scheint ja so zu sein, als ob dazu eine fast gewalttätige Einwirkung erforderlich ist.

Sowohl die Vorstellung von der Partnerschaft wie erst recht die der Teilhabe verbieten sich jedoch, wenn man dem antiken Bild folgt. Der abhängige Sklave kann keine partnerschaftliche Beziehung zu dem freien Knaben eingehen; er hat nichts anzubieten. In Sklaverei zu sein, gilt kaum als erstrebenswert. Insofern taugt *Methexis* wenig. Ohnedies wäre Teilhabe mit einem Gestus arroganter Großzügigkeit verbunden, der es weder um den Zögling noch um das Gut geht, an welchem man sie gewährt: Du darfst ein bisserl bei dem mitmachen, was ich tue, ein wenig zuschauen, bis ich Dich dann wieder wegschicke. Teilhabe verrät weder Achtung für den Zögling, den man sogar des Schutzes beraubt – Teilhaber und Teilnehmer sind von Regressansprüchen meist ausgeschlossen.

So zeichnet das antike Bild des Pädagogen eine andere Konstellation, zumindest in der Fiktion, die als Mythos erzählt werden kann: In dieser geht der Pädagoge voran, beleuchtet den Weg, hat aber den Zögling naturgemäß kaum im Blick – im Hinterkopf hat man keine Augen. Dennoch sind beiden einander verpflichtet und miteinander verbunden. Sie nehmen sich sogar in einer Weise wechselseitig wahr, die schon auf ein moralisches Niveau verweist; sie sind wenigstens protomoralisch einander zugetan. Denn der Pädagoge signalisiert seine Achtung für die Selbstständigkeit des Zöglings und sein Vertrauen in ihn. Fast ist dies von Blindheit gezeichnet, weil er gar keine Alternative dazu hat. Er muss auf den Weg achten, kann höchstens gelegentlich über die eigene Schulter nach rückwärts sehen. Der Zögling aber muss seinem Pädagogen ebenfalls vertrauen, diesem folgen und erwarten, dass er ihn weder im Stich lässt, noch ihn mit ungebührlichen Umwegen quält. Dennoch bleiben dem Zögling erstaunliche Freiheiten. So passiert einiges außerhalb des pädagogischen Blickfeldes, das jedoch systematisch und strukturell allemal zur Erziehung gehört: Der Zögling bleibt stehen, sieht sich um, unterhält sich mit anderen, flirtet vielleicht schon, verbirgt und versteckt sich, geht zum Kaugummi-Automaten oder – man kann nichts ausschließen – zündet sich eine Zigarette an. Der Erzieher muss dies nicht unbedingt merken – manchmal richtet er den Blick notorisch nach vorne. Risiken und Nebenwirkungen sind insofern im Erziehungsgeschehen nicht auszuschließen, auch bei guten Pädagogen. Diese mögen zwar wachsam sein, überwachen dürfen sie nicht – es geht darum, im Bildungsgeschehen anzukommen.

Einen Mythos zu behaupten, scheint im Zeitalter von Rationalität und empirisch gestützter Bildungsforschung unseriös, ihn zur Erkenntnis benutzen zu wollen, wirkt wie ein Hohn. Immerhin kann man sich auf einen Kronzeugen berufen, der zwar selbst umstritten ist und nur bedingt mit pädagogischen Fragestellungen befasst ist: Michel Foucault hält zwei Jahre vor seinem Tod eine Vorlesung, die, unter dem Titel „Hermeneutik des Subjekts" (Foucault 2004) veröffentlicht, ein wichtiges Dokument seiner Denkbiographie darstellt; sie belegt seine eigene Wendung von einem kontrolltheoretischen und subjektskeptischen Zugang hin zu Analysen, welche eine Selbsterzeugung des Subjekts im Medium sozialer Praktiken und durch deren Aneignung als „Sorge um sich selbst" und „Kultur seiner selbst" behandeln.

Foucaults Vorlesung beschreibt und analysiert die Struktur pädagogischer Praxis, auch wenn er die von ihm erfassten Momente selbst explizit von der Tätigkeit des Lehrers abgrenzt. Die Figur einer „Sorge um sich selbst" kommt aber der Grundstruktur von Erziehung näher: Selbstsorge erscheint ihm als das zentrale theoretische wie praktische Motiv, mit welchem die Antike ein Verständnis von Subjektivität entwickelt, das dann in vielfacher Modifikation vom Christentum aufgenommen wurde und endlich im neuzeitlichen Denken nachklingt. Dieses Motiv hilft, die grundlegende Bedingung aller Erziehung philosophisch zu klären: Wie ist das Subjekt, wie ist Subjektivität möglich, wenn doch aller

Anschein dafür spricht, dass sie durch Erziehung erst erzeugt oder hervorgerufen werden muss, gerade darin aber schon in ihrer Entstehung praktisch dementiert wird? Man kann Subjekte nicht herstellen, wenn man nicht auf diesem Weg ihnen schon die Subjektivität nehmen will: Die antike Philosophie begreift Selbstkonstitution als sozial und kulturell vermittelten Anstoß zu einer Sorge um sich selbst, die aber elementar schon immer gegeben und von uns verfolgt wird; dabei bleiben die Bedingungen nicht ausgeklammert, welche bestehen müssen, damit man zur Sorge um sich überhaupt fähig sein kann.

Zu lernen, um sich selbst Sorge zu tragen, bedarf eines Meisters, der eine doppelte Funktion hat. Er wendet sich dem Zögling aus Leidenschaft zu, die aber sublimiert wird; Erotik spielt keine Rolle, während zugleich aber doch eben das leidenschaftliche Verhältnis selbst begriffen und als Modell für das eigene Tun angeeignet werden kann (Foucault 2004, S. 86). Dann wirkt der Meister als Agent (Foucault 2004, S. 185) und Interpret einer gegebene Kultur, um so zur Kritik gegenüber sich selbst und der Umwelt zu befähigen (Foucault 2004, S. 126). In diesem Verhältnis vollzieht sich dann die Umbildung des Subjekts, das sich nun gleichsam mit sich selbst vermittelt (Foucault 2004, S. 170). Es kann sich nämlich als der einzige Gegenstand erkennen, den wir frei wollen und insofern begreifen können (Foucault 2004, S. 173, 235 ff). Der Meister kann dazu wenig beitragen; er ist zumindest kein Didaktiker, wohl aber ein Philosoph (Foucault 2004, S. 186). Insofern stellt Sokrates allerdings eine zentrale Figur für das Verständnis von Erziehung dar.

Im Begriff des Pädagogen bewahrt sich also nicht nur der Mythos, sondern eine Figur, die Einsicht in das Erziehungsgeschehen gibt – eine Fiktion sicher, die auf Erzählung angewiesen ist und weiter tradiert wird. Seitdem, eher bestärkt noch durch die jüdisch-christliche Tradition, zeigt sich Erziehung als Ermöglichung und Rahmung einer Praxis. Sie ist bestimmt durch jenen, der handelnd in der Welt ist, der Sorge um sich selbst fähig, aber zu dieser noch nicht aufgefordert, geschweige denn zu sich selbst hin gewendet ist. Im Arrangement der pädagogischen Situation findet er einen Sklaven, der doch sein Meister ist; ergeben noch bis in die Tiefe einer erotischen Spannung, einer Leidenschaft, welche aber unausgelebt bleibt, der Wendung zu sich selbst geopfert wird – Herman Nohl beschreibt dies in der Theorie des pädagogischen Bezugs. Der Sklave als Meister ermöglicht den Eintritt in Bildung, nicht zuletzt indem er vorschlägt, eine vorfindliche Kultur zu lesen. Das ist die Grundstruktur, mit der wir in Sachen Erziehung zu rechnen haben; nicht mit unmittelbarer Veränderung der Welt, sondern in einem Subjekt, das reflexiv wird und so beginnt, seine eigene Wahrheit kennen zu lernen. Dass aber diese Situation eintritt, ergibt sich aus der Voraussetzung der Vermittlung. Anthropologisch sind wir also zur Erziehung fähig und bereit, aber ihre Praxis muss dann erst aufgegriffen und verwirklicht werden.

III Erziehung als Praxis: Strukturierung und Handeln

„Ich glaube, der Mensch ist das Verwandlungstier.
Er ist so zum Menschen geworden, weil er die
Begabung zur Verwandlung entwickelt hat. Und
die Verwandlung ist es, die ich anzuwenden versuche,
wenn ich mich in eine bestimmte Arbeit hineinbegebe.
Das sind immerwährende Verwandlungsabenteuer."
(Elias Canetti).

10 Struktur und Strukturierung – die Konstruktion des Gegenstands

Der Mythos, erst recht in seiner Beglaubigung durch Foucault, lässt hoffen, dass ein Wissen über Erziehung als Praxis möglich ist, das nicht von Dispositiven geordnet und in Diskurse gebunden ist. Aber – und dies muss hier als Warnung dem Folgenden vorausgeschickt werden: Dieses Wissen darf nicht in eins fallen mit dem, was in der pädagogischen Wissensform gemeinhin zugänglich ist. Das bedeutet zum einen, dass die für seine Darstellung zu lösenden *formalen* Probleme der Theorie benannt werden müssen. Das ist nicht frei von einiger Umständlichkeit und birgt Zumutungen; zu theoretisieren wie man theoretisieren muss, ruft gemeinhin Langeweile hervor. Man könnte vielleicht auch darüber hinweggehen. Doch zeichnet sich auch ein *inhaltliches* Problem ab, das man als Frage nach dem systematischen Grundbegriff einer Theorie der Erziehung bezeichnen könnte. Denn die Einsicht in die diskursive Bindung pädagogischer Reflexion rät noch zur Vorsicht vor dem Begriff, den das pädagogische Denken selbst an den Anfang stellen möchte: Es will mit der Vorstellung vom Subjekt und seiner Subjektivität einsetzen, auch um die Spannungen zu mindern, die sie vorfindet, in der sozialen und kulturellen Welt. Im Denken über Vernunft und Sinnlichkeit, Leib und Seele, Gefühl und Verstand, Freiheit und Notwendigkeit, Pflicht und Neigung sind die Zumutungen moderner Gesellschaften gefasst, die es aufzunehmen versucht (vgl. Hopfner 1999). Der Subjektbegriff hebt also die ungelösten Probleme der Moderne auf, die sich in der Spannung darstellen, wie Selbststeuerung organisiert werden kann, ohne die Selbststeuerung zu zerstören, weil diese noch Voraussetzung für die Organisation der Selbststeuerung ist. Doch genau darin wird der Begriff des Subjekts zu groß, zu mächtig, die mit ihm verbundenen Erwartungen und Projektionen führen in eine Art Hypertrophie (vgl. Lischewski 1996, S. 48 f).

Diese Prekarität des Subjektbegriffs (vgl. Meyer-Drawe 1991) stellt vor eine „Differenz zwischen personaler und struktureller Erziehung" (Koerrenz 1995, S. 19, vgl. 192) und erzwingt die Option für die letztere. Der Subjektbegriff bietet keine Sicherheit mehr, die Konjunkturen von Tod und Wiederbelebung des Subjekts haben sich beschleunigt, vor allem: der Begriff lässt Erziehung vom Ende ihres Problems, von der Lösung schon denken; er ist eben in der Tat durch ein Dispositiv verstellt. Wer Erziehung wirklich denken will, muss sich erinnern, dass ihr Problem in einer eigenartigen Struktur besteht, *Subjekt* und *Subjektivität* haben diese als Begriff und in der Sache schon hinter sich gelassen. Das pädagogische Denken ist zu schnell, wenn es von vornherein ihnen vertraut. Es muss sein Verständnis von Erziehung vor ihm einsetzen lassen und begreifen, wie Erziehung nicht nicht im Subjekt und seiner Subjektivität begründet werden kann, sondern als Struktur vorausgeht, die erst jene Produktivität ermöglicht, welche mit dem Subjektbegriff gefasst wird. Schleiermacher brachte diese Einsicht zum Ausdruck, als er pädagogische Theorie zunächst mit dem Generationenverhältnis – also mit einer Struktur – im Blick auf soziale und kulturelle Veränderung beginnen lässt, um dann in einem zweiten Schritt den Blick auf das sich entwickelnde einzelne Wesen, auf Subjektivität zu richten. Anders formuliert: das theoretisch entscheidende Problem besteht darin zu klären, wie Subjekte und Subjektivität ermöglicht werden; sie vorauszusetzen begeht eine petitio principii. Mehr noch: Vorsichtshalber sollte der „Erziehungsbegriff [...] nicht vom Vorher oder Nachher, sondern primär vom Ereignis selbst bestimmt werden" (Koerrenz 1995, S. 49).

Pädagogik begreift daher Erziehung als eine *Praxis*, die zunächst selbst wiederum einen strukturellen Zusammenhang darstellt, der das Problem der Erziehung aufnimmt. Die Praxen der Pädagogik generieren ein Neues und erzeugen als Erziehung Optionen und Differenzen – nur dort, wo kalte Kulturen die Praxis stillstellen und versteinern lassen, entsteht Differenz höchstens subversiv. *Praxis* lässt begreifen, dass es um den *Zusammenhang* von *Struktur und Handlung* geht, um ein *objektives* System, das *subjektiv* durch die Tätigkeiten von Akteuren sowohl konstituiert wie ausgefüllt wird. Die Objektivität der Praxis realisiert sich in Figurationen der Handelnden und für diese (vgl. Elias/Dunnig 2003): Gesellschaftliche Zwänge, im Falle der Erziehung Zwänge in der Vermittlung von Natur und Geist und aus dieser heraus, regulieren in einer dann doch wieder durch Akteure bestimmten, fließenden Form das Tun, formen noch die Affekte in den zivilisatorisch möglich gewordenen Regeln; Gesellschaft und Kultur, eben Zivilisation legen sich (allerdings weich) über die natürlichen, schon immer vermittelten Dimensionen menschlichen Handelns. Weil aber die Praxis der Erziehung schon immer durch ihre Problemstruktur bestimmt ist, bleibt sie gleichsam objektiver determiniert, als dies eine jede andere soziale Praxis sein kann: Unter dieser Prämisse lässt sich Erziehung als Praxis aus Distanz und unter der Unterstellung einer Dinghaftigkeit wie auch in ihrer inneren Funktionalität begreifen: Die *Struktur* der pädagogischen Praxis selbst erzeugt Wirkungen; aber diese können nicht auf Personen als externen Momenten gerechnet werden, vielmehr zielen sie auf Erhaltung und Reproduktion der Struktur selbst. Pädagogik hat wenigstens eine Tendenz zur Konservativität; Erziehung richtet sich darauf, dass weiterhin erzogen werden kann.

Alle pädagogische Praxis verwirklicht ihre Objektivität aber nur durch die Aktionen der Handelnden selbst. Diese erleben sich zwar stärker durch soziale und kulturelle Determinanten wie vor allem durch die den Diskursen zugrunde liegenden Dispositive beeinflusst als durch die Rationalität der innerpädagogischen Bedingungen, dennoch gehorchen sie ihr – was nicht unbedingt bedeutet, dass sie diese in einem Sinne erfolgreich praktizieren, der externen evaluativen Standards genügt. Die Beteiligten wirken als Akteure, die nach eigenen Vorstellungen ihre eigenen Absichten verwirklichen wollen; sie sind unabhängig, müssen insofern eigene Standards aufstellen und sich ihrer selbst reflexiv vergewissern. Dies erklärt die Vielzahl von Handlungsformen, welche wenigstens dann für Erziehung geltend gemacht werden, wenn gesellschaftliche und kulturelle Normationen sich abschwächen; alle Beteiligten agieren dann pädagogisch, obwohl sie dies doch in einem weiten Rahmen unterschiedlichster Interpretationen dieses Geschäfts machen. Es gibt daher eine Vielzahl von Erziehungen, die innerhalb der Struktur pädagogischer Praxis realisiert werden – und oft genug Anlass zum Streit zwischen jenen gibt, welche pädagogische Praxis unterschiedlich deuten (wollen): Während die einen pädagogische Praxis vorrangig mit einem Bild verstehen, nach welchen man Grenzen setzen müsse, Kinder zu ermahnen und zu bestimmtem Verhalten anzuleiten habe, möchten andere dafür sorgen, dass ihr Nachwuchs frei und von Direktiven unbeeinflusst aufwächst. Daran ist wichtig, dass es in beiden Interpretationen darum geht, dass pädagogische Praxis stattfindet; diese Aufmerksamkeit und Sensibilität für sie sind unverzichtbar, während hingegen der Streit um die eine oder die andere inhaltliche Setzung eher müßig ist. Man kann subjektiv und absichtsvoll antipädagogisch agieren und wird doch zum Pädagogen ersten Ranges. Insofern folgen die Subjekte einer Regelhaftigkeit, der sie nicht entkommen. Sie sind Subjekte im emphatischen Sinne der Neuzeit wie zugleich doch auch Subjekte in des Ausdrucks wörtlicher Übersetzung, nämlich Unterworfene. Zum anderen kann deshalb die konkrete pädagogische Praxis nicht eindeutig und in sich als eine gute und erfolgreiche pädagogische Praxis bestimmt werden kann. Damit ist gemeint: sie lässt sich nur funktional und systematisch analysieren, ohne dass darin sogleich ein Werturteil beschlossen ist, dass jemand als gut erzogen zu betrachten sei. Es handelt sich um ein Geschehen mit Eigenmächtigkeit, das nicht von vornherein in einem moralischen Sinne „gut" endet. Die Praxis der Pädagogik wird mithin durch „subjektiv schwache" Subjekte realisiert, welche bei allem Versuch einer guten Praxis keineswegs als anständige Menschen zu gelten haben. Allerdings: Mit *Praxis* geht es – nota bene: vorrangig, aber nicht ausschließlich – um eine durch Handlungen konstituierte soziale Realität, die ihre Regelhaftigkeit und Qualität in sich selbst begründet und darin den Beteiligten als sinnhaft zugänglich wird; sie gilt mithin nur, wenn und sofern sie gelebt wird, ist an Reflexivität gebunden, in der sie festgestellt wird. Reflexivität bedeutet aber nicht, dass sie allein der Rationalität, mithin einer reinen, sie objektivierenden Sachlichkeit verpflichtet sei. Im Gegenteil: die innere Geschlossenheit der Praxis der Erziehung schließt noch ein hohes Maß an affektiver Gebundenheit der Beteiligten ein; sie müssen doch die Praxis als gut empfinden, wie sich dies in einer verpflichtenden Emotionalität erschließt. Das unterscheidet sie von jener Handlungsform, die als Poiesis bezeichnet wird und sich dabei vorrangig nach äußerlichen Kriterien bewerten lässt, als gute und als schlechte, als wahre oder gerechte Tätigkeit; nur das vordergründig ästhetische Urteil einer schönen Praxis kommt auch im Blick auf Erziehung zum Tragen, wie an der pädagogischen Denkform schon gezeigt wurde. Überspitzt formuliert geht es einer Praxis um sich selbst, während die poietische Handlungsform ein Produkt will. Zumindest der gesellschaftlichen Veranstaltung Pädagogik erwächst genau daraus eine gewisse Verletzlichkeit: Um sozial erfolgreich zu sein, muss sie mit Mitteln operieren, die ihrer eigenen Absicht widersprechen können; wer in einem poietischen Zusammenhang mit Praxis operiert, erzeugt einen potentiellen Feind in sich.[8]

Allerdings: Die – letztlich an Aristoteles anknüpfende – Unterscheidung von Praxis und Poiesis verfolgt analytische Absichten; sie eröffnet den Zugang zum Gegenstand Erziehung für die Theorie der Pädagogik und bietet ein Modell an, um das Verständnis zu erleichtern. Sie ist selbstverständlich problematisch. Denn zum einen muss man festhalten, dass jede Praxis auch etwas erzeugt, das nach ihr ist und bleibt; das können Erinnerungen sein, häufig werden es selbst soziale Tatbestände sein. Man vergisst nicht, dass einem Erziehung widerfahren ist; häufig vergegenständlicht sich die pädagogische Praxis als Institution, wenngleich sie dann in der Regel durch andere Bedingungen überformt wird. Praxis lässt mithin Geschichte entstehen – und sie geht, was nicht dasselbe ist, in das Gedächtnis der Beteiligten ein. Zum anderen vollzieht sich auch Praxis nicht voraussetzungslos. Im Gegenteil: in ihr werden durch die Beteiligten Voraussetzungen und Bedingungen aufgenommen und in neuer Weise verarbeitet. Vor allem: sie generiert durchaus Neues, das über sie hinaus bestehen bleibt. Dennoch bleibt ihre Funktion für die Beteiligten in ihrer ihnen gegebenen Sinnhaftigkeit beschlossen. Endlich wird man gegen einen Zugang, der sich auf Pädagogik als Praxis richtet, einwenden, dass sich dieser um das entscheidende Problem der Wirkungen herum mogle. Präziser muss man dabei zwei Problemstellungen unterscheiden: Einerseits geht es um die Frage, ob und inwiefern ein als pädagogisch gedachtes Arrangement in einer gewünschten Weise den Zögling modifiziere, indem auf seine Seelenzustände, Haltungen, Fertigkeiten, Handlungsweisen Einfluss genommen wird; es geht mithin um gezielte Änderungen von Merkmalen des Educanden, wobei dieser Vorgang sich auf Kausalannahmen stützen muss (vgl. Oelkers 1982; kritisch Ludwig 2000). Andererseits kann man Wirkung sehr viel weiter fassen, indem unter dieser auch all das gefasst wird, was durch ein Umfeld zugänglich wurde. Wirkung stellt sich dann indirekt an dem dar, was ein Zögling an Einstellungen und Handlungen nicht entwickelt hätte, wenn die pädagogisch organisierte Erfahrungsmöglichkeit nicht gegeben worden wäre – um den Preis freilich, dass ein erhebliches Maß an Unsicherheit bleibt. Es lässt sich nicht ausschließen, dass die vermuteten Wirkungen auch ohne das Arrangement eingetreten wären; umgekehrt: bei aller Plausibilität der Argumentation, dass Einwirkung im pädagogischen Handeln wenigstens mitgedacht werden muss, könnte es sein, dass diese zumindest nicht prioritär zu sehen ist; Einwirkung wäre demnach ein zwar intendierter, gleichwohl aber nicht

---

[8] Die Differenz lässt sich vielleicht am Beispiel von Schule illustrieren: Schule wird eingerichtet, um die unterrichtliche Praxis des Lernens zu initiieren. Nur: die Empirie zeigt, wie Jugendliche in die Schule gehen, um einander zu treffen, mithin eine eigene Praxis zu haben, die mit dem Unterrichtszweck gar nicht zusammengehen muss.

bewirkter Nebeneffekt der Bemühungen, welche auf Herstellung einer pädagogischen Praxis zielen.

Ohnehin gilt: Selbst wenn man Zweifel daran hat, dass sich – neben den ungewollten Effekten – Kausalitäten identifizieren lassen, bleibt irgendwie skandalös, dass Erziehungswissenschaft vergleichsweise wenig nach Wirkungen von Pädagogik fragt; vielleicht fürchtet sie sich vor möglichen Negativbefunden. Dabei sind diese wenig wahrscheinlich. Zwar trifft zu, dass große Erwartungen nicht zu realisieren sind, wie sie in den öffentlichen Debatten vorgetragen werden. Pädagogik sorgt weder für Emanzipation noch wird sie Kinder und Jugendliche „einhausen", wie dies Befürworter des *Muts zur Erziehung* forderten. Dennoch ist die Frage nach Wirkungen berechtigt. Man kann und darf sich nämlich weder dem Problem verweigern, dass es wenigstens Intuitionen darüber gibt, was als *Erzogenheit* oder *Bildung* (als Zustand) gilt. Noch darf man die Augen vor dem Wissen verschließen, das für die Bedingungen von – die Formulierung bleibt absichtlich vage – wahrscheinlich eher erfolgreichen Bildungsprozessen verfügbar ist (vgl. bei aller Trivialität: Diamond 1999 ff), einschließlich des Wissens um Resilienz. Die Schwierigkeit, Wirkungen pädagogischer Praxis zu theoretisieren, hängt aber damit zusammen, dass diese in psychologisch zu interpretierenden Dimensionen erwartet werden, dass mithin von Erziehung Effekte unmittelbar auf Personen erwartet werden. Aber Erziehung wirkt auf Umstände. Sie scheint nur *treatment*, während es doch um einen komplizierten Prozess geht. Um dies in einer ambitionierten Theoriesprache zu formulieren: In diesem Prozess der pädagogischen Praxis entstehen Wirkungen, weil und sofern eine Praxis der Erziehung stattfindet, dabei Personen performativ *eingeschlossen* werden und vermittelt über die *formative* Leistung des Handlungsvollzugs *gebildet* werden und so zu dem kommen, was vielleicht der Begriff der Kompetenz bezeichnet (vgl. Veith 2003).

Dabei erscheint das pädagogische Geschehen meist als Black Box. In der Praxis der Erziehung haben wir mit einem dinghaft erlebten und zu denkenden Sachverhalt zu tun, der sich doch einer unmittelbaren Beobachtung entzieht, mit den verfügbaren Instrumenten der Sozialwissenschaft – etwa mit statistischer Analyse – auch nicht indirekt zu erfassen ist. Der Sachverhalt besteht, aber eben doch nur, wenn er von den Akteuren konstituiert und in seiner Struktur praktisch realisiert wird (um sich dann sogleich in einen Prozess aufzulösen). Für diese praktische Struktur gibt es neben der Beschreibung ihrer formativen Qualität ein weiteres Theorieangebot mit Charme: Die angedeutete Spezifik des pädagogischen Sachverhalts lässt sich in einem *systemtheoretischen Modell* thematisieren. Es behauptet die Macht einer Struktur ganz jenseits subjektiver Intentionen; das System wird als Ergebnis sozialer Evolution begriffen, wobei die Akteure als Medien des Systems fungieren und durch diese prozessiert werden. Luhmanns skandalverdächtige Formel vom Kind als Medium der Erziehung macht den autonomen und autopoietischen Zug des pädagogischen System deutlich (Luhmann 2004): Veränderung vollzieht sich mithin nicht an Personen und nicht als Wirkung in der Umwelt pädagogischer Praxis, sondern nur als Veränderung im System, als Moment in ihrer inneren Dynamik. Die „Subjekte" der Erziehung sind Teil der pädagogischen Praxis; sie verändern sich mit dieser und in dieser. Dabei generiert und verstetigt das Erziehungssystem seine Elemente selbst; Erziehung erzeugt Erziehung, als Nebeneffekt tritt Erzogenheit auf, offen bleibt allerdings, ob und wie Anfang und Ende von Erziehung bestimmt werden könnten. Dieser innersystemische Prozedierung von Erziehung in Erzogenheit funktioniert auch deshalb, weil sich – wie Jürgen Markowitz am Unterricht zeigt (Markowitz 1986) – Systeme als Kommunikationshorizonte den Akteuren präsentieren, die sich insofern selbst fassen.

Der Vorteil dieses systemtheoretischen Zugangs besteht darin, dass er gänzlich von „empirischen" Subjekten absieht; banal gesagt: Menschen aus Fleisch und Blut kommen nicht vor, weil sie weder erklärt noch verstanden werden können. Man mag dies als einigermaßen trübe Ansicht werten, sollte aber dem Modell den Realitätsgehalt nicht absprechen; Erziehung hat, um die protestprovozierende Formulierung zu wagen, gar nicht soviel mit Menschen und deren Veränderung zu tun, sie modifiziert nur Möglichkeit im strukturellen Zusammenhang ihres Problems.

Das Dilemma dieses systemtheoretischen Zugangs besteht darin, dass er die Entstehung des Neuen letztlich nicht verstehen kann. Es beschränkt Möglichkeit auf Variabilität im System, kann aber nicht einmal Resistenz gegenüber dessen internen Ansprüchen untersuchen, bzw. umgekehrt: es kann nicht zeigen, dass und wie Elemente des Systems sich auf andere Elemente beziehen, durch welche sie nicht bestimmt waren. Genau dies aber zeichnet die Struktur des Problems der Erziehung aus. Anders formuliert: ein rein systemtheoretischer Ansatz kann letztlich weder Emergenz noch aber Lernen, mithin auch das nicht fassen, was als Bildung bezeichnet wurde (deshalb trägt auch das Konzept der Autopoiesis nicht weit genug). Wie hilfreich also die Systemvorstellung allzumal als methodische Verpflichtung sein kann, das Subjekt erst einmal zu vergessen, es kann nicht das hübsche Rätsel auflösen, das Tenorth mit dem Hinweis gegeben hat, dass das Lernen vielleicht resistent gegenüber Pädagogik sein könnte (Tenorth 1995). Man muss also dabei bleiben: In der Struktur des Problems der Erziehung zeichnet sich ab, dass ein anderes entsteht, ein Subjekt, das sich selbst durch Auseinandersetzung mit Welt konstituiert.

Damit deuten sich drei fundamentale Theorieprobleme an, die nicht aus dem Blick geraten dürfen, wenn über Erziehung nachgedacht wird, ohne sich auf Dispositive zu verlassen und in den durch sie geregelten Diskursen zu bleiben. Die Theorie der Erziehung muss sehen, dass sie zu tun hat mit *Struktur und Prozess, Kontinuität und Differenz* von Strukturschichten, endlich mit *Praxis und Beziehung.*

- *Struktur und Prozess*: Das Erziehungsgeschehen zeichnet eine Eigentümlichkeit aus, die dem Welle-Korpuskel Problem der Physik ähnelt. Es vollzieht sich in zwei Formen, die sich nicht unmittelbar aufeinander beziehen lassen, nämlich als pädagogische Situationen, die in ihrer Strukturgestalt mit ihren Elementen zu erfassen sind, oder als pädagogische Prozesse, die sich in der Zeit vollziehen. Der Blick auf den einen Zustand schließt den auf den anderen aus, wer Strukturen begreift, kann sich nicht mit Prozessen abgeben, obwohl die jeweiligen Beschreibungen für sich unbefriedigend bleiben, weil sie die je andere Form in der Sache doch voraussetzen müssen. Die Praxis der Erziehung zeigt sich also als eine „bewegliche Ordnung" (Cassirer 1993, S. 100) und wirkt als eine „bildsame Form" (a. a. O. S. 101).

Wenn sie nicht ohnedies Mittel-Ziel-Relationen beanspruchen, betonen pädagogische Theorien traditionell eher die Strukturen, zumal sie sich systematisch besser darstellen lassen. Herbarts Denken unterscheidet sich gerade darin von Schleiermachers Zugang, wobei an diesem deutlich wird, wie mit einem Denken, das sich auf Prozesse konzentriert, Klarheit schwindet. Theorien, die mit Dualen operieren, von Anfang und Ende, von schwach und stark her denken, haben es leichter, aber auch topologische Tableaus können den Gegenstand einfacher präsentieren – sofern er sich so überhaupt darstellen lässt. Dass dies um den Preis von Ausblendungen geschieht, zeigt Walter Herzog, der zuletzt energisch eine Theoriebildung fordert, in der die Temporal- und Prozessdimension paradigmatisch und prioritär das Nachdenken und die pädagogische Metaphorik bestimmen soll (Herzog 2002). Er sieht allerdings weniger einen Gegensatz zwischen Struktur und Prozess, sondern kritisiert, dass pädagogisches Denken vor allem Raummetaphern den Vorrang gibt; offen muss sogar bleiben, ob er nicht einer Verkürzung verfällt, die einem technisch interpretierten Ursache-Wirkungsmodell folgt. Seine Kritik vollzieht nämlich einen Ebenenwechsel, weil sie von dem allgemeinen, für Theorie wichtigen Darstellungsproblem von Struktur und Prozess zu dem geht, das sich einer konkreteren Analyse von pädagogischer Praxis stellt. Abgesehen davon, dass sich diese in räumlichen Rahmungen empirisch vollzieht, welche dann auch reflexiv vergegenwärtigt müssen, gibt es allerdings pädagogische Prozesse, die durch die Bereitstellung und Organisation von Räumen erst initiiert und realisiert werden – dies gilt vor allem für die Sozialpädagogik, wider den ersten Eindruck übrigens kaum für den Unterricht, der nämlich in der Tat jenseits der Schulgebäude möglich ist (und durch diese vielleicht sogar eher verhindert wird).

Gleichwohl korrespondiert Herzogs paradigmatische Forderung der Einsicht, nach welcher „der Mensch […] ein Prozess" ist (Elias 1983, S. 77). Noch die Grundstruktur des pädagogischen Problems verweist auf einen Prozess, der aber in der Struktur und mit dieser gegeben ist, zudem aber biologisch und psychologisch, nämlich durch die Entwicklungstatsache, gerechtfertigt wird. Dass ein Prozess gedacht werden muss, ergibt sich aus dem Wachstum des Zöglings, der sich im pädagogischen Prozess so stark verändert, dass man sich sogar mit Vorstellungen von Identität zurückhalten sollte.

Lässt sich dies aber theoretisch überhaupt begreifen, ohne sich entweder allein mit Strukturmodellen oder Konzeptionen von Situation auf der einen Seite oder eben dynamischen Ansätzen und Prozessen auf der anderen Seite zufrieden zu geben? Ein Angebot macht Norbert Elias: In der pädagogischen Praxis figurieren die Beteiligten sich in ihren Bildungsprozessen. Parallel wäre zu stellen, wie Günther Dux die Genese von Subjektivität in selbst historischen Zusammenhängen begreift. Endlich kann man an dem Konzept der „structuration" an-knüpfen (Giddens 1988)[9]. Es setzt sich von der strukturfunktionalistischen So-ziologie ab und versucht, dem Phänomen einer gesteigerten Dynamik in moder-nen Gesellschaft gerecht zu werden, die nun auch die Strukturen des Sozialen erfasst; sie bleiben zwar bestehen, verändern sich aber zugleich im Rahmen be-stimmter Bandbreiten, wobei diese Beweglichkeit der Strukturen nicht zuletzt dadurch zustande kommt, dass sie weniger als harte, nämlich verpflichtende In-stitutionen, sondern sehr viel mehr als praktische Regeln wirken, welchen die Handelnden in Raum und Zeit folgen.

Übertragen auf pädagogische Praxis zeichnet diese also eine Art von Verdre-hung aus, in welcher sich Strukturen zu Prozessen wandeln, räumliche situier-bare Dimensionen in solche übergehen, die temporal analysiert werden müssen. Beide Strukturphasen verknüpfen sich konkret in einer biographischen Artikula-tion der Leiblichkeit der Beteiligten. Solche Transformationen von Struktur und Prozess, von Raum und Zeit sind weniger ungewöhnlich, als dies auf den ersten Blick erscheint; Metamorphosen von Raum und Zeit zeigen sich verbreitet als kulturelle Vorgänge (vgl. Burckhardt 1994), sie treten historisch häufiger auf, als dies der von Giddens hergestellte Bezug auf die späte Moderne nahe legt. Der entscheidende Punkt, der als Übergang von Strukturtheorie in Handlungstheorie beschrieben werden muss, könnte dabei mit dem Begriff der Kompetenz gefasst werden, der Übergang von Struktur zum Prozess lässt sich auf Seiten der agie-renden Subjekte als „Modus" thematisieren (vgl. Winkler 1988).

- *Kontinuität und Differenz*: Strukturen und Prozesse schichten sich im pädago-gischen Handeln in mehrfach dialektischen Zusammenhängen auf: Eine Struktur kann lange anhalten, ohne dass sie als Prozess in einem strengen Sin-ne gelten darf. Manche pädagogische Praxen dauern in der Lebensgeschichte eines Subjekts an; es kreist geradezu um ein Thema, um Vermittlung und Aneignung des einen Moments im dritten Faktor über Jahre und Jahrzehnte hinweg. Zugleich kann es und wird es faktisch in mehrere „Erziehungen" in-volviert, die getrennt oder vermittelt nebeneinander, gleichzeitig, manchmal versetzt, über unterschiedlich lange Zeiträume hinweg, zuweilen sogar ver-gessen oder verdrängt stattfinden. Manchmal brechen Erziehungsprozesse vordergründig ab, um später wieder aufgenommen zu werden: Als ein vielleicht irritierendes Beispiel kann man die Aufgabe ansehen, welche das Erwachsenwerden selbst stellt; diese Struktur pädagogischer Praxis besteht vielleicht sogar Jahrzehnte fort, ohne sich jedoch als ein pädagogischer Prozess der Veränderung zu zeigen; man kann dies als *emerging adulthood* bezeichnen (Arnett 2004). Zugleich können Strukturen und Prozesse des Pädagogischen nebeneinander in einer Gleichzeitigkeit des Ungleichzeitigen bestehen: Während wir mit manchem schon fertig sind, dauert anderes in pädagogischer Praxis fast lebenslang an: Vielleicht bewältigen wir die Aufga-be des intergenerativen Verstehens erst dann, wenn wir selbst alt geworden

---

[9] Alle drei nehmen Ideen der Psychoanalyse auf, Dux wie Giddens lassen sich als Interpretation von Piaget lesen.

sind und die Situation der eigenen Eltern vor Augen tritt. Erschwerend kommt hinzu: In den Strukturen der Erziehung verknüpfen sich offensichtlich unterschiedliche Wandlungskontinuen miteinander (Elias 1984; Winkler 1986); mehrere Prozesse vollziehen sich nebeneinander und einander überlagernd.

Beidemal hängt dies mit dem geschichtlich-gesellschaftlichen, nicht genetischen Erbe zusammen, das im pädagogischen Prozess angeeignet wird, dem, wie sich gleich zeigen wird, dritten Faktor der Erziehung. Er bietet Modelle menschlichen Seins, mit welchen wir im Generationenverhältnis und in der pädagogischen Praxis konfrontiert sind: Das Thema des Erwachsenwerdens ergibt sich einerseits als eine der Aufgaben, welche der biologische Entwicklungsprozess an uns stellt; es gehört zu den Entwicklungsaufgaben, die man bewältigen muss. Aber es wird doch zugleich ausgestaltet durch die Zwänge und Möglichkeiten, mit welchen eine Gesellschaft und eine Kultur diese Aufgabe codiert: Welche Rolle spielt in ihr das Erwachsensein? Welche Möglichkeiten bietet sie an, die Rolle des Erwachsenen zu üben, was versteht sie selbst unter Erwachsensein?

Dann: pädagogische Prozesse vollziehen sich nicht nur kontinuierlich. Vermutlich stellt Gleichmäßigkeit den eher seltenen Fall dar, erhofft zwar, aber doch unwahrscheinlich. Im guten wie im schlechten Sinne erlebt man hingegen meist die kafkaeske Situation, in welcher die Beteiligten eines morgens verwandelt aufwachen. Entweder wirken sich Entwicklungsschübe aus oder eine Art Depotwirkung, die dann in einen neuen Zustand umschlägt. Pädagogische Prozesse vollziehen sich mithin eher ruckhaft, wenigstens auf Stufen, in einem Wechselverhältnis von Entwicklung, Verstetigung, zuweilen sogar Stagnation, wenn nicht sogar Regression. Sie finden als unstete Folge von Ereignissen statt, die mehr erahnt als systematisch erschlossen werden (vgl. Bollnow 1959): In Krise oder fruchtbarem Moment schließt sich die pädagogische Praxis und wird dann insofern wieder strukturell realisiert; Krisen stellen sich als Entstrukturierungen der Erziehung dar, doch gehört es zu den Paradoxien der Pädagogik, dass ihre Praxis mit solcher Unstetigkeit eigentlich einsetzt, weil sie mit einer Unterbrechung von Lebensprozessen zu tun hat. Aneignung geht mit einem Zerfall einher, der nicht frei von Krisen vor sich geht. Wieder kann an die Aufhebung erinnert werden, von der Hegel spricht.

- *Praxis und Beziehung*: Auch wenn von Strukturen und Prozessen gesprochen wird, darf dies nicht zu einem ontologischen Denken verführen, in welchem Erziehung so objektiviert wird, dass man unbesorgt von ihrem Wesen sprechen könnte. Es geht um formative Elemente, die empirisch als praktische Regeln gelten und wirken, mithin eine Praxis als strukturierte und bedeutungsvolle ermöglichen. Die Strukturen sind stark, wirken formativ, dennoch muss von Personen gehandelt werden. Diese strukturellen Formative entstehen einerseits aus dem Zusammenhang der Problems der Erziehung, sind dann aber praktisch durch die Dispositive überformt.

Wie aber kann eigentlich Struktur in Praxis übergehen? Einiges spricht für die Vermutung, dass die Interaktionen der Beteiligten und die in diesen sich entwickelnden Beziehungen als Transformatoren anzusehen sind: Die vorab gegebenen Strukturen werden in den kooperativen Beziehungen des Aneignungsgeschehens vermittelt. Die Strukturen wirken als formend und erfüllen zugleich eine regelnde Funktion, die von den Beteiligten aufgenommen wird; sie bestimmen die Art, den Modus der Aneignungstätigkeit und aller auf diese sich beziehenden Aktivitäten – die sich dann als pädagogische Vermittlung begreifen lassen. Die Arbeit an der eigenen Entwicklung durch Aneignung der Welt vollzieht sich gemeinsam mit anderen. Kooperation bildet die Basis, welche dann doch formt – so kommt die Struktur in die Praxis.

11 Die triadische Struktur der pädagogischen Praxis

Die zuletzt nur angedeuteten Überlegungen geben der theoretischen Untersuchung von Erziehung eine Gewichtigkeit, die doch ein wenig an ihrer Glaubwürdigkeit zweifeln lässt; so geht alle Plausibilität verloren. Denn in Wirklichkeit vollzieht sich das Geschehen in Banalität und trivial. Erziehung realisiert sich im Streit um die dritte Kugel Eis, um das Glas Coca-Cola anstelle des zugebilligten Spezi; es zeigt sich in den vergeblichen Versuchen, den Nachwuchs dazu zu bringen, Ordnung zu halten, in der verzweifelten Einsicht, dass dieser kein Interesse an einer Welt hat, die doch der Aneignung wert wäre. Mit Effekten ist zwar zu rechnen, doch weiß man nie, ob, wann und wie sie eintreten: Wird vielleicht der zum Zwangsneurotiker, den man zum Aufräumen angehalten hat?

Die strukturelle conditio des pädagogischen Problems, nämlich als ein Zwischenfeld im Verhältnis von Natur und Geist zu entstehen, als eine Möglichkeit, die realisiert werden muss, erzeugt mithin Kontingenz. Pädagogische Praxis beginnt in Unsicherheit und Ungewissheit, wo sie denn auch endet. Anderes kann stets möglich sein. Mehr noch: die Aufgabe und Leistung der pädagogischen Praxis besteht gerade darin, diese Kontingenz offen zu halten und nicht zu schließen. Darin liegt die Provokation, vor welche alle Pädagogik stellt und mit der sie sich gegenüber jeder Vorstellung unbeliebt macht, die Welt lasse sich beherrschen. Die soziale und kulturelle Erfindung von Erziehung, die Überformung ihrer Problemstruktur durch pädagogische Reflexion zielt auf eine Spezifizierung, die Wirkungen beabsichtigt (vgl. Ludwig 2000). Solche Vorstellungen sind machtvoll – sie finden aber an der Erziehung ihre Grenze. Jeder, der mit Kindern und mit Alten zu tun hat, weiß dies – dennoch wird immer der Versuch angestellt, Erziehung zu instrumentalisieren, um bestimmte Zwecke zu verwirklichen, die als pädagogisch behauptet werden. Oder – viel wahrscheinlicher – es wird der Versuch unternommen, Pädagogik zu verhindern, um jene zu unterwerfen, die sich entwickeln und verändern. Nur: als Erziehung gelingt dies nicht. Ihre Struktur impliziert, dass wenigstens nicht von unmittelbaren, durch erziehende Akteure verfolgte und verwirklichte Absichten ausgegangen werden werden kann. Sie gehören dem pädagogischen Traum an, in welchem die Dispositive pädagogischer Diskurse als Nachtgespenster auftreten; eine *Pädagogik*, die sich auf Erziehung einlässt, muss sich auf die Reflexion darauf beschränken, dass die evolutionär eingerichtete Struktur realisiert wird. Ihre Wirkungsintentionen können sich allein darauf beziehen, dass Erziehung ist und mit ihr Offenheit entsteht – auch und ganz besonders dann, wenn in ihr Gesellschaft und Kul-

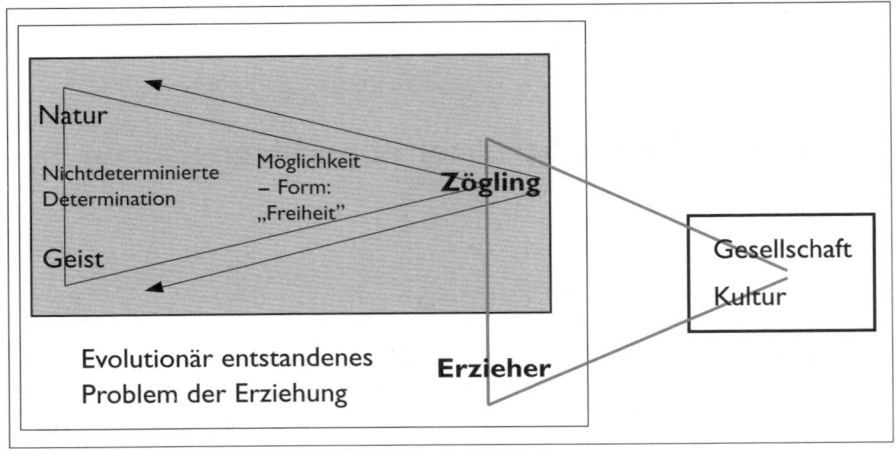

Abb. 3: Möglichkeit der Erziehung und Herstellung der Erziehungsstruktur

tur angeeignet und einem Bildungsprozess integriert werden. Als Ziele für mögliche Adressaten bestimmte Wirkungen sind nicht möglich – es sei denn, man will Dressur (und selbst diese scheitert am Ende). Pädagogik muss sich darauf beschränken, die Struktur der Erziehung als solche realisieren zu wollen, wie sie als naturgegebene Struktur der Möglichkeit besteht. Sie kann und muss – nämlich unter geschichtlich gegebenen gesellschaftlichen und kulturellen Bedingungen – Erziehung als eine Praxis betreiben, die auch scheitern kann.

Aber wann beginnt eine pädagogisch absichtsvoll realisierte Erziehung? Die Dispositive erzählen davon, sie nennen Gründe, damit pädagogisches Bewusstsein entsteht, und verstellen zugleich auch wieder den Blick auf sie. Faktisch steuern sie das Geschehen, dann die jeweiligen Kulturen mit ihren tiefliegenden Sedimentschichten und zugleich in ihrer aktuellen Verfassung. Das macht die Ambivalenz der Dispositive aus, die bis heute in den pädagogischen Diskursen nachklingt; sie geben das Problem der Erziehung zu erkennen und überlagern es doch wieder. Wahrscheinlich beginnt aber Erziehung wirklich, wenn Erwachsene ihren Nachwuchs mit dem Hinweis vor die Türe setzen, dass man nicht in das eigene Haus pinkelt.

Der triadischen Struktur des Problems korrespondiert eine nicht minder triadische Struktur der Erziehung (vgl. Abb. 3). Sie reagiert – gleichsam epigenetisch – auf das evolutionär hervorgetretene Problem, nimmt dieses auf und gestaltet es in einer eigenen Praxis. Diese birgt, als strukturelle Analogie zu dem im Problem gegebenen Verhältnis von Natur, Geist und Möglichkeit, ein homologes Verhältnis zwischen den beteiligten Subjekten und dem dritten Faktor. Mit diesem wird einerseits die Natürlichkeit des Vorgangs aufgenommen; *Vermittlung* geht voraus, andererseits aber wird zugleich der dritte Faktor selbst identifiziert und beherrscht. Darauf kommt es an: Was die in einem historischen Prozess entstandene Gesellschaft und Kultur uns abverlangt, wird unter Kontrolle der „vermittelt aneignenden" Subjekte gebracht, die sich in der Auseinandersetzung mit Gesellschaft und Kultur selbst fassen und identifizieren.

Diese Strukturrealität des pädagogischen Handelns zeichnet zunächst aus, dass zwei Subjekte mit unterschiedlichen, gleichwohl aufeinander verwiesenen Aktivitäten „in der Sache" oder zu ihrem „Thema" zusammenwirken (vgl. Koerrenz 1995, S. 144); die problemstrukturelle Möglichkeit bewahrend konstituieren sie gemeinsam eine pädagogische Praxis als solche und in ihrem Unterschied gegenüber anderen Praxen, wobei sie zugleich einer immanenten Praxislogik folgen. Das geschieht zufällig und nicht-zufällig zugleich: Dass die pädagogische Praxis zustande kommt, ergibt sich allgemein durch die evolutionär möglich gewordenen biologischen Tatbestände. Doch konkret beginnt Erziehung aufgrund der Faktizität des Lebens eines anderen; bedingt vielleicht dadurch, dass ein Zögling in seiner Aneignungstätigkeit nicht vorankommt und auf Lernhilfe durch andere angewiesen ist (Loch 1979, S. 21). Darin deutet sich an, dass am Anfang von Erziehung nicht nur Möglichkeiten, sondern schon Prozesse stehen: Eigentlich werden mehrere Wandlungskontinuen, nämlich die Biographie des Erziehers, die Entwicklung des Zöglings und eine Gesellschaft in ihrer Kultur zusammengeschlossen, die ebenfalls dynamisiert sind. „Lebenszeiten" oder „Lebensgeschichten", die sich dann als generative Abfolge zeigen, sowie „Weltgeschichte" werden in einem strukturellen Zusammenhang verknüpft. Dabei löst vor allem die Erfahrung einer dynamisch gewordenen „Weltgeschichte" erst ein pädagogisches Bewusstsein aus: Dass das Erziehungsproblem bearbeitet werden muss, drängt sich auf, wenn die gesellschaftliche und kulturelle Dynamik sich so weit steigert, dass sie unmittelbar als Veränderungsprozess erlebt wird. In statischen Gesellschaften findet sich selbstverständlich zwar auch eine Praxis der Erziehung, sie bleibt aber unthematisiert. Erst die Beschleunigung des kulturellen Wandels, vor allem aber Erfahrungen historischer Brüche lassen die Struktur des pädagogischen Problems als solche hervortreten; weil sie deutlich machen, dass bloße Tradition nicht mehr hinreicht und die strukturelle Möglichkeit aufgenommen werden muss.

Dabei reagiert das pädagogische Bewusstsein mit drei Strategien: Zum einen wird die Dynamik der gesellschaftlichen und kulturellen Entwicklung methodisch angehalten. Sie wird durch das Konstrukt der Generationenfolge enttemporalisiert und insofern in eine Struktur gebracht (ohne dabei das Wissen um die Zeitlichkeit des Geschehens völlig preiszugeben). Das Generationenverhältnis dient als eine Projektionsfläche, damit Veränderung greifbar wird und im Blick bleiben kann; so wird die Struktur von Erziehung gegenüber der Vielzahl sozialer und kultureller Aktivitäten zumindest heuristisch identifiziert. *Zum andern* vollzieht sich diese Strukturbildung und Synchronisierung der Prozesse ganz pragmatisch, indem ein Ort fixiert und umrissen wird, der als eine Art Strukturrahmen dient. Erziehung hat Züge einer Enklave (vgl. Elias/Dunning 2003), sie findet als ein *Ortshandeln* statt: Wenigstens die konflikthaften Ereignisse in Familie, welche als schmerzender Teil von Erziehung erinnert werden, treten bei räumlich verdichteten Ereignissen ein, bei Familienfeiern, zum Weihnachtsfest allzumal; der Erziehung kann man also nur entgehen, wenn man aus dem Raum eilt – fatalerweise aber sind die Räume selbst dann noch imaginativ präsent, weil es um einen strukturellen Zusammenhang geht, der nicht notwendigerweise materialisiert sein muss. Dies bildet die gelegentlich traurige Seite dessen, was man als Fiktion der Erziehung bezeichnen kann. Allerdings: Die strukturelle Schließung von Erziehung, mithin die Verknüpfung von Prozessen in einem situativen Zusammenhang erzeugt wiederum einen Vorgang in der Zeit, nämlich die Eigenzeit der Erziehung. Damit setzt *Strukturierung* ein, in der die Struktur selbst wiederum dynamisiert und in eine neue Struktur gebracht (oder aber ganz aufgelöst wird). Am Ende wird doch durch das Weihnachtsfest erzogen. Endlich liegt ein entscheidendes Merkmal der Organisation von Erziehung darin, dass sie in ihrer Struktur *exklusiv* für alle Beteiligten, besonders aber für das sich entwickelnde Subjekt organisiert wird. Dieses erfährt sowohl eine besondere, für es angehaltene und arrangierte Welt, es erlebt Aufmerksamkeit, die vorrangig seiner Aneignungstätigkeit gilt, es begegnet anderen, die eine für es nicht zu ersetzende Rolle spielen. In dieser (vielleicht nur illusionierten) Exklusivität der Bereitstellung einer pädagogischen Praxis wie der Bereitschaft der Beteiligten, für diese und nur für diese Person bereit zu sein, entsteht die Besonderheit, in der die Differenz der Pädagogik zugänglich wird – mehr nicht, aber auch nicht weniger, wie die Untersuchungen zu dem Gefühl fehlender Exklusivität zeigen, das beispielsweise von öffentlicher Erziehung erzeugt wird: Es geht um Dich und Deine Möglichkeiten, die Du in den Möglichkeiten einer Gesellschaft und ihrer Kultur durch Deine Aneignung finden musst.

Erzieher wie Zögling beziehen sich im pädagogischen Geschehen stets auf den dritten Faktor, der durch Arbeit in der Vergangenheit geschaffen wurde. Oft wird die ältere Generation mit denjenigen in eins gesetzt, die für diese gesellschaftlichen und kulturellen Artefakte gesorgt haben, welche dann der jüngeren Generation als Objektivität vorgegeben sind und angeeignet werden. Im Grunde nimmt diese Inanspruchnahme des Generationenverhältnisses allerdings eine vordergründige Verknüpfung von älterer Generation und „drittem Faktor" vor, die letztlich Legitimationen für direkte Handlungen und Einwirkungen beschaffen soll. Das gesellschaftliche-geschichtliche, nicht-genetische Erbe hat jedoch faktisch einen eigenen Stellenwert, der so groß ist, dass er letztlich sogar von Erziehern selbst noch angeeignet werden muss (womit deren Professionalisierung beginnt). Häufig wissen sie zwar um Sachverhalte und Regeln schon aus Erfahrung, kennen die Objektivität der Wirklichkeit, sowie die in dieser auftretenden materialen und symbolischen Elemente. Strukturell aber sind sie doch auf einen Status verwiesen, nach welchem sie kaum klüger in der Welt sind. Sie müssen diese letztlich ebenfalls aneignen, genauer: sie haben diese angeeignet, müssen sie aber doch wiederum objektivieren und sich insofern von ihrer eigenen Erfahrung noch lösen. Diese trägt nur, soweit und sofern sie den Beteiligten gegenüber gestellt werden kann, weil und sofern sie in einer für die je gegebene Gesellschaft und Kultur charakteristischen Weise als typisiert auftreten und als Regeln interpretiert wie codiert subjektiv zur Grammatik der Lebenswelt verbunden werden kann. Nur dann eröffnet sie Optionen. So taugt beispielsweise die Erzählung von früher gemachten Erfahrungen pädagogisch kaum: Kinder und Jugendliche reagieren genervt, wenn sie von der älteren Generationen über die „guten" oder „schlechten" alten Zeiten informiert werden, um so in ein Handlungsmuster eingeübt zu werden.

Zwei Eigentümlichkeiten erzieherischer Vorgänge bestätigen dann Alltagserfahrungen: Erziehung konfrontiert *zum einen* mit der Welt in einer Weise, die offen und kontingent erscheint. *Alles* kann thematisiert werden – mit dem Effekt, dass Kinder, Jugendliche (oder auch ältere Menschen) mit peinlichen Fragen überraschen; sie begegnen der Welt sowohl unverstellt wie zugleich auch ohne Vorentscheidung, wie sie in formalisierten Kontexten wirken, sie können mit allem Resonanz erzeugen: *Das fragt man nicht, das sagt man nicht!* Allerdings findet in Erziehungskontexten regelmäßig eine Dethematisierung statt, welche das Zulässige vom Unzulässigen trennt; Erziehung operiert insofern als Selektion von Themen, die jedoch vorab nicht eingeschränkt waren, wie dies in jedem anderen Funktionsbereich der Gesellschaft und in jedem kulturellen Milieu der Fall ist. Insofern zeichnet Erziehung eine Universalität möglicher Themen aus, die sie aber kommunikativ relativiert, indem in ihr Typen der Welt eingeführt werden, ohne dass die Integrität der Beteiligten leidet. Diese Typisierung schafft Sicherheiten, weil sie Gemeinsamkeit der Beteiligten herstellt, aber möglicherweise Ressentiments verstetigt. Hinzu kommt, dass in der objektiven gesellschaftlich-geschichtlichen Welt, wie sie als dritter Faktor im Erziehungsgeschehen objektiviert wird, Sedimente der Kultur und des Kollektivbewusstseins verankert sind, die kaum bearbeitet werden können – obwohl sie in der pädagogischen Struktur und im pädagogischen Prozess aufgenommen werden. Tief eingelagerte Mentalitätsmuster wie unbearbeitete soziale und kulturelle Traumata spielen hier eine Rolle. Das unterstreicht die Bedeutung der pädagogischen Praxis zur Sicherung von sozialer und kultureller Reproduktion, macht aber zugleich ihre Prekarität deutlich. Es ist völlig unklar, welche Tiefenstrukturen in ihr berührt und möglicherweise so verändert werden, dass die Grammatik des Sozialen und der Kultur zerstört, erzogene Menschen sozial und kulturell gleichsam sprachlos werden. *Zum anderen* aber reißt Erziehung die Welt auseinander. So eigentümlich dies klingt: Wenn und indem Gesellschaft und Kultur wollen, dass Erziehung geschieht, verteilen sie die in ihnen gegebenen Wissensbestände, Symbole, Regelungen, Deutungen, die in ihnen gegebenen Möglichkeiten auf Erzieher und Zögling. Darin liegt das größte Paradox, das mit Erziehung überhaupt einhergeht: Der Erzieher soll erziehen, aber mit seinem Auftritt wird die in der Vermittlung immer homogen erscheinende Welt auf zwei Akteure aufgesplittet, die nun in eine Art Kampf um Bedeutungen eintreten. Das begründet zwar wieder, was als pädagogisches Problem besteht – und eröffnet damit die Möglichkeit der Möglichkeit, löst also Entwicklung und Bildung von Subjekten, wie am Ende auch Veränderung von Gesellschaft und Kultur aus. So bestätigt sich übrigens eine alte Einsicht: jede Erziehung vollzieht sich konflikthaft, auch wenn die Welt angeeignet wird, geschieht dies im Streit um sie. Vermutlich ist das gut, weil so Veränderung möglich wird.

Die Leistung des Erziehers

Erzieher organisieren Erziehung. Sie vollziehen Vermittlung, die im günstigeren Fall schon passiert wäre, vermitteln sozusagen hin zur *Vermittlung*. Sie tun dies, indem sie vor allem darauf achten, dass Vermittlung nicht *verhindert* wird und daher passiert; die Gefahr einer Verhinderung von Vermittlung ist nämlich sehr viel größer, als man nach den Beobachtungen und Befunden zur Konstitution des pädagogischen Problems eigentlich annehmen muss. Erziehung als Organisation der Erziehung verlangt also eine paradoxe Sicherung von pädagogischer Praxis in ihrer *offenen Struktur*. Sie ist paradox, weil die Struktur hergestellt und insofern geschlossen wird, welche ihrerseits selbst der Öffnung dient. Sie sichert eine Struktur der Möglichkeit, aus welcher heraus alle Beteiligten in eine Situation kommen, in der sie über Optionen verfügen. Es bleibt daher unmöglich, unmittelbar Einfluss auf Zöglinge auszuüben, während es um Aufrechterhaltung von Möglichkeit und Kontingenz geht, auch und besonders gegenüber einem durch die Notwendigkeit der Aneignung des gesellschaftlich-geschichtlichen, nicht-genetischenen und kulturellen Erbes zugleich doch wieder drohenden Zugriff von Gesellschaft und Kultur. Zwar ist Erziehung gar nicht unwahrscheinlich. Aber Pädagogik wird den Blick darauf richten müssen, ob und inwiefern Gesellschaft und ihre Kultur, der dritte Faktor eben, die Struktur der Erziehung selbst schädigen oder zerstören.

In der *Erziehung als Organisation der Erziehung* rückt der Erzieher in eine Position der Exzentrik ein, damit ihm dann eine konstitutive Funktion für die Diffe-

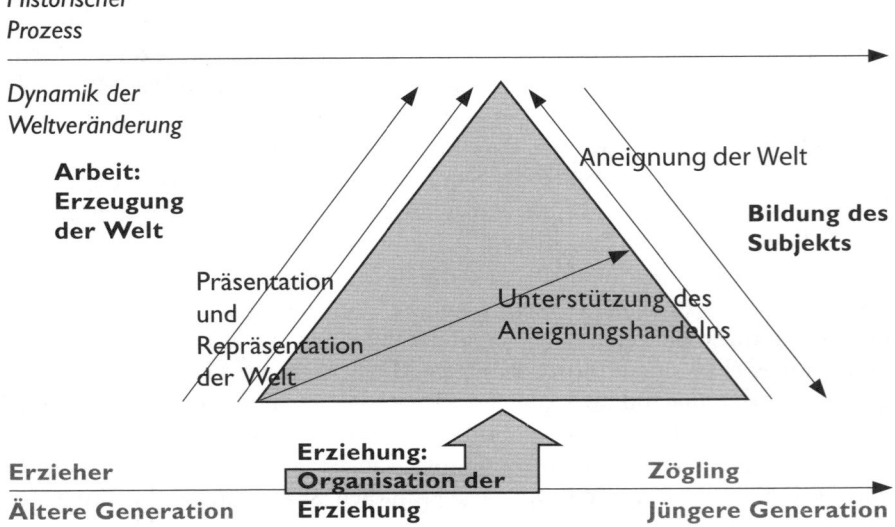

Abb. 4: Organisation der Struktur im Prozess der Erziehung

renz der Erziehung gegenüber den natürlichen Entwicklungsprozessen und den gesellschaftlichen wie kulturellen Zumutungen zukommt. Exzentrik meint: Prinzipiell findet der Vermittlungs-, Aneignungs- und Bildungsprozess jenseits und vor aller pädagogisch intendierten Erziehung statt. Erzieher werden also zunächst als Beobachter gefordert, die in einer Position des Abwartens bleiben. Alles zu tun, indem man nichts tut, bezeichnet daher in der Tat Erziehung, wenn und sofern darin die Struktur der Erziehung nicht außer Betracht bleibt.

In ihrem Zusammenhang wird also der Bildungsprozess des Einzelnen im Blick auf das gesellschaftlich-geschichtliche Erbe gestaltet. Strukturell gleichen sich dabei Arbeits- und Aneignungsprozess. Beidemal geht es um eine Auseinandersetzung mit der objektiv gegebenen Welt, in der aber zugleich ein Vorgang der Neukonstitution erfolgt: Arbeit führt zu neuen Vergegenständlichungen, die vielleicht nur vorübergehend Bestand haben, weil sie bald konsumiert werden – so etwa in der Landwirtschaft. Sie erzeugt in jedem Fall ein Objektives, das nach dem Arbeitsprozess und unabhängig von diesem besteht und auf welches man sich selbst beziehen kann. Freilich liegt Arbeit vor dem Zusammenhang pädagogischer Praxis. Diese bezieht sich doch eigentlich auf den gesellschaftlichen Produktionsprozess, der dem pädagogischen Geschehen vorausgeht. Dies trifft aber nur bedingt zu. Die Tätigkeit des Erziehers kann nämlich etwas genauer – wenn auch mit einer terminologischen Neuschöpfung – als *Re-Arbeit* beschrieben werden: Erziehung leistet eine Revision oder auch eine Reform. Zwar schaffen Erzieher die Voraussetzung der pädagogischen Praxis, wie sie auch diese auslösen und realisieren. Aber: sie selbst müssen den Gegenstand in der pädagogischen Praxis sich zu eigen machen. Um dies auf Schule zu beziehen: Unterricht kann wohl nur unter zwei Bedingungen gelingen. Die eine besteht darin, dass die Schüler erkennen können, dass und wie der Lehrer seinen Gegenstand erarbeitet; sie müssen Vorbereitung erleben. Die andere, für die Praxis entscheidende, besteht darin, dass sie begreifen können, wie Lehrer selbst Lernende sind, mithin die Mühe und Anstrengung der Selbstkonstruktion auf sich nehmen; sie müssen um die Schwierigkeiten wissen, die der Lern- und Bildungsprozess an einen stellt. Pädagogen dürfen also gegenüber den sich bildenden Subjekten nicht überheblich sein. Das bestätigt, wenn auch mit neuer Begründung eine ältere Einsicht: Manche Lehrer sind in ihrem Wissen um die fachlichen Gegenstände gut ausgebildet, kennen aber zu wenig die Aufgaben, welche jenseits ihres Wissens um den 3. Faktor und als Aneignungsproblem entstehen. Möglicherweise kennen sie gut ausgebildet zwar die Dinge, haben aber keine Vorstellung davon, wie es ist, wenn man sich diese zu eigen macht. Sie haben vergessen, wie Aneignung vonstatten geht, können weder Fehler ertragen und positiv wenden noch aber nachvollziehen, wie man sich im Aneignungsprozess selbst neu bildet und zugleich den Gegenstand verändert – deshalb ist Schule zuweilen langweilig, vor allem rigide und kaum imstande, etwas Neues in der Welt zu produzieren. Umgekehrt kommt das Urteil über den guten Pädagogen diesem Befund wohl ziemlich nahe: Ein pädagogisches Charisma wird den offenen, staunenden Menschen zugesprochen, die sich durch Welt noch beeindrucken lassen. Wer sich wie ein Kind verblüffen lässt, fasziniert und beeindruckt

135

ist, kann mit sich entwickelnden Subjekten einen Bildungsprozess durchmachen. Die Idee von der Einheit der Forschung und Lehre hat solche Naivität für die Universität bewahren wollen und ist vermutlich lange der Grund dafür gewesen, dass diese trotz aller katastrophalen Ausstattung erfolgreich bleiben konnte.

Aneignung durch den Zögling vollzieht ein ähnliches Geschehen. Denn nicht nur ist ein Aneignungsvorgang in jedem Arbeitsprozess enthalten, weil dieser sich den vorgegebenen Stoff, das natürlich gegebene oder selbst schon künstlich geschaffene Material zu eigen macht, um es umzuformen; deshalb wird auch das Lernen im schulischen Zusammenhang als Lernarbeit verstanden. Vielmehr vollzieht sich der Aneignungsprozess im pädagogischen Zusammenhang ebenfalls als ein Vorgang, in welchem die gegebene und vorgefundene „Welt" zum Material einer Gestaltung durch den Zögling wird. Dies geschieht vor allem durch eine Konstruktion der Rückseite des Beobachteten und Erfahrenen: Wann immer wir Gegenstände sehen, dann ergänzen wir aus unserer Lebenserfahrung heraus deren Hinterseite. Wir wissen, was sie an sich verbergen, wie ihr im Schatten gelegener Teil aussehen mag; zumindest verfügen wir über einigermaßen plausible Vermutungen über diese Rückseite, die wir aus dem Umgang mit ähnlichen Gegenständen schon gewonnen haben. In gleicher Weise kann man auch über Handlungen reden; meistens haben wir eine Vermutung, wie sie enden könnten und welche Folgen sie nach sich ziehen. Eben dies aber ist bei jenen nicht der Fall, die den Gegenständen einer Welt in ihrem Entwicklungsprozess begegnen und sie noch nicht erfahren haben. Ihnen ist die Arbeit auferlegt, eine solche Hinterseite wie auch die möglichen Konsequenzen einer Handlung erst aufzubauen. Insofern bedeutet Aneignung der Welt dann Arbeit an dieser, genauer: an den Vorstellungen, welche wir von der Welt haben. Das pädagogische Handeln zielt dabei – wie allzumal Rousseau gezeigt hat – darauf, Folgen zu spüren geben. Aneignung geschieht also, indem – oft antizipierend – einem Gegenstand ein Hintersinn zugerechnet wird, der an seiner einfachen Erscheinungsweise gar nicht zu erkennen ist. Man bildet Hypothesen, die man dann experimentell untersuchen muss; bei Handlungen stellt sich dies als Annahme über die Folgen von Aktivitäten dar. (Nebenbei: gerade in dieser Bedeutung des erfundenen Hintersinns zeigt sich das Problem audiovisueller Medien; sie erlauben keine solche Hintergrundannahme, sondern führen uns in eine Welt, die wir nicht für uns ergänzen müssen.)

Die Differenz der Aneignung zur Arbeit liegt darin, dass sich in diesem Aneignungsprozess die Subjekte selbst mit erarbeiten, *während* sich die Welt schon objektiv in einem historischen Veränderungsprozess mit größerer oder geringerer Geschwindigkeit befindet, subjektiv aber durch die Organisation der pädagogischen Praxis stillgestellt wird – übrigens kann man einwenden, dass hier sogar eine erneute Gemeinsamkeit von Aneignung und Arbeit besteht, weil viel darauf hinweist, wie Arbeit ebenfalls einen Selbstkonstitutionsprozess mit einschließt. Diese schließt aus, was als Anpassung bezeichnet wird (außer in dem von Piaget entworfenen Sinn des Ausdrucks als Assimilation und Akkomodation). Ohnedies ist der Vorgang noch ein wenig komplizierter. Denn die Effekte pädagogischer Praxis treten in Psyche und Physis des Zöglings sozusagen als Nebenwirkungen ein:

Zöglinge, also auch Kinder und Jugendliche eignen sich die jeweiligen Formen und Inhalte an, welche die Welt in ihrer Gegenständlichkeit zeigt. Sie handeln experimentell, aber nicht ohne die Möglichkeit des Rückgriffs auf einen letztlich sozialen Zusammenhang; es geht um ein Agieren mit beschränktem Risiko – wenngleich dies von den Beteiligten gar nicht so empfunden wird. Gleichwohl wird ihnen das Anzueignende zunächst zu einem Fremden – dies trifft übrigens, wie schon angedeutet, ebenso für den Erzieher zu. Bildungsprozesse – erst recht die pädagogisch organisierten – unterscheiden sich von funktionaler Sozialisation und Enkulturation dadurch, dass der Aneignungs- und Bildungsgegenstand nicht einfach in die Akteure übergeht, sondern in Distanz gestellt wird und eben so als dritter Faktor identifiziert werden kann. Erziehung löst also eine Art Entfremdungs- und Verfremdungsprozess aus. In diesem entsteht eine Differenz, welche ihrerseits einen Anlass des Lernens, der Aneignung und der Bildungsarbeit gibt: Weil die scheinbar gegebene Welt fremd wird, wird man sich seiner selbst unsicher, bemerkt sich als selbst fremd in einer Welt, die einem schon sicher schien. Zwar erinnert man sich so der schon vorhandenen Fähigkeiten, des verfügbaren Wissens, der schon zuhandenen Gefühle und der Möglichkeiten des Handelns; diese taugten bislang, werden nun aber doch – zuweilen nur ein wenig – erschüttert. So beginnt der Aneignungsprozess nicht jenseits eines Vorwissens, zugleich aber doch mit Verunsicherung und der daraus entstehenden Hermeneutik der Selbst- und Weltaneignung, am Ende auch eines Selbst- und Weltverständnisses.

Im pädagogischen Geschehen wird nicht unmittelbar Welt angeeignet, sondern ein Weltverhältnis konstruiert, mithin eine – innerlich repräsentierte – Relation von Subjekt und Welt, in der sich die Subjekte dann selbst positionieren; soziale Funktionen werden so in innere psychische transformiert (Wygotski 1985, S. 328). Dieses verinnerlichte Weltverhältnis ist dreifach relationiert. Zum einen wird Welt mit ihren Symbolen, ihren Regeln, Anforderungen aufgenommen; sie bildet das objektive Element. Zum anderen wird zugleich das Verhältnis zum Erzieher thematisch. Endlich beginnt der Zögling (wie übrigens auch das Erziehersubjekt) in diesem aktiv-passiven Geschehen sich selbst in seiner nachbildenden und wirkenwollenden Tätigkeit anzueignen; er wird sich selbst zum Gegenstand, wobei (und weil) er zwei Erfahrungen macht: Einmal die einer Auseinandersetzung mit dem dritten Faktor, welche durch ihn selbst geprägt ist. In der gemeinsamen Arbeit mit dem Vater lernt das Kind, was im Bezug auf einen Gegenstand zu tun ist und erwirbt so eine auf diesen gerichtete Kompetenz; dass und wie Schienen auf der Modellbahnanlage zu legen, dass und wie die Drähte der Weichensteuerung zu verschalten sind, gehört ebenso zu der durch den dritten Faktor gegebenen sachlich gegenständlichen Erfahrung wie das Modell des Eisenbahnbetriebes, das dann verwirklicht werden soll – das selbstbestimmte Spiel oder ein solches, das doch versucht, einen Fahrplan nachzuahmen. Zum anderen macht das Kind die Erfahrung von der gemeinsamen Arbeit am Gegenstand; es macht also eine eminent soziale Erfahrung, weil und zumal in der Kooperation als strukturellem Merkmal das Aneignungshandeln durch das Subjekt des Zöglings gleichsam parallelisiert und so verinnerlicht wird. „Das bedeutet, dass nicht nur die selbstgemachte Erfahrung, sondern auch die Interaktionen, die von Bezugspersonen initiiert wurden, Eingriffe in die Verschaltungsarchitektur des werdenden Gehirns darstellen" (Singer 2002, S. 92). Endlich begreift sich der Zögling als der Akteur, der auf seine Weise Einfluss auf die Gestaltung der Modellbahnanlage nimmt – oder etwas realistischer: auf den Fahrbetrieb auf dieser. (Denn Modellbahnanlagen gehören mit zu den Teilen der Welt, die sorgfältigst gehütet werden; nur wenige schaffen es, diese in eine pädagogische Situation einzubinden.)

Die konstruktive Selbstaneignung kommt sprachlich darin zum Ausdruck, dass ein Ich von sich selbst als einem Ich spricht. Es hat für sich dann Integrität und Identität gewonnen, bestimmt sich aus seiner Innenwelt, in der die erfahrene Welt nach- und abgebildet wird – in begrifflichen Vorstellungen und dennoch in einer Weise, die so sicher nicht ist. Zum anderen bedeutet dies, dass das Aneignungshandeln durch den angeeigneten Gegenstand weniger als bestimmt anzusehen ist, sondern mehr als geformt. Regeln der Welt legen das Handeln in allen seinen Merkmalen weitgehend fest. Sie bestimmen es umfassend; wer sie in sich aufnimmt, handelt in einer Weise, die von der Welt, von anderen gewollt wird – heteronom. Die pädagogische Theorie hebt traditionell deshalb darauf ab, dass der Wille entwickelt werden müsse, der es ermöglicht, sich in den Handlungsformen zu bewegen, die in einer Gesellschaft, in ihrer Kultur und Zivilisation möglich sind. Vermutlich aber überfordert eine solche Willenserziehung: Der gute Wille wird durch Erziehung nicht erreicht, sie kann zufrieden sein, wenn „gekonntes" statt „wenig gekonntes" Verhalten entwickelt wird.

Letztlich wird also nicht die Welt angeeignet, sondern *Gesellschaft und Kultur im subjektiven Aneignungsprozess,* mithin die selbst noch erzeugte Möglichkeit der Aneignung und das diese auszeichnende Tun. Auf der einen Seite unterstreicht dies die Rolle der Affekte und Emotionen, die das Handeln auf die Welt bestimmen, dabei aber im Handeln selbst modifiziert werden. Denn die Subjekte erfahren und erleben die die auf den Gegenstand gerichtete Absicht und rekonstruieren für sich die der Tätigkeit inhärente Intentionalität: Sie gewinnen also zuerst die Intentionalität, welche in der auf den Gegenstand gerichteten Tätigkeit zu entdecken ist, um sich selbst als wollende Subjekte zu entdecken, die dann die dem Gegenstand inhärenten Regeln konstruieren. Die für sie entscheidende Grunderfahrung besteht in einer *Differenzmöglichkeit* zwischen der sozialen und kulturellen Beziehung von Erzieher und Zögling einerseits, dem Aneignungsgegenstand auf der anderen Seite. Möglichkeit der Differenz heißt übrigens auch: sie muss nicht gegeben sein, kooperativ gebildete Handlungsregeln und die aus ihnen erfolgenden Erfahrungen können konsistent mit dem sein, was als Inhalt des dritten Faktors angeeignet wird. Vermutlich verlaufen die Handlungssituationen sogar häufiger eher harmonisch. Die Dynamik des Geschehens entsteht dagegen dort, wo diese Konsistenz zumindest fragwürdig wird. Aber: ein Zug von Differenz besteht stets, weil eine für den Entwicklungs- und Bildungsprozess zentrale Bedingung darin liegt, Selbstwirksamkeit zu erfahren. Man muss erleben, dass man etwas angerichtet hat, man muss sich darin erkennen können und findet so einen Unterschied heraus, der gegenüber dem anderen Subjekt steht – mit dem man sogleich ein Bündnis eingehen kann, weil nun sich Unterscheidende miteinander zu tun haben.

Kooperation

Manche verbinden Erziehung mit der Ausübung von Macht und Herrschaft. Herrschaft aber findet in ihr nur in dem Sinne statt, dass Erzieher darüber verfügen, ob sie Erziehung organisieren oder das nicht tun; unterhalb dieser Dimension gibt es Machtprozesse, wie sie in allen anderen sozialen und personalen Beziehungen auftreten, sie sind nicht spezifisch pädagogisch qualifiziert. Denn: ist die Struktur der Erziehung organisiert, lösen sich in gewisser Weise die Status von Erzieher und Zögling auf. Die Vermittlungstätigkeit des Erziehers erlischt, beide kommen in Positionen als Subjekte, die sich auf die Objektivität der gesellschaftlich-kulturellen Wirklichkeit des „dritten Faktors" beziehen. Diese Subjekte sind in der nun etablierten Struktur der Erziehung kooperativ und koproduktiv aufeinander verwiesen, weil sie gemeinsam am Gegenstand arbeiten und dabei die Prozesse ihrer Biographien und die von Gesellschaft und Kultur synchronisieren.

Der triadische Zusammenhang bedeutet also nicht nur, dass in aller Erziehung mit Bisubjektivität gegenüber dem als solchen distinkt zu erkennenden dritten Faktor zu rechnen ist – dieser muss gegebenenfalls sogar deutlich gemacht werden. Vielmehr vollziehen sich die Handlungen der Beteiligten strukturell nur als Kooperation, worin sie sich zu dem schließen (können), was als Beziehung erlebt wird. Denn pädagogische Praxis bildet eine „Szene gemeinsamer Aufmerksamkeit [...]. Szenen gemeinsamer Aufmerksamkeit sind soziale Interaktionen, bei denen das Kind und der Erwachsene ihre Aufmerksamkeit auf einen dritten Gegenstand konzentrieren und außerdem jeweils gegenseitig auf die Aufmerksamkeit des anderen hinsichtlich dieses dritten Gegenstands achten" (Tomasello 2002, S. 117). Die Szenen werden zur sinnlich erlebten Praxis durch freie deiktische Gesten (Tomasello 2002, S. 78). In seiner Ontogenese deutet das Kind auf Objekte und greift nach diesen, während die Kooperationspartner die Greifbewegung so als Zeigebewegung interpretieren, dass ihr Intentionalität zugesprochen wird. Dies konstituiert den sozialen Zusammenhang der pädagogischen Praxis (vgl. Wygotski 1992, S. 234 f).

Zugleich kann der triadische Zusammenhang des pädagogischen Geschehens angemessen nur begriffen werden, wenn das Verhältnis der Beteiligten als eines der Kooperation und Koproduktion erkannt wird. Auch hier zeigt sich, wie offensichtlich jegliche Entwicklung von einer gemeinsamen Tätigkeit abhängt, in der schon Gleichaltrige miteinander wirken. Sie tun dies, indem sie einander als gleichrangig begreifen, indem sie gemeinsam die soziale und kulturelle Welt als Aufgabe übernehmen und für sich organisieren. Dies geschieht auf zwei Ebenen, in welchem man den pädagogischen Bezug sehen kann; er ist aber gerade nicht durch die Differenz gekennzeichnet, welche sich im Blick auf den dritten Faktor nur stellt, sondern als Äquivalenzbeziehung.

Als Kooperation und Koproduktion fundiert eine sozial und interaktionell *gebundene Selbstwirkung* den Bildungsprozess. im Erziehungsgeschehen. Die Subjekte sind an die Gewissheit gebunden, mit anderen rechnen und auf sie vertrauen zu können, machen zugleich die Erfahrung, dass sie Wirkungen in den eben noch fremd erscheinenden Lebenszusammenhängen hervorrufen. Die Anwesenheit des anderen zeigt sich vor allem bei den Hypothesen über die Welt; Erzieher und Zöglinge werden in der gemeinsamen Kommunikation korrigiert oder können sich mit ihrer, eigentlich erfundenen Ansicht durchsetzen. Darin gewinnen sie das Gefühl, Bedeutung für den Veränderungsprozess zu haben.

Unzweifelhaft sind solche Auseinandersetzungen über Hypothesen von der Welt und zu ihr mit Machtprozessen gekoppelt. Hier spielen die Machtdifferenziale eine entscheidene Rolle; keiner darf in Erziehungssituationen hoffen, nicht doch Recht behalten zu wollen. Mehr noch: Wer den anderen beim Spiel gewinnen lässt, zerstört die Aura des Spiels und den Bildungsprozess, der mit ihm verbunden ist. Umgekehrt zeigt sich in dieser gebundenen Selbstwirksamkeit auch der Unterschied gegenüber anderen Möglichkeiten des Umgangs mit Menschen. Dressur verzichtet auf Bindung; der Folterknecht geht keine Beziehung mit seinem Opfer ein. Unterwerfung dominiert, wo ein konstruktiver, Subjektivität und soziale Kontexte erzeugender Akt nicht zugelassen wird. Dieser geschieht schon in kleinen, scheinbar nebensächlichen Stuationen, etwa wenn Kinder im Aneignungsprozess mit konjunktivischem Handeln experimentieren: *Ich würde eben jetzt der sein, ich tu so, als ob ich die wäre* – genau darin erzeugen sie für sich Optionen, an welchen sie soziale Regeln durchspielen und ihrem Repertoire an Aktivitäten einfügen. Insofern liegt eine Grundaufgabe der Erziehung darin, der Möglichkeit der Selektion und der Nötigung zu dieser nachzugeben (Koerrenz 1995, S. 135); sie geht mit einem Spiel der Perspektiven einher, in welchem Zöglinge sowohl die Sicht des anderen wie auch dessen Absichten erleben und erproben sowie in ihre Handlungsgrammatik einfügen können: „Kinder mögen zwar in eine reichhaltige kulturelle Umgebung hineingeboren werden, wenn sie aber andere nicht als intentionale Akteure verstehen […], dann sind sie nicht in der Lage, die kognitiven Fertigkeiten und das Wissen ihrer Artgenossen zu nutzen, das sich in diesem kulturellen Milieu manifestiert" (Tomasello 2002, S. 96 f.). Dies verstärkt noch jene Teleologie, die als eine auf die Entwicklung des Zöglings gerichtete pädagogische Intentionalität erscheint. Sie gilt aber der Welt, wie sie als dritter Faktor auftritt, in der zugleich Geschichte gewordene Absicht nachklingt und erneut in Praxis überführt wird. Sie wird in einer konstruktiven Leistung des sich entwickelnden Subjekts zu einer differenzierten Wahrnehmung unterschiedlicher Blickrichtungen übersetzt. Darin liegt die „Einzigartigkeit" des menschlichen Bildungsprozesses, der nämlich das „potentielle Vermögen des Kindes, […] die menschliche Fähigkeit [hervorruft], in sich selbst hinein ebenso wie wechselweise zum anderen hinüber und von diesem wieder zurück zu schauen, zu wissen und über sie zu reflektieren" (Selman 1984, S. 22).

Obwohl die pädagogische Praxis Erzieher und Zögling unterscheidet, vollzieht sie sich in einer Indifferenz zwischen beiden; sie müssen eben miteinander wirken, weshalb die Debatte darüber ein wenig die Lage verfehlt, ob eher Erwachsene oder Gleichaltrige erziehen. Erzieher und Zögling arbeiten als zumindest gleichrangige Akteure, ihr Status verlangt gegenseitige Anerkennung, die sich in Vertrauen ausspricht (vgl. Hüther 2004b, S. 491): Liebe, tiefe Emotionalität, die von Nohl beschworene Leidenschaft mögen hier eine Rolle spielen, dass Erotik nicht aufflackert, kann nur behaupten, wer die Werke der Psychoanalyse nicht gelesen hat. Eine Praxis der Erziehung zeichnet allerdings aus, dass der Zögling gegenüber den Ansprüchen des Erziehers durch den Verweis auf die eigene Aneignungstätigkeit seine Integrität sichert; dies geschieht in dem Vorbehalt des pubertierenden Jugendlichen gegenüber seinen Eltern, dass diese die Sache doch nicht „checken". Sie wissen nicht, worum es geht – wenigstens nicht in der Art und Weise, wie sie für den Jugendlichen bedeutsam geworden ist. Er distanziert sich mithin durch seine eigene Leistung, die Macht durchsetzt. Er kann durch seine Aneignung sogar so weit in Überlegenheit gegenüber dem Erzieher kommen, dass die Vermittlungs- und Aneignungstätigkeit zwischen den Beteiligten getauscht werden. Umgekehrt aber kann nicht minder der Erzieher durch den Rekurs auf den dritten Faktor seine eigene Integrität wahren. Denn, wie der Zögling in Gefahr steht, Opfer des Erziehers zu werden, so gilt auch vice versa, dass die sich entwickelnde Person den Erzieher unterwirft: Den Leiden des jungen Törless steht gegenüber, was Nabokov skandalträchtig von Lolita erzählt.

Deshalb ist das Moment des Dritten ernst zu nehmen, vielleicht noch weit über die unmittelbare Bedeutung der gegenständlichen, gesellschaftlich-geschichtlichen Welt. Das Dritte, der dritte Faktor wirkt auch zivilisierend. Pragmatisch kann er sogar in einer Person gegeben sein, die neutral, objektiv sachlich gegenüber den anderen Akteuren erscheint, vielleicht steckt dies hinter dem Gewicht, das dem Vorbild zugesprochen wird. Eine solche dritte Person dient als insofern objektiv gegenständliches Element den übrigen Beteiligten der pädagogischen Situation vielleicht nur zur Triebabfuhr, als ein Objekt der Ablehnung, repräsentiert aber zugleich ein Muster, aus dem heraus Differenzen zu begreifen sind, die zwischen dem Handeln der Beteiligten und dem so sichtbaren dritten Faktor bestehen.

Doch wichtiger bleibt die Kooperation in der Weltaneignung, damit die gemeinsame Beziehung nicht verloren geht; in ihr bauen sich Erfahrungen gemeinsamen Handelns, Regeln auf, die verbindlich für beide werden. Fehlen sie, kann Welt nur mühsam angeeignet werden, letztlich nur in einem gefährlichen Vorgang, der auf eine Neukonstruktion der Welt hinausläuft. Deshalb besteht die Notwendigkeit, die pädagogische Praxis als solche zu sichern, mithin das Augenmerk darauf zu richten, dass sie weder in eine – möglicherweise therapeutische – Beziehung zwischen zwei Personen entgleitet noch aber darauf beschränkt wird, dass der Einzelne in ein unmittelbares Verhältnis zur Welt kommt. Es geht um Beziehung, die in einem Handeln zur Welt besteht, durch die Objektivität der Welt, die sachliche Gegebenheit des Gegenstandes aber so weit relativiert wird, dass sie nicht übermächtig werden kann. Es geht um Beziehung, die nicht auf Leidenschaft gründet, sondern einen sozialen und moralischen Zusammenhang begründet, der dann bedeutsam wird für die Aneignung des dritten Faktors. Das Dritte der pädagogischen Praxis bietet die Chance der Verselbständigung.

12 Das vorpädagogische Element aller Erziehung

Erziehung löst das pädagogische Problem, das durch die Entstehung der Möglichkeit von Aneignung gegeben ist; diese Möglichkeit gründet in dem seltsamen Zusammenhang von Natur und Geist, der als *Vermittlung* zugleich doch wieder die Möglichkeit eines Eigenen hervorruft; *Bildung* erfasst dies, die pädagogische Organisation von Erziehung richtet sich auf sie, nimmt sie auf und versucht, die Struktur der Erziehung zu organisieren.

Dieser Zusammenhang ist noch einmal in Erinnerung zu bringen, weil er auf einen irritierenden Befund aufmerksam macht: Er bedeutet nämlich, dass – abgesehen von pathologischen Verhältnissen – schon immer eine Vermittlung stattfindet. Paradox formuliert: aller Erziehung geht zumindest so etwas wie Erziehung voraus, nämlich eine Vermittlung, die dann doch die Aneignung propädeutisch leitet, auf welche sich der Zusammenhang pädagogisch organisierter Erziehung richtet. Strukturell neu tritt in dieser der Erzieher hinzu, durch den dann erst das geschichtlich-gesellschaftliche Erbe als ein dritter Faktor zu identifizieren ist. Diese gleichsam vorpädagogische Erziehung hat in der Theorie auf unterschiedliche Weise Aufmerksamkeit gefunden, schon die alte, dann in der Aufklärung wieder populär gewordene Auffassung spricht von einer zweiten Geburt, mit welcher in der Ontogenese die ursprüngliche Natur abgestreift werde. Dass dies nicht zutrifft, hat sich als Vermittlung zur Aneignung gezeigt.

Dennoch muss der Übergang von vorgängiger *Vermittlung zur Aneignung* zur organisierten Erziehung etwas genauer geprüft werden. Hier zeigt sich nämlich ein Zwischenfeld, das einerseits auf eine konkrete Dimension der pädagogischen Organisation von Erziehung schon verweist, andererseits insbesondere für eine kritische Theorie von Bedeutung ist, welche nach den sozialen und kulturellen Bedingungen für Erziehung fragt: Sichtbar wird hier nämlich die Funktion, welche der Erzieher schon durch seine Anwesenheit für den Erziehungsprozess gewinnt; er führt das in der Vermittlung entstandene Aneignungs- und Bildungshandeln in einen nunmehr selbst wiederum sozialen Zusammenhang ein, in welchem durch seine Person basale Momente gesellschaftlicher und kultureller Regelhaftigkeit entstehen. Man kann sagen, dass hier *Vermittlung zur Aneignung und Aneignung zur Vermittlung* zusammentreten. Der Vorgang hat also eine elementare Bedeutung für das Erziehungsgeschehen, auch und ganz besonders weil sich hier eben der Übergang zu einem bewusst zu gestaltenden Vorgang zeigt. Die pädagogische Theorie analysiert auch dies mit dem Modell des *pädagogischen Bezugs*: Dilthey begreift beispielsweise Erziehung im gesellschaftlichen Reproduktionsprozess, sieht ihre unmittelbare Gestalt aber im Verhältnis von Er-

143

zieher und Zögling, Nohl belässt die gesellschaftliche Dimension im Hinweis auf die Erziehungswirklichkeit, richtet dann das Augenmerk auf den pädagogischen Bezug, der für ihn das fundierende Datum des Erziehungssachverhalts schlechthin darstellt.

Ein Umweg: Über den Zusammenhang von Lachen und Erziehung

In diesem Übergangsbereich kommt zum Tragen, dass Menschen auf andere hin angelegt sind. Im Vermittlungsprozess spielt dies unweigerlich schon eine Rolle, weil in ihm gesellschaftliche und kulturelle Muster enthalten sind. Er macht gewissermaßen spontan mit Gesellschaft und Kultur so vertraut, dass sie noch die Entwicklung der Nervenfunktionen und insofern „Menschwerdung" als Vorgang hin zur Möglichkeit des aktiven Bildungssubjekts und seinen elementaren Tätigkeiten beeinflussen. Indem ein Erzieher die Struktur der Erziehung einrichtet, begründet er eine Kooperationsbeziehung, die ihrerseits auf den dritten Faktor gerichtet wird. Nun sind Menschen zwar auf andere hin angelegt, zoon politicon, aber diese Zuneigung des Bildungssubjekts, des Zöglings, geht doch – nicht zuletzt durch den dritten Faktor, sei er ursprünglich vorhanden oder durch den Erzieher eingebracht – mit einer Abneigung einher, die sich vom Erzieher ab- und dem Gegenstand zuwendet.

Dass und wie wir auf andere hin angelegt sind, belegt eines der evolutionär ältesten Muster, nämlich das Lachen. Neurophysiologisch hat es seinen Ort in den tiefsten Schichten des Gehirns, wird aber von jüngeren Teilen so kontrolliert, dass es nur ausgelöst wird, wenn Stimuli von außen und anderen kommen; eigentlich müssen Menschen zum Schutz ihrer selbst vor Angreifern lachen, doch wird ihnen dies entwicklungsgeschichtlich (und dabei auch kulturell) ein wenig ausgetrieben. Gleichwohl: Lachen ist nötig, weil es sozialen Kontakt, Sicherheit und Gewissheit, physiologisch Entspannung bedeutet – Kinder zeigen dies, alberne Teenager bekommen sich vor Lachen nicht mehr ein und selbst notorisch verbitterte Erwachsene müssen nach dem fünften guten Witz eine Toilette aufsuchen, weil sich die Schließmuskel entspannen. Dass die jüngere Gehirngeschichte das Lachen kontrolliert, verstärkt noch den Effekt des Sozialen: Zum Lachen braucht man dann unbedingt den anderen – neurophysiologisch zeigt sich dies darin, dass man sich nicht selbst durch Kitzeln zum Lachen stimulieren kann. (Allerdings steckt auch in jedem Lachen ein Vorgang der Vermittlung. Denn offensichtlich verlässt man sich nicht ganz blind auf die Naturgrundlage des Lachens im Gehirn. Denn Kulturen entwickeln offensichtlich eine starke Abneigung gegenüber dem lächelnden und lachenden Übeltäter; nicht zuletzt ästhetische Erzeugnisse, Filme und Bücher, aber auch Mediendarstellungen spielen mit diesem kulturellen Anti-Topos.)

Lachen steckt nicht nur an: Wir vergewissern uns, ob der andere mitlacht, und fühlen uns dann sicher; es erlaubt mithin Selbstreflexion. Im Lachen blicken wir zugleich auf den anderen. Lacht er mit? Tut er nur so? Damit entsteht Distanz, die ihrerseits Selbstvergewisserung ermöglicht: war der Witz eigentlich wirklich so gut, dass sich das Lachen lohnt? Im Lachen entsteht somit ein sozialer Zusammenhang mit individueller Relevanz und ein protomoralisches Moment, das dann auch den Erziehungszusammenhang in der Dimension der Kooperation bestimmt.[10]

Gleichwohl ist dieser soziale Zusammenhang stets ein wenig zerbrechlich, freilich produktiv brüchig, weil sich die Akteure in ihm fast unvermeidlich auf die äußere Welt richten – genau hier trägt die Theorie des pädagogischen Bezugs nicht mehr, sondern bleibt geradezu unpädagogisch hermetisch. Man könnte fast vermuten, seine Theoretiker hatten eher eheähnliche Verhältnisse und keine pädagogische Struktur vor Augen. Sie hatten wohl ein wenig Angst vor der Dynamik, die sich in jedem Bildungsprozess entwickelt, der auf die Welt gerichtet ist. Denn die soziale und affektive Beziehung im Kooperationszusammenhang hat zwar zweifelsohne eine Schutzfunktion, doch erlaubt sie eben zugleich den Blickwechsel nach außen, die Handlung auf Objekte, welche dann in gemeinsamer Arbeit angeeignet wird: Diese Distanz erlaubt Lösung vom anderen. Dabei wirkt ein Merkmal mit, das spezifisch menschlich ist. Tiere konzentrieren sich auf den ausgestreckten Finger, folgen dem kleinen Stock, der weggeworfen wurde. Menschen sehen den Finger und richten den Blick in die Richtung, auf die er weist; ihre Augen folgen dem Stock, aber stellen sofort wieder den Blickkontakt zum Werfer her.

Dieser Blick nach außen wird im Verhältnis von Erzieher und Zögling vierfach aufgenommen.

- *Einmal* bestätigt ihn das kooperative Handeln; sowohl Erwachsene und Kinder wie aber Gleichaltrige richten nun ihre Aufmerksamkeit auf das gezeigte Objekt; sie machen dieses zum Thema der Kommunikation und einer Arbeit an diesem, beginnen es anzueignen, wobei sie ihre schon vorhandenen unterschiedlichen Fähigkeitspotentiale nutzen oder modifizieren; dies geschieht in einer wechselseitigen Angleichung (Piagets Akkomodation und Assimilation finden sich hier in einer Mikrostruktur). Erwachsene nehmen ihre schon vorhandenen Handlungsmöglichkeiten zurück, um dem Kind nicht „vorzugreifen", das Kind selbst streckt sich nach dem Gegenstand; beide werden in ihren Handlungen ein wenig ähnlicher und lösen sich zugleich von ihrem vorher entwickelten Potential. Nicht anders Gleichaltrige, welche ihre differenten Handlungsformen miteinander verschränken.
- *Zweitens* entwickeln die Beteiligten unterschiedliche Perspektiven auf den Gegenstand wie auf sich selbst und lernen so, dass sie differente Perspektiven haben können; sie entwickeln ein Wissen um Blickrichtungen. Der aus dem sozialen Zusammenhang auf Welt gerichtete Blick lehrt, dass und wie andere einen eigenen Blick haben. Man kann diese Erfahrung jener gleichsetzen, die

---

[10] Vermutlich liegt darin ein Grund, dass die Frage nach dem Humor zu den wichtigen, wenn auch häufig ein wenig vorsichtig behandelten Themen der Pädagogik gehört.

man gewinnt, wenn man einmal mit dem linken, dann mit dem rechten Auge ein Objekt fixiert; dieses zeigt sich jeweils leicht anders. Der Kooperationsvorgang eröffnet die gleiche Einsicht und lenkt noch einmal den Blick aufeinander. Ein bisserl klingt dies in jener Phrase an, die als unkorrekt gilt: was guckst du so? Perspektivenübernahme wird also möglich, weil sich die Aufmerksamkeit nicht bloß auf das andere Mitglied der Spezies richtet, sondern dem Blick folgt, den dieses auf einen Gegenstand richtet, so dass man begreift, dass der andere anders blickt.

- *Drittens* entsteht so zwischen den Beteiligten ein komplexes soziales Regelwerk, das nicht zuletzt ermöglicht, Differenzen zu begreifen und Handlungen auf diese einzustellen. Man muss lernen, mit Machtdifferenzialen umzugehen, die auf unterschiedlichen Weisen beruhen, Situationen wahrzunehmen und zu bewältigen. So erleben Kinder zunächst Erwachsene oft mit einer unvorstellbaren Überlegenheit und Machtfülle; diese wissen doch alles, beherrschen die Welt und kontrollieren diejenigen, die als unmündig gelten. Aber solche Machtpositionen werden durch gesellschaftliche Statusdefinitionen erzeugt und durch Institutionen abgesichert. Im unmittelbaren Kooperationsprozess gewinnen Kinder und Jugendliche schnell Verhandlungs- und Handlungsstärke, so dass die Machtverhältnisse ständig neu verhandelt werden müssen: *Papa, kapierst Du das denn immer noch nicht?* lautet dann die entsetzte Frage des Jungen, der souverän über das neue PC-Programm schon verfügt. Schon vorher „schmelzen" Erwachsene beim Anblick des Kleinstkindes dahin und später werden sie etwa als Lehrer demontiert, weil ihre Tätigkeit einer Kontrolle unterworfen wird. All das weist darauf hin, dass Kooperationen von komplexen Verhältnissen bestimmt werden, so dass man den Umgang mit diesen erlernen muss. Man erwirbt also eine Kompetenz zu metapragmatischen Reflexionen – vermutlich gründen hierin Formen einer Empathie des Verstehens als eines Nachsehens von Schwäche und Fehlern.
- Damit verbindet sich aber als *vierte* Erfahrung, dass der Blick des anderen, seine Perspektive gültig und (nicht nur) im kooperativen Zusammenhang wichtig sind; sie ermöglichen vielleicht erst den Blick hinter die Dinge, wie er für die Aneignung der Welt durch Gegenstandskonstruktion wichtig ist. Das aber zieht eine entscheidende Konsequenz nach sich: Die Übernahme von Perspektiven auf die Gegenstände der Welt und den anderen reicht nicht aus, um das so entstehende soziale Verstehen zu begreifen. Die mit der Übernahme sich vollziehende Reflexion nimmt noch symbolische Codes auf, verläuft also (proto)sprachlich; schon Säuglinge geben Geräusche der Befriedigung von sich. Den Vorgang der Perspektivenübernahme begleiten also Kommentare, in welchen die Beteiligten sich noch im Blick auf ihre Sache aussprechen. Handlungsfähige Subjekte erfahren und erleben, dass andere sie in ihrem Tun begreifen und würdigen, mithin ihre Wirkung in der Welt zumindest nicht diskreditieren, sondern als förderlich für alle sehen. Sie begreifen sich so als anerkannt (vgl. Honneth 1990). Daraus erwachsen Gefühle von Integrität und Identität, sowohl des eigenen Selbst wie auch des anderen. Die Anerken-

nung durch andere bestätigt die eigene Position gegenüber der Welt, gibt ihm Geltung als dem, der sich bildet und dabei einen Weg geht, den er entworfen hat. Subjektivität gibt es „nur in gegenseitiger Anerkennung. Niemand kann sich selbst zum Subjekt machen" (Herzog 1991, S. 46).

Elementare Anerkennung macht den Grundmechanismus aller Erziehung aus; er nimmt den Vermittlungsprozess auf, den Natur und Geist gleichsam anonym leisten, um einem möglichen Subjekt die Existenzchance zu geben. Anerkennung gibt ihm die soziale und kulturelle Realität, die es schon in gemeinsamer Tätigkeit mit Blick auf die Welt und andere bestätigt; es wird dabei durch Perspektivenübernahme in einen praktischen und zugleich doch auch persönlichen Zusammenhang eingebaut. Diese Grundform von Anerkennung besteht wohl vorrangig auf einer Ebene persönlicher Beziehungen, sie kann sozial und kulturell überschattet, ohne notwendig beschädigt werden zu müssen. Das spricht sich möglicherweise in Resilienz aus. Sie kann also durchaus mit Asymmetrien und sogar sozialer Statusdifferenz einhergehen; optimistisch und emphatisch gesprochen könnte man hoffen, dass sich in ihr das Humanum verrät, das Barbarei überwindet. Denn der Begriff des Barbaren transportiert schon Missachtung. So gründet wohl auch ein Gefühl sozialer Ungerechtigkeit nicht in objektiv inferioren Positionen, sondern darin, wenn den Subjekten in diesen noch die Anerkennung genommen wird (Moore 1982). Man mag vielleicht ein Bettler sein, aber man füllt als solcher einen Platz in der Welt aus, in welchem man durch andere in der Berechtigung eigener Existenz nicht bestritten werden darf; das zieht übrigens ein fundamentales Problem für soziale Arbeit nach sich: Wie kann ich helfen, ohne dem anderen eben durch diese Hilfe die Anerkennung zu entziehen? Oder auf Schule bezogen: Das Problem besteht weniger darin, wenn ein Lehrer dem Schüler gegenüber autoritär auftritt, mehr aber in dem Urteil, dieser tauge nicht als Schüler, sei als solcher wertlos.

Die pädagogische Voraussetzung aller Erziehung

Die eben mikrostrukturell beschriebenen Vorgänge liegen aller Erziehung zugrunde; sie bilden eine Tiefenlogik, die allerdings pädagogisch zu beachten ist, weil sie durch Gesellschaft und Kultur selbst aufgehalten und beschädigt werden kann. Diese Tiefenlogik modifiziert sich in vier Schichten, die eine Organisation von Erziehung leiten – dabei besteht ein geradezu abenteuerlich anmutender Effekt darin, dass sie beide berührt, den Erzieher wie den Zögling. In der Kooperation werden sie nicht nur im Blick auf den Gegenstand gleich gestellt, sondern beide erzogen. Durch sie verfügen sie über einen gemeinsamen Vorrat an Erfahrungen und Kompetenzen, Erziehung erzieht Erzieher und Zögling:

• In der Kooperation entstehen Vertrauen und Bindung. Erikson zeigt, dass elementare Kooperation ein für die Weiterführung aller Aneignung entscheidendes gegenseitiges Vertrauen der Beteiligten ermöglicht; kleine Kinder demonstrieren dieses Urvertrauen, indem sie mit ihren (erwachsenen) Kooperationsvertrauten höchst riskante Unternehmen starten; wieder spielt das Lachen eine entscheidende Rolle. (Übrigens entwickeln auch Erwachsene ein solches Vertrauen zu ihren Kindern und in diese, das dann – etwa in der Pubertät – auf manche Probe gestellt wird). Vertrauen geht, wie schon Winnicot und Bowlby zeigen, neuere Forschungsergebnisse sogar noch unterstreichen (Ahnert 2004), mit engen Bindungen einher. Sie geben das Gefühl von Sicherheit, welches unabdingbar ist, um die Risiken von Entwicklung und Bildung auf sich nehmen zu können. Das – um es bewusst in eine mehrdeutige Formel zu bringen – *Vertrauen in Bindungen* wird in Nervenstrukturen des Gehirns eingebaut (Hüther 2004a, b) und ermöglicht erst weitere Persönlichkeitsentwicklung wie auch die Fähigkeit, Handlungen mit anderen neu zu initiieren. Viel spricht dafür, dass Vertrauen in Bindungen nur mit Personen entwickelt werden kann, die für das eigene Leben und den eigenen Bildungsprozess hochgradig exklusiv und hochsignifikant, vor allem ohne spezifische Rollenfunktionen zur Verfügung stehen; diese Voraussetzungen erfüllen vor allem familiäre Kontexte.

- Kooperation verknüpft mit persönlichen Netzwerken zu relevanten anderen, die ebenfalls im (erweiterten) Familienkontext gefunden werden oder an diesen angebunden sind: „Pseudo-Verwandte", mithin familiennahe Personen, welche vielleicht rituell wie Paten angebunden sind, oder Freunde der eigenen Eltern spielen eine wichtige Rolle. Sie bieten ebenfalls informell gegebene Zuverlässigkeit und Gewissheit, erweitern aber das Kooperations- und Handlungsspektrum, indem sie selbst als unabhängige Personen erlebt werden. Sie sind wichtig für Anerkennung, weil sie nicht durch einen unmittelbaren Elternstatus diskreditiert sind; Lob wie Tadel der Eltern zählen weniger, weil sie eigentlich zu erwarten sind, das Urteil der nahen und unabhängigen Person hat mehr Gewicht. Zugleich stellt diese einen Bezugspunkt dar, an welchem man die eigene Souveränität erproben kann, ohne dabei gefährdet zu sein. Astrid Lindgren beschreibt eine solche Netzwerkbeziehung in dem Kinderbuch „Lotta zieht um": Eine Tante gewährt der kleinen Lotta ganz selbstverständlich einen Wohnraum, als diese in eine Konfliktsituation mit ihrer eigenen Familie geraten ist. Empirisch zeigt sich dabei, dass solche Netzwerke sich noch entscheidend auf den Schulerfolg wie zugleich auf den Einstieg in Berufskarrieren auswirken.

- Eine dritte Schicht entsteht als ein ökologisches Mezo-System, nämlich mit und in jenem raum-zeitlich ausgeprägten Koordinatensystem, in welchem sich die Beteiligten bewegen und Zuordnungen erleben. Der Ausdruck *ökologisch* ist berechtigt, weil sie sich zunächst im Oikos, mithin im familiären Haushalt und seiner Ordnung ergibt, die wieder in neuronale Strukturen sich einprägt. Ein chaotischer Haushalt erzeugt chaotische Kinder[11]. Der Raum

---

[11] So eine Studie von Stephen Petrill an der University of Pennsylvania (Meldung der „Thüringer Allgemeine" v. 5.10.2004).

legt Positionen und Handlungen fest – familiäre Tischordnungen können als Beispiel herangezogen werden. Erinnerungen und eingeübte Zeitabläufe bestimmen die zeitlichen Koordinaten. Raum und Zeit umreißen ein Spielfeld, auf welchem dann Kooperation und Aneignung stattfinden. Ohne Raum-Zeit-Koordinaten haben wir wenig Chancen, uns selbst auf- und festzustellen, sie wirken zuweilen länger nach als die Personen – Freunde, auch Verwandte können aus dem Bewusstsein treten, die Raum- und Zeitzusammenhänge regeln das Tun weiterhin. Ihre Koordinaten helfen, die eigene Praxis zu strukturieren, allerdings werden Bildungsprozesse oft durch neue Raumvorgaben erst ausgelöst, nicht selten gehen sie mit veränderten Zeitstrukturen einher, die klassische Bildungsreise hat sich dies zu eigen gemacht. Dies gilt ganz besonders für sozialpädagogische Aktivitäten, doch müssen auch therapeutische Handlungen zuweilen die verfestigten Koordinatensysteme durchbrechen.

Die unmittelbar manifeste raum-zeitliche Struktur mit ihren topologischen und chronologischen Funktionen weist zudem in gesellschaftliche und kulturelle Zusammenhänge hinein. Denn Raum- und Zeitordnungen wirken nicht nur im familiären Haushalt. In allen Räumen finden sich Erinnerungsspuren, Zeiten tragen ein kulturelles Gedächtnis mit sich. Möglicherweise transportieren sich über sie Archetypen, sicher bleiben in ihnen Muster des Handelns erhalten, die gesellschaftliche und kulturelle Relevanz besaßen; die kollektiven Erinnerungen transportieren sich über solche Raum-Zeitmuster (vgl. Thompson 1968; 1980). Damit deutet sich ein Problem moderner Gesellschaften an, die auf Sensationen angewiesen sind und dabei Gefahr laufen, noch die Fähigkeit zu zerstören, welche für das Verständnis des Neuen notwendig ist – möglicherweise gründet darin das Interesse an „Retromoden". Gegenüber dem selbsterzeugten, für Aneignung und Bildung problematischen Schwebezustand möchten sie eine Vorordnung sichern, die Gegenwart verstehen lässt.

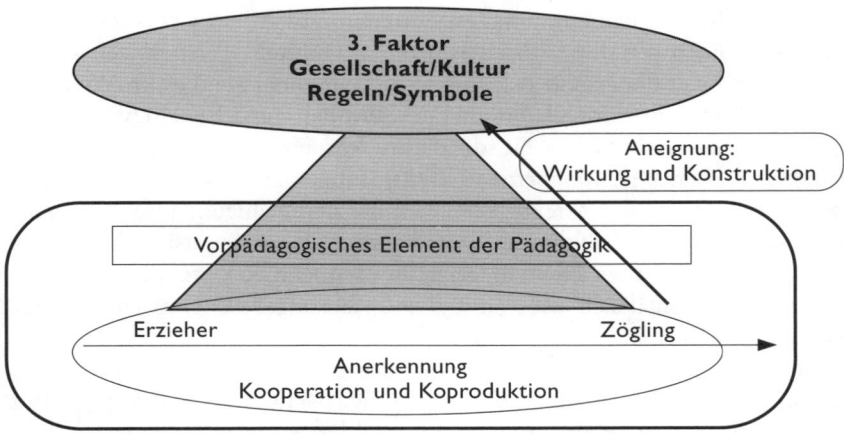

Abb. 5: Das vorpädagogische Moment und die Erziehung

Was bedeutet dies aber nun für das Verständnis von Erziehung? Zunächst führt dies zu einem irritierenden Befund, der ein wenig die klassische Auffassung revidieren lässt, dass sich das pädagogische Geschehen auf konkrete Individuen richtet. Zwar hat diese mit Einzelnen zu tun, kann aber nur gedacht werden, indem sie mit dem Einzelnen als einem sozialen und kulturellen Typus von Individualität zu tun hat, wie er in der Kooperation entstanden ist. Von Erziehung lässt sich nur sprechen im Blick auf Zusammenhänge, in welchen sich Individuen befinden, die in Beziehung zu anderen stehen. Erziehung richtet sich mithin auf eine soziale Konfiguration von Individualität. Sie wirkt auf Kontexte von Individualität, welche Subjektivität initiieren; der Erzieher arbeitet am Kooperationszusammenhang, in welchem er fatalerweise doch schon involviert ist; Therapeuten haben hier eine entschieden glücklichere Position. In der Struktur des pädagogischen Handelns ist der Zögling immer als Individuum im Kontext zu denken, nicht als kontextfreies Individuum. Pädagogisches Handeln bezieht sich auf Kontexte von Kontexten, auf Rahmungen von Kooperationen, in welchen dann Subjekte figuriert sind. Deshalb lassen sich Kinder nicht unmittelbar beeinflussen. Sie sind in ihrer Gebundenheit zu beeinflussen, mehr nicht, aber auch nicht weniger: Kontextuell organisierte, schon vermittelte Subjekte eignen Welt an, die durch Erziehung zugänglich wird. Es geht um Kontextualisierung von Kontexten.

Offensichtlich dienen die basalen Ordnungen, wie sie sich in der Kooperation als *Vermittlung zur Aneignung und Aneignung zur Vermittlung* verschließen, sowohl als Zusammenhang von Ressourcen, auf welche die Beteiligten zurückgreifen können, wie auch als Ausgangspunkt aller weiteren Bildungstätigkeit. Mit dieser Gemeinsamkeit wird Erziehung der Zöglinge „habhaft" und zwar „in dem Sinne, dass diese sich in eine Gemeinsamkeit hineingefunden haben und eine Spur von Zusammengehörigkeit empfinden" (Mannschatz 2005, S. 13). Von hier aus werden die Krisen und Übergangsprozesse möglich, wie sie in Aneignungs- und Bildungsprozessen eintreten und zu bewältigen sind. Hier entscheidet sich, ob man mit gekonntem oder ungekonntem Verhalten agiert, hier werden Sicherheiten, wie emotionales Vertrauen und Affektivität modifiziert, hier entstehen noch die durch Erinnerungen „gewürzten" Perspektiven – Subjekte können um so offener und riskanter agieren, je mehr sie dies im Wissen um sichernde Netze tun. Umgekehrt aber gewährt das vorpädagogische Moment den Subjekten auch die Sicherheit, die sie im krisenhaften Geschehen von Aneignungsprozessen (vgl. Mennemann 2000) unbedingt benötigen. Dabei dient es einer Zivilisierung der Affekte, vor allem der Beunruhigung und Aufregung, die im Aneignungs- und Bildungsprozess kaum zu vermeiden sind. Immerhin gibt man Erworbenes preis. Denn in letzter Konsequenz bedeutet die Arbeit am Gegenstand, dass man sich selbst, mit allen Erfahrungen, Erlebnissen und Bindungen hinter sich lässt.

Soziologisch konstituiert sich in den genannten Zusammenhängen das *soziale und kulturelle Kapital* eines jeden, das junge Menschen meist von ihrem familiären Vermögen abheben, um es in ihren Bildungsweg zu investieren. Zwar hilft diese Figur, um nach den empirischen Bedingungen erfolgreicher Aneignungs-

und Bildungsprozesse zu fragen, darf aber in ihrer theoretischen Stringenz nicht überbewertet werden. Immerhin: Abgesehen von den Differenzen zwischen einer angelsächsischen Sicht und der im frankophonen Zusammenhang durch Pierre Bourdieu geprägten, bleibt zweierlei deutlich: Solches Kapital entscheidet einerseits über Lebenswege, mit ihm reproduzieren sich soziale Schichten, wenn nicht Klassen; andererseits deutet sich an, dass dieses soziale und kulturelle Kapital als Voraussetzung für gesellschaftliche Integration schlechthin, als ein gleichsam vorkontraktuelles Element für alles Marktgeschehen schwächer wird: Robert Putnam's „Bowling alone", aber auch Francis Fukuyamas „The great disruption" entwerfen Szenarien, an die eine pädagogische Theorie anknüpfen muss, welche nicht blind für ihre gesellschaftlichen und kulturellen Voraussetzungen bleibt.

Erziehungstheoretisch aber beschreibt der Sachverhalt eine geradezu paradoxale Bedingung aller Erziehung. Es gibt ein vorpädagogisches Element aller Erziehung, das in dem skizzierten Übergangfeld von Vermittlung zur Aneignung eingeht und eine Disposition zur Erziehung erst erzeugt. Sie wird durch alle organisierte pädagogische Praxis aufgenommen oder muss – im kritischen Fall – erst hergestellt werden. Das vorpädagogische Moment stellt eine Bedingung aller Erziehung dar, die auf dem elementaren Vermittlungsgeschehen aufruht und doch nicht ignoriert werden kann; fehlt es, können pädagogische Prozesse nicht gelingen. Der eingangs gemachte Hinweis darauf, dass Erziehung in ihrer ganzen Problematik heute hervortritt, kann hier eingeordnet werden: Viele der gegenwärtig geführten Diskussionen um Erziehung und Bildung greifen zu kurz, da sie nicht sehen, dass und wie weit es auf Bedingungen ankommt, welche eben erst den Eintritt in die pädagogische Praxis ermöglichen: Die Grundbestimmung aller Erziehung liegt nämlich in der Bildsamkeit. Sie ist aber nicht reine Naturbestimmung, sondern selbst schon ein sozial vermitteltes Moment, das in Erziehung eingeht und durch diese bestätigt wird. Die Kooperation greift es auf, konkretisiert es und regelt es, um es in Aneignungshandeln zu überführen.

Phänomenologisch beschreibt Bollnow diese Disposition mit dem Hinweis, dass das Kind nicht bloß der Erziehung bedürftig sei, sondern einen Erziehungswillen entwickle und erziehungsfreudig sei (Bollnow 1968, S. 32). Bollnow argumentiert damit aber anthropologisch, während das gemeinte Problem doch selbst schon pädagogisch konstituiert ist. Besser greift man auf einen Begriff zurück, den Herbart zur Verfügung gestellt hat; andere, etwa Hegel, sind ihm in der Sache gefolgt: Herbart spricht zwar auch in seinem Umriss pädagogischer Vorlesungen von Bildsamkeit als dem Grundbegriff, hat aber in seiner Allgemeinen Pädagogik dies theoretisch präziser beschrieben. Denn „Regierung" stellt die handlungstheoretische Fassung von Bildsamkeit als einer – bezogen auf den Zögling – modalen Verfassung her. Herbart knüpft wohl an die Debatte darüber an, wie angesichts der Heteronomie äußerer und innerer Anforderungen das Zöglingssubjekt überhaupt in die Lage kommen kann, als ein Willenssubjekt moralisch angesprochen werden zu können und qualifiziert zu agieren. *Regierung* meint dabei kein hartes Regime, sondern den primordialen Zusammenhang zwischen einer äußeren Ordnung und jener inneren Disziplin, die Subjekte zu Willensaktivitäten und insofern zu Subjektivität ermächtigt. Er realisiert sich wesentlich in den Dimensionen, welche als Kooperation ermöglichend beschrieben worden sind, dabei basalen Bedingungen von Subjektivität gelten. Weil mit diesen eine Zivilisierung der Affekte einhergeht, kann auch von einer Formung der Entwicklungsmöglichkeit gesprochen werden.

In der Bildsamkeit als Disposition zur Erziehung klingt eine schon immer vermittelte soziale Regelung des Handelns an, die Voraussetzung weiteren Handelns wird; Erziehung, genauer: eine protopädagogische Erziehung wird zur Voraussetzung pädagogisch organisierter Erziehung. Umgekehrt muss diese protopädagogische Dimension der Erziehung häufig formal gesichert werden. Sie bildet eine Vorstruktur, die aber – zum Beispiel in institutionellen Arrangements – gelegentlich in Vergessenheit gerät und gegebenenfalls inszeniert werden muss. Peter Petersen weist mit dem Ausdruck „Vorordnung" auf sie hin. Bollnows Bemerkung macht zudem deutlich, dass somit eigentlich Erziehung zu weiterer Erziehung motiviert – wenn Kinder keine Lust mehr an Schule haben, dann verät dies *zumindest auch*, dass diese der Aufgabe nicht nachgekommen ist, nach dem vorpädagogischen Element wenigstens zu fragen. (Dass und wie Schulen dann aber Eltern für dieses in Anspruch nehmen wollen, bestätigt immerhin die Befunde zum vorpädagogischen Element.)

Zumindest auch, dieser Vorbehalt muss gemacht werden, weil die Unlust gegenüber einer pädagogischen Institution mit motorischen Zwängen zusammenhängen kann, welche etwa durch das institutionelle Reglement ausgeübt werden. Ohnedies darf die physische und physiologische Dimension nicht aus dem Blick geraten: Kant spricht das vorpädagogische Moment mit dem Hinweis darauf an, dass Erziehung die „Wartung (Verpflegung, Unterhaltung)" verlange, die vor der „Disziplin (Zucht) und Unterweisung nebst der Bildung" verwirklicht sein müsse; Pampers zu wechseln gehört in das pädagogische Geschäft, zumal hier die Evidenz am größten ist, dass sich sowohl eine Beziehung aufbaut wie zugleich Welt durch die Kinder erobert wird. Dass man kranke Kinder nur bedingt erziehen kann, gilt als eine Grundregel, obwohl chronische Erkrankungen und Behinderungen durch die Einbettung in Kooperation so in Bildungsdispositionen eingebaut werden, dass sie zur Aneignung auch der eigenen Krankheitssituation befähigen – insofern muss auch die medikamentöse Bearbeitung von sozial und kulturell bestimmten Zuständen der sich entwickelnden Subjekte nicht a priori abgelehnt werden.

Mit einer leichten Tendenz zur Paradoxie kann man also festhalten, dass pädagogische Praxis selbst zur Voraussetzung des pädagogischen Geschehens wird, dass mithin in aller Erziehung eben ein vorpädagogisches Element eingeht, welches systematisch aber doch schon zur Pädagogik zu rechnen ist. Man kann sagen: alle Erziehung erzeugt die Disposition zur Erziehung – oder genauer: eine pädagogisch reflektierte Praxis der Erziehung stützt sich auf Vermittlung und zielt darauf, eine Disposition der Erziehung in dem Sinne zu erzeugen, dass sie Aneignung ermöglicht. Pragmatisch geschieht dies als Kooperation und Koproduktion, die zu einer Regierung der Beteiligten führen, weil ihre Regeln das Aneignungshandeln bestimmen, ihm durchaus aber seine Offenheit belassen. Man lernt in ihm nicht nur das soziale Verstehen. Als Modus des Subjekts zeigt es sich als Bildsamkeit oder auch Edukabilität; die Beteiligten lassen sich auf das Erziehungsgeschehen nicht nur ein, sondern führen es auch weiter, weil sie sich in ihm entwickeln. Sie müssen freilich auch die Bildsamkeit und Edukabilität, die Disposition zur Erziehung aneinander entdecken; Wilhelm Flitner hat dies in der schönen Formel festgehalten, Bildsamkeit müsse aufgesucht werden (Flitner 1983). Das heißt aber, dass es einerseits eine Bereitschaft geben muss, sich auf die Möglichkeit einer pädagogischen Praxis einzulassen und diese zu realisieren. Andererseits macht er aufmerksam darauf, dass und wie die Grundlage der pädagogischen Praxis, mithin die in ihr selbst noch erzeugte Basis des Dreiecks empirisch als prekär anzusehen ist. Sie entsteht oder muss hergestellt werden, sie kann aber auch verschwinden. Vor allem: weil das vorpädagogische Moment der Erziehung zugleich doch Teil der Erziehung selbst ist, bleibt es häufig unbeachtet. Man vermutet es lebensweltlich gegeben oder durch die Tatsache einer Institution vielleicht auch durch die formale Profesionalität eines Pädagogen schon gegeben; nur: Erziehungsinstitutionen müssen nicht erziehen, Lehrer sind meist gar keine Erzieher.

Vor allem: das vorpädagogische Element versteckt sich oft in gesellschaftlichen und kulturellen Zusammenhängen, in formlosen und formalen Institutionen; es ist verborgen in den normativen Mustern, welche eine Gesellschaft und eine Kultur regeln, die als Mentalitäten zum Tragen kommen und als kulturelle Selbstverständlichkeiten gelten. Diese Nähe des vorpädagogisch dispositionellen Elements der Erziehung zu den Gewissheiten von Gesellschaft verführt dazu, es als selbstverständlich gegeben anzunehmen. Die Theorie des Umgangs als Moment von Pädagogik hat dies aufgenommen. Dass sie ein wenig in Vergessenheit geraten ist, könnte seinen Grund darin haben, dass die von ihr beschriebenen Phänomene, mithin die protopädagogischen Leistungen nicht mehr gegeben sind. Wenn einer Gesellschaft und ihrer Kultur, wenn vor allem ihren Mitgliedern die Intuitionen über die Kooperation mit Zöglingen verloren gehen, dann bleibt auch das vorpädagogische Moment auf der Strecke. Das macht auf einen wichtigen Punkt noch aufmerksam: es kann durchaus sein, dass damit sogar mehr Chancen zur Aneignungs- und Bildungsttätigkeit entstehen, weil sozial und kulturell in die Kooperation induzierte Regelungen auch Verhärtungen begründen können. Gleichwohl: Das vorpädagogische Moment aller Erziehung bedarf einer pädagogischen Aufmerksamkeit, einer Pflege, vielleicht der von manchem geschmähten Sorge.

13 Das Risiko des pädagogischen Prozesses: die Unvermeidlichkeit der offenen Struktur

Wie aber nun schreitet pädagogische Praxis als Prozess voran? Die triadische Struktur des Problems der Erziehungs bedeutet, dass in ihr und aus ihr *Möglichkeit* wie *Neues* entstehen, das sich im Bildungsprozess selbst erzeugt. Pädagogische Situationen haben insofern einen offenen Anfang (Sünkel 1994, bes. S. 97 ff). Dieser ist mit dem Problem der Erziehung selbst schon gegeben, das in die organisierte Erziehung aufgenommen wird. Aus seiner, dieser Struktur gegenüber exzentrischen Position nimmt der Erzieher dieses Neue auf, ermöglicht ihm eine Rahmung, innerhalb dessen die objektiv dingliche Welt, nämlich das geschichtlich-gesellschaftliche Erbe, angeeignet werden kann. Er fängt also Entwicklung ein und organisiert diese, freilich nicht inhaltlich konkret, sondern als eine fortschreitende Möglichkeit, welche von dem sich Entwickelnden wahrgenommen werden kann; das ist das Subjekt der Erziehung, dem Erziehung Bildung ermöglicht.

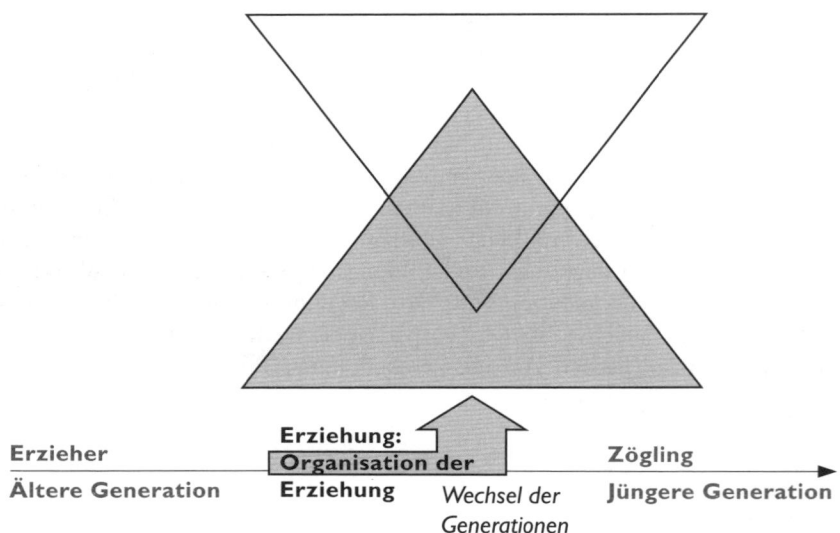

Abb. 6: Schließung der Erziehungsstruktur und riskante Öffnung

Dies geschieht, indem eine kooperative Beziehung geschaffen wird, in deren Interaktionen die Welt eindringt, genauer: von den Akteuren aufgenommen wird. Weil diese kooperative Beziehung (in der triadischen Struktur) durch den Erzieher, mithin durch eine zweite Person erzeugt wird, entsteht eine Differenz, auf welche sich das aneignende Subjekt bezieht. Ihm stehen nun wenigstens zwei Möglichkeiten zur Verfügung, nämlich die eine, welche es in der Perspektive des Erziehers auf die Welt entdeckt, und die andere, die es als seine entwickelt und vielleicht verteidigt. Erziehung wird daher in den seltensten Fällen friedvoll vor sich gehen; in ihr findet ein Streit um die Welt statt – wer eigene Kinder hat, kennt die zuweilenden quälenden Grundsatzdiskussionen, die selbst in höherem Alter nicht aufhören: Vor manchem Wahltag gibt es dann Kontroversen, die aber doch immer noch ein pädagogisches Element enthalten: Denn der Streit bedeutet immerhin, sich mit den Regeln einer Demokratie auseinander zu setzen.

Ein wenig metaphorisch gesprochen, den Denkformen folgend, die einen Durkheim mit einem Luhmann verbinden, könnte man Erziehung daher selbst als ein autopietisches System mit Emergenzeffekten verstehen: Erziehung erzeugt demnach immer Erziehung; Vermittlung ruft Aneignung hervor, die wiederum einen Vermittlungsprozess zumindest wahrscheinlich werden lässt, der aber selbst doch wieder in Offenheit und Möglichkeit führt. Intern erzeugt Erziehung die dafür nötigen Dispositionen, die sowohl auf Seiten des Zöglings wie auch auf jener des Erziehers entstehen. Verlässt dieser nämlich erst einmal die exzentrische Position, aus der heraus er die Struktur der Erziehung iniitiert und organisiert, und geht in diese ein, ist es mit ihm geschehen. Er muss dann nahezu gleichgestellt kooperieren, die Welt aneignen. Anders, etwas seriöser formuliert: Eigentlich kann nur an dieser kleinen Stelle einer Auslösung und Organisation der Erziehungsstruktur in einem strengen Sinne von einem primär professionellem pädagogischen Handeln gesprochen werden, an welchem über Erziehung und Nicht-Erziehung entschieden wird. Vorher und nachher muss mit Kontingenz sowie mit Subjektivität gerechnet werden, auf welche sich das professionelle pädagogische Handeln nur als ein sekundäres beziehen kann.

Um die Verwirrung noch auf die Spitze zu treiben: In dem primär pädagogischen Handeln erfolgt eigentlich eine doppelte Schließung. Zunächst wird nämlich die Problemstruktur geschlossen, weil die ursprüngliche Vermittlung nun zum Ende kommt. Sie hatte die Möglichkeit subjektiver Aneignungs- und Bildungstätigkeit eröffnet, die in der Kooperationsbeziehung anerkannt wird. Darin liegt in mancher Hinsicht die Krux des Vorgangs, in welchem Bildsamkeit aufgesucht und entdeckt wird – man wird auch auf das festgenagelt, wozu man fähig scheint. Der Erzieher, der sich einem Zögling nähert, um Erziehung zu organisieren, hat doch schon einen bestimmten Zögling vor sich – immerhin muss dieser nicht als ontologisch bestimmt angesehen werden, sondern als Akteur in einem Umfeld, das mithin wiederum Möglichkeiten der Öffnung erschließt: *Der Bub ist kein Ekel, sondern zum Glück nur eklig in bestimmten Kontexten, seine Ekelkompetenz ist in ein System eingebettet.* Diese Schließung wird in die organisierte Struktur der Pädagogik aufgenommen, die ihrerseits nun eine zweite Schließung bedeutet, weil sie sogleich doch wiederum als eine Triade strukturiert wird. Erzieher, Zögling und dritter Faktor fügen sich in einem Zusammenhang, dessen Grundlage in der Kooperation liegt, die zu einem befriedigenden Aneignungs- und Bildungsgeschehen führen. Schließung bedeutet also für die Beteiligten sehr konkret, dass mit dem Geschehen gerechnet und dieses kommuniziert werden kann, als eine Vergangenheit, die man erfahren, auf die man sich beziehen und von der man sich distanzieren kann. Der pädagogische Prozess geht in die Erinnerung ein, stellt sich als Kompetenz und Wissen dar – die sich damit unvermeidlich wieder zu einer Öffnung bewegen. Jede pädagogische Situation übersteigt sich selbst. So wie sie offen beginnt, hat sie doch auch einen offenen Ausgang: Was die Zöglinge mit der Welt und mit sich selbst im Aneignungsprozess machen, kann niemals festgelegt werden – ob man dies dürfte, wäre ethisch ohnedies zweifelhaft.

Die pädagogische Praxis im pädagogischen Prozess führt also in eine Offenheit, weil sie in sich neue Optionen eröffnet – sie kehrt sich eben von Struktur in Prozess um. Darin liegt die qualitative Differenz aller Erziehung gegenüber bloßer Sozialisation wie vielleicht auch gegenüber Unterricht, wenn dieser auf Instruktion reduziert wird: Denn die Beteiligten haben sich etwas angeeignet, mit welchem sie gegenüber neuen Herausforderungen auf neue, unerwartete Weise agieren können. Nur die gemeinsam geteilte Erfahrung, wie sie als Interaktionsbasis zur Verfügung steht, erhöht die Wahrscheinlichkeit, dass die Regierung, die Vorordnung, der gemeinsam geteilte Vorrat auch genutzt wird. Aber: systematisch gesehen handelt es sich nur um eine Wahrscheinlichkeit, die freilich umso größer ist, als sie Möglichkeiten der Wirksamkeit im Prozess der Aneignung steigert, zugleich muss aber daran erinnert werden, dass und wie offensichtlich Freiheit, der freie Willen als eine freilich sozial mitbestimmte Konstruktion erworben wird.

Die neue Erziehungssituation geschieht aufgrund der alten, sie hat aber mit Offenheit zu tun. Man kann sich deshalb gar nicht sicher sein, dass sie tatsächlich den gemeinsamen Fortgang des Geschehens erlaubt. Erziehung schafft nämlich zwar die Voraussetzung zur Erziehung; dass aber diese auch realisiert wird, ist nicht ganz sicher. Die durch Erziehung entstehende Option auf Seiten des Subjekts kann bedeuten, dass es Alternativen in seinem Handeln verfolgt. Erzogene können daher, eben weil sie erzogen sind, sich der Erziehung widersetzen. Ob und inwiefern dies geschieht, ist eher eine empirische denn eine systematisch zu klärende Frage: Sie hängt davon ab, was in der Aneignung erworben worden ist. Wenn der Aneignungsgegenstand sich als Mittel instrumentalisieren lässt, um den Aneignungsprozess weiter voranschreiten zu lassen, scheint die Wahrscheinlichkeit ziemlich groß, dass die Erziehungsdisposition als solche auch wahrgenommen wird. Doch hängt dies davon ab, ob das Angeeignete auch instrumentalisiert werden kann. Je diffuser und in sich vielfältiger dieser ist, um so riskanter wird das Erziehungsgeschehens. Es kann, um die Paradoxie zu steigern, buchstäblich in jeder Phase erfolgreich sein und zugleich scheitern, weil es einen weiteren Erziehungsprozess nicht mehr zulässt.

Der offene Anfang als geschichtlich-gesellschaftliches Ereignis

Historisch und gesellschaftlich gibt es vier Möglichkeiten, eine pädagogische Praxis zu initiieren:

Die *eine*, extreme Möglichkeit besteht – wie schon angedeutet – darin, dass in die Vermittlung so weit eine soziale und kulturelle Vorordnung eingeht, dass Erziehung fast ein wenig überflüssig erscheint. Das – objektiv – vorpädagogische Element und – subjektiv – die Bildsamkeit sind dann so stark bestimmt ausgebildet, dass die schon genannten Umgangsverhältnisse allemal genügen, um Erzogenheit zu sichern. Gesellschaft und Kultur richten dann den Nachwuchs in einer Weise zu und ein, dass er als schon erzogener erzogen werden kann. Die Vorordnung wirkt dann machtvoll, Sozialisation, wie Durkheim sie nennt, oder – den Ausdruck hat der später dem Faschismus verfallene Ernst Krieck geprägt – funktionale Erziehung erfüllen dann das gesamte Geschäft – zumindest, wenn man es aus den Bedürfnissen sozialer und kultureller Reproduktion betrachtet und Fragen nach der Dynamik von Veränderung einerseits, von Subjektivität und Autonomie andererseits beiseite lässt. Die Bedeutung der Vorordnung für das weitere Erziehungsgeschehen wird dann nicht begriffen oder schlimmer: Eine kalte Kultur macht sich breit, um noch einmal den von Lévy-Strauss geprägten Ausdruck aufzunehmen: Gesellschaften und Kulturen bringen den Nachwuchs zu Einstellungen und Verhaltensmustern, indem sie eine tiefliegende Schicht von mentalen Mustern und psychischen Strukturen so verankern, die für eine Vergesellschaftung schon hinreichen.

Die *zweite*, wiederum extreme Möglichkeit stellt sich im sozialen und kulturellen Bruch dar, auf den die Dispositive des Pädagogischen aufmerksam machen. Pädagogische Reflexion hat früh gelernt, mit dramatischer sozialer und kultureller Diskontinuität umzugehen. Als den ersten paradigmatischen Fall könnte man die Renaissance ansehen, in der die Vergangenheit als Zustand der Leere gesehen, diese Form der Diskontinuität aber durch den – freilich selbst fiktionalen – Rückgriff auf ein Früheres gelöst werden sollte. Comenius entwirft entsprechend seine Theorie unter den Bedingungen des 30jährigen Krieges. Einem zweiten paradigmatischen Fall kann man jene pädagogischen Konstruktionen von Erziehung zurechnen, welche an der Schwelle zur bürgerlichen Gesellschaft auftauchen; sie haben stets ein doppeltes Grundmotiv, nämlich den Bruch von sozialer und kultureller Kontinuität sowie die Lösung des Problems durch eine Selbstkonstitution des Bildungssubjekts, mithin der Erzeugung des vorpädagogischen Moments durch die Beteiligten selbst. Rousseau begreift dies aus seiner kritischen Auseinandersetzung mit der Übergangssituation der alten zur neuen Gesellschaft, die ihm als dem Aufklärer der Aufklärung selbst schon suspekt wird; die Isolation des Zöglings scheint ihm eine Lösung, weil sie diesen auf die Dinge und sich selbst verweist. Pestalozzi erkennt die Problematik vor allem daran, dass die von ihm erlebten proto-modernen Gesellschaften systematisch den Ausschluss von Mitgliedern betreiben, mithin am Problem der Aus-

gegrenzten; er reagiert darauf als radikaler Anti-Utopist, indem er die Kernberei-
che existenzieller Selbstsorge als Ausgangspunkt bestimmt, um in ihnen das vorpädagogische Moment zu identifizieren. Kant und vor allem Fichte thematisieren das Problem, indem sie es intentional formulieren und methodisch fassen:
Beide suchen nach einer pädagogischen Praxis, die gerade nicht eine überholte
gesellschaftliche und kulturelle Realität voraussetzt und zum Gegenstand
macht; beide fordern die Gestaltung einer sozialen und kulturell neuen Praxis,
in der soziale und kulturelle Regeln durch die Initiatoren und Beteiligten selbst
geschaffen werden. Makarenkos Kollektivpädagogik und die eine oder andere
Kinderrepublik (vgl. Kamp 1995) gehen von einem Bruch aus, der noch verlangt, dass die von den Zöglingen mitgebrachten Voraussetzungen gelöscht werden – später empfiehlt Polski mit dem Bild des ungekehrten Diamanten, dass Jugendliche, die in Gruppendelinquenz einsozialisiert wurden, gleichsam umge-
dreht und so für andere (normative) Orientierungen aufgeschlossen werden.

Die *dritte* Möglichkeit lässt sich als der Normalfall der Moderne ansehen, die
eine Situation gleichzeitiger Kontinuität und Veränderung darstellt – um den
Preis durchaus, dass einzelne Gruppen der Gesellschaft in traditionelle Lebensformen eingebunden sind: die erziehenden Frauen mit einer geradezu ständischen Abhängigkeit im Alleinverdienermodell dafür gezahlt wird, dass sie für
ein vorpädagogisches Moment gesorgt haben (Beck 1986).

In der Regel erziehen also Gesellschaften und Kulturen so weit, dass sich der
Nachwuchs erziehen lässt; er lässt sich auf die Anforderungen einer Kultur ein,
wobei die einmal grundlegend angeeigneten Muster wie auch die thematisierten
Inhalte aus zwei Gründen weiter wirken: Sie sind einerseits mit hoher Verbindlichkeit ausgestattet und damit normativ so stark, dass sie tief in die Psychen verankert werden. Andererseits bestätigen und verstärken sie sich im alltäglichen
Handeln – dies entspricht der Situation, die Durkheim angetroffen hat, der daraus noch den Schluss zieht, dass alle weitergehende Erziehung nur im Rahmen
der gesellschaftlichen Möglichkeiten sich vollzieht und als *socialisation méthodi-
que* betrieben wird (Durkheim 1973, S. 51). Aber diese Form schmilzt zunehmend ab.

So tritt als eine *vierte* Möglichkeit ein, dass Gesellschaften zwar pädagogische
Praxis organisieren und sich mit dieser auf Dauer stellen wollen, aber zugleich
das vorpädagogische Element ständig stören oder gar schädigen. Dies stellt wohl
die späte Form der Moderne dar. Es gibt in ihr unendlich viel Erziehung, die
aber wenig fruchtet, weil sie nicht mehr tief geerdet ist; Offenheit ist der Normalfall sowohl in den Ausgangsbedingungen wie auch am Ende der Erziehung.
Allerdings zeichnet die Neuzeit und erst recht die Moderne eine notorische Tendenz aus, diese ersten und grundlegenden Bedingungen von Pädagogik aufzulösen; noch notorischer ist die Tendenz, diesem Geschehen keine Aufmerksamkeit zu widmen: Dieser Auflösung von pädagogisch relevanter Vorordnung und
Regelung der Kooperation begegnet in den modernen Gesellschaften zwar die
Einrichtung sozialstaatlicher Reglements, die in ihrer vorpädagogischen Bedeutung nicht unterschätzt werden dürfen; wie stark sie wirken, kann man vielleicht
noch an den Erwartungshaltungen erkennen, welche an den Staat gerichtet wer-

den. Der sorgende Staat (deSwaan 1993) agiert in der Tat als ein Erziehungsstaat, der einerseits sichernde und bergende Verhältnisse gewährt, die zur Voraussetzung von Bildungsprozessen werden; ohne Sozialstaat brechen gerade an diesen Spaltungen auf; jene, die sozialökologisch keine Sicherheit finden, scheitern an den Herausforderungen und Krisen im Aneignungsgeschehen. Anderseits aber lässt der Sozialstaat auch jene Erziehungsleistung überflüssig werden, in der Aneignung und Autonomiebildung verbunden sind. Nur in ihm wird der Luxus einer Antipädagogik denkbar. In der späten Moderne, in der ein Sozialstaat (vielleicht) nicht mehr finanzierbar scheint, vollzieht sich aber der Zerstörungsprozess des vorpädagogischen Moments in einem radikalen Vorgang der Entbettung, eines Dis-Embedding. Die gesellschaftliche Veränderungsdynamik, die kulturelle Modernisierung und die Zerstörung sozialstaatlicher Infrastrukturen gehen miteinander eine dramatische Entwicklung ein, deren Folgen für die Erziehung noch gar nicht absehbar sind: sie erzeugen eine Form von Offenheit, die bislang noch nicht angemessen pädagogisch be-, aber auch ergriffen wurde.

Vermutlich tritt eine Situation des absolut offenen Anfangs niemals in völliger Reinheit auf, weil immer Residuen alter Gesellschaft nachwirken oder wenigstens eine Intention aufzufinden ist, die sich darauf richtet, dass pädagogische Praxis wird. Gleichwohl macht sie aufmerksam darauf, dass ein offener Anfang innerhalb pädagogischer Prozesse eine zentrale Funktion hat, die beachtet werden muss. Wie weit auch Gesellschaften und Kulturen Voraussetzungen, Sicherheiten, Netze anbieten, welche als vorpädagogisches Element dienen, ist es doch zugleich eine solche Ungewissheit gegenüber dem dritten Faktor, die Bildungsprozesse in radikaler Weise ermöglicht und ein Ende der Erziehung denken lässt. Die Selbsterzeugung des Aneignungsgegenstandes bildet den einen radikalen Fall, in welchem Bildung beginnt. Die andere Möglichkeit besteht darin, dass

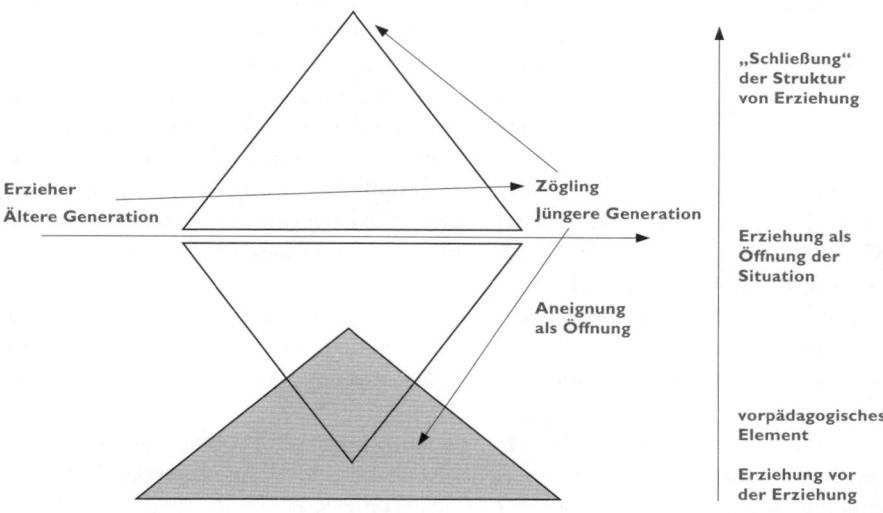

Abb. 7: Dynamik der Erziehung als Öffnung und Schließung

das Subjekt des Zöglings sich selbst zum Gegenstand der Aneignung wird. Was er als dispositionelle Voraussetzung mitbringt, kann nun seine Aufmerksamkeit gewinnen und verarbeitet werden – je nach Lebensphase mit mehr oder weniger großer Dynamik. So werden das eigene Erzogenwordensein und das Erzogenwerden zum Gegenstand der Aneignung.

Aneignung bedeutet mithin im Zusammenhang der Öffnung der Situation, seine eigene Ausgangssituation, sich selbst anzueignen, zu kontrollieren und zu beherrschen. Das Subjekt sieht sich somit – erstens – auf sich verwiesen; der pädagogisch Handelnde spricht dies als Gestus aus, der auf eigene Verantwortung des Zöglings pocht. Doch muss dazu eine materiale Chance zu eigener Verantwortung, mithin zur Einflussnahme (also zur Selbstwirkung) bestehen, alles andere ist ein Zynismus. Zweitens setzt dies voraus, dass man sich nicht zwanghaft gebunden erlebt. Aneignung in pädagogischer Praxis, mithin gelingende Erziehung wird nur möglich unter der Bedingung einer elementaren Freiheit. Sie muss ein Gefühl elementarer Sicherheit und Urvertrauen schaffen, zugleich aber ein solches Maß an Unabhängigkeit gewähren, dass das Aneignungssubjekt noch die materielle wie personale Seite der Sicherheit infrage stellen kann. Das ist nicht frei von Tragik. Denn Eltern, Erzieher erleben und erleiden dann das Gefühl, abgelehnt zu werden – wie die sich Bildenden doch wenigstens ahnen, dass sie Schmerzen zufügen: *Alles haben wir für das Kind getan und jetzt enttäuscht es uns, indem es etwas ganz anderes macht, als wir von ihm erhofften und für es vorsahen.* Doch zur Öffnung der Situation gehört, dass das „erzogene Subjekt" diese Enttäuschung bereitet. Es ist zu ihr auch nur fähig, wenn es zugleich seiner Erzieher gewiss ist. Man muss sich ihrer sicher sein, um sich gut von ihnen lösen zu können.

Pädagogische Praxis zeigt sich mithin als riskante Angelegenheit – aber das ist sie prinzipiell, weil sie das Spiel mit Möglichkeiten betreibt. Dass ihr Prozesscharakter nur zu realisieren ist, wenn der schon gelungene Aneignungsprozess fast selbstzerstörerisch genutzt wird, hat schon jene klassischen Bildungstheorie gezeigt, die sich auf Hegel berufen hat. Die Dramatik des Geschehens liegt darin, dass die in der Struktur der pädagogischen Praxis gegebene Öffnung zuweilen total auftreten muss, dabei alle Zusammenhänge, selbst das dispositionelle Element in Frage stellt. Alles kann für eine Möglichkeit und für das Neue verworfen werden: Ressourcen, gemeinsam geteilte Erfahrungen, die schon erworbenen Kompetenzen und die Instrumente des Aneignungshandelns. Wenn junge Menschen die Beziehungen zu ihren Eltern oder Erziehern abbrechen, stehen zuweilen Kämpfe um den dritten Faktor dahinter, manchmal aber auch solche um die eigene Identität: *Ihr versteht mich ja doch nicht*, lautet die fast schon konventionelle Formel – die vielleicht sogar nur besagt: *Ich will eigentlich nicht, dass ihr mich versteht, weil ich schon Schwierigkeiten genug damit habe, die Welt zu begreifen.*

Möglicherweise hört jede Erziehung so auf: Denn ein Problem der von Organisation verfolgten strukturellen Schließung besteht darin, dass die Öffnung, dass der offene Ausgang von den Zöglingen erkämpft werden muss: so wie Erziehung beginnt, dass man die Kinder zum Pinkeln vor die Türe schickt, so muss sie wohl damit enden, dass diese selbst die Hütte verlassen und hinausgehen. Erfolgreiche Erziehung zeigt sich dann nur darin, dass sie „Auf Wiedersehen" sagen, die Türe schließen und später Postkarten schicken.

Strukturell nämlich bedeutet die Schließung doch immer eine Einschließung. Der Zögling ist Zögling in der pädagogischen Praxis, die ihm – bliebe er in ihr – zum Existential würde, nicht anders als dem Erzieher, den beruflich-professionelle Tätigkeit dazu verurteilt. Rousseau ist dies als erstem aufgefallen, es macht seinen „Emile oder über die Erziehung" zu einer Schreckensvision, der man nur dankbar zur Seite stellt, dass er auch anders denken konnte. Seine Modelle einer gesellschaftlichen Erziehung haben andere Perspektiven eröffnet. Gleichwohl lässt sich kaum übersehen, in welchem Maße selbst die Öffnung der pädagogischen Praxis nur ein wenig von dem Ausmaß mindert, in welchem Erzieher und Zögling in dieser Praxis involviert sind. Man kann aus ihr eigentlich nicht so recht heraustreten. Das Ergebnis des pädagogischen Geschehens lässt sich nur beziehen auf dieses selbst; es bleibt immanent, auch wenn die Erzogenen mit dem in der Welt Erfolg haben mögen, das ihnen in der Erziehung widerfahren ist, von ihnen selbst auch aneignet und so in die pädagogische Praxis eingebracht wurde. Das klingt abstrakt, doch die Realität der Erziehung gerade in liberalen Gesellschaften illustriert das Geschehen. Die in der Erziehung gewonnene Form bleibt und führt die Subjekte immer wieder in das Geschehen zurück, Habitus, der auf die pädagogische Praxis selbst noch zurückverweist, eben eine Wohlerzogenheit, die explizit symbolisiert wird – in der Kleidung Etons etwa, in der Krawatte, die auf das College aufmerksam macht, das in Oxford oder Cambridge besucht wurde. Stallgeruch also – und dies möglicherweise im wörtlichen Sinne. Es sind diese kleinen Unterschiede, die äußerlich erkannt bleiben, die den Zusammenhang des pädagogischen Geschehens als Erinnerungsfigur in die weite Welt hineintragen; in den verschiedenen Milieus wirken sie nach, weil sie dort als Eintrittsfiguren anerkannt werden. Erziehung wirkt – aber sie wirkt nur in sich selbst; was sie an den Subjekten erreicht und von diesen in der Welt dann realisiert wird, lässt sich dem pädagogischen Geschehen nicht unmittelbar zuordnen. Es gewinnt eine neue Bedeutung in der mundanen Praxis, in welche sie dann eintreten. Ein ambitionierter Begriff des Pädagogischen Handelns muss dies aufnehmen.

14   Das pädagogische Handeln

„'Du wirst es einst verdanken!' spricht der Erzieher zum weinenden Knaben;
und in der That, nur diese Hoffnung entschuldigt die Thränen, die er ihm aus-
preßt. – Er hüte sich, in zu großer Sicherheit zu starke Mittel zu oft zu brauchen! Nicht alles Gut-Meinen wird verdankt, und es ist ein schlimmer Platz in
der Classe derer, welche mit verkehrtem Diensteifer da Wohlthaten anrechnen,
wo der Andre nur Uebel empfindet! – Daher die Warnung: nicht zu viel zu erziehen; – sich zu enthalten alles entbehrlichen Aufwandes derjenigen Gewalt,
durch welche man hin und her biegt, die Stimmung beherrscht und den Froh-
sinn stört" (Herbart 1806, S. 25).

Nicht zu viel erziehen, gar nicht erziehen. Das markiert Leitmotive in der Sache, zumindest, wenn sie *nicht* populär diskutiert wird; dabei begegnet noch der
skeptische Vorbehalt: „Erziehung bleibt doch ein Tun – kann ein Tun je vollständig normiert werden durch die Warnung, nicht zu viel zu tun" (Cohn 1919
S. 13). Erziehung nicht bloß als die Struktur einer Praxis, sondern als ein Handeln gedacht, als gewolltes, gerichtetes Tun, kann sich von der Gewalttätigkeit
nicht so ganz entfernen. In der Empirie aller Erziehung, in den institutionellen
und informellen Praktiken begegnen immer auch Gemeinheit und Härte. Grausamkeit ist nicht unwahrscheinlich, sie gibt zugleich das negative Kriterium pädagogischer Praxis ab, gegen das sich diese messen muss. Unterdrückung, Abrichtung, Verachtung, Zynismus begegnen im Zusammenhang pädagogisch gemeinten Handelns, sodass eine realistische Theorie sie an den Anfang zu stellen
hat, zumal diese Handlungsformen sich im Gewand wohlmeinender Absichten
verbergen und Reputation genießen.

Erziehung will zu viel des Guten. Solange ein vorpädagogisches Element gesichert ist, findet sie ein zweites Kriterium ihrer Praxis darin, dass die meisten
Entwicklungen schon von selbst kommen. Bildungsprozesse sind stark und
mächtig. Auf welchen Umwegen sie gelebt werden, führen sie doch dazu, dass
Subjekte sich auf ihre eigene Art entwickeln. Die Vermittlung von Natur und
gesellschaftlich-geschichtlichem, nicht genetischem Erbe hin zur Aneignung
muss selten erzwungen werden, sie organisiert sich als Nebeneffekt der sozialen
und kulturellen Prozesse selbst, ihrer Rituale, in einer lebensweltlichen und alltäglichen Praxis, auf die nur bedingt Aufmerksamkeit verschwendet wird; allzumal wenig differenzierte Gesellschaften mit einer geringen Entwicklungsdynamik richten Erziehung schon selbst ein, meist im Miteinander alle Beteiligten –

Breughels Bilder etwa erzählen von Kinderspielen, in welchen sich Große und Kleine kaum unterscheiden.

Man kann also vertrauen, zumindest den beteiligten Subjekten. Misstrauen ist jedoch gegenüber Gesellschaften angebracht, die in ihrem Zugriff noch jedes Moment des Konservativen zerstören, das Bildungsprozesse benötigen. Sie vereinnahmen diese oder halten Möglichkeiten vor. Vermittlung, funktionale Erziehung bedürfen der besonderen Absicht, wenn Selbstverständlichkeit und die Autonomie der Lebenspraxis in Frage gestellt werden und das vorpädagogische Moment verloren geht. Dies kann bedeuten, dass „Natur" übermächtig wird oder „Gesellschaft" eine Dominanz gewinnt. Vermittlung als pädagogische Praxis wird mithin erforderlich, wenn sie nicht mehr selbstverständlich stattfindet – das hat meist mit politischen Entscheidungen zu tun. Deshalb leidet die öffentliche Aufregung über Erziehungskatastrophen an einem Pinocchio-Effekt: Gar nicht lang genug können die Nasen jener sein, welche sich an diese fassen müssten.

Die elementaren Formen des Handelns in der pädagogischen Struktur finden sich in Vermittlung und Aneignung, dann in dem Dreiklang pädagogischer Aktivitäten, der Schleiermacher zugeschrieben wird (vgl. Brachmann 2002), im Behüten, Gegenwirken und Unterstützen. Unterstützung gilt den Potenzialen und Fähigkeiten, an den in Vermittlung gründenden Möglichkeiten der Aneignung, die sich an einem Zögling zeigen; Unterstützung kann daher auch den Möglichkeiten und Chancen einer Gesellschaft und ihrer Kultur gelten. Sie richtet sich auf das, was aus dem Zögling oder aus der Welt kommt. Analog steht im Schema die Gegenwirkung. Gegenwirkungen gelten ebenfalls sowohl dem, was ein Kind entwickelt, was aus dem Kind kommt, wie den Gefährdungen und Zerstörungen, die eine Gesellschaft und eine Kultur erzeugen, dem also, was aus der Welt kommt. Behüten aber bildet eine Mitte, weil Aufmerksamkeit und Sorge dem Zögling und der Gesellschaft gelten.

Pädagogische Aktivität unterstützt Entwicklungs-, Lern- und Bildungsprozesse. Sie misst sich daran, das mögliche Subjekt in seiner möglichen Subjektivität zu dieser hin zu bringen, nicht bloß zu begleiten, auch nicht bloß zu drängen, sondern in Gestaltung eines komplexen Flechtwerks von Bedingungen und Praktiken ihm zu ermöglichen, sich in diesem zu finden und zu befähigen, sich geltend zu machen gegenüber einer Welt, welche die Kontrolle übernehmen will. *Mündigkeit* trifft den Sachverhalt: So stellt sich pädagogisches Handeln Entwicklungen und Aktivitäten entgegen, die zu Erstarrungen führen, weil Falsches angeeignet wurde, das für weitere Bildungsprozesse nicht taugt und zu Kontrollverlusten führt; vielleicht erzeugt eine solche Erstarrung, wenn eine Gesellschaft das Spielen verbannt, um Zeit für formalisiertes Lernen zu gewinnen; Gegenwirkung bedeutet dann, dem so krank gemachten Charakter die innere Freiheit wiederzugewinnen und seine Kreativität zu entdecken, wie sie eine Kultur benötigt, die auf Erfindungsreichtum angewiesen ist. Dies weist schon auf Behütung hin: Erziehung verhindert Entwicklungen, welche eine Gesellschaft an den Subjekten exekutieren möchte, sodass diese ihre Subjektivität verlieren. Mancher mag über Bewahrpädagogik lästern, da man sich gesellschaftlichen und kulturellen Entwicklungen nicht entziehen kann: Doch die Einübung in den unvermeidlichen Gebrauch kann entwicklungspsychologisch später erfolgen. Kleinkinder überlässt man nicht dem Straßenverkehr. Warum sollte sie man sie etwa dem Verkehr der Symbole ausliefern?

Der Trias von Handlungen ist noch die *Impulsgebung* hinzuzufügen, mithin die Kategorie der Aktivitäten, die einen Anstoß geben, zu Handlungen und zu Entwicklungen, vor allem zur Selbsttätigkeit. Am Anfang einer Systematik wie einer Phänomenologie pädagogischer Praxis steht aber das *Initiieren*. Denn die gewollte Praxis organisiert die Möglichkeit von *Bildungsprozessen*, ausgerichtet auf eine sich andeutende, in der Tätigkeit schon zu erkennende Entwicklung (Wygotski 1974, S. 241). Sie macht Kultur als Möglichkeitsraum zugänglich und thematisch, so dass die Dispositionen zu weiterer Erziehung, dann zu sozialer und kultureller Praxis bei den Beteiligten entstehen; Kultur muss aber gesehen werden. Erziehung ermöglicht also, Wahrnehmungskompetenz anzueignen und zu entwickeln, um so die Welt kennen zu lernen (Koerrenz 1995, S. 173).

Erziehung als Organisation einer Praxis der Erziehung richtet nach der Ermöglichung ihrer selbst die Aufmerksamkeit auf die eigene Überwindung. Sie macht Beteiligten im objektiv Gegenständlichen eine Differenz zu ihrer aktuellen Verfassung zugänglich und als Option erfahrbar. Strukturell stellt dies vor das Paradox, dass Erziehung als Handeln die eben in ihren Voraussetzungen und Bedingungen situativ gesicherte Struktur wieder aufhebt; ihr geht es um eine Öffnung der Situation, mithin um die Überführung in den Prozess. Aneignungstätigkeit muss vielfältige, nicht mit Notwendigkeit verbundene Gegenstände, Wirklichkeiten des Sozialen und Kulturellen, eben Resultate vorangegangener Arbeit vorfinden. Unterschiede müssen zu erkennen sein, denn nur solche Differenz fordert das Subjekt zu Verstehensleistungen auf, in welchen es lernend sich und einen kohärenten Vorstellungszusammenhang von Welt herstellt. Vorstellungen selbst haben wiederum eine bildende Bedeutung für die Aneignungssubjekte, weil sie Differenzen aussprechen, in welchen Optionalität und Selbstbestimmung erworben werden. Differenz setzt die Kreativität des Begreifens frei, indem sie eine zugängliche Erfahrung am Gegenstand und mit diesem in einen anderen Zusammenhang rückt.

Dies lässt sich nicht nur in Stufen beschreiben (Koerrenz 1995), vielmehr realisiert sich Erziehung als eine – in einem strengen Sinne des Ausdrucks – Technologie, die als ein sachrationaler Zusammenhang von Handlungen in einer methodischen Denkart zum Tragen kommt (Mannschatz 2005, S. 24): Diese wird einerseits gesellschaftlich-kulturell geformt; Balancen zwischen sozial und kulturell definierter Macht und Autonomie, zwischen gebilligtem und verbotenem Tun umgeben die Logik des Erziehungshandelns: Das Überwachungsgerät für ein Kleinstkind eröffnet seinen Eltern Möglichkeiten einer räumlichen Distanz, die ihnen die Ausübung der Sexualität erlauben, wie sie in beengten Wohnverhältnissen unmittelbar vom Nachwuchs miterlebt würde; vielleicht verstärkt das technische Gerät somit das Tabu, das dann in mühsamen Lernprozessen aufgehoben werden muss. Sich verfügbaren Handlungsmöglichkeiten und gültigen Wissen zu verweigern, Geräte nicht in Anspruch zu nehmen, wäre einfältig; Erziehung nutzt Techniken, jedes Kinderzimmer stellt eine solche dar. Nicht minder naiv aber sind Versuche, aufgrund begrenzt durchgeführter Experimente ein sicheres technisches Handeln zu begründen. Vordergründig lässt Psychologie zwar an Zauberei glauben, doch bestehen die empirisch festgehaltenen Wirkungszusammenhänge in unendlicher Komplexität; am Ende muss man mit dem Takt entscheiden, den schon Herbart empfohlen hat.

Pädagogische Professionalität prüft dabei die Bedingungen, die pädagogische Praxis ermöglichen oder verhindern; sie tut dies denkexperimentell mit den Fiktionen ihrer Theorie und den daraus entstandenen kontrafaktischen Vorstellungen; sie dienen als Prüfkriterien: Subjektivität oder Mündigkeit sind also keine Normen, sondern stellen Anfragen an die Realität dar, zuweilen nur als Illusion zu denkende Wirklichkeiten. Sie leiten das Handeln, das aber doch das besonnene Urteil und die Intuition verlangt:

- *Erziehen wollen*: Die fundamentale pädagogische Handlung zeigt sich als *Absicht und Haltung*, dass Erziehung sein soll; sie spricht sich in Habitus und Gestus aus, nicht nur der Lehrer ist an den kleinen Unterschieden zu erkennen. Erziehung geschieht deshalb durch die Anwesenheit von Personen, die sich dazu bekennen, *eben Pauker zu sein*. Man muss Erziehung wollen. Erziehung vollzieht sich nicht als Mechanismus, sondern muss eingehandelt werden; die Struktur des pädagogischen Handelns wird so als ein elementarer Affekt gegenüber den Beteiligten wirklich.

Damit klingen untergründige Motive in ihr nach: Erziehung zu wollen, folgt einem sozialisatorisch erworbenen Drang zur Machtausübung. Wir vergessen kaum, selbst erzogen worden zu sein, Pathologie ist denkbar, mit niederen Motiven ist zu rechnen, mancher möchte zur Selbständigkeit prügeln. Umgekehrt aber bedeutet Erziehung zu wollen, ein Interesse an einem anderem, an seiner Entwicklung, seinem Lernen, seiner Selbstständigkeit, seiner Bildung zur eigenen Freiheit zu haben und dafür eine elementare Zuwendung und „irrationale Bindung" als fundamentale Ressource bereitzustellen. Die „Verrücktheit" gegenüber *diesem* Kind verrät eine Anerkennung der Person des anderen vor allen weiteren Ansprüchen an sie; sie praktiziert jenen von Hegel und Mead begriffenen Gestus, der die Integrität des anderen durch Wohlwollen wie durch jene Zustimmung ausdrückt, die dem Handeln und Reden des anderen selbst dann eine prinzipielle Berechtigung zuspricht, wenn man es inhaltlich nicht teilen will (vgl. Honneth 1990). Anerkennung durch andere birgt die Bedingung der Möglichkeit, das eigene Selbstverständnis im Spiegel des anderen zu erkennen und in ein positives Selbstverhältnis zu überführen. Man gewinnt ein Bild von sich, das man für sich festhält. Umgekehrt demütigen Missachtung und Verletzung der Integrität, weil und wenn sie den Anspruch moralischer Zurechnungsfähigkeit dementieren und so die Möglichkeit zur Entwicklung einer Perspektive auf Welt beschädigen. Missachtung zerstört den Blick des Zöglings auf die objektivierte soziale und kulturelle Welt, die Gegenstand seines Aneignungshandelns wäre. Kränkung zerstört Erziehung, weil sie dem Zögling die Chance zum Entwurf seiner selbst in einem von ihm wahrgenommenen Kontext nimmt.

- *Sorge:* Verrücktheit und Achtung codieren einen *Gestus der Sorge,* der als Motiv einer pädagogischen Ideologie erscheint; Pädagogen agieren eher als Apokalyptiker denn als Integrierte (Eco 1987). Ihm liegen als ethologisches Substrat Verhaltensweisen zugrunde, welche auf Erhaltung der Art gerichtet sind. Der Gestus der Sorge spricht sich einerseits intuitiv aus und zielt auf das physische und psychische Wohlergehen des Nachwuchses. Pestalozzi spricht von Besorgung; sie wahrt jene emotionale Stabilität und Sicherheit, die als Grundbedürfnis nicht nur von Kindern empfunden wird, von dessen Befriedigung kognitive wie emotionale Intelligenz abhängen (vgl. z. B. Greenspan/Elderly 2001). Zum anderen richtet sich der Gestus der Sorge gegen Bedingungen, welche die Existenz des Nachwuchses bedrohen; Sorge geht mit konservativer Gesellschafts- und Kulturkritik einher. Beides mündet in eine Erfahrung, die Eltern nicht fremd ist: Die Erfahrung, das eigene Rudel gegenüber Angreifern verteidigen zu müssen; zu diesen können auch Lehrer zählen, weil sie mit ihrem Urteil die eigene Brut kritisieren und den familiären Frieden, also das pädagogisch dispositionelle Moment beschädigen.

Sorge zielt auf den Anfang des pädagogischen Geschehens und seine Rahmung. Sie bewegt, dass die Struktur der pädagogischen Praxis begründet werden muss, die eben alle Beteiligten mit umfasst: Erneut zeigt sich als Irrtum, durch Erziehung eine Intention verfolgen zu wollen, welche sich auf den Zögling bezieht und diesen zu einem bestimmten Ziel hin verändern will. Die Intention liegt vielmehr in dem Paradox, dass die pädagogische Praxis strukturell zustande kommt, mit dem sie auszeichnenden Effekt, über den Ausgang nicht vorab befinden zu können. In der Sorge richten sich Absicht wie Aufmerksamkeit darauf, pädagogische Praxis als eine besondere Praxis des Miteinanders von Menschen im Verhältnis zur geschichtlichen, gesellschaftlich-kulturellen Wirklichkeit zu realisieren. Insofern ist Erziehung „kein unbewusstes und erst recht kein zweckfreies soziales Agieren, sondern ein sinnhaftes Tun, ausgehend von einer konkreten Aufgabenstellung" (Brachmann 2002, S. 26). Entscheidend ist, dass das Bewusstsein für Pädagogik existiert und sich Aufmerksamkeit, reflexive Sensibilität (und vielleicht auch Sinnlichkeit) auf ihre Realisierung richten, in ihrer Gesamtheit und Komplexität, allzumal mit allen sie auszeichnenden Zügen von Offenheit. Sorge und Aufmerksamkeit finden ihr Gegenbild, wo nicht mit Unwägbarkeiten gerechnet wird, sondern Kontrolle und Evaluation stattfinden; als Kuratel werden sie aufdringlich und vernichten Erziehung: Du sollst dich beobachtet fühlen, bis du dies so weit verinnerlicht hast, dass du dich selbst beobachtest – every step you make, every breath you take.

Methodisch tritt Sorge als „Gestimmtheit" auf (Bollnow 1995; vgl. Koerrenz 2004): Sie schafft eine Atmosphäre, welche die Beteiligten umgibt; sie muss nicht materialisiert sein. Das sorgende Moment spricht sich eher in einem Klang aus, der die Beteiligten zusammen stimmen lässt – sie agieren mit einem gemeinsamen Stil, einem Ton, in welchem die pädagogische Praxis zum Klingen kommt. Vielleicht kann man das Gemeinte erkennen, wo dieser Ton nicht zu hören ist, in jenem Geschrei, das an Hysterie erinnert; im Negativem begreifen wir eher, was wir positiv nicht darstellen können.

- *Alles tun durch Nichtstun!* Rousseaus Aufforderung für die erste Zeit der Erziehung wird meist als Verweis darauf gelesen, der Natur ihren Gang zu lassen. Systematisch pädagogisch ist etwas anderes gemeint, das seine politische Kritik an den verkommenen gesellschaftlichen Verhältnisse überlagert. Abgesehen davon, dass unmittelbar auf den Zögling gerichtete Wirkungsabsichten suspendiert werden, hebt Rousseau auf das vorpädagogische Element ab, das ihr zugehört, sie ermöglicht und bedingt. Es operiert mit Bildsamkeit, welche sich aufsuchen lässt; vorgängig entsteht Selbsttätigkeit als eine eigene Bildungsdynamik, die im Erziehungsgeschehen dann eine Form erhält:

Entwicklungspsychologisch lässt sich dies nicht beschreiben, weil Vermittlung schon Natur und Geist zusammenbringt. Als Protopädagogik geht ein Geschehen mit und zwischen schon handlungsfähigen Subjekten voraus, das Erziehung auf gesellschaftlich und kulturell gegebenen Möglichkeiten aufruhen lässt. Diese sind materieller und ökonomischer Natur wie sie denn auch kulturelle und psychische Dimensionen umfassen. In jener Hinsicht wirken sich Armut, Elend und Not vorrangig aus, in jener spielen Mentalitätsmuster, die moralische Ökonomie, wie zugleich auch die Stärke der Resilienz eine Rolle. Vor allem bildet die autonome Lebenspraxis, Pestalozzis „Wohnstube", die entscheidende Ressource der vorgängigen Erziehung, mit Themen und Verhaltensformen, welche unspektakulär in Geltung sind, alle Beteiligten einbetten und mit Positionen im sozialen und kulturellen Geschehen versehen. In diesen Zusammenhängen findet die Vermittlung statt, wie sie vor einer Erziehung stattfindet, welche dann dem erregten pädagogischen Bewusstsein folgt. Insofern trifft die phänomenologische Beobachtung vom Umgang zu, der „bereits den Hinweis enthält, dass er ein Erziehungsverhältnis existent werden lassen kann" (Langeveld 1969, S. 34), er „kann jeden Augenblick in Erziehen umschlagen" (ebenda). Systematisch gesehen bedeutet dies aber zunächst und zuerst, dass Erziehung immer hinter einem anderen Geschehen, also „adventitiär" folgt, „d. h. sie kommt zu einer Situation immer hinzu und entwickelt erst darin ihre Kräfte" (Rauschenberger 2003, S. 376). Die pädagogische Praxis wird auf Praktiken des Alltags aufgesattelt; Standardsituationen des Lebens werden aufgenommen, um sie pädagogisch zu interpretieren. Man arbeitet miteinander, folgt Regeln, unterliegt Hierarchien, ist mithin einer sozialen und kulturellen Praxis gemeinsam eingebettet, die nun aufgenommen und thematisch wird; insofern kann Erziehung aus einer geordneten und funktionierenden Welt nicht herausfallen. Umgekehrt richtet sich pädagogische Aufmerksamkeit auf Erziehung vor allem dann, wenn sie ihre funktionalen und normalen (wie normalisierenden) Stabilitätsgrundlagen verliert und nicht mehr hinzutreten kann, sondern sowohl originär sein wie auch ihre Voraussetzungen erst selbst schaffen muss: Bricht die Kontinuität der gesellschaftlich-geschichtlichen Welt, dann wird Aufmerksamkeit nötig, den dritten Faktor zu präsentieren und in Inszenierungen vor Augen zu stellen; Erziehung wird dann geradezu theatralisiert.

- *Unterbrechen*: Das Theater mag eine moralische Anstalt sein, die sich von der Welt unterscheidet. Brüche gehören zur pädagogischen Praxis, diese entdeckt sich nicht nur in diesen, sondern gestaltet sie auch. Denn paradoxerweise unterbricht Erziehungshandeln ein Geschehen oder hält in diesem inne. Man kann nicht gleichzeitig politisch, ökonomisch handeln *und* erziehen, man kann nicht gleichzeitig arbeiten und erziehen. Jede Praxis der Erziehung setzt eine Zäsur in dem (re-)produktiven Handeln einer Gesellschaft und einer Kultur. Deshalb erzieht man nicht in der sozialen und kulturellen Welt, sondern unterbricht diese in ihrem Fortgang und tritt aus dieser heraus. Man kann nicht ein Produkt erzeugen, man kann nicht eine Diskussion führen und gleichzeitig auf diese hinweisen und sie thematisch machen. Umgekehrt wirkt unernst, wenn jemand im pädagogischen Kontext so tut, als ob er seine Geschäfte weiterbetreibt. Doch trifft dies nicht allein auf den Erzieher zu. Auch der Zögling wird durch die pädagogische Situation aus einem Zusammenhang gerissen, der schon seinen Modus ausmacht. Ihm widerfährt insofern eine Umlenkung, eine peragogie, er wird auf sich selbst verwiesen. Die individuelle Entwicklung bleibt also nicht in ihrer Vermitteltheit mit sich selbst. Die subjektive Aneignungstätigkeit wird durch die Entkoppelung vom alltäglichen Lebensprozess potenziell zentriert oder konzentriert und die Polarisierung der Aufmerksamkeit (Maria Montessori) initiiert. Dies regt das eigene Tun des Zöglings, seine eigene Konstruktions- und Bildungsleistung an.

Dafür wird als Preis entrichtet, dass Erziehung eben Erziehung bleibt; *non scholae sed vitae*, dieser Satz gilt nur ironisch. Lehrwerkstätten bleiben Lehrwerkstätten, pädagogisches Arrangement, das sich von Wirklichkeit unterscheidet. Verständlich wird, warum Großeltern in der Regel ein besseres Verhältnis zu den Enkeln entwickeln. Während Eltern sich die pädagogische Praxis von allen anderen Lebensprozessen abringen und professionell innehalten müssen, sind Großeltern von diesem Druck entlastet. Sie beginnen mit der ruhigen Situation und können Kindern dann tatsächlich die Welt in einer Weise zeigen, in der diese exklusiv für die nun in der pädagogischen Praxis Tätigen besteht.

Erziehung wirkt also praktisch auf die *Entkoppelung* von sozialer und kultureller Entwicklungsdynamik und individueller Entwicklung, um diese wieder durch das so zur Bildung angeregte Subjekt koppeln zu lassen: Denn jedes menschliche Leben vollzieht sich in einem Gesamtzusammenhang und wird von seiner Dynamik mitgerissen. Erziehung wirkt dagegen als ernste, aber notwendige Störung der Geschäfte. Dies stellt ihre Legitimität infrage: Zum einen beansprucht die normale Lebenssituation ein Vorrecht. Man will eigentlich Wichtiges erledigen: Das gemeinsame Abendessen hat Vorrang, der Tisch muss abgeräumt werden – dass man für sauberes Geschirr zu sorgen hat, gibt den Anlass der Erziehungsaktion, die auch als solche empfunden wird. Kinder und Jugendliche beklagen dann, der pädagogische Gestus *nerve*. Umgekehrt wird pädagogisches Handeln totalitär, weil es sich über das andere Geschehen lagert und sich in ihm breit macht, es überwuchert und die normale Wirklichkeit nicht mehr gelten lässt. Deshalb gehen Gesellschaften unfreundlich mit pädagogischer Praxis um und begegnen ihr mit Ironie oder Herablassung. Zuweilen genießt man ihr Scheitern als einen Sieg des wirklichen Lebens. Das macht zwei Zusatzprobleme deutlich: Einmal zeigt sich, wie ein Übergewicht von Aufgaben und Belastungen keinen Raum für das pädagogische Geschehen lässt; wer unter ökonomischem Druck leidet, kann dieses ebenso wenig wie jener verwirklichen, der von seiner beruflichen Tätigkeit aufgefressen wird. Zum anderen können situative Möglichkeiten entfallen, wenn eine Maschine die Hausarbeiten übernimmt. Dann kann Erziehung weder hinzutreten noch unterbrechen; sie wird unmöglich.

• *Ortshandeln:* Erziehung bricht das fortlaufende Geschehen mit einem Effekt ab, den Rousseau als erster begriffen hat: Sie vollzieht sich weltfremd, indem sie sich der Welt entzieht und einen Gegen-Raum schafft, um sich am Ende wieder auf diese zu konzentrieren, sie besonders thematisch zu machen und hervorzuheben. Erziehung hat von daher immer eine Tendenz, gegebene Verhältnisse und sogar das in diese vermittelte Subjekt zu diskriminieren. Damit gerät sie in die Gefahr, Anerkennung zu verweigern – um ihm die Souveränität auch gegenüber den eigenen Verhältnissen zu geben. Sie tendiert damit zur Asozialität – wobei dies zuweilen als klösterlicher Effekt erscheint. Der Raumzusammenhang wirkt als Vorordnung für das Handeln des Zöglingssubjekts (Petersen 1971). Erziehung hat ihren Grundmechanismus im „Ortshandeln":

Der Raum bietet zunächst Sicherheit für das Individuum, das Aneignung als Krise erlebt, und erlaubt Selbstfeststellung. Die Subjekte entwickeln sich durch die Aneignung des Ortes, seiner Bedingungen und der an diesen gegebenen sozialen Strukturen, indem sie die Kontrolle über ihre Bewegungen in diesen Räumen und aus diesen heraus gewinnen (vgl. Winkler 1988), wenn sie die mit ihm gegebene Bühne und Inszenierung verlassen: Wie die Kinder sich aus der Küche schleichen, um der Küchenarbeit zu entgehen, ärgert zwar die Eltern, signalisiert aber Auseinandersetzung oder gibt wenigstens Anlass zu ihr. Auch wenn es zuweilen nur durch eine imaginierte Räumlichkeit geschieht, werden die Beteiligten ein- und ausgeschlossen, ähnlich einem Liebespaar, das seine Umwelt vergisst. *Ortshandeln* zieht Grenzen und schafft eine Art Rahmung und Gerüst für die pädagogische Praxis, dann eine Szene, in welcher die Welt doch wieder dargestellt ist: Rahmung stellt ein Innen und Außen her, mit und in ihr erfolgt eine Positionierung des Subjekts. Sie markiert ein Spielfeld, auf welchen die Beteiligten neue – in jeder Hinsicht des Ausdrucks – Züge und Entwürfe von sich entwickeln können, um sich selbst festzustellen.

Ortshandeln kapselt Erzieher und Zögling ein, weniger füreinander, sondern mit Blick auf ein Thema oder einen Gegenstand, der aus dem Alltag genommen und zum dritten Faktor erhoben wird. Diese „Einschachtelung der Welt" (Mollenhauer 1983, S. 39) wirkt als ein Filter. Das für relevant erklärte Geschehen wird aus dem Zusammenhang des Ganzen herausgenommen – die laufenden Prozesse der Welt werden verschattet, vielleicht mit einem Tabu versehen: *Das darfst du eigentlich noch nicht wissen*, sagt man ironisch zu einem Jugendlichen,

169

der doch schon Bescheid weiß. Zugleich ermöglicht der Ausschluss aus dem Ganzen des sozialen und kulturellen Prozesses eine Distanz zu diesem. Sie erlaubt erst, begriffliche Repräsentationen zu bilden: Indem die pädagogische Praxis gegenüber den fortlaufenden Geschäften einer Gesellschaft und ihrer Kultur konstituiert wird, kann auf den dritten Faktor verwiesen und eine Vorstellung von ihm gebildet werden: Die Welt wird nicht in ihrem Mitvollzug begriffen, sondern in einem Ausschluss von ihr. Erst dieser ermöglicht, dass sich die Subjekte zu einem Gegenstand verhalten, theoretisch und praktisch Kontrolle über diesen gewinnen. (Insofern kann Erziehung nicht – wie Sozialpädagogen dies zuweilen behaupten – Klienten abholen, wo diese stehen; der Erziehungsprozess muss schon hinzutreten und einen Unterschied setzen, der den Blick auf eine andere Lebenspraxis eröffnet.)

Die räumliche Rahmung lässt endlich zu, dass die Wandlungskontinuen des Entwicklungsprozesses der Gesellschaft und ihrer Kultur, des Zöglings und des Erziehers miteinander verklammert werden. Sie schießen situativ zusammen. Im Innehalten findet also eine Zäsur statt, die den Raum für die pädagogische Praxis bietet: Ich unterbreche die Arbeitstätigkeit, um einem Kind etwas zu zeigen, halte den Lebensprozess an, um das mir wichtige Geschehen zu demonstrieren. Jeden Sonntag geschieht dies in der „Sendung mit der Maus", wenn sie die Produktion eines Gegenstandes im Slow-Motion-Verfahren zeigt. Damit entsteht ein Raum der Erkundung, in dem man sich auch bewegen kann, um den einen oder anderen so erst gegebenen Sachverhalt zu fassen. Dies aber geht in einen Lernprozess über, in welchem sich die Beteiligten verändern.

- *Inszenieren:* Erziehung inszeniert den Raum. Das vermittelnde Handeln realisiert sich in der Differenz von Außen und Innen, es trennt eine Bühne von der Welt ab, auf der allerdings ein experimentelles Stück gegeben wird, das von allen Beteiligten improvisiert wird – die Beteiligten schreiben ihre Skripts mithilfe der vorgefundenen Texte selbst. Die Inszenierung reduziert die komplexe Welt auf einige wenige Momente, welche aktuell thematisch werden, sie inszeniert Elemente, die dann einen Erfahrungsraum gestalten. Die Szenen entstehen aus den Sachelementen, welche nach dem Innehalten gegenüber dem mundanen Prozess der alltäglichen Lebensbewältigung am „pädagogischen Ort" stehen bleiben.

Die Inszenierung auf der pädagogischen Bühne und der pädagogischen Situation hebt Charaktere und Handlungsweisen hervor und stellt andere zurück, wie dies die Regieanweisungen bei der Aufführung eines Theaterstücks bestimmen. Eingerichtet wird die Bühne mit Kulissen und Requisiten. Die Akteure nutzen das gegebene Material, nehmen es in sich auf, entwickeln aber Neues und gestalten noch die Bühne um; am Ende wird das Geschehen von den Beteiligten kommentiert, vielleicht auch rezensiert, um im anerkennenden Gespräch den Kontext und die Rahmung so herzustellen, dass die doch durch ihre Aneignungstätigkeit sozial vermittelte Individualität der Subjekte des Aneignungsprozesses bestätigt wird (Jantzen 2003, S. 118). So erlaubt die Inszenierung, dass sich das aneignende Subjekt selbst zu erkennen vermag. In der Rolle, die es zu spielen hat, gelingt es ihm, sich von sich selbst in seiner möglicherweise empfundenen Wahrnehmung zu distanzieren, um sich selbst ein Objekt zu werden, das es zu erkennen gibt. Damit kann eine Modus gewordene Bildungssituation überwunden werden; eine Welt zu inszenieren, stellt mithin eine Form dar, in welcher die pädagogische Situation gestaltet werden kann – lehrreich, vor allem aber als Chance, sich zu begreifen, dann aber, um in einem bestimmten, gesicherten und mit einem Horizont versehenen Zusammenhang handeln zu können.

- *Unterscheiden*: Erziehung schafft Differenz als Anlass von Bildungsprozessen, indem sie eine Option zur aktuellen Situation sichtbar macht; aus dem pädagogisch eingerichteten Ort führt ein Schritt im nächsten Fähigkeitspotenzial heraus. So breitet sich die Zone der nächsten Handlungsbereitschaft und Handlungsmöglichkeit aus (vgl. Wygotski 1974), welche der Bildungsprozess nutzt. Dabei richtet sich die vermittelnde Tätigkeit auf die durch den Zögling praktisch hergestellte Beziehung zur Gesellschaft und ihrer Kultur als dem dritten Faktor, der die ihm auferlegten und von ihm selbst wahrgenommenen Entwicklungsaufgaben bestimmt. Erziehung bezieht sich mithin auf den Modus des Zöglings, auf seine individuelle Verfasstheit, wie sie schon vollzogene Vermittlung widerspiegelt. Individualität zeigt sich allerdings prinzipiell höchst verschieden, zuweilen in Gestalten der Behinderung, des Autismus oder entwicklungsbedingter Blockaden, gibt aber die je eigenen individuellen Möglichkeitspotentiale vor. Insofern hat jede Erziehungssituation mit einem Modus der Differenz (vgl. Winkler 1988) zu tun, den sie eigentlich erst selbst schafft, wenn sie das Individuum mit Aufgaben konfrontiert (vgl. Flitner 1983, S. 201 f) und vor Anforderungen stellt.

Paradoxerweise setzt sich diese Differenz nicht ohne Indifferenz. Den pädagogischen Raum zeichnet zugleich Unordnung aus. Die für pädagogische Praxis und mit dieser gegebenen Räume setzen sich zwar gegenüber dem Alltag ab, nehmen aber die diesen leitenden Regeln nicht blind auf. Sie sind Möglichkeiten, welche im Aneignungsgeschehen experimentell aufgenommen und subjektiv konstruiert werden. Neben und über aller Ordnung bedarf es also einer Indifferenz, die dem Subjekt Auslegungsarbeit abverlangt und den Zwang auferlegt, eigene Handlungen zu entwerfen. Im Raum pädagogischer Praxis müssen daher Fehler erlaubt sein. Da Aneignung in ihrer Produktivität möglich werden muss, bedarf Erziehung einer Fehlerfreundlichkeit und benötigt „entspannte Felder" (Sachser 2004, S. 475 ff), die ein unbestimmtes, ausprobierendes Handeln erlauben und provozieren: Bildung erfindet sich also am Material der Welt, das in die pädagogische Praxis offen eingestellt ist und bildend bestimmt wird. Deshalb taugen Grenzen nur bedingt. Zwar verhindern sie, dass das Erziehungshandeln von der „normalen" Lebenspraxis übernommen wird. Grenzen dienen dem Schutz der Erziehung, mithin auch der in ihrer Praxis involvierten Akteure. Sie dürfen aber nicht als festlegende und ausschließlich gültige Verordnungen in der Praxis wirken, nicht als Curriculum, nicht durch eine starre Regelung von Beziehung und Verteilung von Rollen. Das Geschehen verlangt Stabilität und Offenheit zugleich, Sicherheit und Indifferenz, die allen Beteiligten Optionen und Entwicklungsmöglichkeiten eröffnen.

- *Beziehungen:* Innehalten und Distanz rücken gegenüber der Diffusität der Welt eine definierte soziale Beziehung in das Geschehen. Erziehung vollzieht also eine Gewalttat, weil sie eine *Struktur* gegen das bloß informelle und nonformale Geschehen einrichtet, das die Alltagswelt und ihre Praktiken auszeichnet. Sie kennzeichnen Asymmetrien, weil das Innehalten selbst Gewalt ausübt: *So geht das nicht weiter!* Wer dies ausspricht, definiert die Situation, wer also Erziehung will, läuft Gefahr, seine Ambition so durchzusetzen, dass sie kontraproduktiv wird. Umgekehrt zielt die Subjektivität des Zöglings eben auch darauf, Subjektivität zu gewinnen, um Kontrolle über sich und die Welt ausüben zu können.

Deshalb muss aber gerade die *Struktur der Erziehung* bewahrt werden, um zu sichern, dass das Subjekt sich seiner selbst vergewissert. Dies gelingt einerseits nur, wenn ein wenigstens imaginierter anderer verfügbar ist, vielleicht das vielbeschworene Vorbild, dessen man sich vergegenwärtigt: *Was hätte er wohl gemacht in meiner Situation?* Erziehung als reine Selbsterziehung ist unmöglich. Zum anderen aber muss der dritte Faktor, also ein gegenüber den Beteiligten objektives als objektiviertes Moment hervorgehoben und zum Gegenstand gemeinsamer Tätigkeit werden.

Das gegenständliche Moment, die Auseinandersetzung mit der Sache haben Vorrang, wobei sogar offen bleiben muss, ob die „andere" Person der Erziehung in enger emotional geladener Beziehung zum Kind stehen muss, um pädagogische Prozesse zu ermöglichen. Zwar bleibt die Leidenschaft für das pädagogische Geschäft, doch muss zumindest der Erzieher vom Zögling nicht geliebt werden; er muss bedeutungsvoll sein und das Gefühl von Exklusivität geben. Persönlich dichte Beziehungen schaden jedoch zuweilen im Erziehungszusammenhang; man lernt wenig, wenn der Freund der Schwester Nachhilfe gibt, so klug er in der Sache, so geschickt er in pädagogischen Dingen auch sein mag. Enge Vertrautheit blockiert die Aneignung des sachlichen Moments, sie lässt auch die Konflikthaftigkeit nicht zu, welche in der Auseinandersetzung mit Welt sich kaum vermeiden lässt. Der Streit wird nämlich dann als persönlich empfunden, wo er doch Kampf um die Sache und ihre Bedeutung ist.

Pädagogisch definierte Beziehungen können unterschiedliche Formen annehmen. Sie beginnen damit, dass der dritte Faktor noch in Gestalt einer dritten Person auftritt; schon Locke empfiehlt, Bestrafungen durch das Personal vornehmen zu lassen, damit die wechselseitige Achtung zwischen Vater und Kind nicht beschädigt werde (vgl. Locke 1968). Umgekehrt wirken dritte Personen als eine Schutzinstanz für alle Beteiligten – sieht man einmal davon ab, dass sie als Adressat gemeinsamer Projektionen einen sozialen Zusammenhang erst schmieden. Insbesondere familiäre Beziehungen ermöglichen die Spezifik der pädagogischen Praxis, weil sie durch Partner- und Filiationsbeziehung eine eigene triadische Struktur haben, welche Autonomie fördert. Kaum zureichend wurde bislang die Sozialform der Beziehungen in der Schulklasse pädagogisch reflektiert.

Kollektiverziehung, allzumal Kinderrepubliken erzeugen ein komplexes und differenziertes soziales Gefüge zwischen den Beteiligten, häufig genug durch den für den Unterhalt erforderlichen Arbeitsprozess selbst den dritten Faktor. Endlich kennt die Tradition pädagogischer Reflexion noch den Grenzfall einer Erziehung von ganzen Kohorten, wie sie Rousseau in seinen Vorstellungen zu einer gesellschaftlichen Erziehung sowie Morelly und Helvetius als Erziehung durch Feste und Feiern entworfen haben.

• Innehalten und Nichtstun enthalten schon eine kleine deiktische Geste. In der möglichen Umlenkung vollzieht sich eine Frontstellung gegenüber der Welt, die einerseits eine eigentümliche Exzentrizität des Subjekts noch sich selbst gegenüber erlaubt; andererseits beginnt so Erinnerung an die Gesellschaft und Kultur, der man eben noch angehörte, wie auch an die eigene Lebensgeschichte, durch welche man in dieser involviert war. Erziehung löst also eine Geste aus, welche das Subjekt auf sich selbst zeigen lässt: *Schau dich doch an*, schreien Eltern das kleine Kind an, das beim Spielen schmutzig geworden ist und sich verteidigt, dass doch gar nichts passiert sei. Innehalten hält fest und hebt das eben Gesehene und Erlebte ins Bewusstsein, damit es im Gedächtnis behalten wird. Erziehung unterbricht den Fluss des Geschehens, um dieses bezeichnen und erhalten zu können, damit man es bearbeiten und aneignen kann. Dazu halten auch in ihrer pädagogischen Absicht leicht zu durchschauende Fragen an: *Was war denn das jetzt?* Sie richten einen Fokalpunkt ein, von dem aus sich sogar Tiefenstrukturen des Geschehens erschließen. (Nebenbei: Fernsehen verbietet demgegenüber jegliches Innehalten und erlaubt keine Aufmerksamkeit auf ein Bestimmtes, lässt nicht zu, in die Tiefe des Beobachteten zu gehen. Es zwingt die Dynamik seiner Bilder auf, von der man sich nicht mehr lösen kann [vgl. z. B. Christakis u. a. 2004]).

Diese kleine deiktische Geste entsteht aus der Teilung von Aufmerksamkeit. Die Protopädagogik der vorpädagogischen Elements bindet die Beteiligten in Aufmerksamkeit füreinander und mit der Bereitschaft, auf etwas aufmerksam zu werden. Ihre Wachheit und Neugier für die Welt richtet sich zunächst darauf, den normalen Handlungsablauf zu realisieren – deshalb besteht ein erster Affekt darin, eine Störung zu unterbinden: *Störe nicht, ich muss mich jetzt konzentrieren.* Schon durch die Abwehr der Störung spaltet sich die Aufmerksamkeit und initiiert den pädagogischen Prozess. Sie hat eine Richtung, die noch unmittelbar dem Vollzug der Handlung gilt, und eine zweite, die zwar noch sachorientiert bleibt, aber den Umweg über den anderen geht, der nun in die Aufmerksamkeit und Neugier für die Sache und Handlung einbezogen wird. Pädagogisches Handeln hat also mit einer sich doppelnden Aufmerksamkeit zu tun, bei der ein Strang der Aufmerksamkeit schon versucht, den anderen „mitzunehmen"; bewusste Spaltung der Aufmerksamkeit bedeutet Irritation. Die insofern umgelenkte Aufmerksamkeit muss geradezu eine weitere Aufmerksamkeit entwickeln, welche beobachtet, ob und wie der in die Aufmerksamkeit Einbezogene in seiner Aufmerksamkeit schon „mitkommen" kann, weil eine Differenz in der Vertrautheit mit der Sache besteht. So aber entsteht das Feld der Optionen, in das das Subjekt zur Aneignung und Bildung eintritt.

- *Bisubjektivität:* Die Spaltung der Aufmerksamkeit bestätigt das Prinzip der Bisubjektivität; in der pädagogischen Praxis werden die Formen des Handelns von allen Beteiligten wahrgenommen. Jeder ist in der Aneignung tätig, jeder macht Welt zugänglich, alle müssen sich auf die pädagogische Praxis, ihre Situationen und Prozesse einlassen. Erzieher wie Zögling müssen die Erziehung wollen. Wie die Zöglinge die Vermittlung aneignen, müssen Erzieher auch noch deren Aneignung sich zu eigen machen, diese nämlich verstehen und begreifen: Erziehung kann nur gelingen, wenn man sich als Erzieher auch erziehen lässt. Unterricht setzt voraus, dass Lehrende lernen, sich nicht nur mit Neugier oder Abwehr dem Gegenstand nähern, sondern auch die Mühen der Aneignung in der Kooperation mit-vollziehen. Schlecht vorbereiteter Unterricht wird dann erfolgreich, wenn der Gegenstand nicht in perfekter Form zur Vorstellung kommt, sondern in der Naivität des Nichtwissenden aufgesucht werden muss. Oder anders: Wer als Lehrer unter zu guter fachlicher Ausbildung leidet, kann dann die Wege nicht mehr begreifen, die zu Verständnis und Wissen führen. Jede pädagogische Arbeit vollzieht sich im Ungefähren, wobei das gemeinsame Lernen die Welt bestimmend auflöst. Aber dies wiederum verlangt eine Spiegelung im anderen. Das aneignende Individuum operiert nämlich monologisch. Die auf den Zögling gerichtete Tätigkeit, wie sie zunächst als Aufspaltung der Aufmerksamkeit gegenüber der Welt wirkt, reagiert nun auf seine Aneignung, um ihn zu ermutigen, das Angeeignete, die eigene Bildungstätigkeit auszusprechen. Sie wird im Medium des Sozialen, wie es durch die Kooperation von Erzieher und Zögling gegeben ist, gleichsam fixiert, nämlich anerkannt und bestätigt.

- *Zeigen:* Aneignung beginnt damit, dass einem etwas gezeigt wird und man sich dem damit verbundenen Verweis anschließt, um langsam und umwegig dem Didacticus nachzugeben, der jeden Erziehungsakt ausrichtet. Vielleicht wird weniger die Welt und vielmehr der Hinweis auf diese in die Aneignung aufgenommen, macht diese sich nicht die aufgezeigten Regeln, sondern das Aufzeigen von Regeln zu eigen, mit welchen sich das Subjekt immer wieder selbst auf die Welt verweisen lässt. Freilich geschieht das Zeigen häufig paradox, nämlich in Negation: *Das tut man nicht.* Diesen Satz zeichnet eine doppelte Paradoxie aus. Er verweist auf Verbotenes, das doch so erst ins Bewusstsein gehoben wird. Er präsentiert der Aneignungstätigkeit, was sie besser nicht aneignen soll. Darin liegt ein performativer Widerspruch. Zugleich aber macht eben dieser Widerspruch die Erfahrung von Optionen möglich und weist insofern den Weg zur Selbständigkeit. Gerade indem man auf sie zeigt, wird die Möglichkeit nicht grundsätzlich ausgeschlossen – der Appell bringt noch eine Instanz der Universalisierung ins Gespräch, die entwicklungspsychologisch möglicherweise noch gar nicht wahrgenommen werden kann. Gleichwohl: Man tut das nicht! Paradoxerweise kann noch das explizit ausgesprochene Verbot die Bemächtigung des anderen ermöglichen, dem Subjektivität deutlich wird: *Tu das nicht!* lässt erkennen, dass Optionen bestehen, dass also Autonomie gefordert wird, welche zugleich eine Machtchance dem anderen gegenüber eröffnet (Singer 2002, S. 74). Der Aneignende kann sich in der Freiheit der Wahl begreifen, muss zugleich aber erkennen, dass diese in unterschiedlicher Weise gebilligt werden kann. „Frei können wir in unseren Entscheidungen eigentlich immer erst dann werden, wenn es so wie bisher nicht mehr weitergeht, wenn alle bisher bewährten Strategien unseres Denkens, Fühlens und Handelns sich als ungeeignet oder undurchführbar erweisen" (Hüther 2001, S. 50).

Das tut man nicht – dieser Satz nutzt vertrauensvoll die soziale und kulturelle Verbindlichkeit, in der das vorpädagogische Element zum Tragen kommt. Der Satz wirkt also nur, wo Edukabilität besteht, die sich beeindrucken lässt, im Grunde aber das Gemeinte schon versteht. Der deiktische Akt, auf das Verbotene hinzuweisen, um es hervorzuheben, funktioniert nur unter dieser Prämisse. Darin liegt das Dilemma wohlmeinender Prävention wie auch der sogenannten „Ich-Botschaften". Unter Bedingungen einer pluralen Gesellschaft liegen sie nahe, weil allein die beteiligten Personen einzugestehen haben für das, was sie zeigen oder verbergen wollen. Dennoch bedeutet die Ich-Botschaft zugleich, die Ernsthaftigkeit in der Sache zu negieren, die doch auf Universalisierungsfähigkeit angewiesen ist. Ich-Botschaften nützen einer therapeutischen Praxis, reduzieren aber die Struktur der pädagogischen Praxis mit dem Effekt, dass die Beziehungsebene ein Übergewicht erhält. Die Ich-Botschaft bindet die Subjekte aneinander, dass ihnen die Auseinandersetzung mit dem Dritten kaum mehr möglich wird.

Darf und muss man aber Grenzen zeigen? Was folgt eigentlich, wenn man die Grenzen sieht? Verlangen sie nicht Aneignung und Überwindung? Grenzen zu zeigen kann also nur dem Bemühen gelten, die gemeinsame pädagogische Praxis zu sichern oder im so gezeigten Dritten etwas zu finden, das als bedeutsam für die Lebensbewältigung von jenen gesehen wird, welche sich auf die Grenzen dann beziehen. Die Rede von den Grenzen kann sinnvoll sein, wenn man ein gemeinsames Territorium sichern, mithin den pädagogischen Ort bewahren will. Grenzen als Bedingung der Freiheitserfahrung und als Gegenstand von Aneignung sind immer sowohl auf die Voraussetzung von Gemeinsamkeit und Geborgenheit angewiesen, auf Sicherheiten und Gewissheiten verwiesen wie auch darauf, dass man sie überwinden kann. Grenzen um der Erfahrung von Begrenztheit und Einschränkung willen, als Unterwerfung unter vorgegebene Regelungen, haben nichts mit Erziehung zu tun; sie stellen angewandte Grausamkeit dar, wie sie kaum einem Gefängnissystem ansteht.

- *Präsentieren und Repräsentieren*: Im idealen Fall richten die Beteiligten ihren Blick auf die Dinge der Welt, die Perspektiven werden übernommen. Auch hier sind Bildungsprozesse tendenziell konservativ, weil in ihnen Angleichungsvorgänge stattfinden, in der durch das Zeigen eine gemeinsam geteilte Art des Sehens, Fühlens und Denkens entsteht. Aber das Zeigen bleibt spätestens dann an Personen gebunden, wenn die Welt mehrdeutig, vielleicht sogar unsichtbar, zumindest flüssig geworden ist. Unter solchen Bedingungen werden die Erzieher zum Träger des Gegenstandes – ein Vorgang, der schon immer mit Erziehung verwoben war, wird nun empirisch und notorisch. Aller therapeutischen und zuweilen sozialpädagogisch adaptierten Forderung nach Authentizität steht gegenüber, dass sich Erzieher in der Erziehung selbst instrumentalisieren (vgl. Sünkel 1994) und so die Funktion des gegenständlichen Moments übernehmen. Sie spielen insofern Theater, stellen sich und etwas dar.

Klaus Mollenhauer entwickelt in seinem Buch „Vergessene Zusammenhänge" das pädagogische Handeln als Präsentieren und Repräsentieren, das auf Bildsamkeit verweise und Selbsttätigkeit initiiere (vgl. Mollenhauer 1983 Winkler 2002). *Präsentieren* und *Repräsentieren* begründet er damit, dass Gesellschaften ihre eigenen kulturellen Voraussetzungen verlieren, ihren Nachwuchs daher systematisch auf diese aufmerksam machen müssen; Erziehung muss eine Kultur, ihre Symbole und Bedeutungen, ihre Regeln und Normen *vor*-stellen, damit sich die Zöglinge eine Vorstellung von ihnen machen können. Geschieht dies nicht, verlieren Kulturen ihre Verbindlichkeit wie ihre Tragfähigkeit für das künftige soziale Leben. Insofern lassen sich didaktische Arrangements nicht vermeiden. Vergewisserung und Erinnerung sind nötig, die sich auf größere Zusammenhänge und kollektive Erfahrungen beziehen, ein Familiengedächtnis erinnern oder banale Regeln des Alltags hervorheben. Regeln, die als Standardsituationen die Beziehungen zwischen den Beteiligten stabilisieren und zugleich Instrumente der Weltbeherrschung geben. Wenn sie im Alltag schwach werden, dann müssen sie aufmerksam beachtet, inszeniert oder gar als Gemeinsamkeit betont werden. Manchmal geschieht dies, indem diejenigen hervorhoben werden, die in einer pädagogischen Situation zusammenarbeiten: *Wir wollen dies so für uns machen, für uns gilt diese Regel.*

Als *Präsentieren* gilt das Zeigen und Vorstellen. Etwas wird vor den Nachwuchs gestellt. Zu zeigen ist eine Objektivität, die schon verschwindet. *Repräsentieren* nimmt eine Weltdarstellung vor, in der diese selbst in einem Begründungszusammenhang vorgebracht wird. Es geht um einen begründeten verallgemeinerungsfähigen Entwurf, der eine Gemeinsamkeit erschließt. Im Hintergrund klingt ein Moment des Diskursiven an, im Zentrum steht, dass eine Kultur über eine generalisierungsfähige Substanz verfügt, die in ihrer Begründung und durch diese zugänglich gemacht werden muss, um in Geltung zu bleiben. In die Repräsentation gehen begründungsfähige und begründungspflichtige soziale und kulturelle Zusammenhänge ein. Repräsentieren bedeutet mithin Präsentieren unter Einschluss eines Hintergrunds, der Anlass der Präsentation war und nun selbst noch als bedeutend mitgeteilt wird. Kaum zur Sprache kommt bei Mollenhauer eine Spannung in aller Repräsentation: Man kann auf etwas hinweisen, will und möchte aber doch noch ein anderes, Hintergründiges, mitteilen. In der Repräsentation spielt oft auch Macht mit, wie das repräsentative Gepränge des Adels und des katholischen Klerus bis heute demonstriert.

Doch warum ist Mollenhauers Überlegung inzwischen hybrid geworden? Zwar ist ihm schon bewusst, wie Kultur unsicher und instabil wird; deshalb erinnert er an vergessene Zusammenhänge. Dieser Vorgang ist aber in einem Vierteljahrhundert mit großer Dynamik vorangeschritten. Es gibt wohl weder eine Kultur, auf die man unbestritten hinweisen kann, noch aber besteht ein Einverständnis über die Begründungszusammenhänge, welche man in der Repräsentation vorzustellen vermag. Die neue Situation zeichnet eine eigentümliche Einsamkeit derjenigen aus, die nun eine pädagogische Praxis aus sozialem wie kulturellen Auftrag gestalten wie auch aus professionellen Verständnis wollen. Zwar können sie auf die Dinge der Welt zeigen, sind aber auf Auswahl und Filteraufgaben angewiesen wie nie zuvor. Repräsentieren aber können sie selbst nur noch eine Kultur, die sie für sich selbst begründen, ohne auf Verallgemeinerungsfähigkeit hoffen zu dürfen: In der Repräsentation wird ein Lebensentwurf als Möglichkeit angeboten, für die man letztlich selbst einzugestehen hat.

- *Anweisen:* Mit nacktem Finger zeigt man nicht auf angezogene Leute! Wer zeigt, gibt eine Anweisung; Präsentieren und Repräsentieren stellen immer auch Verhaltensanforderungen dar. Der Verweis auf einen Gegenstand, auf ein Artefaktum, ein kulturelles und soziales Merkmal, auf eine Regel oder ein Geschehen löst ein Tun aus, lenkt den Blick und erwartet, dass sich die Aktivität dem Gezeigten anpasst. Insofern steckt ein Moment des Autoritären im pädagogischen Vorgang. Hinzu tritt: Mit dem Hinweis auf ein anderes, eben noch Fremdes, möglicherweise durch den Hinweis wieder Fremdgewordenes, geht eine Wertung einher. Es wird für wichtig und bedeutsam befunden, zumindest wird erwartet, dass sich die Aufmerksamkeit so darauf richtet, dass eine Auseinandersetzung stattfindet; insofern repräsentiert das Zeigen tatsächlich schon eine Kultur, die für wertvoll gehalten wird, für die man erhofft, dass sie in einen gemeinsamen Zusammenhang übernommen wird. Zeigen geht einher mit einer Handlungsregel, die man aufnehmen und handelnd befolgen muss, um sich ihrer endlich durch andere versichern zu lassen. In diesem kommunikativen Akt gewinnt man wieder die Souveränität über die Regel, weil man sie dann auch ironisieren kann: *Wenn ich mir einen Handschuh anziehe, darf ich dann auf die Leute zeigen?*

- *Destruktion*: So seltsam dies klingt: Erziehung, die Organisation und Auslösung der pädagogischen Situation, das Zeigen, die Präsentation und die Repräsentation vollziehen Akte der Zerstörung. Alle Erziehung verletzt, beschädigt – sie greift eine Gesellschaft wie auch ihre Kultur, vor allem auch den Einzelnen an. Vielleicht irritiert genau dies an Erziehung so stark, dass sie immer wieder in Zweifel gezogen, sogar abgelehnt wird.

Doch diese Zerstörung lässt sich nicht vermeiden, wenn Erziehung ihre originäre Funktion erfüllt, nämlich Bildung in Freiheit und Freiheit zur Bildung zu leisten, wie sie im Vermittlungsprozess möglich geworden sind: Schon der Akt des Innehaltens zerstört Kontinuität, bringt eine Gesellschaft und ihre Kultur ins Schwanken. Erziehung stört – sie tut dies noch damit, dass sie aufmerksam macht auf den gesellschaftlich zum Störer Ernannten. Zerstört werden aber auch die sozialen Netze, in welchen sich die Beteiligten bewegen; dies geschieht noch in dem Maße, dass noch das vorpädagogische Moment selbst unter Druck gerät. Indem eine pädagogische Situation initiiert wird, werden die Beziehungen zu den Eltern, die familiäre Geborgenheit gebrochen. Sie verlieren ihre Macht, sie können nicht mehr schützend wirken. Freilich sind die erworbenen Fähigkeiten, Regeln präsent, so dass die Zerstörung denn auch eine Befreiung des Subjekts zu sich selbst bedeutet. Gebundenheit kann pathologisch werden, weil und wenn sie nicht als sichere Bindung erlebt wurde, die nun zur Selbständigkeit befähigt. Aber dieses Risiko muss pädagogische Praxis eingehen, sie muss das Vorhandene und Vorgegebene, Gewisse infragestellen, damit das Subjekt sich in ein Verhältnis zu diesem setzen kann. Man kommt nicht um die Auflösung solcher Bindungen herum, die im Inneren aufgenommen werden müssen und zugleich Anlass und Möglichkeit zur Distanzierung geben.

Destruktion ist unvermeidlich, weil ein Gegebenes, eine naive Haltung und Einstellung aufgebrochen werden. Die Initiierung der pädagogischen Situation zielt auf eine peripetie, auf eine Umkehrung der Aufmerksamkeit und eine Umwendung. Zerstörung gibt dazu einen Impuls; sie provoziert, sie stößt Selbsttätigkeit der Bildsamkeit an, die in Bildung übergeht. Wie beim Zeigen liegt die Problematik der Zerstörung darin, dass sie zur Bevormundung führen kann. Obwohl sie doch mit Kooperation, mit Achtung und Anerkennung einhergeht, bleibt in der pädagogischen Praxis ein Moment des Patriarchalischen. Es hat einen leicht auratischen Zug, drückt sich aus in dem, was dann verlegen als Charisma bezeichnet wird, zuweilen auch in erträglicher Autorität gelebt wird; die unvermeidliche Bevormundung zu zivilisieren, sie nicht merken zu lassen, gehört vermutlich zu den entscheidenden Handlungsweisen aller realen und ihrem Namen gerecht werdenden Pädagogik. Nur so kann ein signifikanter Anderer agieren, der nicht nur ein Leben lang begleitet, sondern als einer empfunden wird, dem man Selbstständigkeit und Eigenwilligkeit selbst dann verdankt, wenn einem nur die Imitation seiner Gesten gelingt.

Paradoxien des Handelns

Das Kernproblem pädagogischer Professionalität besteht darin, ob und inwiefern sie in der Lage ist, das pädagogische Handeln, am Ende sogar noch den eigenen, unvermeidlichen Habitus zu zivilisieren und zu kontrollieren; als Erzieher muss man Distanz zu sich selbst entwickeln, vielleicht hilft das unvermeidliche Lachen, möglicherweise schafft es die Selbstironie, die aber doch nicht dem Handeln des Zöglings gelten darf. Erziehung muss von einem verantwortlichen, sich in seinem Handeln selbst beobachtenden, dieses steuernden, es variierenden Subjekt ausgehen; der Erzieher ist insofern ein Zögling, der sich in seinem Tun gegenüber dem anderen beobachtet und daraus das Maß seines Handelns gewinnt. Bevormundung als ein mechanisches Instrument der Praxis gedacht, wäre allerdings unerträglich. Dass sie in der Logik der Erziehung auftritt, macht sie schon belastend genug, doch kann dies nur die Konsequenz nach sich ziehen, dass sie selbst beherrscht werden muss.

In der Beachtung von Struktur und Prozess, im Blick auf die Offenheit der Erziehung bemerkt man diese Paradoxien, ohne ihnen zu entkommen: Bildsamkeit als dispositionelles Element geht mit Selbstständigkeit einher, wie wenig diese ausgeübt werden mag. Sie entsteht aus der Vermittlung und bedeutet, dass sich der schon Erzogene in einem eigenen Aneignungsprozess befindet. Indem er nun auf ein anderes hingewiesen wird, findet eine Unterbrechung statt, die doch seiner Subjektivität schon gilt. Diese wird umgebogen, aus der Normalität gebracht, welche doch schon entstanden war – Maria Montessoris Normalisierung hat dies allzu naturalistisch gefasst und insofern verfehlt. Mit der Unterbrechung und dem Zeigen vollzieht sich eine Abweichung, die in eine Unselbständigkeit führt. Wer auf etwas hingewiesen wird, wem etwas gezeigt wird, ohne gefragt zu haben, erlebt sich als bevormundet. Herbart hat sich aus dieser Situation zu retten versucht, indem er jedes Zeigen davon abhängig machen wollte, dass es im Prinzip und später, nach dem pädagogischen Geschehen, seitens des Zöglings zustimmungsfähig wäre. Der Pädagoge entscheidet sich demnach für seine Unterbrechung und die Auswahl von präsentierten Objekten nach dem Kriterium, ob der Zögling sowohl diesen wie auch den Zwang, der ihm angetan worden ist, gutheißen mag. Nicht vermeiden lässt sich die Bevormundung, wenn und sofern dem Zögling erst durch diese deutlich wird, dass er aktuell nur den einen der für ihn denkbaren Wege geht; die Bevormundung richtet sich also gegen seine eigene Vereinseitigung, die nun gleichsam ebenfalls eingekapselt und isoliert wird, um zu verhindern, dass sie dominant wird und so die Möglichkeit einschränkt, andere Weltformen und Handlungsformen kennen zu lernen.

Subjektivität und Freiheit entstehen nicht ohne Quelle. Sie sind als Resultat von Vermittlung möglich, brauchen aber Bedingungen, gegen die sie sich entwickeln können; sie benötigen die Erfahrung einer Auseinandersetzung mit der gesellschaftlich-geschichtlichen Welt, in der sie sich entdecken und auf die sie sich hin entwickeln. Bevormundung heißt also, auf die Widerständigkeit einer Wirklichkeit zu insistieren, die gerade so zum Aneignungsgegenstand erst werden kann, die Konstruktion eines Selbst ermöglicht, das dann in der Auseinandersetzung mit Welt und in ihrer Veränderung sich bestätigt. Dies fällt schwer, wenn es einerseits keine geteilten Grundlagen mehr gibt, das Zeigen selbst also willkürlich und bloß subjektiv wird, auf der anderen Seite aber die Perspektiven undeutlich werden, so dass sich keine Zukunft mehr antizipieren lässt. Möglicherweise bedeutet dies, dass sich pädagogische Praxis allein darauf beschränkt, neben den subjektiv durch den Erzieher für wertvoll gehaltenen Lebensformen und Lebensentwürfen nur noch die Möglichkeit einer Vielzahl von Wegen aufzuzeigen.

Dies klingt resignativ. In der Tat gehört aber Resignation zu den praktischen Elementen einer jeden Erziehung: Die Bedingungen ihrer Praxis stehen nur bedingt zur Verfügung, ihre Handlungen lösen Entwicklungen aus, die kaum vorstellbar sind. Dass Zöglinge nach dem negativischen Prinzip reagieren, macht nicht nur Präventionsprogramme zum gefährlichen Hasard. Erziehung provoziert mit ihrer Destruktion den Widerstand, dass man zu dem Gezeigten nicht hinsieht, gehört zum Normalfall. Dass sich Zöglinge der Situation entziehen, kann manchmal schon wieder als beachtliche Bildungsleistung gelten; nicht zuletzt führt eben dies zu Aneignungsprozessen, die nicht intendiert waren, dennoch Subjektivität ermöglichen, zuweilen aber gesellschaftlich funktional ausfallen (wie die Studien von Paul Willis gezeigt haben). Und: der Jugendliche, den angesichts der häuslichen Aufräumarbeiten eine schier unbezwingbare Leselust überfällt, bringt jeden Erzieher in eine fatale Situation, der sich mit Lesekompetenz auseinander gesetzt hat. Jedes Innehalten und Zeigen, jeder Vorwurf, der ein Handlungsentwurf sein soll, gibt Anlass für Kämpfe: Sie werden um Territorien geführt, darum, eigene Plätze zu markieren, die auch Bildungsprozesse ermöglichen können; das macht die Sache doppelt heikel. Der Versuch pädagogischen Handelns kann für seine eigenen Imperative mehr Schaden anrichten als die Unterlassung.

Insofern schließt das pädagogische Handeln wieder mit seiner ersten Form: Nicht mehr, vielleicht gar nicht zu handeln, die Situation sich selbst überlassen, sie aber wenigstens zu öffnen. Das bereitet einem Verständnis des pädagogischen Handelns die größte Schwierigkeit: So unsinnig auch die Vorstellung von den Zielen ist, welche Erziehung verwirklichen soll, so werden doch Effekte von ihr erwartet. Ihre Aufgabe und Leistung besteht darin, dass soziale und kulturelle Möglichkeiten angeeignet und als Handlungspotentiale subjektiv verselbständigt sind. Aber selbst dies spricht nicht einmal eine halbe Wahrheit aus: Als Arbeitsbündnis können Erzieher wie Zögling eine vereinbarte Aufgabe bewältigen; ihr Geschäft scheint dann abgeschlossen, wenn die Situation geöffnet ist: Erzieher und Zögling haben sich im Status angeglichen, ihre Differenz ist verschwunden, egalisiert treten sie einander gegenüber und spielen nun als Personen miteinander. Ein Erfolg von Erziehung aber besteht nur darin, wo der Zögling selbst über die Bedingungen verfügt, die sein Leben bestimmen, wo er sie selbst kontrollieren und regeln kann, sich über die nächsten Schritte seines Bildungsprozesses mit sich einigen kann. Die Situation muss also im Blick auf Gesellschaft und Kultur so geöffnet sein, dass er eines Erziehers nicht bedarf. Pädagogisch ist dann wirklich nichts mehr zu tun, weil es nun um gesellschaftliches, vor allem um politisches Handeln geht. Erziehung endet aber endgültig, wenn sie in Erziehung übergeht, weil der Zögling sein eigenes Leben als Gegenstand der Aneignung zur Verfügung stellt.

IV   Theorie des dritten Faktors

15 Gesellschaft und Kultur als Voraussetzungen pädagogischer Praxis und als Gegenstand in dieser

Der dritte Faktor im pädagogischen Handeln, mithin die geschichtlich-gesellschaftlichen Objektivationen, das nicht-genetische Erbe, treiben ein seltsames Doppelspiel: Sie sind unverzichtbar, alle Erziehung strukturiert sich auf sie hin, schon im elementaren Vermittlungsgeschehen sind sie gegeben. Die Entwicklung der Möglichkeit gelingt nicht ohne Gesellschaft und ihre Kultur. Zugleich aber deutet sich an, dass eben diese zur Bedrohung für das Ganze werden. Wenn rhetorische Inbrunst erlaubt ist: Gesellschaft und Kultur geben den Subjekten die Möglichkeit ihrer Subjektivität – und wenn Kulturen einen Begriff von Subjektivität haben, können die Subjekte dies auch begreifen. Aber Gesellschaft und Kultur können dies zerstören, sie entwicklen historische Gestalten, in welchen die Möglichkeiten verschwinden, die doch erst Autonomie begründen. Gesellschaften und Kulturen sind ambivalent; und diese Ambivalenz bestimmt Erziehung und muss in dieser ausgehalten werden.

Das mag man als ein grundsätzliches, allzumal als ein sozialphilosophisches Problem erkennen, um das sich seit der Antike die Denker streiten. Sie tun dies vermutlich vergeblich, insofern braucht man sie auch nicht unbedingt dabei stören. Das Dilemma für Pädagogen besteht aber darin, dass dieser Streit in ihrem Geschäft geradezu empirisch wird, nicht immer, aber wohl immer häufiger, denn Gesellschaften scheinen eine eigentümliche Tendenz zu haben, Freiheit zu versprechen und Autonomie zu fordern, zugleich aber die Bedingungen für diese zu beschädigen und seltsame Kontrollstrategien zu entwickeln. Als Erwachsener kann man dies beobachten und beherrschen, für Entwicklungsprozesse wird es einerseits zu einer Gefahr; die politische Problematik muss also sorgfältig von der pädagogischen unterschieden werden. Andrerseits eröffnet es Möglichkeiten wie nie zuvor.

Was also stellen Gesellschaften und Kulturen mit Erziehung und der pädagogischen Praxis an? Was ist der für die Organisation von Erziehung und damit von Bildungsprozessen maßgebende Fokus unter Bedingungen etwa einer Gesellschaft, die mit den unterschiedlichsten Etiketten versehen wird, von welchen man – freilich gänzlich unprätentiös und nur pragmatisch – das der *postmodernen* Gesellschaft nutzen kann.

Die erste Antwort lautet: Sie ermöglichen Vermittlung, das Erziehungsgeschehen geschieht – bei aller Aufregung, welche in seinem Zusammenhang unvermeidlich erscheint, darf man sich doch beruhigen. Kinder und Jugendliche wachsen auf, fast immer unter Belastungen, fast immer, indem sie diesen entkommen, möglicherweise in eine banale Existenz hinein. Nüchtern betrachtet bleibt die Gruppe jener klein, die Zusammenhänge bewältigen müssen, welche Hilfen zur Erziehung notwendig machen; die Zahlen delinquenter Minderjähriger schwanken mehr mit den Konjunkturen öffentlicher Aufmerksamkeit und weniger als sozialer Tatbestand, selbst das viel gescholtene Bildungssystem produziert am Ende eine erkleckliche Anzahl erfolgreicher Absolventen – faktisch sogar mit steigender Tendenz. Dass diese vielleicht keine Arbeitsplätze bekommen, hat weniger mit fehlendem Wissen oder ungekonntem Auftreten zu tun, sondern mehr mit einem Beschäftigungssystem, das an eine Ökonomie angekoppelt ist, welche wohl nur einem Imperativ gehorcht: Menschen sind Negativposten für den share holder value, es wäre wirtschaftlich besser, sie abzuschaffen. In pädagogischer Hinsicht ist Entwarnung angesagt – sie bildet die Prämisse, die vor aller Theorie steht, welche über den Zusammenhang von Erziehung und Gesellschaft nachdenkt.

Formal gesehen – so die zweite, komplizierte Antwort – zeigt sich im dritten Faktor die Objektivität der Welt, zunächst in ihren natürlichen Bedingungen, dann in der Verbindlichkeit von Gesellschaft und Kultur. Auf sie stoßen wir, an ihnen stoßen wir uns, ihnen können wir uns nicht entziehen. Sie fordern zugleich auf: Der dritte Faktor bildet das Feld von Möglichkeiten, die wahrgenommen werden müssen und über die Entscheidungen stattfinden; man kann zuspitzen: der dritte Faktor stellt sich eigentlich in einer Form der Negativität (vgl. Koch 2005), weil er dem Subjekt die Alternative eröffnet, sich ihm gegenüber zu verhalten. Etwas vereinfacht formuliert: Einen Fernseher kann man einschalten, muss dies aber nicht. Türen kann man für einen anderen öffnen, muss aber dies nicht – auch wenn man so riskiert, als unhöflich zu gelten; dies kann einem gleichgültig sein (obwohl die vordergründig höfliche Haltung Kooperation eher fördert). In all dem bestätigt sich Subjektivität, selbst wenn sie einem dann ein wenig lächerlich, sozusagen pubertär vorkommt. Indem aber Möglichkeit gewahrt wird, entsteht eine Chance, dass selbstgesteuerte Entwicklungs- und Bildungsprozesse realisiert werden können.

Das bedeutet aber: Eine Theorie des dritten Faktors tendiert immer dazu, die dunklen Seiten einer Gesellschaft und einer Kultur hervorzuheben, welche dazu beitragen können, dass Erziehung verhindert oder gar zerstört wird. Nicht frei von Schwärze will und muss sie der Pädagogik sichtbar machen, was zu verhindern ist, obwohl sie nicht sagen kann, was positiv zu wünschen wäre; die Möglichkeit der Wahl muss bestehen und aufgezeigt werden, nicht hingegen eine Vorstellung allein, die als Zukunft behauptet wird.

Erziehung im gesellschaftlichen Zusammenhang verlangt vordergründig soziologische Theorie. Sie erlaubt zwei Perspektiven, nämlich eine analytische, bei der Gesellschaft als funktionaler Zusammenhang gesehen wird, dem man niemals entkommt, sowie eine eher praktische, welche Gesellschaft als einen Zusammenhang versteht, der durch Subjekte gestaltet wird. *Funktional* gesehen leistet Erziehung Reproduktion, Erhalt und Sicherung einer Gesellschaft und Kultur auf dem erreichten Niveau. Dies bedeutet nicht, dass es um Humanität oder um einen Fortschritt gehen könnte, der moralisch zu qualifizieren wäre, das Ensemble der gesellschaftlichen Verhältnisse birgt stets die Alternative der Barbarei (vgl. Miller/Soeffner 1996). Gesellschaft exekutiert zu ihrer Reproduktion mit Erziehung und an dieser Selektion, sie betreibt sie im Kontext von Eingrenzung und Ausgrenzung, von Inklusion und Exklusion, sie nimmt sie, um Qualifikationsleistungen zu verlangen, die sie für ihre Aufrechterhaltung benötigt. Aber diese Reproduktionsfunktion erfüllt Erziehung nur in der unglücklichen Verfügtheit, welche ihr durch eine soziale Vereinnahmung widerfährt, die total wird. In einem *praktischen* Verständnis von Gesellschaft, in der diese selbst noch als gestaltbar angesehen wird, ermöglicht Erziehung zumindert Dynamik. Gesellschaft muss sich also entscheiden, ob sie sich selbst und ihren Mitgliedern zubilligt, sich im Erziehungssachverhalt so von sich zu distanzieren, dass Veränderung möglich ist. Sie kann sich als Objekt der Aneignung preisgeben, so dass sie durch Erzieher wie Zögling verändert werden. Diese Chance besteht, wenn Gesellschaft und ihre Kultur die Möglichkeit von Subjektivität und Autonomie zulassen. (Dabei besteht eine Aporie, weil damit das Subjekt und seine Subjektivität selbst zu gesellschaftlichen Kategorien werden; dennoch eröffnen sie – vielleicht einmal mehr als Fiktionen – Offenheit, die allen sozialen und kulturellen Determinismus sprengt: Das Subjekt und seine Subjektivität sind starke Kategorien, eingebettet in einen überzeugenden moralischen Universalismus).

Eine soziologisch inspirierte Theorie der Erziehung analysiert diese auf drei Ebenen:

- Empirisch interessiert und informiert hält sie die soziostrukturellen Bedingungen und Chancen fest, welche erlauben und dazu beitragen, dass und wieweit Welt angeeignet werden kann. Dabei geht es um Fragen einer politischen Ökonomie, um materielle Lebensbedingungen wie um solche einer moralischen Ökonomie, die Handlungsmöglichkeiten normativ regelt. Denn nicht bloß Reichtum oder Armut entscheiden über Erziehbarkeit, vielmehr spielen Fragen der sozialen Position, der Anerkennung in dieser, der Solidarität eine Rolle. Das Elend der Welt zeichnet sich in Verelendung aus, in welcher sich die Versprechungen einer Gesellschaft nicht mehr realisieren lassen. Die moderne Tantalus-Situation entsteht aus der Diskrepanz von Werbung und tatsächlicher Konsumfähigkeit, aus dem in den Serien vorgetragenen Bildern der gestylten Körperwelten in einem Alltag, den Müdigkeit, Belastung prägen. Noch dramatischer wirken sich Zwänge des Arbeitsmarktes, Sanktionen, subtile Schmähungen eines an vorgeblichen Leistungsstandards ausgerichteten Bildungssystems aus. Sie bedeuten Missachtung anstrengender körperlich und seelisch aussaugender Tätigkeiten (vgl. Bourdieu 1993; Grass/Dahn/Strasser 2002). Herabsetzung zeichnet diese Situation aus, in der Erziehung nicht mehr möglich wird, weil die Voraussetzung von Aufrichtigkeit nicht mehr besteht.
- Kann – zweite Ebene – die vorgegebene Welt überhaupt angeeignet werden? Entzieht sie sich nicht, verschließt sie sich vielleicht, bleibt sie zynisch distanziert? Wieder wäre die Hürde materieller Belastung zu sehen. Das schöne, die Sinne entwickelnde Spielzeug kann nicht von jedem erworben werden,

seine Formen und seine Materialität bleiben vorenthalten. Aneignung wird so verhindert. Nicht minder gilt dies auf symbolischer Ebene: Ein Beispiel dafür bietet die ironische Antwort auf Kinderfragen. Sie lässt sich nicht bearbeiten, man kann mit ihr im Aneignungsprozess nicht umgehen.

Materielle Bedingungen, symbolische Darstellungen wie auch Anforderungen durch diese müssen übereinstimmen, andernfalls zeigt sich die Welt als Zynismus: Den Subjekten der Aneignung, den Zöglingen wird versprochen, dass die pädagogischen Situationen nur darnach sozial organisiert werden, ob und wie weit sie sich selbst anstrengen. Eltern wird abverlangt, dass sie Verantwortung für ihre Kinder übernehmen sollen – doch werden sie regelmäßig mit neuen Erwartungen konfrontiert, sozial und kulturell Belastungen ausgesetzt, über die sie nicht verfügen können. Nichtaneigenbarkeit der Welt besteht auch dann, wenn das Aneignungssubjekt keinen Ort findet, in welchem es sich situieren kann: Gesellschaft und Kultur betten sowohl material wie symbolisch ihre Individuen ein. Sie bieten Horizonte, Verständigungszusammenhänge, welche die ganze Gesellschaft schlechthin meinen, Transzendenz zum Inhalt haben. Wo Kulturen diese Einbettung nicht mehr leisten, wird Aneignung schwierig.

Das andere Dilemma besteht darin, wenn die im Gegenstand, in der Welt geborgenen Perspektiven unzugänglich bleiben, sich mithin die ihnen inhärente, einem Verstehen zugängliche und dieses doch erst auslösende wie ermöglichende Teleologie nicht mehr zeigt; sie weisen über sich hinaus und motivieren die Subjekte. Die Aneignung des dritten Faktors wirkt zwar auf den ersten Blick abschließend; doch wird man so in eine Praxis des Lebens eingeführt, über die man verfügt und die man nutzen kann. Schon damit eröffnet der dritte Faktor auch immer Perspektiven; er zeigt einen Entwurf des Lebens. Die Welt im dritten Faktor weist also über sich hinaus. Aneignung erneuert aber nicht nur die Geltung des gegenständlichen Moments, sondern gibt dieses in die Hand der Subjekte, die ein Neues, Unerwartetes mit ihm machen; sie zerstören die Welt ein wenig, um eine neue für sich zu bauen. Wenn ich merke, dass die Welt zugänglich wird, dass ich sie beeinflussen kann, trägt dies meine Tätigkeit voran: Die Aneignung wird zum Ausdruck und Erfahrungsbefund von Selbstwirksamkeit, die Gestaltung wieder auslöst. Eben darin liegt die Dramatik, wenn eine Gesellschaft keine Entwürfe mehr bereitstellt, wenn Identitätsangebote, Lebenslaufvorstellungen, Deutungen und soziale wie kulturelle Ortsbestimmungen nicht mehr zu Verfügung stehen (vgl. Hildenbrand 1997, S. 114), wenn Typen fehlen, welche der Aneignungsprozess individualisieren könnte.

- Gesellschaft und Kultur – dritte Ebene – greifen unmittelbar auf das Erziehungsgeschehen aus: Als dritter Faktor treten sie – über Aneignung und vermittelt in dieser – nicht bloß als Objekte, sondern als ein transitorisches Geschehen und in diesem auf; sie konfigurieren den Prozess. Der dritte Faktor wirkt im Aneignungsprozess formend; er wird durch subjektives Handeln diesem anverwandelt: Gesellschaft und Kultur geben einem Handeln, das sich auf sie richtet, eine Form; sie lassen sie durch sich fließen, geben dem Handeln Gestalt und vielleicht auch eine Art Geschwindigkeit; der in der

Welt vorgefundene Rhythmus bestimmt so den Rhythmus des Handelns. So richtig werden wir die sozialen Zwänge nicht los, selbst wenn Individualisierung zum sozialen Mechanismus und insofern Typus wurde (vgl. Hondrich 1997; 1998). Aber dieses geschieht zugleich, indem das so geformte Subjekt sich dies als eine Regel zu eigen macht, die es schon selbst nutzen und gelegentlich verwerfen kann. Kinder werden so durch ihre Eltern geformt, nehmen deren Lebensmuster auf, gewinnen Ähnlichkeit im Handeln, Denken und Fühlen. Aber – hier versagt dann eine Soziologie der Ähnlichkeiten – die Subjekte lassen den Aneignungszusammenhang hinter sich, treten aus der Erziehung heraus. Insofern sind sie andere und anders, als sie dies im Erziehungszusammenhang waren. Diese Autonomie ihrer Lebenspraxis ist zu prüfen – vielleicht mit dem ernüchternden Ergebnis, dass dann doch alle werden wie ihre Eltern.

Wenn Erziehung allein soziologisch als gesellschaftliche Funktion begriffen wird, kann man allerdings kaum mehr denken, dass und wie gesellschaftliche Bedingungen die Leistungsfähigkeit von Erziehung einschränken. Erziehung ist dann, in welcher Form sie auch auftritt, unvermeidlich die Erziehung einer Gesellschaft und als solche einer Gestaltung weitgehend entzogen. Dies ist auch im Sinne einer Realitätsannahme für Erziehung unentbehrlich: So kommt den ökonomischen, den materiellen Bedingungen und den sozialen Verhältnissen von Gesellschaften wie ihrer Kulturen ein solches Gewicht zu, dass sich manche pädagogische Diskussion schlicht erübrigt; schlechte Schulleistungen hängen mit der wirtschaftlichen Not von Familien zusammen, zumal das Schulsystem mit Urteilen arbeitet, die sozialen Status bewerten. Die Daten zeichnen ein beängstigendes Bild von Armut in reichen Ländern (Merten 2005; Palentien 2005; Palentien/Klocke/Hurrelmann 1999), von den anderen sozialen Mechanismen ganz zu schweigen: Macht, Herrschaft, all die Scheußlichkeiten des sozialen Miteinanders, welche eine kritische Theorie der gesellschaftlichen Organisation von Pädagogik begreift und in ihren Ausschließungsfunktionen aufzeigt.

Wie aber sozialwissenschaftliche und soziologische Forschung ihre Grenzen an der eigenen Handlungslogik von Erziehung finden, läst sich empirisch belegen: Schon Resilienz kann als ein Vorbehalt gegen soziologische Determinismen gelesen werden, Vergleiche von Bildungssystemen belegen, dass und wie diese in unterschiedlicher Weise mit sozialen Differenzen umgehen, mithin ökonomische und materielle Benachteiligungen ausgleichen. Zugleich sind die modernen Gesellschaften weder im Allgemeinen noch im Besonderen der erfahrenen Lebenszusammenhänge homogen und eindeutig. Sie halten Optionen bereit. Wie bescheiden Subjektivität also aussehen mag, sie entsteht als *soziale* und *kulturelle* Gegebenheit in der Vielzahl von Möglichkeiten, die von Gesellschaften bereitgestellt werden; das bedeutet aber, dass Gesellschaften und Kulturen, welche sich den in ihnen selbst möglich gewordenen und von ihnen festgehaltenen Vorstellungen von Freiheit und Selbständigkeit, von Gerechtigkeit und Solidarität stellen und sich an diesen messen lassen wollen, für Erziehung sorgen – auch wenn (oder gerade: weil) diese Freiheit möglich werden lässt. Nicht genug damit: Individuen entziehen sich offensichtlich den Verpflichtungen von Gesellschaft. Nicht bloß, weil sie Nein zu Zumutungen sagen. Vielmehr vollzieht sich ihre konkrete biographische Entwicklung so individuell, dass sie – um es paradox zu formulieren – sogar noch *im* Kontext gesellschaftlicher Verhältnisse aus Verkehrsformen und Regeln *heraus*führt, sie sich mithin nicht mehr in den geduldeten Bahnen bewegen (können): Kinder und Jugendliche entwickeln und – der Ausdruck ist bewusst gewählt – verzerren sich in extremen Verhältnissen; aber auch für Kinder und Jugendliche, die emotional, sozial und kulturell tief verstört und zerrissen sind, bleibt die Aufgabe und Möglichkeit, dass organisierte Erziehung einen Weg zu einer anderen, in ihnen noch unentdeckt gebliebenen Normalität öffnet. Der Ausgang bleibt offen: Manchmal wirken sie als nicht mehr feststellbar, geradezu flüchtig, getrieben – bis hinein in eine nicht mehr zu erklärende Bösartigkeit.

Was zeichnet also den „dritter Faktor" aus? Phänomenal zeigt er sich zunächst auf eine schwer beschreibbare Weise objektiv und zugleich diffus subjektiv; er bewegt sich an einer Linie zwischen Erhabenem und Alltäglichem, zwischen Bedeutungsvollem und Banalem – das macht ihn schwierig, weil die Organisation der pädagogischen Praxis das Wichtige in den Vordergrund stellt und bewusste gesellschaftliche Praxis zum Gegenstand machen möchte. Doch die Realität einer Gesellschaft und ihrer Kultur tritt eben in allem auf, was sich präsentiert – in Ordnungen des Raumes und der Zeit, in Kunst und Kitsch, vor allem in alltäglichen Handlungen und Gesten, die fast unbemerkt bleiben. Gesellschaften und Kulturen zeigen sich dabei einerseits in der Einfachheit und Einfalt, mit welcher sie sich definieren, mithin in den harten, objektiven sozialen und kulturellen Lebensformen wie auch in den Deutungssystemen, die generalisiert und individualisiert, im alltäglichen Umgang begegnen. Sie zeigen sich vor allem auch in den unmittelbaren alltagsweltlichen Zusammenhängen, die selbstverständlich erscheinen. In diese sind Subjekte eingebunden und erfahren sich in einer Wir-Welt, als doch handelnd, zugleich mit einem Vorwissen um eine gewisse Irrelevanz ihres Tuns als eines subjektiven Tuns; die Wir-Schichten ihres Bewusstseins regeln ihre Selbstsicherheit, in ihnen versichern sich die Subjekte ihrer Gemeinsamkeit wie sie zugleich doch eine Ahnung von der eigenen Bedeutungslosigkeit finden, gegen welche sie sich in aller Vergeblichkeit zu wehren versuchen.

Systematisch betrachtet stellt der dritte Faktor das geschichtlich-gesellschaftliche, nicht-genetische „Erbe" dar, wie es in den elementaren Vermittlungsprozess eintritt. Er trägt das kollektive Gedächtnis, ein Archiv des Wissens, das Handeln und Erleben in einer Gesellschaft steuert (Assmann 1988), zivilisierend gelagert über die Tiefenschichten des Verhaltens, überspannt von disziplinierenden Elementen mit langer Dauer, ausgesprochen etwa in fundamentalen Glaubenssätzen, welche noch bis in die mittleren Erfahrungsschichten reichen, die als nationale Kulturen und Ressentiments nachwirken. Dieses kollektive Gedächtnis stellt in seiner Gegenwartsgestalt die in Vergangenheit und Gegenwart erzeugten Artefakte zur Verfügung, primär Veränderungen der Natur, welche Lebenszusammenhänge so beeinflussen, dass man sich ihnen gegenüber verhalten muss, dann Symbolsysteme, wie sie sich in den jeweiligen Kulturen und Subkulturen ausbilden. Das kollektive kulturelle Gedächtnis wirkt als ein Regelwerk der Kommunikation – mit allen Verdrängungen und mit sprachlichen Fortschreibungen, die einen erstarren lassen müssten: wie locker spricht man im Alltag davon, dass man etwas bis zur Vergasung betrieben habe – Sprache verstetigt zuweilen das Inhumane (vgl. Klemperer 1993).

Dennoch birgt der dritte Faktor aufs Ganze gesehen die Werkzeuge des Überlebens, dann die sozialen Verhältnisse und die in diese eingebundenen Beziehungsformen; in ihm zeigen sich Positionierungen in einer Gesellschaft sowie das soziale und kulturelle Hintergrundwissen der Beteiligten, welches ihre Situation umschreibt und vielleicht auch akzeptabel macht. Deshalb lässt sich der dritte Faktor nicht von dem gesamten ideologischen Überbau trennen, in dem die materiellen Realitäten interpretiert, normativ verbindlich gemacht und so in Projektionen gefasst werden, dass sie als Religionen und Wertvorstellungen wirken wie als Ideen, die menschliches Handeln vorantreiben und zukünftige Artefakte vorwegnehmen; Fantasieprodukte vielleicht, die machtvoll werden und zuweilen Möglichkeiten vorahnen, die erst später einmal realisiert werden; Leonardo da Vincis Skizzenbuch war voll von solchen. Am Ende steht noch das, was Gesellschaften als das gesicherte Wissen behaupten, von der Natur und von sich selbst, was sie an Vorstellungen und Regeln vorgeben wie aber zugleich auch als Zukunftsmöglichkeiten entwerfen. Der dritte Faktor eröffnet Perspektiven: Er regelt kulturell den Blick, genauer: er bestimmt den Blickwinkel, die Sinneswahrnehmung noch bis in ihre Sensibilität und Tiefe hinein, wie zugleich die für die Zukunft den Subjekten relevant erscheinende Blickrichtung. Was als Zukunft denkbar ist, entscheidet sich in dieser Perspektive, mehr noch: ob eine Zukunft denkbar ist, wird sowohl durch Vergangenheit und Gegenwart wie vor allem durch die Symbole und Regeln bestimmt, welche am dritten Faktor zu erkennen sind.

Im dritten Faktor erinnert man sich als rückwärtsgewandter Prophet (Schlegel 1991) und vorandenkender Historiker an eine Möglichkeit von Zukunft, die in den Optionen sichtbar wird, welche eine Kultur zu Verfügung stellt. Er bietet Anforderungs- und Aufforderungsstrukturen, welche eine Gesellschaft an einzelne richtet. Für die Subjekte ähnelt er ein wenig einer Garderobe (vgl. Bühler-Niederberger 2002), aus der sie die Kleidungsstücke auswählen, in welchen sie sich in Gesellschaft bewegen wollen; wieder liegt die Theatermetapher nahe (wenn man nicht an Anzieh-, allzumal an Barbie-Puppen denken möchte). Erziehung öffnet dann die Tür zu dieser Garderobe, um eine Wahl der Kleidungsstücke zu ermöglichen. Das ermöglicht Rollenspiele und Rollendistanz, wie sie Identitätsbildung erleichtern.

Mehr als eine an materiellen Bedingungen interessierte soziologische Theorie hebt Pädagogik also auf Vorstellungen, Einstellungen, Haltungen und Absichten der Subjekte ab; sie fasst den dritten Faktor „idealistisch", ohne die Empirie sozialer Strukturen, von Institutionen und Praktiken zu vergessen. Denn die materiellen Lebensbedingungen und die soziologisch hervorgehobenen Normen fundieren zwar, entscheiden aber nicht. Der dritte Faktor einer Theorie der Erziehung meint also die geschichtlich entstandenen gesellschaftlichen Artefakte, welche intersubjektiv bedeutsam dem Denken, Fühlen, Handeln zugrunde liegen und in die Psyche der Einzelnen eingetragen werden; altmodisch, spekulativ und doch treffender: es geht um die soziale und kulturelle Wirklichkeit, wie sie die *Seele* des Subjekts berührt, dieser eine Färbung und Stimmung gibt, welche unverwechselbar und zugleich Ausdruck eines aufgenommenen Ganzen ist. Es geht um Sinn, um Lebenssinn und Lebensentwürfe, um Sinnzusammenhänge und Perspektiven, welche eine Gesellschaft als Ganze wie auch die Einzelnen in einen sozialen Zusammenhang und in ihren Handlungsmöglichkeiten integrieren (vgl. Berger/Berger/Kellner 1974, S. 21, Berger/Luckmann 1980). Es geht um erzeugte Möglichkeiten des Lebens, die als kollektive Denk-, Sprech- genauer: Wahrnehmungs-, Thematisierungs- und Handlungsmuster dem Einzelnen vorgegeben sind, meist – nicht immer – tief in den Schichten des kollektiven und individuellen Denkens liegen, um dort als Wertvorstellungen und Orientierungen zu wirken: Gut und Böse beispielsweise, Grunddifferenzen in menschlicher Aktivität, die aber individuell ausgesprochen werden müssen. Endlich auch verdrängte Traumata, die kollektiv und individuell erfahren wurden; die deutsche Kultur plagen diese geradezu: Der Nationalsozialismus als Schuld, die nicht abzutragen ist, der Krieg, vor allem eine tabuisierte Nachkriegszeit des Überlebens, zuletzt die DDR und der Einigungsprozess. All das überlagert als ein ambivalentes Kollektivbewusstsein das Denken, Fühlen und Handeln.

Explizite und implizite Theorien einer Gesellschaft und einer Kultur, soziale und kulturelle Selbstdiagnosen, endlich auch Mythen gehen als ein Hintergrundwissen in den dritten Faktor ein. Ohne diesen Zug mythischer Reaktion aufzugeben wird dieses Hintergrundwissen wirksamer, je stärker Moderne reflexiv wird – und zwar in des Ausdrucks doppelter Bedeutung: Die Gesellschaften der Gegenwart haben nicht nur damit zu tun, ihre selbst erzeugten Effekte zu bewältigen, vielmehr sind sie zunehmend durch medial erzeugte, symbolische Botschaften konstituiert, welche als Grundmuster von Weltanschauungen und Orientierungsmuster praktiziert werden; sie werden, boshaft formuliert, immer idealistischer, sie stellen sich, je mehr der Materialismus in ihnen dominiert, immer mehr auf den Kopf. Nicht nur im Feld der Erziehung gilt daher, was Bruno Bettelheim festhält: Kinder brauchen Märchen. Aber im Erziehungszusammenhang schaffen solche im Archaischen wurzelnde irreale Welten Optionen, möglicherweise sichern sie als Gegenwelten Stabilität, um Perspektiven aufzubauen und moralische Entscheidungen einzuüben. Der Aufenthalt hinter den Spiegeln gewinnt hier seine Bedeutung, die Wirkung von Tolkien's Geschichten, wie die der Bücher, die Joan Rowling um Harry Potter geschrieben hat, wird so verständlich: es geht um die tiefen Konflikte, die ausgehalten werden müssen.

Der dritte Faktor hat also auch mit der geschichtlichen Dimension von Gesellschaft zu tun, wie sie von den Subjekten gelebt wird, weil sie durch diese und in dieser zivilisiert, nämlich durch ihre leibliche Verfassung hindurch bis in ihre Seelenhaushalte hinein beeindruckt wurden – angeeignet oft genug in den kleineren Zusammenhängen gemeinsamen und gemeinschaftlichen Erlebens. Denn das bildet die andere Seite des Aneignungszusammenhangs: der dritte

Faktor zeigt sich nicht allein in den großen Ereignissen, welche inszeniert und zur Staatsangelegenheit erhoben werden; er kommt vielmehr in den kleinen Familienereignissen, im Alltag zum Ausdruck, im Ritual wie manchmal als Ressentiment, möglicherweise im Anschein der Idiosynkrasie, die, weil sie von einer signifikanten Person vorgelebt wird, dann doch Bedeutung gewinnt; vielleicht als kleine Geste der Abfälligkeit wie auch des Engagements, die eben repräsentiert werden.

Auf den dritten Faktor ist „Wahrheit" deshalb nicht anzuwenden, selbst mit Evidenz darf man nicht unbedingt rechnen, es geht um Bedeutungen, um Bezüge und Deutungen, um – wie Marx sie genannt hat – Fetischfiguren, eben um Sinn, der mit Werten zu tun hat. Mit Sinn und Werten, wie sie die Schichten des sozialen und kulturellen Lebens figurieren: Von den „obersten" Wertvorstellungen über die mittleren Institutionen lassen sich die sozialen und kulturellen Veränderungen bis in die Einstellungen und Haltungen von individuellen Subjekten verfolgen, die so in ihrer Handlungsfähigkeit rekonstruiert werden könnten (vgl. Hofer/Reinders/Fries/Clausen 2005).

Im dritten Faktor sprechen sich die formativen Muster aus, welche die Erfahrungs-, Reflexions- und Handlungsfähigkeit der Beteiligten bestimmen. Auf sehr subtile und sublime Weise transportiert er ein spezifisches Regelwerk. Diese kulturellen Zeichensysteme bestimmen Mentalitäten, welchen man sich nur bedingt entziehen kann: Erziehung bewegt sich in dem von ihnen gegebenen Möglichkeiten, Subjektivität bleibt ein soziales Ereignis; insofern muss eine Geschichte der Erziehung sowohl im Kontext von Sozial- wie in dem von Mentalitätsgeschichte geschrieben werden, wobei Erziehung selbst als Moment der Veränderung wirkt. Weil der dritte Faktor in einer lebendigen Praxis angeeignet wird, bleibt er nicht konstant. Dies gilt schon in formaler Hinsicht: Er wird umgestaltet von seiner gleichsam dinglichen Gegebenheit, welche den Akteuren vorgegeben ist, in einen Modus der Akteure selbst; er wird zur Disposition ihrer Aktivitäten, Moment ihres Habitus, wird zugleich auch Lebensmodus. Noch in unseren Gefühlen, in den emotionalen und affektiven Haushalten werden wir insofern geformt – und tragen durch Aneignung selbst dazu bei, weil wir uns konstruieren. Die Ausdifferenzierung unserer Gefühlswelt, die Entstehung sowohl von kollektiven Verhaltensweisen wie aber auch solcher, die als individuell besondere erlebt werden, haben einen historisch entscheidenden Zug, der überhaupt erst die Ambivalenzen unseres Fühlen und Denkens bestimmt. Die durch eine Zivilisation gegebenen Zeichensysteme und Werkzeuge fügen sich durch Aneignung in die subjektive Disposition so ein, dass Selbst- und Fremdwahrnehmung, die Kognition des Anderen und die Sensibilität für diese geformt und das ethologische Repertoire zivilisatorisch überformt werden. Noch die Annahme der Existenz eines von uns unterschiedenen und zu achtenden anderen ist kulturell möglich geworden; sie aber geht einher mit Klassifizierungen, welche zugleich auch Ausgrenzungen vornehmen. Die Entdeckung des anderen vollzieht sich in der Hölle der Unterschiede (Muchembled 1990, S. 137).

Zwar kann und muss also Individualität in den Prozessen der Erziehung und Bildung als ein empirisch gegebener, biologisch fundierter Sachverhalt vorausge-

setzt werden – Kriminalisten weisen auf die Unverwechselbarkeit von Finger-
abdrücken und DNA hin, selbst die Zusammensetzung des Blutes ist stets eigentümlich. Doch bleibt selbst Individualität ein soziales Ereignis, Gesellschaften müssen ein Sensorium wie eine Begrifflichkeit entwickelt haben, um sich
mit dieser zu befassen und sie als ein Merkmal zu inszenieren. Die historische
und gesellschaftliche Konstitution geht noch einher mit einer Formung der Verfasstheit und des Habitus der Einzelnen, die tief in die psychischen Dispositionen hineinreicht und noch den Sinnesapparat modifiziert. Dabei werden die Mischungsverhältnisse zwischen archaischen, genetischen Mustern und aktuellen
Anforderungen nicht nur neu geordnet, sondern schwanken ständig. Aggressivität, wie sie für das Überleben der Menschheit notwendig war, aber durch Zivilisation gebändigt wurde, kann unerwartet durchbrechen; diese Nicht-Berechen-
barkeit macht Situationen schwierig. Selbst die leibliche Verfassung, die als physiologisch erscheinenden Muster werden geformt; Körper sind gelehrig (Sarasin
2001) bis in ihre biologische Organisation hinein – im Laufe der Jahrzehnte verändert sich die durchschnittliche Körpergröße, wobei unklar bleibt, was die aus-
lösenden Faktoren dafür sind; die messbare Intelligenz schwankt in historischen
Zusammenhängen. Angst ruht zwar auf elementaren natürlich-biologischen
Prozessen auf (vgl. Hüther 2001), wird aber geschichtlich codiert. Selbst der Affekt der Liebe ist ein Produkt der Neuzeit (Luhmann 1984), seelische Aufregung und Nervosität entstehen als Modus des Seins um die Wende zum 20. Jahrhundert (Gay 1987; Radkau 1998); Stress, die Krankheit der Gegenwart, setzt
sich als Muster der Selbstthematisierung und Handlungsorganisation wohl erst
in der zweiten Hälfte des 20. Jahrhunderts durch. Die Sinne werden sozial und
kulturell geformt. Was und wie wir riechen, was uns stinkt, was uns als Wohlge-
ruch vorkommt, wird nicht nur geprägt durch die Vergesslichkeit gegenüber
dem dauernd Gegebenen. Vielmehr sind sowohl die olfaktorischen Prozesse
durch Reize geformt, wie noch das Sehen kulturell und sozial trainiert wird (vgl.
Jütte 2000) – von allen optischen Täuschungen abgesehen, welchen wir denn
noch erliegen. Wir riechen uns in Mustern und durch diese, welche eine Kultur
vermittelt; schlimmer noch: selbst unsere physiologische Sensorik wird so bestimmt, mit dem Effekt, dass möglicherweise die Riechfähigkeit langfristig verloren geht, weil kein Bedarf mehr an ihr besteht. (Nur nebenbei: dies könnte
mit dem traurigen Effekt verbunden sein, dass künftig keine Partnerschaften
mehr möglich werden, weil solche errochen werden.) Gesellschaftlich und kulturell vermittelt sind noch Leiden und selbst Krankheit, wiederum sowohl in
objektiver Hinsicht wie denn zugleich auch im Blick auf ihre Erfahrbarkeit.

Der dritte Faktor und die Struktur der Erziehung

Der dritte Faktor in der Struktur der pädagogischen Praxis hat nun eine doppelte Funktion, die aber durch diese Praxis selbst noch erst hervorgebracht wird:
Erziehung wird zwar evolutionär möglich, um in Vermittlung mit dem gesell-

schaftlich-kulturellen, also nicht-genetischen Erbe die Entstehung und strukturelle Ausbildung der höheren neuronalen Funktionen zu sichern. Insofern bildet die materielle wie symbolische Kultur einer Gesellschaft, bilden die Strukturen und Verhältnisse das Objekt und den Gegenstand der Aneignung; sie werden in der lebendigen Tätigkeit des Zöglings auf- und in diese so hineingenommen, dass damit der Bildungsprozess eines Subjekts möglich und real wird – mit dem Vorbehalt, dass der Begriff des Subjekts noch selbst gesellschaftlich und kulturell bestimmt ist. Ob und wieweit sich das somit potenzielle „Subjekt" der Bildung reflexiv als Subjekt der Bildung versteht, hängt davon ab, dass ihm dieser kulturelle Code zur Verfügung steht. Das vermittelnde Handeln des Erziehers bezieht sich dabei auf dieses Aneignungshandeln, es ermöglicht, initiiert und unterstützt dieses; zuweilen tritt es ihm entgegen. Im Prozess der Erziehung wird das Angeeignete wieder Voraussetzung für das weitere pädagogische Geschehen; Erzieher wie Zögling sind erzogen, eingebettet in ein Vermittlungsgeschehen, mit dem sie ein dispositionelles Element für alle weitere Erziehung erhalten haben. Doch auch die voranschreitende Erziehung findet vergesellschaftet statt; sie unterliegt den formenden Bedingungen, welche eine Gesellschaft und eine Kultur bereitstellen, sie kann sich von den Widersprüchen, Spannungen nur bedingt freimachen, die in dieser Gesellschaft und ihrer Kultur gegeben sind und sich formierend auswirken. Ontogenese gelingt prinzipiell nicht jenseits einer historisch gegebenen gesellschaftlichen und kulturellen Rahmung, die nun eine bestimmte Form durch die sie charakterisierenden Handlungsmöglichkeiten gibt: Ob die gesellschaftliche Reaktion auf die Entwicklungstatsache in die Form von Subjektivität gebracht wird und gar auf Mündigkeit zielt, ob Autonomie von Individuen als Sozialform möglich und diskursiv so thematisiert wird, dass sie als ein normativer Anspruch gelten kann, hängt von den gesellschaftlichen und kulturellen Bedingungen ab (vgl. Wenzel/Bretzinger/Holz 2003). So bedeutsam Autonomie, Subjektivität und Mündigkeit in den neuzeitlichen, allzumal in den modernen Gesellschaften geworden sind, dürfen sie also doch nur bedingt als Strukturmerkmal der Erziehungspraxis gelten; unterhalb der durch die Option der Gesellschaftlichkeit und ihrer Kultur partialanthropologisch zu erkennenden Differenz stellen sie neuzeitliche, moderne Formen dar, welche die Praxis der Erziehung überlagern – und damit auch diese in Anspruch nehmen, vielleicht sogar überfordern.

Mit all dem bewegt man sich nahe einer kulturanthropologischen oder soziologischen Sichtweise auf sozialisatorische Prozesse (vgl. Dux 2000). Die Differenz liegt aber schon in der Rede vom dritten Faktor. Denn sie macht analytisch, dann auch im Blick auf die praktisch zu realisierende Struktur der Erziehung und ihren Prozess aufmerksam darauf, dass eben nicht Gesellschaft, nicht Kultur wirkt; Erziehung hat einen eigenen, eben gegenüber Natur und Gesellschaft wie Kultur exzentrischen Status, in welchem eben diese Gegenstand werden können; sie sind Moment einer Praxis und nicht mit dieser gleichzusetzen. Als Praxis reagiert diese auf ihre Momente, formt sich um diese herum, die zu einem Teil ihrer selbst werden – ähnlich wie die von Niklas Luhmann beschriebenen Systeme, die freilich nur mit Binnenresonanz etwa auf Gesellschaft reagieren.

Die Praxis der Erziehung ist komplizierter, weil sie eben Gesellschaft in sich aufnimmt – wobei die Beteiligten, alle Faktoren der Struktur als Medien des Geschehens wirken, weil dieses durch sie hindurch geht und sie verändert. Dennoch: die pädagogische Praxis hat eine eigene Qualität und tritt als ein – in den skizzierten Begrenzungen – emergentes, selbststeuerndes System auf, wenngleich sie eben praktisch realisiert werden muss. Sie ist an menschliches Handeln gebunden, sofern sich dieses von der Intention der Erziehung leiten lässt, setzt sich aber doch mit einer Eigenmächtigkeit durch, die aber verloren gehen kann. Platt formuliert: wie viele Momente in der Kultur menschlicher Existenz muss man auch Erziehung anständig behandeln. Eben deshalb lässt sie sich nicht auf eine bloß exekutive Macht gesellschaftlicher und kultureller Prozesse reduzieren. Sie hat nicht nur einen anderen Existenzgrund, sondern wirkt in einer eigenen Logik gegenüber diesen: Die Struktur des pädagogischen Handelns muss als weiche, fragile Logik bezeichnet werden, die einer Sicherung bedarf. Sie kann gefährdet werden. Umgekehrt aber ist Erziehung nicht immer die Erziehung einer Gesellschaft. Denn sie bewältigt Aufgaben, welche sozial und kulturell nicht mehr zu meistern sind. Das macht Erziehung anfällig für objektive und subjektive Überforderungen: Objektive Überforderungen, welche sich unmittelbar aus der Struktur und Dynamik einer Gesellschaft und ihrer Kultur ergeben, subjektive, die aus den Wünschen und Programmen etwa einer hegemonialen Gruppe einer Gesellschaft sich ergeben; darin lag und liegt eine Chance, sich im Zusammenhang pädagogischer Praxis etwa den Zumutungen von Diktaturen zu entziehen. Indes: Vor solcher Zuspitzung bleibt allemal das Problem, dass Erziehung sich mit solchen Zumutungen auseinander setzen muss, welche eine Gesellschaft an die Subjekte stellt. Je unsicherer die Welt ist, umso mehr wird die Struktur bedeutsam, in der die Erziehung praktisch werden kann.

Dann aber, auch wenn dies schwer zu verstehen und zu akzeptieren ist: Pädagogische Praxis in ihrer Struktur und in ihrem Prozess ist auf Gesellschaft und Kultur angewiesen, hat aber doch zugleich eine diese negierende, fast zerstörende Funktion; wieder zeigt sich das Moment der Distanz. Vielleicht versuchen deshalb Alltagstheorien der Pädagogik Erziehung mit geradezu pathologischer Zwanghaftigkeit als Vorgang zu deuten, in welchem die Subjekte in eine Welt „eingehaust" werden sollen – so dereinst die Protagonisten des Muts zur Erziehung – und sich den objektiven Anforderungen einer Gesellschaft und Kultur zu beugen haben. Vielleicht gründen in dieser Prekarisierung des Objektiven jene angstvollen Anstrengungen, Muster des Verhaltens verbindlich zu machen; Abrichtung, Adjustment, für eine Gesellschaft und eine Kultur, deren Stabilisierung und deren Reproduktion werden dann zu Maßstab gemacht – und bitter klingt die Klage darüber, dass etwa Kinder und Jugendliche dem sich nicht fügen wollen. Aber pädagogische Praxis findet objektiv gesehen ihren Sinn darin, dass Gesellschaft und Kultur aus ihrer fraglosen Gültigkeit herausgerissen und eben befragt, d. h. auch bezweifelt werden; sie wird, um an Lévy-Strauss anzuknüpfen (Lévy-Strauss 1977, S. 270 ff; ders. 1988), gerade so heiß gemacht, während Institutionen und Pragmatiken sie erkalten lassen, welche sich der Offenheit verschließen. Vollzieht sich der Alltag von Menschen in ihren Lebenswelten innerhalb gegebener Horizonte und unter gesicherten Regeln, weil er andernfalls gar nicht funktionierte, stellen Lernende, sich Bildende genau diese zur Disposition. Nicht nur, dass sie diese einfach nicht kennen – sie sind Mitglieder einer Gesellschaft, die sich den Spaß erlauben, eben diese Gesellschaft noch nicht aufgenommen zu haben –, vielmehr bricht schon die Tätigkeit der Aneignung mit dem Überkommenen; sie vollzieht Auseinandersetzung, Neuinterpretation und Neuregelung. Eben dies aber zu ermöglichen, darin liegt nun wiederum die Brisanz von Erziehung; indem diese strukturell Offenheit herstellt, Rahmenbedingungen für subjektive Bildungsprozesse sichern will, stellt sie grundsätzlich eine Provokation für Gesellschaft dar – selbst wenn es doch nur darum geht, Lern- und Bildungsprozesse so zu ermöglichen, dass eine Gesellschaft und Kultur angeeignet, als Instrumente für das Leben der Subjekte als Subjekte verwendet werden können. Kurz: Erziehung sichert die Verfügung über Gesellschaft und Kultur – darin liegt allerdings eine Herausforderung für diese.

> „Aber das Wesen unserer Epoche ist
> Vieldeutigkeit und Unbestimmtheit. Sie
> kann nur auf Gleitendem ausruhen und
> ist sich bewusst, dass es Gleitendes ist, wo
> andere Generationen an das Feste glaubten."
> (Hugo von Hofmannstahl)

16 Die moderne Gesellschaft – Dynamik und Komplexität, Entbettung und Individualisierung

Wer gesellschaftliche und kulturelle Bedingungen von Erziehung konkret zum Thema macht, nimmt besser einen Kriminalroman zur Hand. Es dürfen die Klassiker des Genres sein, für den einschlägigen Erkenntnisgewinn bieten sich aber andere an: Jean Claude Izzos düstere Analysen des Frankreich der Gegenwart, mit seinen Einwandern und seinen Ausgegrenzten, mancher von den jüngeren britischen, vor allem jene skandinavischen Thriller, die in der Tradition von Sjöwall und Wahlöö geschrieben sind. Sie alle richten zwar ihr Augenmerk auf Kriminalität wie auf deren Bekämpfung, zugleich versuchen sie Gesellschaft und Kultur zu verstehen; vielleicht ein wenig zu schwarz, vielleicht zu sehr beeindruckt von einer raschen Modernisierung lange konservativer, dann sozialstaatlich befriedeter Gesellschaften.

Warum aber der Griff zum Kriminalroman, wenn Theorie gefragt ist? Der Vorteil der kriminologischen Analyse liegt auf der Hand: Weil es um Aufklärung von Fällen geht, hält sie sich nicht lange bei Kulturkritik auf, Mord und Totschlag passieren jetzt – sie müssen in der Gegenwart begriffen werden. Eben deshalb kommen sie dem am nächsten, was eine kritische Theorie der sozialen und kulturellen Konflikte in einer späten, einer postmodernen Gesellschaft formulieren müsste. Sie beschreiben gesellschaftliche Veränderungen besser, als jede Theorie dies könnte. Fragt Pädagogik nach den Bedingungen des Erziehungsgeschehens und den Anforderungen an dieses, welche gesellschaftlich und kulturell gegeben sind, muss sie nämlich weder selbst Sozialphilosophie oder Soziologie betreiben, gar die bessere Zeitdiagnose formulieren; sie darf sich einen großzügigen Umgang mit deren Befunden und Theorien erlauben, diese bruchstückhaft nutzen. Entscheidend bleibt für sie die Frage, was gegebene Befunde für Erziehung und Bildung bedeuten. Ob man auch aus der Geschichte lernen kann und muss, ist eher zweifelhaft; man entkommt ihr nur nicht. Es gibt keine Gnade der späten Geburt. Das kollektive Gedächtnis liefert der Vergangenheit aus: jeder, der im Unterricht Aufklärung über den Nationalsozialismus leistet, kennt allerdings den unerfreulichen Nebeneffekt, dass Schüler diesem fasziniert verfallen. Man kann nur Warntafeln aufstellen, um zu verhindern, dass sich Geschehnisse wiederholen. Für das zwanzigste Jahrhundert, mithin die eben noch durch Zeitzeugen präsente Geschichte eines Zeitalters der Extreme, ist nicht ausgeschlossen, dass es bis auf eines unbegriffen bleibt. Der anonyme, massenweise Tod wie die Ermordung von Menschen, weil sie und sofern sie nur Menschen sind (Steiner 2000), haben es geprägt; die Shoah ist sein Merkmal, der 11. September reiht sich in diese Geschichte ein, weil in Kauf genommen wurde, dass sich die Angehörigen nicht von ihren Toten verabschieden konnten. Mit Pädagogik hat dies soviel zu tun: Es könnte sein, dass hier einer ihrer Grundmechanismen, nämlich die Sicherung des Gattungserbes über den Tod hinaus, in Frage gestellt wird; die Vernichtung ganzer Kulturen bedeutet einen Angriff auf die pädagogische Praxis.

Die Leitfrage nach der Bedeutung von Zeitdiagnosen für die Pädagogik erlaubt eine Vorentscheidung, die einer arbeitspragmatischen und heuristischen Intention folgt: Als Leitbegriff zur Kennzeichnung des gesellschaftlichen und kulturellen Gegenwartszustandes wird der Begriff der *Postmoderne* verwendet (vgl. Meier 1990). Dies geschieht wider viele Vorbehalte (etwa Kurz 1999), von welchen die fehlende Präzision des „post" noch harmlos klingt: „Postmoderne" wurde spekulativ, wenig analytisch und mehr programmatisch eingeführt und führt ästhetische Kategorien in die Welt materieller Lebensprozesse ein. Idealisierung und Krisenszenario gingen ein seltsames Bündnis ein; die freudig erklärte Leichtigkeit des Seins entwickelte sich zu engelhafter Abgehobenheit, welche die realen Verhärtungen übersehen lässt, die sich in den Gesellschaften und Kulturen ereignen. „Vom Ende der Moderne und von der Postmoderne kann heute nur reden, wer den Sinn der Moderne nicht begriffen hat" (Münch 1986, S. 855). Auch erklärten die Debatten vorschnell das Subjekt für tot – und erkannten dessen instrumentelle Vergesellschaftung nicht. Hinter dem Etikett „Postmoderne" verbergen sich affirmative Züge; in der bunten Welt lässt sich gut leben, so dass die kritische Suche nach Alternativen sich erübrigt.

Andererseits weist das Konzept seit Oskar Pannwitz einiges Beharrungsvermögen auf; vor allem in der angelsächsischen wie in der romanischen Sprachwelt hat es die Abgesänge inzwischen überstanden. Seine Zähigkeit hat mit seiner Unschärfe zu tun; als Kontingenzformel erfasst es die Spannung zwischen Moderne und Postmoderne, um sie gleich wieder loszulassen; der begriffslose Begriff hält das Denken auf Trab und folgt so der Dynamik, welche die gegenwärtigen Gesellschaften schon länger und anhaltend auszeichnet. Das Spiel von Moderne und Postmoderne macht deutlich, wie Modernisierung sich keineswegs einheitlich vollzieht; es zeigt Gewinne und Verluste in Möglichkeiten des Fühlens, Denkens und Handelns, belegt neue Mischungsverhältnisse, welche den sozialen und kulturellen Formationen zugrunde liegen: „This means that there is no such thing as a ‚modern society' plain and simple; there are only societies more or less advanced in a continuum of modernization" (Berger/Berger/Kellner 1974, S. 15).

Postmoderne hebt einerseits in das Bewusstsein, dass Neuzeit und Moderne notorisch in sich gespalten sind. Fontenelle notiert eine „Querelle" (Fontenelle 1989), der Hegelschen Fortschrittsdialektik stellt Marx entgegen, die Barbarei sei allemal möglich: Klassenkampf war als praktische Angelegenheit auf den normativen Horizont angewiesen, in welchem die bürgerliche Gesellschaft gelernt hatte, sich zu thematisieren. Andererseits erlaubt die hybride Herkunft des Konzepts aus Philosophie, ästhetischen Zusammenhängen, zuweilen sogar aus den Sozialwissenschaften, was Leslie Fiedler (Fiedler 1988) und Susan Sontag zum Programm erhoben: Cross the border, close the gap. *Postmoderne* erlaubt Überschreitungen, die einer pädagogisch interessierten Analyse helfen; sie lassen Zusammenhänge zwischen harten sozialen Strukturen, ökonomischen Verhältnissen, den symbolischen und Ideenkomplexen, menschlichen Beziehungen in aller Regelhaftigkeit und Individualität denken, durchaus in deren Spannung von Neuigkeit und Tradition. Selbst François Lyotards Behauptung vom Ende der *grands récits* wird weiter erzählt – die Mythen leben, wie der von den heilenden Kräften des Marktes. So gehen die großen Ideologien, die Glaubenssysteme wie die politischen Programmatiken verloren und werden durch Fundamentalismen ersetzt. Symbole, Ideen, bloße Äußerungen gewinnen eine Macht, welche über die harten sozialen Fakten hinweg schreitet; verbindliche Bilder, kommuniziert zugleich global durch kommerzielle Medienkonzerne und privat durch E-Mail und SMS in Datennetzen, die sich über alle lagern. Zugleich aber verliert in dieser Nachkultur die Sprache ihre Bedeutung, ihre Autorität und Verständlichkeit (Steiner 1974, bes. 223 ff). Flimmernde Zeichen wuchern, Bilder ohne lebensweltliche Erdung und übersteigerte Erwartungen bestimmen die soziale wie kulturelle Realität; ihr größter Witz ist die Selbstbezeichnung als Informationsgesellschaft. Das Verlangen nach Visionen bestimmt das gesellschaftliche Selbstverständnis und die überzogenen Ideale das praktische Handeln der Menschen – Helmut Schmitts Spott verhallt: *Wenn ich Visionen habe, gehe ich zum Arzt.*

Deshalb werden die postmodernen Gesellschaften zunehmend – um einen altmodischen Ausdruck zu verwenden – *idealischer.* Auf der einen Seite verschwinden Gesellschaft und Kultur (Breuer 1992), sofern sie Züge des Objektiven und des Dinglichen auszeichnen (Giesen 1991). Die Kausalität des Vergesellschaftungsvorgangs, den Durkheims *fait social* noch mit Suggestion und Hypnose gleichsetzte (vgl. Durkheim 1970; 1974b), geht über in eine kontingente, subjektive und reflexive Selbstsozialisation. Die dramatische Erfahrung der Moderne schwindet dahin, Sachzwängen, Verdinglichung, Versteinerungen, Petrifizierungen ausgesetzt zu sein, gegen welche man vergeblich anrennt, um im Scheitern sich zu erkennen; Kafka könnte seinen *Prozess* nicht mehr schreiben, nicht bloß, weil die Politik großzügig den Instanzenweg beschnitten hat. Vielmehr neigt sich die Realität zu einer Welt ohne Eigenschaften. Gesellschaften und Kulturen werden entdinglicht, nur mehr als flüssig erlebbar, ständig durch Veränderungsimperative gepuscht. *Reform* drückt ein Leitmotiv aus, in welcher Formlosigkeit zum Maßstab wird. *Geht nicht, gibt's nicht* behauptet die Werbung. Was dem Kunden Erleichterung verspricht, verrät doch zugleich, wie soziale und kulturelle Gewissheiten verschwinden, seien sie auch nur in die Unhöflichkeit gepackt, die mit Sachzwängen zu argumentieren suchte; die postmoderne Gesellschaft kennt keine Grenzen mehr, welche sich nicht überschreiten ließen, sie verliert alle Konturen, an welchen man sich orientieren könnte.

Postmoderne Gesellschaften stellen sich zunehmend auf den Kopf; eine von und für Wissenschaft propagierte, in Zahlenmystik gegossene Empirie macht die Sache nicht besser, ihre statistischen Rechnungen und Tortendiagramme flackern nur als Symbole. Wie sie zu verstehen sind, steht nicht zur Debatte, erfolgreich sind sie nur, wenn sie der Bundesligatabelle ähneln. Für Erziehung bedeutet dieses Übergewicht an symbolischer Kommunikation, dass ihr aufgrund ihrer Eigenart als Zusammenhang von Praxis und Kommunikation droht, von einer diskursiv erzeugten Semantik überrannt zu werden: Antipädagogik und PISA-Debatte schalten die pädagogische Praxis ab, überdrehte Ansprüche an Erziehung und Unterricht lösen eine Kommunikationsspirale aus, die das Geschäft lähmt.

Ideen, Konzepte dringen in ihrer bloßen Zeichenqualität in alle Verhältnisse, in Beziehungen, in die Seele ein und machen sich dort breit; den Alltag prägen Urteile in der Form der Berichte über das Auf- und Absteigen des DAX. Möglicherweise handelt es sich in all dem um Projektionen eines subjektlos gewordenen Subjekts, dem Visionen ein löcheriges Dach über die Lebensverhältnisse errichten; verkündet wird es im Bild vom dauernden Urlaub am paradiesischen Palmenstrand, zu dem der Beck-Großsegler die Bacardi-Generation bringt. Werbebotschaften werden in die Fantasien und Vorstellungen eingepflanzt – imaginatives Lernen gewinnt so als dunkle Seite, Träume auszulösen, an welchen man sich festzuhalten versucht. Der Grundmechanismus ist klar, auch wenn der Verweis auf ihn einfältig erscheint: Kapitalakkumulation lässt sich nur vorantreiben, wenn Bedürfnisse erzeugt werden. Insofern verliert ein auf Konsum angewiesener Kapitalismus den Boden unter sich. Die Macht der Ideen lässt noch ihre Erfinder an sie glauben, Realismus und die Pragmatik des Banalen werden ausgeschaltet. Die wuchernden Zeichen greifen längst im Alltag: Unternehmen, Behörden wechseln ihre Erkennungsmarken, manchmal mit dem Effekt, ihre Marktposition zu verlieren. Meist wird verdeckt, wie sich die Lage zu Lasten der Subjekte verschlechtert: Die Konversion des Arbeitsamts zur Arbeitsagentur belegt die Magie symbolisch beschworener Innovation, bei der ein Arbeitsloser von einer Frontfrau empfangen wird, die Kunden lächelnd auf Warteschlangen verteilt; diese sind länger geworden, weil der Vorgang an der Seite der Sachbearbeiterin transparent gemacht wird. Weniger arbeitslos sind sie deswegen nicht. Im Spiel mit den Zeichen darf man seinen Augen nicht mehr trauen; die Wirklichkeit verschwindet – das Versprechen der neuen Wege bleibt, auch wenn man meist gar nicht weiß, wohin er führt und was auf ihm eigentlich zu tun sei.

Propagiert und illustriert, in Bilder und Selbstbilder umgesetzt zählt der idealisierte Zustand: Beziehungen scheitern, weil die Beteiligten nach Märchenprinz und Märchenprinzessin suchen, um dem Ideal einer Beziehung nachzuhecheln. Die Traumkitschkomödie formt Erwartungen, an denen jegliche Wirklichkeit scheitert – das Realitätsfernsehen gibt dann in seiner ganzen Obszönität den Bildungsanspruch preis. So absurd das klingt: die Überhöhungen der Ideale gehen einher mit dem Verweis auf die miese Lebensform, die selbst noch zum Ideal wird; das Fernsehen adelt Lebensformen, die bisher für überwindenswert gehalten wurden (vgl. Nolte 2005, S. 57 ff). Erfuhren Jugendliche bislang, dass ihre

Sprache ein Widerstandspotential darstellen könnte, tritt ihnen diese nun in ihren eigenen Sendern entgegen. Sie verliert ihre Eigenheit und Kreativität, wird aber zugleich so für legitim erklärt, dass man sich aus ihr nicht mehr herausbewegen muss. Einmal mehr dreht man sich im Kreis – genauer: man wird in einem Kreis gedreht, den man nicht mehr überschreiten kann und soll. Allzumal männliche Jugendliche zeichnet neben aller Illiteralität eine Sprache aus, welche einem dumpfen Rülpsen ähnelt: *Ey Alter, echt geil!*

Idealisierung von Vorstellungswelten befreit die Gesellschaften und ihre Mitglieder von einer Beobachtungs-, Erfahrungs- und Gedächtniskultur hin zu einer Aufmerksamkeitskultur; Vergangenheit wird wertlos. Erinnerung verliert als ein kulturelles Muster ihre Bedeutung, während die bloße Sensation zählt (vgl. Assmann 2003). Die in der Kultur des Buchdruckes erzeugte Haltung gegenüber Wissensspeichern wird preisgegeben zu Gunsten jener Muster, welche in einer oralen Kultur dominieren; fatalerweise stehen die dafür erforderlichen Mnemotechniken nicht mehr zur Verfügung, so dass zwar ein aktuelles Reden entsteht, aber keine Erinnerung an das Gesagte bleibt. Das Reden im Aktuellen wird dominant – Kinder kommentieren die familiären Ereignisse wie ein Fernsehreporter.

An die Stelle von Erinnerung und Wissen tritt Wachsamkeit, um möglichst rasch an den entscheidenden Ereignissen zu sein. Am Ende geht es sogar nicht mehr um die Events selbst, sondern um die Geschwindigkeit, mit welchen diese medial erzeugt werden. Das macht neben allen terroristischen Anschlägen die Naturkatastrophen wichtig, beschwerlich nur, wenn ein Vorgang sich in die Länge zieht; am liebsten hätten die Medienmacher das Sterben des Papstes abgekürzt, um die Sensation zeigen zu können. So geraten Gesellschaften in einen Erregungszustand, aus dem sich keiner mehr lösen kann (vgl. Türcke 2002). Der Krieg der Bilder (vgl. Nießeler 2005, S. 19 ff) bindet Aufmerksamkeit gegenüber einer entgrenzten „Wirklichkeit", ohne Raumordnungen zuzulassen oder Erinnerung, Behalten und Bewahren im Gedächtnis zu ermöglichen; die Aufmerksamkeit gilt dem Bildschirm und den über diesen jagenden Zeichen, die kaum mehr Verweisungen ermöglichen. Hypertext betrügt mit Vernetzung und beschleunigt den Zeichendurchgang. Die Praxis der Subjekte erfüllt sich im Scannen und Scrollen – wer mit und im Internet lebt, erträgt kaum mehr die Langsamkeit jener, die noch lesen, was am Bildschirm gezeigt wird. Man selbst erzeugt in sich, was dort abgebildet sein könnte. Das Rändelrad an der Maus darf nicht stillstehen – deshalb wagt Pädagogik nicht mehr, einen Kanon zu verlangen, sondern fordert als Medienkompetenz die Fitness, Performativität zu ertragen.

Signaturen der Postmoderne

Theorien, Kategorien und Begriffe entstehen mit inflationärer Tendenz. Sie verfallen rasch (Beck 1994); ihre Aufgabe, Selbstvergewisserung und Selbstbewusstsein zu ermöglichen, verschwindet in fortgeschrittener Entropie – in einem Prozess, der vielleicht nur eine Funktion hat: zu verbergen, dass es um einen Kapitalismus geht, der inzwischen jene schamhafte Bekleidung abwirft, die er als Sozial- und Wohlfahrtsstaat angelegt hatte. Dieser war noch sorgender Staat, jetzt ist der Kapitalismus sorglos geworden, zeigt sich nackt, als die reine Natur. Er schafft „den unwahrscheinlichen Trick [...], seine eigenen Lebensformen durch Berufung nicht auf ihre Dauer, sondern auf ihre Vergänglichkeit zu naturalisieren" (Eagleton 2001, S. 176).

Die Vielzahl von Etiketten bedeutet nun als eine *erste Signatur* der postmodernen Gesellschaft, dass es *keine bestimmte, geteilte oder wenigstens kontrovers gesicherte Deutung* mehr gibt (Bauman 1995). Die Diagnosen lösen einander in rascher Folge ab, oft ohne Spuren zu hinterlassen. Zunehmend wird für absurd angesehen, sie überhaupt noch auszusprechen – zurecht, wenn man die Trendforscher in Betracht zieht, die in ihren schmucken Büros Wertforschung, Medienbeobachtung und Feldstudien in Szenekneipen vermischen, um den Subjekten ihre aktuelle Lebensform zu verorten. Baudrillards dunkler Begriff des Simulakrums gewinnt handfeste Bedeutung. Vor allem: Zeitdiagnosen erscheinen den auf Konkurrenz umgestellten Individuen als Bedrohung. Sie retten sich in den Lebenspositivismus der Eventkultur, um der kollektiven Situation zu entkommen. Diese könnte Betroffenheit wecken, die mit anderen zu ertragen ist; ein unerträglicher Zustand für jene, die für sich selbst das Beste herausholen wollen. Vielleicht sollen gerade sie nicht erfahren, dass sie am Ende nicht mehr benötigt und ausgegrenzt werden, Desintegration erfahren und erleben, bis hinein in jene politisch gewollten Verdrängungsprozesse, in welchem arbeitslos Gemachte nun an die Ränder der Städte in nicht sanierte, daher billigste Bauten verschoben werden.

Daher trifft die vermeintlich im Selbstwiderspruch formulierte Aussage zu: Vielleicht liegt die Signatur der Gegenwart noch darin, dass sie Signaturen und Deutungen entzogen bleibt. Vielleicht verhindern die Gesellschaften der Gegenwart ein Selbstverständnis und ein Verstehen. Vielleicht sind sie unbegreiflich geworden, verlieren den Zusammenhang mit Kultur als Erinnerung an mögliche Deutungshorizonte und normative Entwürfe. Vielleicht sind sie kaum mehr festzuhalten, weil so anstrengend, dass die Zeit nicht mehr bleibt, um über sie nachzudenken. Diskurse der Verständigung können nur noch darauf zielen, wie Verständigung kommuniziert und manageriell bewältigt werden kann; zertifizierte Unternehmen halten dies als ihre Philosophie in ihren Handbüchern fest.

Obwohl schon bedeutungslos geworden, wollen jedoch – so eine *zweite Signatur* – die Diagnosen kaum enden. Gesellschaft und Kultur sprechen sich in einem Gebrabbel aus, für das ein sich aufblähendes Internet symptomatisch wird. Als Deutung gilt dann, was beim *Googlen* nach vorne rückt – dass es sich um kommerzielle Angebote handelt, macht die Sache verdächtig. Ganz ohne Anspruch auf Vollständigkeit lässt sich eine Reihe von Gegenwartsdiagnosen festhalten, die von der Risikogesellschaft über die Multi-Optionsgesellschaft über die Erlebnisgesellschaft bis hin zur Medien-, Wissens-, Informations- und endlich Netzwerkgesellschaft reichen, von der späten zur reflexiven, endlich zur flüssigen Moderne führen. Wer etwas auf sich hält, erfindet einen neuen Titel. Ironie liegt nahe, führt aber in die Irre. Denn die Diagnosen halten regelmäßig Elemente fest, welche phänomenologisch aufzufinden und theoretisch zu rekonstruieren sind – meist als Momente, welche in Neuzeit und Moderne schon vertraut waren: Individualisierung beginnt in der Antike (van Dülmen 2001); die Risikogesellschaft war den Erfindern von Versicherungen früh bewusst, spätestens mit Lloyds zählte sie zum Alltag des Seehandels; die Mediengesellschaft war mit dem Gerücht gegeben (Kapferer 1966). Mit der Christianisierung Europas entsteht eine Vorstellung von Globalität. Umgekehrt blenden die Diagnosen aus, was an älteren Zusammenhängen nachwirkt: Armut (Geremek 1988), die Spaltungen von Gesellschaft, das Fortbestehen von Klassen – wie wenig sich deren Mitglieder ihrer Zugehörigkeit zu diesen bewusst sein mögen und davon träumen, sich in unterschiedlichen Milieus zu bewegen (Schulze 1992; Vester 1996).

Damit lässt sich – *dritte Signatur* – eine *andere Mischung von längst Vertrautem*, *Vergessenem* oder *absichtsvoll Verdrängtem* beobachten: So erinnert der Kapitalismus heute an den des 19. Jahrhunderts; offen wird er in den Managermagazinen mit dem Gestus des Heilsbringers verkündet. Die Absolventen jener schools of business administration, in welchen man sich mit den Eintrittszahlungen schon das Zeugnis erkauft hat, bestechen mit dem Charme ihres Siegerlächelns. Marx Einsicht trifft zu, dass sich alles auf die Ware und ihre Wertform reduzieren lässt. Er musste freilich noch dicke Bücher schreiben, um die Kernstruktur der kapitalistischen Gesellschaft wie die Fetischisierungen an ihrer Oberfläche zu entziffern, die nun unmittelbar auf der Hand liegen: Keine Geste, kein Schritt mehr, der nicht schon Warencharakter zeigt – das Fernsehmagazin brachte dies auf den Punkt: wa(h)re Liebe!

Jedenfalls bedeutet diese dritte Signatur, dass die Gegenwartsdiagnosen in ihrer Buntheit recht haben. Sie zeigen organisatorische Kerne der späten Moderne, die aber immer wieder neu positioniert werden. Das macht Gegenwartsanalyse schwierig: sie beschreibt – *vierte Signatur* – Systeme mit Merkmalen und Momenten, die flexibel geworden sind. Man hat mit Vexier- und Kippbildern zu tun, mit einem Gegenstand, der sich wie in einem Kaleidoskop ständig neu arrangiert; die Elemente sind bekannt, aber sie treten in neue Beziehungen zueinander, in Spannungen und Widersprüchen, die sich nicht mehr unter eine Generalformel stellen lassen: Ordnung und Unordnung, Stabilität und Veränderung, Eindeutigkeiten und Ambivalenzen, Gewissheit und Unsicherheit gehören zusammen.

Endlich – *fünfte Signatur* – hebt *Postmoderne* die Pluralität, Offenheit, damit das Risiko der Gegenwartsgesellschaften wieder in das Bewusstsein. Auch dieser Befund ist nicht neu, er beschreibt ein Charakteristikum von Gesellschaften im Modernisierungsprozess. Nun aber verweist er auf eine eigentümlich schwankende Situation in den Gesellschaften der Gegenwart: Sie sind zwischen Polen aufgespannt, schwanken zwischen Unsicherheit und Ungewissheit einerseits, einem erschreckendem Fundamentalismus auf der anderen Seite. Unsicherheit entsteht daraus, dass Handlungsketten unendlich lang werden, aber unerwartet reißen können. Die Moderne hatte dies vergessen und in ihren Illusionen verdrängt. In ihrem Perfektionsanspruch wollte und will sie bis heute alle Gefährdungen ausschalten; am Ende möchte sie das Risiko beseitigen, das noch in der Person des Menschen gegeben ist – ihn überflüssig zu machen, bietet sich auch aus Kostengründen an. So recht ist die Minimierung der Risiken aber nie gelungen; sie ließen sich für die Vermögenden einschränken, die aber doch nicht vor Naturkatastrophen, Epidemien und politischer Willkür gefeit waren. Die Moderne war schon immer Risikogesellschaft – von Robert Burton über die kritisch-konservativen Beobachter der Französischen Revolution bis zum Club of Rome lässt sich dies verfolgen. Deshalb birgt sie stets einen Fundamentalismus; sie will Ordnung, erlaubt keine Differenzen, tendiert sogar zu einem Absolutismus.

Unsicherheit, sofern sie auf Fragilität und Dynamik verweist, und Fundamentalismus, sofern er die Ordnung einer Gesellschaft meint, bestimmen die Grundlagen der Pädagogik: Vom dritten Faktor zu reden erzeugt ein Bild der Homogenität und inneren Konsistenz eines Objektiven, mit welchem die Aneignungs- und Vermittlungsprozesse zu tun haben; die Wirklichkeit ist anders, wenigstens dann, wenn sie nicht terroristisch totalitär ist. Die Moderne als Versuch der Ordnungsmacht, als Kampf gegen die Ambivalenz hat sich selbst als Instrument der Kontrolle und Beherrschung, als Einrichtung der geraden, klaren Wege definiert (Bauman 1995); mit den Programmen zur Gesellschaftsverbesserung räumt sie den Ingenieuren und Technikern den Platz ein, in der Hoffnung, die Räume des Möglichen zu verbarrikadieren. In der Grausamkeit totalitärer Systeme findet dies seinen perfiden Höhepunkt als Teil eines Systems, das sich seiner immanenten Barbarei nicht bewusst ist.

Das zentrale Merkmal postmoderner Gesellschaften besteht aber wohl darin, dass die Balance von Pluralismus und Offenheit einerseits, von Ordnung und Fundamentalismus andererseits verlagert wird. Sie kann dies nur bewältigen, indem sie diese Balance, genauer: das Ausbalancieren selbst in die Subjekte verlagert. Die späte moderne Gesellschaft macht auf eine paradoxe Weise ernst mit dem in ihrer Geschichte aufgenommenen Versprechen der Individualität und Subjektivität. Sie erzwingt diese nun, belastet das Subjekt in seiner Individualität damit, alles Soziale und Kulturelle auf sich nehmen zu müssen. Es gibt weder den manifesten Ordnungszwang, der alle unterwirft, selbst der konformitätsstiftende Druck sowohl der Massenkultur wie auch der Massenproduktion verschwindet. Noch findet das Subjekt zwar eine Objektivität außerhalb von sich, als dinglichen Zwang, der es entlasten könnte und von dem es sich auch zu befreien hätte. Das Subjekt als die in der Moderne und doch auch gegen sie erhoffte Möglichkeit tritt nun hervor, es wird soziale Realität. *Individualisierung* diskutiert dies, wenngleich historisch falsch akzentuiert und systematisch verfehlt, weil so die alte Dichotomie zwischen Gesellschaft und Individuum bedient wird. Das Problem aber ist ein anderes: Soziales und Kulturelles verschwinden in die soziale Form des individualisierten Subjekts hinein, welches durch eine Kultur der Individualität idealisiert und normativ überformt wird; Individuen werden mithin als solche und von vornherein gesellschaftlich und kulturell definiert. Sie sind aber gleichsam a priori freigesetzt, durch gesellschaftliche Individuierung dazu verpflichtet, sich selbst zu vergesellschaften. Kinder und Jugendliche müssen nicht im Aneignungsprozess an sich arbeiten und sich an den Objekten der Welt und den mit ihnen befassten Personen abarbeiten, um sich selbst zu individualisieren und zu identifizieren. Sie sind dies schon, wenigstens der Form nach, erst recht im Habitus, der ihnen durch Massenkonsum Eigenheit suggeriert – und wieder gilt der Befund, dass sogleich eine Gegentendenz auszumachen ist. Denn den in ihrer Subjektivität zur Selbstvergesellschaftung verpflichteten Subjekten tritt ein Fundamentalismus neuer Ordnungsmächte gegenüber: *zero tolerance*, die dauernde Überwachung, das Gefängnis, die Abrichtung zur flexiblen Funktionalität stehen dem Liberalismus gegenüber. Zwar werden die Felder der Beliebigkeit größer, doch am Rande drohen der Aufprall auf Beton oder der Absturz (vgl. Wacquant 2000). Alles geht – und nichts geht. Darin liegt die Bedingung pädagogischen Handelns und die Aufforderung an dieses.

Denn: auch individualisierende Vergesellschaftung bleibt Vergesellschaftung; den Zwangscharakter des Vorgangs verdeckt, dass er die Belohnung schon immer gibt. Gleichwohl: das eine Dilemma besteht darin, dass die Pluralisierung der Welt eben weder Distanzierung ermöglicht, noch aber kann sie sichere Angebote der Identifizierung machen. Eltern taugen dem Pubertierenden weder als ein Gegenbild, von dem man sich schleunigst abwenden muss, um nicht zu werden wie sie; sie sind eher freundliche Kumpane geworden, mit welchen man Mitleid hat. Noch aber sind sie brauchbar als Identifikationsfiguren. Die Macht der Angebote ist größer worden, die geradezu zwingend auftreten. Das andere Dilemma ergibt sich aus den langen sozialen Ketten von Handlungen und Handlungsfolgen, in welchen die Subjekte eingebunden sind und die sie nun selbst beobachten müssen: Die Zwänge verschieben sich erneut auf eine Ebene des Ideellen, so dass die Beziehungen zwischen den Subjekten von diesen reflektiert werden müssen, wie diese sich auch stärker in ihrer Sozialität begreifen müssen; genauer: die individuellen Subjekte sind nicht nur zu Reflexionsleistungen gegenüber einer dynamischen und komplexen Welt gezwungen, um sich ihrer selbst zu vergewissern, sondern müssen sich, sozial zur Individualität gezwungen, reflexiv, unter Bezug auf die Ideen des Sozialen und der Gemeinschaft selbst sozialisieren. Das verlangt Selbstbeobachtung, eine Tendenz zum Narzissmus, dann auch Selbststilisierung, um vielleicht noch anderen aufzufallen.

So paradox dies klingt: es gibt keine Gesellschaft mehr, die allein als Macht von versteinerten Verhältnissen zu erfahren wäre und die individuellen Subjekte nachdrücklich an sich bindet; sie erleben kaum mehr, entfremdeten und verdinglichten Verhältnissen ausgesetzt zu sein, an welchen sie „die" Gesellschaft oder „den" Staat identifizieren könnten, zu dem sie sich in ein Verhältnis setzen könnten. Sie sind vielmehr damit konfrontiert, nicht mehr mit Gesellschaft konfrontiert zu sein, nur noch über eine Idee von dieser zu verfügen, die sie auch verwerfen könnten. Gesellschaften sind zerbrechlich geworden (Stehr 2000). Angewiesen auf soziale Zusammenhänge müssen die Akteure diese, eben der

Idee folgend, selbst erzeugen – nicht wenige scheitern daran schon in den ideal überhöhten unmittelbaren persönlichen Beziehungen, weil sie diese nicht pragmatisch leben können.

Objektivität als praktischer Bezugspunkt sozialer und kultureller Aktivitäten verliert an Gewicht. Die Innenwelten werden demgegenüber wichtiger. Die Subjekte müssen eine produktive Fähigkeit entwickeln, mit sich in der Welt so umzugehen, dass sie diese anhand von selbst noch zu reflektierenden Maßstäben bewerten und in ihrer Selbstrelevanz beurteilen – der Begriff der Kompetenz beschreibt dies, wie unklar er letztlich bleibt. Sie müssen kreativ die gegebene Situation in ihrer Sachhaltigkeit wie auch dahingehend bewerten, ob und inwiefern sie sich emotional ihr gegenüber verhalten. Die Affektmodellierung, bislang gesellschaftlich und kulturell mit Modellen und Regeln ermöglicht, erledigt das Subjekt durch eigenes „emotional management" und „psychological engineering" (Berger/Berger/Kellner 1974, S. 39): Es tariert die Balancen zwischen Unterwerfung an Regeln, Anpassung an diese und Eigenmächtigkeit aus, kognitiv und seelisch flexibel in einer Welt, die eben keine sicheren *guidelines* mehr bietet, schon gar nicht mehr die institutionellen Trennungen, welche die Räume der emotionalen und kognitiven Rationalität des Berufslebens und der mit ihm verbundenen ökonomischen Zwänge von jenen trennt, die als Freizeit oder Privatheit eine größere Variabilität des Nicht-Wissens und des illegitimen Verhaltens erlaubten.

Darin aber zeigt sich das Dilemma der Postmoderne für die Subjektivität: die postmoderne Gesellschaft will selbst das individuelle Subjekt; sie verlangt dieses für sich. Es muss und soll souverän sein, muss autonom sein, eine subjektive Maschine der Autonomie, die doch nur einer gesellschaftlichen Dynamik Kraft geben soll. Die späte Moderne, die Postmoderne verlangt eine Pädagogik des Subjekts – in der paradoxen Zuspitzung, dass dieses begreifen muss, wie über es in seiner Subjektivität verfügt ist, es sich also um dieser willen gegen diese als einer Zumutung wehren müsste.

Gesellschaften – zwischen Zersplitterung und Fundamentalismus

Die Brisanz postmoderner Gesellschaften und ihrer Kulturen für die Pädagogik besteht darin, dass sie nur noch als und in Spannungen bestehen, die sich weder durch Zwang ordnen lassen noch zu Entlastungen bei den Subjekten führen; sie müssen ausgehalten werden. Für sich genommen bergen die für sie charakteristischen Tendenzen zwar Gefahren *und* Gewinne, Einschränkungen *und* Möglichkeiten. Aber ihr Potenzial an Alternativen schmilzt, wenn man diese zusammen nimmt. Sie gleichen einander nicht aus, lösen sich nicht zu einem Besseren auf. Im Zusammenspiel wirken sie destruktiv, wenn sie als Bedingungen der Entwicklung oder im Blick auf den Aufforderungscharakter beurteilt werden, den sie für pädagogische Prozesse enthalten. Für diese deuten sie auf eine desaströse Situation hin:

Die Moderne wurde von ihren Mitgliedern als Macht der Ordnung und der Versachlichung empfunden; das hat Schmerzen hervorgerufen: Die Zerstörung der alten Mythen, der Tradition, die Vernichtung auch der religiösen und der irrationalen Elemente – fast immer erlebte man die Situation als „world we lost" (Laslett 1988). Entfremdung, Verdinglichung und Versachlichung als Sachzwang traten als Zerstörung von Subjektivität, als Einschränkung der Möglichkeiten des Humanen auf – auch wenn stets Restbestände der alten, ständischen Gesellschaft, Instabilitäten blieben, welche eine Gleichzeitigkeit des Ungleichzeitigen hervorriefen. Der Preis der Ordnung waren Sicherheit, Gewissheit der Lebenszusammenhänge und Verhaltensweisen, des eigenen Platzes in der Welt, wie inferior er auch sein möchte. Dieses Muster begründete die Strukturen der Autorität, die in die Lebensverhältnisse hineinreichten und als zuweilen grausame seelische Zwänge exekutiert wurden. Zu Idealisierungen gibt es keinen Anlass. Dennoch: für das Aufwachsen bot dies einen objektiven Rahmen, an welchen man sich abarbeiten konnte – in Rebellion, die in Ernüchterung führte, häufig die Verhältnisse durch Abweichung erst bestätigte (Willis 1979). Aber immerhin: die Struktur der Erziehung war zu identifizieren und zu praktizieren, noch bis hinein in jene Form, welche eine kritische Erziehungswissenschaft mit dem Begriff der Mündigkeit verbunden hat. Ihr ging es darum, die Rationalität zu sichern, welche Einsicht in die entfremdeten Verhältnisse ermöglichte, damit „jenes naturhaft Wirkende, das die faktische Verdinglichung des Menschen unter dem Eindruck sozialer Zwänge ist, begriffen und dadurch in rationale Motive überführt werden" könnte (Mollenhauer 1971, S. 18).

Die Postmoderne wirkt hier wie eine Erlösung, welche den Kampf um die Selbständigkeit überflüssig werden lässt; Zwang scheint obsolet, die mit ihm assoziierte Erziehung erledigt. Wer braucht sie noch, wenn Autonomie von vornherein gegeben ist; die Antipädagogik hat dies in die schöne Formel von der Spontanautonomie gebracht. Tatsächlich entwirft sich die Postmoderne als Gesellschaft der Liberalität allzumal für die Individuen, die sich als Subjekte verstehen können. Begrenzungen und Beschränkungen, Festlegungen, Zwänge, Bindungen lösen sich und lassen Unabhängigkeit erhoffen. Doch bedeuten diese Gewinne den Verlust von lebensweltlich bedeutsamen Sicherheiten, von Bindungen; jene schon von Georg Lukács diagnostizierte transzendentale Obdachlosigkeit rückt näher, wird vom *Homeless Mind* (Berger/Berger/Kellner 1974) erlebt als Verlust von pragmatischen Gewissheiten und Orientierungsmustern, der aus einem Überhang möglicher Angebote und Versuchungen entsteht (Gehlen 1957, bes. S. 57 f). Die Dialektik ist offenkundig, denn im Gegenzug hat jedes Ereignis eine normative Kraft in sich, die den Einzelnen vollständig in Anspruch nimmt und gegenüber anderen Erwartungen abschließt.

Damit vollenden sich der neuzeitliche Rationalisierungsprozess, der Verlust des Magischen und Mystischen; die Religionen verlieren ihre bindende Wirkung, die als Ordnung zu Orten und Zeiten empfunden und erlebt wurde. Dieser Zusammenbruch an Regelungen aber bedeutet, dass die Subjekte entbettet werden; sie erleben ihre individuelle Subjektivität im dis-embedding, das nicht nur die Grundlagen ihrer Beziehungen beschädigt, sondern die Bedingungen von

Entwicklung und Lernen infrage stellt. „Gesellschaftliche Prozesse der Enttraditionalisierung, der Entgrenzung und ‚Entrahmung', die mit Begriffen wie ‚Risikogesellschaft' oder ‚Postmoderne' vor allem angesprochen sind, [stellen] die bislang vertrauten Rahmenbedingungen für Anerkennung und Zugehörigkeit, die ‚Wir-Schicht' [...] grundlegend in Frage" (Keupp 1996, S. 481). Identitäten müssen dann ohne gesellschaftlich festgelegtes Drehbuch geformt, eben selbst konstruiert werden (Taylor 1993, S. 26).

Pädagogik, die Reflexion und Organisation von Erziehung stehen somit vor einer völlig neuen Situation. Denn zum ersten Mal müssen Entwicklungs-, Lernprozesse, Aneignung und Bildung in einer Gesellschaft bewältigt werden, die weder in ihren Bedingungen noch in ihren Perspektiven scharf gesehen werden und insofern präsentiert werden kann – sei es positiv, als ein zu tradierendes Gut, sei es negativ als Objekt der Ablehnung, sei es in Gemeinsamkeiten, sei es in Differenzen der Strukturen und Tendenzen, in welchen die Kulturen der jeweiligen Gesellschaften die Moderne zu bewältigen versuchen (vgl. Münch 1986): „We are the first generation to live in this society, whose contours we can as yet only dimly see" (Giddens 2002, S. 19). Dies macht anfällig für Debatten um einen Kanon, um Verpflichtungen für Erziehung und Bildung, aber zeigt zugleich die Vergeblichkeit ihrer Bemühung; noch ist völlig offen, ob an den bislang verfügbaren Mustern von Übergängen, an den in der Vergangenheit erkannten „transitional modes" (Jameson 2002, S. 97 ff) zu lernen ist, wie Erziehung und Bildung gestaltet werden könnten. Das Dilemma bleibt: Als Formen des Übergangs sind diese auf Stabilitäten angewiesen, strukturell wie auch im Blick auf die Inhalte, die zu bearbeiten, anzueignen, zu erlernen sind. Wie aber soll diese funktionieren, wenn sich diese selbst schon entziehen und verflüchtigen:

- Diese *Veränderungsdynamik* macht die eine Tendenz der Postmoderne aus. Auch sie stellt einen Grundzug der Neuzeit dar, wie er in der Entdeckung von Geschichte und in der Erfahrung einer Eigenmächtigkeit von Gesellschaft und Kultur, von Verdinglichung und Entfremdung, thematisiert wurde. Bislang aber bildeten die in der Ontogenese erworbenen Muster des Denkens und Handelns eine Voraussetzung, um die Welt in ihrer Veränderung zu begreifen. Man bildete sich mit der sich bildenden Welt.

In der Postmoderne gewinnt die Veränderungsdynamik eine Geschwindigkeit und Gewalt, welche die Bedingungen von Erziehung und Bildung beschädigen: sie verflüssigen sie zur *Liquid Modernity* (Bauman 2000). Prozessualisiert, performativ geworden, werden Gesellschaft und Kultur als *runaway world* erlebt, in der es keine Konstanz mehr gibt (Giddens 2002). Die Welt macht sich davon – alle Lebensverhältnisse sind von Entkoppelungen und Neukoppelungen betroffen (Giddens 2002, S. 59). Ihre Veränderungsdynamik beschleunigt sich mit dramatischen Effekten: Veränderungen der Welt lassen sich kaum mehr fassen; das Gefühl massiver Subjektivitätsverluste und der Eindruck werden bestimmend, zu einer Aneignung gar nicht mehr zu kommen. Die Erfahrung des Ausschlusses wird dominant, auf paradoxe Weise konterkariert von Massenmedien, die das hilflose Subjekt in ständige Anwesenheit versetzen. Vermittelt durch sie berührt diese Veränderungsdynamik inzwischen alle Strukturen und Institutionen der Gesellschaften, greift dabei in jene konkreten Erfahrungswelten der alltäglichen Lebensführung ein; sie zerstört Routinen und Rituale.

Auf Kinder und Jugendliche, auf Menschen in Entwicklungs- und Bildungsprozessen wirkt sich dies mit paradoxen Effekten aus. So zerbrechen die Voraussetzungen und Rahmen von Erziehung, das vorpädagogische Moment, in welchem Vermittlung schon staattgefunden hatte und Bildung möglich wurde. *Entbettung*, von Erwachsenen zu ertragen, wirkt in der *Entwicklung* von Menschen katastrophal. Der Wandel der Verhältnisse berührt nämlich die unmittelbare Umwelt: Kinder sorgen sich, ob sie ihre Eltern längerfristig behalten werden (vgl. Bundesministerium für Familie, Senioren, Frauen und Jugend 1998); sie erleben Neuordnungen von Familien. Sie können sich ihrer Freunde nicht mehr sicher sein, Freundschaften zerbrechen, denn von Familien ist Mobilität verlangt. Die Rituale des Alltags werden den Anforderungen einer flexiblen Arbeitszeit geopfert. Doch: Entwicklungspsychologisch und pädagogisch sind stabile Verhältnisse nötig; wir müssen uns eine Welt aneignen können, die uns innerlich dann zur Verfügung steht und uns stützt. Weil aber Aneignung Zeit benötigt, darf der Aneignungsgegenstand im Zeitraum der Aneignung nur wenig variieren. Eben diese Sicherheit und die damit gegebene Gewissheit im Aneignungsprozess brechen weg: Kinder und Jugendliche, *Zöglinge* erleben Instabilität, Mehrdeutigkeit, Unsicherheit, Veränderung des Gegenstandes, den sie doch begreifen sollen.

• Gesprengt wird aber auch die Synchronizität von Welt- und Lebenszeit, von Geschichte und erfahrenem Leben. Veränderung überholt noch die Zeit, die für Lern- und Aneignungsprozesse erforderlich ist. Über Mnemosyne rollen die Wellen von Lethe hinweg; sie steht in Gefahr, unterzugehen und zu ertrinken. Bislang vollzogen sich historische Prozesse und individuelle Entwicklung nebeneinander; Weltgeschichte war in den Erfahrungswelten dem eigenen Lebenslauf zuzuordnen, stellte sich als ein Nacheinander dar. Wenigstens Kinder und Jugendliche konnten dies so erleben, weil eben zugleich auch traditionelle, stützende, bettende Verhältnisse im Nahraum gegeben waren. Die Dynamisierung von Gesellschaft und Kultur erzeugt dabei ein fundamentales Dilemma: Nicht nur werden die Kontexte brüchig, vielmehr erzwingt die Geschwindigkeit dieses Verfließens, dass ein kontinuierlicher Prozess des Lernens und des Aufbaus eigener Identität aus dem Zusammenspiel sozial und kulturell bedeutsamer Erfahrung und eigenen Erlebnissen wie Erinnerungen unmöglich wird. Endlich klinkt sich dieses Geschehen in den Lernprozess selbst ein: *Auf der einen Seite* werden die Inhalte, die Präsentationen von Welt beschleunigt und auf Vergänglichkeit hin angelegt; die Formen der Repräsentation von Gesellschaft und Kultur gelten nur mehr vorübergehend. Die Bilder lösen einander so schnell ab, dass sie nicht mehr haften bleiben, einen sinnlichen Eindruck nicht mehr hinterlassen, der verarbeitet werden könnte. Im Sehen wird man schon mit Vergänglichkeit konfrontiert, muss das noch gar nicht so recht Wahrgenommene vergessen. *Auf der anderen Seite* erzwingt die Flüchtigkeit der Welt, dass in den Lernprozess schon selbst das Vergessen eingebaut wird. Nun kann Lernen nicht mehr auf einander aufbauen, leistet keine Revision des vorher Erworbenen, sondern verlangt eine regelmäßige Neuerfindung des Wissens und der Fähigkeiten wie Fertigkeiten, wobei früher Erworbenes gezielt preisgegeben werden muss – einschließlich der Erinnerung an wichtige Personen.

Fit zur Performanz, Kompetenz, welche auf Schlüsselqualifikationen aufbaut, lautet die hilflose Antwort. Sie verschweigt, dass schon die Voraussetzungen für den Aufbau von Kompetenz und Performanz geschädigt werden; in Entwicklungsprozessen gelingt der zweite Schritt selten vor dem ersten. Nicht genug damit: Auf eigentümliche Weise wird unsinnig, sich auf das Bildungsgeschehen überhaupt einzulassen. Warum soll ich lernen, wenn mir das Gelernte nicht stabil erscheint? Warum soll ich auf jemand oder auf etwas achten, der doch schnell aus meinem Leben treten kann? Muss ich ihn dann überhaupt kennen lernen, kann ich mich der Begegnung nicht entziehen? In der Ontogenese entsteht so eine zutiefst irritierende Instabilität, die noch in die neuronale Strukturbildung hineinreicht. Desynchronisierung gibt das Prinzip der Kumulation preis und verlangt neue Lernstrategien. Inhalte verlieren an Relevanz, während Performanz maßgebend wird. Darin liegt der spezifische Sinn von Formeln wie der vom Lernen des Lernens. Die Aufmerksamkeit verschiebt sich von Themen und Gegenständen, um die es inhaltlich gehen könnte, hin zu den Prozeduren eines mnemotechnischen Umgangs mit ihnen, bei dem gleichsam die Festplatte immer wieder neu formatiert wird: Man muss und darf nichts mehr dauerhaft wissen und können, sondern muss lernen, es für den aktuell gegebenen Zusammenhang bei sich behalten zu können, um sich gegebenenfalls sofort wieder lösen zu können.

An die Stelle der Aneignung und des Lernens als Zentrum der Entwicklung von Subjektivität tritt also das *Vergessen*: Dies gilt im Allgemeinen – manche Gebrauchsanleitung haben wir noch gar nicht verstanden, wenn das Gerät der „nächsten Generation" schon auf dem Markt ist. Besonders aber trifft diese Desynchronisation das Aufwachsen von Kindern und Jugendlichen; sie widerspricht der Logik von Entwicklung, die mit einer wenig beeinflussbaren, individuell ausgeprägten Beharrlichkeit sich vollzieht. Zum Wachsen braucht man seine Zeit. Weil die Veränderungsdynamik so stark geworden ist, weil Wirklichkeit sich so rasch verändert, erleben schon Heranwachsende den Wechsel. Sie erfahren keine stabile Welt, mit der sie sich vertraut machen, sondern sehen schon als Kinder eine Welt im Wandel. Dies zerstört jene Orientierungslinien, die sie sich beim Aufwachsen aneignen, um sie für ein Leben lang als Hintergrundwissen zu nutzen. Insofern kann Pädagogik Erziehung gar nicht anders als konservativ denken, als Bewahrung von Kontexten und Lernzusammenhängen; sie muss Ordnungen des Raumes und der Zeit sichern.

- In der Postmoderne verschieben sich die Relationen von Raum und Zeit; Temporalität beginnt über räumliche Ordnungen zu dominieren, so dass Nicht-Orte möglich werden: Entbettungen finden statt, weil sich die Ordnungen und Grenzen von Raum und Zeit auflösen – damit aber auch die für Erziehungsprozesse entscheidenden regulativen Schemata.[12] In bizarr anmutender Weise führen die Beschleunigung und Verkürzung von Prozessen zu einer Allgegenwart von *real time*; Fix- und Anknüpfungspunkte gehen verloren, Temporalität wird nicht mehr erlebt und erfahren, sondern kommt – wie Virilios skurrile „Dromologie" behauptet – zum rasenden Stillstand. Das Internet, seine chatrooms, E-Mail belegen, wie die an sinnliche Erfahrungen gebundenen Zusammenhänge irrelevant werden. Leben vollzieht sich *just in time*. Dabei kann der Vorgang völlig trivial erscheinen: Die Ausdehnung von künstlicher Beleuchtung, welche die Nacht zum Tag macht, zerstört die biologischen Rhythmen. Arbeit ist nicht mehr an Zyklen gebunden, sondern findet ständig statt, die Subjekte müssen zur Verfügung stehen, weil die Trennung zwischen Arbeit und Freizeit, zwischen beruflicher und privater Welt aufgehoben wird.

Zugleich explodieren die Räume in eine Vielzahl von nebeneinander bestehende „Bereiche" – der Ausdruck selbst gewinnt plötzlich Bedeutung –, um dann in sich zusammen zu fallen. Grenzen verschwimmen, Orte werden undeutlich, gleichen sich an; man kann zu jeder Tageszeit, an jedem Ort McDonalds aufsuchen. Die Angleichung entsteht dabei als übersehener Nebeneffekt von Konkurrenz, müssen doch die Kommunen dem Kapital wie den erfolgreichen Subjekten eine Infrastruktur bieten, die sich überall ähnelt, damit der Aufenthalt an diesem Ort subjektiv lohnenswert wird – dabei zählen die neuen, flexiblen, jungen Schichten ganz besonders, sie werden angezogen oft genug zu Lasten der alten Wohnbevölkerung. Für das Aufwachsen junger Menschen entsteht daraus eine schier unberechenbare Gemengelage: Ob ein Ort für die DINKS attraktiv sein kann, hängt davon ab, dass diese ohne Kindergeschrei in der Nachbarschaft leben können.

So entsteht eine Offenheit, die aber als Indifferenz erlebt wird, weil sie weltweit verdichtet erscheint (Harvey 1994, S. 48), zugleich die Lebensbedingungen aller Beteiligten, ihre Erfahrungssphären unmittelbar eingreifend beeinflusst (vgl. Münch 2001). Dem Individuum gehen damit die räumlichen Grenzen verloren, in welchen es seine Freiheit ermessen könnte (Augé 1994, S. 40). Sie erleben eine Vielzahl von Orten, die aber zu einem Feld von beliebigen Punkten verschwimmen. Im Kollaps des Koordinatensystems von Raum und Zeit geht die Möglichkeit eines kulturellen und sozialen Sinns unter, der doch die Identität des Einzelnen gesichert hat: „Vielleicht wird sich schon morgen (oder übermorgen) niemand mehr auf sein Territorium oder seine Herkunft zurückführen lassen" (Augé 1994, S. 41).

- Neben die Beschleunigung tritt eine Steigerung sozialer und kultureller Komplexität, so dass Differenzierungen den Alltag berühren und in die Individuen hineinreichen. Man benötigt den Spezialisten, sieht sich selbst dauernd zu

---

[12] In den USA wurde die Prekarität der Entwicklung insbesondere für Kinder schon früher erkannt, vgl. Berger/Berger 1983; Lasch 1987; Packard 1986.

Entscheidungen gezwungen. Die Subjekte müssen zwischen Optionen wählen, ohne zu wissen, welche Wirkungen sie langfristig nach sich ziehen; Gesellschaften sind offener geworden, bergen aber hohe existentielle Risiken. Sie zu bewältigen verlangt, auf hoher Reflexionsebene urteilen und entscheiden können.

Doch: Auf der anderen Seite zeigen sich allzumal im technischen Zusammenhang Integration, im sozialen und kulturellen Formen der Interpenetration. Damit reicht auch die Differenz von *Allgemeinbildung und Berufsbildung* nicht mehr aus; es gibt ein verbreitetes System der Komplementarität, die „Universalisierung des Klientenstatus" breitet sich aus (Stichweh 1992, S. 42). Die vorangeschrittene Differenzierung verlangt, dass die Subjekte Komplementärrollen als Leistungsrollen erwerben, um dem Leistungsträger gegenübertreten zu können. Neben das Spezialwissen, das eine Berufsrolle abverlangt, tritt jenes, das man benötigt, um den Experten auszuwählen und mit ihm gekonnt umgehen zu können; die Subjekte müssen Expertentum in sich selbst anhäufen, um mit Experten umgehen zu können und deren Erwartungen wie Verhaltensweisen zu antizipieren. So empfiehlt eine Patientenzeitschrift der AOK, dass sich der Patient auf seinen Arzt-Besuch vorbereitet, um diesem die richtigen Fragen stellen zu können; das in der Dienstleistungsökonomik als uno-actu benannte Prinzip schlägt als pädagogische Aufgabe zurück, nicht nur den Status des Experten zu akzeptieren und die Bereitschaft zu erklären, sich diesem auszuliefern. Sie müssen sich vielmehr ihm geradezu gleichwertig kundig machen. Oder anders: Weil eben Subjekte von vornherein frei gesetzt sind, ist die Disposition zum Erzogenwerden von ihnen zu erwerben, der Schüler hat zu lernen, Schüler zu sein.

Zugleich wird zunehmend mehr Spezialwissen für Tätigkeiten im Alltag verlangt. Spezialwissen wird an die Akteure – vermeintlich – abgetreten. Sie heben Differenzierung auf, um diese zu beherrschen. Beispielhaft kann man das Wissen sehen, das für den Betrieb elektronischer Geräte benötigt wird, die man in letzter Instanz doch nicht versteht. Man soll der Experte einer komplex gewordenen Lebenswelt werden, den man eigentlich benötigt, aber nicht bezahlen kann. Aufschluss gibt, wie Schulen und Universitäten mit den Tücken von IT umgehen. Zwar wünscht Bildungspolitik, dass jeder zum Umgang mit Computern befähigt ist und sich dem world wide web anschließt. Doch die Voraussetzungen dafür sollen alle selbst schon mitbringen oder durch das Studium von Informationen sich aneignen, die man nur erhalten kann, wenn das Gerät funktioniert. Wenn Heideggers Formel vom „Nichten" einen empirischen Sinn hat, dann angesichts eines PCs, dessen Hilfefunktionen blockieren: *Ausnahmefehler, Fehlercode 0000.* Oder: *Dies ist eine Nichtfunktion!*

So benötigen die Subjekte in der Tat mehr Wissen – obwohl dieses schnell verfällt. Sie müssen sehr früh über ein sehr hohes Niveau der Reflexions- und Urteilungsfähigkeit verfügen, das sich auch auf soziale und moralische Verhältnisse bezieht. Sie müssen Übersicht haben, als Überflieger agieren, dann auch schnell Bindungen wie Loyalitäten preisgeben. Zu lange darf man sich nicht bei einem Problem aufhalten, vielmehr muss man rasch zwischen den Sektoren wechseln. Schon Kinder zeigen einen Habitus der sektoralen Treue und der Unverbindlichkeit im Blick auf das Ganze (Rauschenberger 1988). Der Sozialisationstypus verändert sich also, ein neuer, bislang noch gar nicht präzise zu erfassender Habitus ist von den Subjekten selbst zu konstruieren. Sie nehmen eine Position von oben herab ein, die ihnen erlaubt, angemessene Reaktionen zu zeigen. Das fordert ein hohes intellektuelles Niveau, die Kompetenz zu moralischem Handeln auf ebenfalls hoher Ebene wie endlich auch eine Kontrolle des Affekthaushaltes, die üblicherweise erst in höherem Alter zu erwarten ist.

- Die raum-zeitlichen Ordnungen zerfallen nicht ohne Ersatz. Postmoderne zeigt sich zwar unübersichtlich, brüchig, fragmentiert; die Tendenz zur Partikularisierung und Punktualisierung des Gesellschaftlichen und Kulturellen lässt sich kaum übersehen. Soziale und kulturelle Zusammenhänge schnurren somit in Ereignissen zusammen; zwar verlieren die Kirchen ihre Mitglieder, doch explodieren die Teilnehmerzahlen an den Kirchentagen. Sportvereine lösen sich auf, doch die großen Veranstaltungen werden überrannt. So wirken Formen des Sozialen, die mit dem Begriff des Erlebnisses verknüpft werden: *Zum einen* lösen sich die bislang vertrauten sozialen Schichtungen und die mit ihnen verbundenen politisch-moralischen Milieus auf, die an eine Weltanschauung gebunden waren. Sie gehen in Szenen über (vgl. Schulze 1992), obwohl bei aller Differenzierung doch Unterschiede präsent bleiben, welche durch Schichten, durch Klassenlagen erzeugt werden; als „alltagsästhetische Ordnung" zeichnen sie sich schärfer denn je ab (Müller 1995, S. 931) und werden massenmedial bestätigt. Nicht neu, aber doch ungewohnt ist, dass Armut unterschiedlich gelebt werden kann – so manch einer propagiert gerade ein neues, chices Armutsmilieu, in welchem sich jene treffen, die gerade noch von der Gesellschaft gehätschelt wurden. *Zum anderen* lässt sich in der fortschreitenden Dynamik und zunehmenden Komplexität ein Gemeinsames nicht mehr erkennen; Gesellschaft und ihre Kultur verlieren den inneren Zusammenhang. Die Event-Kultur konstituiert den neuen Habitus, hinter der als gemeinsames Prinzip nur steht, dass sich die Ereignis-Erlebnisse schon rechnen lassen müssen. In ihr ist das soziale und kulturelle Leben nicht mehr gefügt und nicht mehr gebunden, nicht mehr als Rhythmus zu erfahren; die Lebenssituation destabilisiert sich. Im Event bleibt die soziale Wirklichkeit ausgelöscht und unangreifbar – man kann nur auf das Ereignis verweisen, dieses aneignen, doch bleiben seine Kontexte entzogen. Es selbst verlangt Ekstase, in der man sich überschreitet – gefährliche Spiele, illegale Autorennen, S-Bahn-Surfen oder das Kampftrinken mit der Betonmaß. Nicht nur im Rausch verschwinden Kontinuitäten, während der individuelle Entwicklungsprozess sich in einer Art „hopping" vollzieht, bei dem die Ereignisse keine Verbindung mehr haben. Selbst wenn die Events im Jahreslauf wiederkehren, müssen sie zur Steigerung fähig werden, um ihre Einzigartigkeit beweisen zu können. Event-Kultur geht einher mit der Vergesslichkeit einer medial vermittelten Politik (welche konzeptionell an die Stelle von Infrastrukturen längst die Steuerung mit Programmen und Projekten gesetzt hat). Die Subjekte verstehen sich als eine Art Fernsteuerung, um zwischen den Ereignissen umzuschalten. Im günstigen Falle eignen sie sich einen Modus an, der ein lässiges Dahingleiten erlaubt, im ungünstigeren Falle werden die Aneignungserfahrungen sofort getilgt, sodass Destabilisierung eintritt, die nur noch den Rückbezug auf sich selbst erlaubt – auf ein Selbst, das aber doch leer bleibt.

- Zum boxing day 2003 wirbt eine englische Firma mit dem Satz „I shop therefore I am", Descartes würde übersetzen: consumo ergo sum. Bislang tröstet die (post-)moderne Gesellschaft mit dem Angebot eines individualisierten Sozialcharakters, der durch Konsum vergesellschaftet wird. Konsum stellt das Komplement zu den auseinander brechenden gesellschaftlichen Verhältnissen dar, kompensiert die Sinnverluste, welche in einer fragmentierten Welt erlebt werden. Die Praxis als Konsument entschädigt für die Anonymität rational, wirtschaftlich-ökonomisch und bürokratisch organisierter Prozesse, dann des zur Individualität gezwungenen Subjekts. Entbettet und auf sich verwiesen findet und erkennt es sich als angebunden an die Warenwelt (vgl. schon Gehlen 1957, S. 57 ff). Im Konsum erlebt es sich als Subjekt – das sich auflöst, weil es nach dem nächsten Einkaufserfolg giert.

Doch dieses Muster der Vergesellschaftung schwindet zunehmend. Nicht nur, dass es auf materielle Grundlagen angewiesen ist, deren man sich in breiten Kreisen der Bevölkerung eben nicht mehr sicher ist; vielleicht werden Aufgaben der Vorsorge, möglicherweise sogar der Bildung von den einen als wichtiger angesehen, während sie von den anderen schon gar nicht mehr wahrgenommen werden können. Konsum wird zum zynischen Angebot, wenn Hartz IV die Lebensverhältnisse regelt. Hinzu kommt, dass die Lust zum Shoppen einem Ekel am Konsum weicht. Das am Konsumgut sichtbare Muster der Vergänglichkeit verschafft Überdruss, die Konkurrenz der Güter erzeugt einen Ennui, weil sie das Versprechen der Befriedigung niemals halten. Konsum als Sozialisationsmodell bricht zusammen. Damit verliert ein entscheidendes Integrationsmuster postmoderner Gesellschaften seine Funktion, ohne dass ein Moment der Transzendenz es ersetzen könnte. Dass aber die Frage nach dieser, vielleicht auch die nach den Religionen neu aufgeworfen wird, lässt sich kaum bezweifeln.

- Entbettung, das für die postmoderne Subjektivität entscheidende Geschehen, meint, dass die Gewissheitsgrundlagen und Rahmungen des Aufwachsens wie des alltäglichen Lebens schwächer werden. Damit ist weniger der Wert- und Orientierungsverlust ethisch-moralischen Handelns gemeint, den die Kulturkritik behauptet. Das Problem stellt sich basaler und dringlicher: Weil jene elementaren, soziales Handeln steuernden Guidelines zurückgenommen werden, müssen die Subjekte sie selbst reflexiv „erkennen" wie auch individuell für die jeweilige Situation rekonstruieren, wenn nicht erst aufbauen. (Die Durchsetzung des epistemologischen Konstruktivismus spiegelt eben diese soziale Situation wider.) Zwar bleiben strafrechtliche Normen in Kraft (werden aber – wie jeder Verkehrsrichter weiß – weniger beachtet), doch kollektiv geteilte Wertvorstellungen und durch soziale und kulturelle Aufmerksamkeit geschützte Regeln stabilisieren sie nicht mehr. Tabus werden dementiert, indem sie medial durch Gegenbeispiele infrage gestellt werden. Eine Zensur findet bekanntlich nicht statt, wer Widerwillen zeigt, gilt als verbiestert, überholt, starrsinnig oder als Angehöriger einer vergangenen Welt, liebevoll als Grufti, oder – härter – als wenig flexibel, wenig mobil – die öffentlich verordneten Visionen zeigen Züge des Barbarischen.

Um im Alltag zu überleben, benötigt man schon das feine Gespür eines an Bourdieu geschulten Soziologen, der die Differenzen erfasst und das Verhalten erspürt, das diesen entspricht. Wie lassen sich ranks and files erkennen? Legen die Inhaber der Positionen auch Wert darauf, ihrem Status gemäß behandelt zu werden? Man muss einen – wie das alltagssprachlich so heißt – *Riecher* haben oder ahnen, mit wem man es zu tun hat und wie man die Situation mit dieser Person meistern soll. Um das Problem zu konkretisieren: Wie soll man sich gegenüber seinem Chef verhalten, der einem an der Tankstelle unrasiert und im Jogging-Anzug über den Weg läuft, weil er dort ein Bier kauft? Wie dem Lehrer in zerrissenen Jeans und einen Joint rauchend, der bei Rock im Park neben einem steht?

In diesem Vorgang der *Informalisierung* (Wouters 1999) verlieren manifeste, symbolisch präsentierte Muster der Orientierung an Nachdrücklichkeit; der Werbespot zeigt, wie der Chef die Pizza für seine Mitarbeiter holt. Chef bleibt er allemal. Der Druck zu reflexiv kontrollierter Verhaltensregelung wird größer – vielleicht so groß, dass die mühsam aufgebaute Disziplin zusammenbricht, zunächst in kollektiven Erlebnissen, die Randale erlauben, dann in Belastungssituationen, welche mit immens hoher Aggressivität gelöst werden. In den Situationen des Miteinanders müssen die Subjekte innere Steuerungsmechanismen entwickeln, um sich hochflexibel und angemessen zu verhalten. Mehr noch: die Kontrollapparate gelten zunehmend weniger den Akteuren, sondern werden jenen aufgebürdet, die mit einem Geschehen konfrontiert werden: So werden die Schamstandards nicht von der Frau verletzt, die in der öffentlichen Badeanstalt ihre Brüste entblößt, sondern von demjenigen, der auf diese starrt; es gibt also eine Art Verkehrung der Beweislast in moralischen Fragen.

Unter der Bedingung der Entbettung wird es nahezu unmöglich, eben solche diffizilen und subtilen, reflektierten Verhaltensstandards aufzubauen, die die zutreffenden Intuitionen leiten, wie vor allem in die umgekehrte Moral einführen, welche das Informalisierungsgeschehen abverlangt. Das Aufwachsen, das Lernen sozialer und moralischer Verhaltensweisen führt in schier unlösbare Paradoxien. Dabei wird das Problem auch nicht durch die Ressource gelöst, die als Heilmittel empfohlen wird, nämlich Vertrauen. Systematisch gesehen könnte es helfen – entwicklungspsychologisch und pädagogisch verrät die Forderung Naivität. Vertrauen entsteht nämlich nur, wenn Sicherheiten in der Ontogenese erfahren und erlebt werden – Sicherheit, die eben durch die späten modernen Gesellschaften entzogen wird. Die Alternative scheint eine andere: schon werden wieder Kurse des korrekten Benehmens angeboten, die Beziehungen werden wieder förmlicher, die Kleidung strenger geregelt.

- Damit deutet sich die andere Seite postmoderner Gesellschaften an. Der alles auflösenden Dynamik korrespondiert ein erstaunlicher Fundamentalismus – beginnend in der Durchsetzung eines ungebremsten Kapitalismus, der mit einer einzigartigen Gier sich alles unterwirft und zu zermalmen droht. Gegenüber der Flüssigkeit, der Brüchigkeit und Individualisierung postmoderner Gesellschaften zeigen sich Beharrlichkeit, voranschreitende Verhärtungen. Sie gehen mit der Ausdehnung von Bürokratismen, mit einem Wuchern institutioneller Regelungen einher, wirken auf der Ebene des Verhaltens wie auf der mentaler Muster und Orientierungen; sie wirken kollektiv wie individuell. Was zuweilen als Spontaneität erscheint, erweist sich bei näherer Betrachtung nur als völliger Mangel an Flexibilität; Autofahrer erzeugen Chaossituationen, weil sie ihr Ziel nicht unmittelbar erreichen können, einen Umweg fahren müssen, auf den sie innerlich nicht programmiert sind.

Die Unsicherheiten und Ungewissheiten der Lebensführung werden mit irritierenden Fundamentalismen bearbeitet, zu denen rigide Normen und Verhaltensmuster gehören. Das Beispiel der USA zeigt, wie ein Fundamentalismus des Glaubens sich selbst in hoch aufgeklärt und rational scheinenden Gesellschaften durchsetzen kann, in vielen europäischen Ländern besetzt ein konservativ verstandener Islam die Leerstellen, welche eine offen gewordene Gesellschaft hat aufbrechen lassen. Aber selbst Wissenschaft verfällt dem Fundamentalismus, wenn sie nun dem Empirismus und den Daten huldigt, als ob Ironie und reflexive Brechung nicht gerade in deren Interpretation unabdingbar sind.

In den vordergründig liberalen Gesellschaften und Kulturen, in welchen exzessiv Toleranz und Verhaltensfreiheit gepredigt werden, wuchern die institutionellen und pragmatischen Systeme, welche kontrollierend und disziplinierend über die Akteure hereinbrechen; der Liberalität korrespondiert ein Zwang, der weit über das hinausgeht, was die Massenware ohnedies schon antut: Auf die drei Streifen, die schnelle Raubkatze und die schwungvolle Linie zu verzichten, wenn man sich Schuhe kauft, verlangt schon Mut und Widerstandsfähigkeit gegenüber dem Normierungsdruck; man entkommt ihm nicht. Doch die andere Seite dieser Gesellschaft stellen Kontrolle und Regulierung dar, mit Techniken, welche die Subjekte in den öffentlichen wie privaten Räumen überwachsen. Die *urban scanned landscape* macht das zentrale Element jener *ecology of fear* aus (Davis 1992, 1999), mit welcher Städte organisiert werden: Neben den nackten Sonnenanbetern an der Münchener Isar legt man sich besser nicht auf eine Parkbank, weil dies verboten ist. Vor dem Pub im Londoner Westminster darf man sich nicht mit dem Pint erwischen lassen, weil dies ein kleines Schild unter Strafe stellt. Diese Vorschriften aber gelten sofort und ohne Übergang; es gibt für sie keine Lernmöglichkeit.

Elektronische Videoüberwachung notiert sorgsam jedes Fehlverhalten, automatisierte Scanns sind programmiert auf Gruppen Jugendlicher mit dunkler Haut. Längst wird der öffentliche Raum überwacht; Großbritannien zählt zu den Ländern mit der größten Videodichte, ginge es nach den konservativen Sicherheitsfanatikern in Deutschland, wäre eine solche permanente Fahndung schon der Normalfall. Ob sich ihre Ergebnisse nicht schnell mit den digitalisierten Daten der Ausweise abgleichen lassen? Der öffentliche Raum wehrt schon den Flaneur ab und erlaubt nur mehr den Durchgang, die Passage, die Mall, die durch ihren Konsum reputierlich gemachten Subjekte werden hindurchgeschleust, dürfen nur anhalten, wenn und wo sie sich für den Kauf eines Produkts entscheiden. Unbegleitete Kinder sind unerwünscht, fast jenen gleichgestellt, die als Bettler, als Kaufunwillige und unansehnliche Personen von den privaten Wachdiensten vor der Tür schon gestellt und abgewiesen werden. Das liberale Einkaufssetting umgibt eine furchteinflößende, beängstigende Sicherheitstechnologie, mit der die Subjekte auf eine Bedrohung eingestellt werden, welche erst durch die Mittel zu deren Abwehr inszeniert wird. Sie fügen sich, um einer doppelten Angst zu entgehen, nämlich tatsächlich Opfer eines Überfalls zu werden oder selbst den Absturz erleben zu müssen, der sie aus dem Feld des Konsums ausschließt.

Den Einschränkungen der Bewegung in den öffentlichen Räumen, zum Exzess bei den Groß-Events getrieben, die alle als Ziel eines Anschlags gelten, entspricht das Wachstum der Strafanstalten. Es gibt einen neuen Fundamentalismus der Kontrolle und Disziplinierung, der vor allem gegenüber jungen Menschen geltend gemacht wird. Erziehung statt Strafe? Die selbsternannten Experten empfehlen die harte nachdrückliche Reaktion. Jugendhilfe bei ungekonntem, misslungenem Verhalten? Geschlossene Unterbringung mit rigiden Stufenplänen gilt als das bessere Mittel. Das Gefängnis stellt die andere Wahrheit der liberalen Gesellschaft dar (vgl. Wacquant 2000); eine Wahrheit, zu der auch gehört, dass Eingrenzung und Ausgrenzung Bedingungen sind, welche die postmoderne Gesellschaft dem Erziehen bereit hält – als Perspektiven für jene, die in aller Freizügigkeit als abweichend demarkiert werden. Zu den Fundamentalismen gehört auch, wie bei aller Globalisierung Tendenzen einer Scheibenwelt sichtbar werden. Man kann schnell über den Rand der wohlgeordneten Existenz hinaus geraten und in die Abgründe stürzen. Die Fahrstühle des Auf und Ab in Gesellschaft und Kultur bewegen sich schneller denn je, wer mit pädagogischen Aufgaben befasst ist, sieht vor allem leere Aufzugschächte. Auch das ist Fundamentalismus: die Fangeinrichtungen sind abgebaut, die Sicherungen heraus geschraubt. Jeder ist selbst schuld, jeder trägt selbst die Verantwortung für Bedingungen, um die er gar nicht wusste.

Dabei werden viele Überwachungsmaßnahmen gar nicht zur Kenntnis genommen: Kredit- und Paybackkarten, Mitgliedschaften in Clubs, die Beobachtung der Postsendungen durch den Briefträger helfen mit, ein dichtes Netz zu spannen, in welchem das Subjekt gefangen ist. Gefangen für den Konsum, gefangen in den Datennetzen der Sicherheitsbehörden, die treuherzig versichern, dass keiner besorgt sein muss, wenn er sich anständig verhält. Rückkanäle des digitalisierten Fernsehens verknüpfen mit Medien, machen transparent, was man so tut; Marktforscher erheben schon, wer während der Fernsehsendung zur Toilette geht. Insofern ist es nur konsequent, wenn mancher mit einer Web-Cam den eigenen Wohnraum im Internet zur Schau stellt. Denn die Subjekte machen dies zum eigenen Motiv: *Weichei* und *Warmduscher* will keiner sein, schon die freundliche Geste, die Zuvorkommenheit gelten als peinlich in diesem eigentümlichen Prozess der Abhärtung.

Auch dies gehört denn zur Erfahrung des neuen Fundamentalismus: In vielen Bereichen nehmen Formen der Grausamkeit zu. Beginnend bei den die Schwelle zu Mord überschreitenden Quälereien an Nichtsesshaften, kaum endend bei den Formen eines alltäglichen Mobbing in Schulen wie in Betrieben. Vielleicht ist die Sensibilität dafür gewachsen, doch weist manches darauf hin, dass jene Grenzen fallen, welchen gegenüber der Barbarei bislang durch Zivilisierung, durch eine Kultur der Differenzen gezogen war. Sozialisation durch Erlebnisse eröffnet hier gespenstische Möglichkeiten, weil der Event auch in der niedersten Gemeinheit sich zeigen mag. Insofern steht allerdings als Aufgabe von Pädagogik an, zu verhindern, dass diese sozial und kulturell möglich und wahrscheinlich gewordene Barbarei sich durchsetzt – das Geschäft des Sisyphos scheint angezeigt.

Prekarität des Subjekts

Die apokalyptischen Reiter sind schneller geworden und treten in Mengen auf, wie sie die Computeranimation in den Filmschlachten um den Herren der Ringe ermöglicht. So zeichnet die Gegenwart jedenfalls aus, dass der gesellschaftliche Druck auf jene stärker wird, die sich in Aneignungs- und Bildungsprozessen befinden – die Realität bleibt zum Glück noch hinter der Analye zurück, die soziale und kulturelle Wirklichkeit hält mehr Nischen bereit und ist vermutlich stabiler, als manche Diagnose wahrhaben will. Indes: die großen Laborsituationen moderner Gesellschaften, die Transformationsprozesse des Ostens sprechen eine deutliche Sprache, die Erfahrungen in der Kinder- und Jugendhilfe zeigen an Extremen, was dann doch nicht Normalfall werden muss. Man kann auf eine Resilienz der pädagogischen Praxis hoffen, aber um ihre Funktion muss wohl gekämpft werden. Denn in den neuen Balancen des Sozialen und Kulturellen zeigt sich, wie tief die Mechanismen der Barbarei in die postmodernen Gesellschaften eingetragen sind. Eine in ihrer zivilisierenden und moralisierenden Qualität dementierte Gesellschaft wird eben an die Ökonomie ausgeliefert und überhöht dies mit Jubelgesängen für den Kapitalismus. Für einen Kapitalismus, der weder Infrastrukturen noch solche der Daseinsvorsorge errichtet, sondern diejenigen ausgrenzt, die an ihm scheitern. Er macht die Barbarei real, die in ihm stets enthalten ist (vgl. Veblen 1997; Meštrović 1993) und sich nun zynisch offenbart. Die Gewinner dürfen sich bereichern, die Verlierer kippen über den Rand der Existenz. Längst haben die Risiken einer individualisierten kapitalistischen Gesellschaft die sogenannten Mittelschichten erreicht und diese in eine labile Lage gebracht (Vester 1996; Kurz 1991; Müller 1992; 1995); Arbeitslosigkeit, ungesicherte Krankheit machen vor diesen nicht Halt, die schlichte Tatsache, Familie zu sein, gewinnt den Zug einer existenziellen Bedrohung.

Das gesellschaftliche und kulturelle Problem der Erziehung in der Gegenwart spitzt sich aber in dem zu, was als *Individualisierung* thematisiert wird. Die Destruktion sozialer und kultureller Zusammenhänge findet in einer Schlacht statt, in der das Subjekt mit seinem Sieg sich selbst zu Grabe trägt. Individualisierung ist kein neuartiger Vorgang, als Anspruch an die eigene Lebensführung begleitet sie die Entwicklung der europäischen Kultur und ist von dieser gar nicht zu trennen, weil sie eine der radikalen und konsequenten Antworten auf die menschliche Verfassung, vielleicht auch eine der Bedingungen dafür darstellt, Autonomie erhoffen zu können und zu wollen. Das macht die Sache so prekär: Selbstverwirklichung, die Suche nach individueller Subjektivität stellt das wohl entscheidende Motiv menschlichen Lebens dar; jemand sein, der Wege bahnt und Spuren hinterlässt, verbirgt sich als das eigentlich existenzielle Anliegen hinter dem Wunsch nach Authentizität. Jeder Bildungsprozess ist konstitutiv auf Selbstverwirklichung angewiesen (vgl. Reder 2004): „Wer als Handelnder im Leben nach etwas Bedeutsamen strebt und den Versuch macht, zu einer sinnvollen Selbstdeutung zu gelangen, muss sein Dasein vor einem Horizont wichtiger Fragen führen. Das ist es, was zum selbst herbeigeführten Scheitern solcher Erscheinungsformen der heutigen Kultur führt, die sich im Gegensatz zu den Forderungen der Gesellschaft oder der Natur auf die Selbstverwirklichung beschränken und Geschichten sowie Solidaritätsbeziehungen ausschließen" (Taylor 1995, S. 50).

Aber: Subjektivität, die Authentizität des Individuums lassen sich nicht aus sich heraus entwickeln; sie sind auf andere, auf den Dialog, auf Kontexte angewiesen, sie bedürfen der Regeln einer Gesellschaft, mit welchen sie gestalten, mit welchen sie umgehen können. Sie bedürfen der Voraussetzungen, der Kontexte und der Perspektiven (vgl. Talyor 1996). Individuelle Subjektivität benötigt eine Abfederung, muss zurückgebunden sein an soziale und kulturelle Zusammenhänge, welche sich sinnlich-praktisch erfahren lassen, nicht bloß als Zeichen gegeben sind. Es waren und sind die Kulturen der modernen Gesellschaften, die Individualität ermöglicht, substantiell aufgeladen und relativiert haben, indem sie Techniken ihrer Kontrolle hervorbrachten; im Prozess der Zivilisation werden die Mechanismen äußerer Unterwerfung, der gewaltsamen Vereinheitlichung, der Entindividualisierung zurückgedrängt werden durch Etablierung von verinnerlichten Kontrollinstanzen, über welche die Individuen noch selbst befinden. Das Subjekt musste seine Autonomie erst gewinnen, sie sich selbst zuschreiben, um sich so seiner Authentizität zu vergewissern. Die Überführung äußerer, gewaltförmig aufrecht erhaltener Ordnung in ein Ethos und in eine Moral, welche dem Subjekt zur Verfügung steht, stellt einen Weg dar; dass man ein Über-Ich entwickelt, mit Imperativen sich aus sich selbst steuert, gehört zu den Gewinnen der Neuzeit für das Individuum. Die Strukturen und die Symbolsysteme der modernen Gesellschaften geben der Individualität eine soziale Form, kontrollieren die Subjekte in einem Zwangsapparat, gegen welchen diese sich mit dem Freiheitsanspruch zu befreien suchen. Dies muss bislang von jedem Individuum erarbeitet werden – die Theorie der Pädagogik, wie sie bei Herbart, Hegel und Schleiermacher um das Problem des Willens zu sittlichem

Handeln und zur Moralität angelegt wird, macht dies zum Thema; nicht abstrakt, nicht metaphysisch oder transzendental, sondern mit scharfem Blick darauf, ob die sozialen und kulturellen Verhältnisse eine Erziehung zulassen, welche diese Form individueller Subjektivität ermöglicht.

Die Linien und Orientierungsmuster von Gesellschaft und Kultur werden unscharf, Zeit- und Raumordnungen lösen sich auf, um sogleich wieder mit harten Konturen zu konfrontieren. Der Pfeiler am Bahnsteig 9 ½ in Joan Rowlings Harry Potter Romanen steht für das Problem: Manchmal lässt er sich problemlos passieren, man durchschreitet die massive Ziegelwand, nicht selten aber stellt sie sich dem entgegen, der sich ihr nähert. Damit entsteht Unsicherheit, die sich in – der altmodische Ausdruck lässt sich nicht vermeiden – die Seelen einschleicht und dauerhaft bewältigt werden muss, ohne dass man dazu auf äußere Hilfsmittel zurückgreifen kann; man muss als Subjekt in seiner Subjektivität agieren, wie die Ärzte einem nach jeder größeren Operation schon empfehlen. Seien Sie aktiv, bewegen sie sich, das bringt die Neuronen zum Feuern; oder etwas sportlicher: *Streng dich an, Du Sau!*

Erwachsene, seelisch integrierte Personen bewältigen eine solche Situation von dauernder Ambivalenz und zuweilen empirischem Chaos. Gleichwohl verrät die Konjunktur der Ratgeber zur Lebensbewältigung, wie schwer es fällt, nicht nur Relevantes von Irrelevantem zu trennen, sondern sich flexibel durch die Situationen zu mogeln. Man soll den Alltag unter der patentgeschützten Parole meistern: simplify your life! Sie aufzunehmen bedeutet zugleich zu lernen, wie man sich selbst beobachten und steuern kann. Das entscheidende Instrument des Subjekts wird dabei die eigene Subjektivität; es beginnt mit sich selbst zu spielen, den Körper und die Leiblichkeit einzusetzen, nicht zuletzt auch die eigene Sexualität gefordert zu sehen. Bilder der Aktivität, von Schönheit, Beweglichkeit und Fitness bestimmen die Metaphern, in welchen sich die Subjekte thematisieren und selbst zu bewegen suchen. Das neue Selbstverhältnis wird noch in der Sprache der Werbung aufgenommen, die ganz unverblümt – so eine große Supermarktkette – auffordert: *Besorg's dir doch einfach!*

Die Postmoderne eröffnet eine neue Konstellation, indem sie Individualität radikalisiert, von den Hemmnissen befreit, gegen die sie sich behaupten musste; sie zerstört den Freiheitsanspruch, indem sie Freiheit gibt. Ihre Dynamik und Brüchigkeit, die Fragmentierung in eine eigentümliche Situation des Wahlzwanges ohne Wahl- und Entscheidungsmöglichkeit lässt die individuelle Subjektivität eigentümlich leer laufen. Subjekte sind konfrontiert mit „conditions of autonomy but no institutions" (Bauman/Tester 2001, S. 38). Dass individualisierte Lebensformen flach erscheinen, hängt weniger mit einer Kultur der Authentizität zusammen, sondern damit, dass das individuelle Subjekt sie gar nicht verwirklichen kann, weil es resonanzlos wird. Dagegen versuchen die Subjekte sich noch zu wehren; sie wollen Zusammenhänge erhalten – die von der Jugendforschung aufgedeckten Hoffnungen belegen, dass und wie junge Menschen an festen Beziehungen, an Familie festhalten, diese oftmals in die Idealisierung überhöhen, an der solche Verhältnisse dann erst recht scheitern. Sie suchen ihr Heil in künstlichen Gemeinschaften, die aber ihrerseits den Erosionsprozessen ausgesetzt sind. Es ist ein schier aussichtsloses Spiel, das da getrieben wird.

In ihm widerfährt dem für die Pädagogik so wichtigen Begriff der Subjektivität eine Neudefinition; Inflation gibt ihn als grundlegende Kategorie menschlicher Selbstvergewisserung preis: Das Subjekt und seine Subjektivität, mithin die Begriffe und Vorstellungen, in welchen das zentrale Leitmotiv der Moderne und ihre Programmatik der Autonomie zum Ausdruck gebracht wurden, treten nun in die vollständige Geltung ein – und werden, so der eigentümliche Effekt, gerade darin dementiert und demontiert. Das Subjekt und seine Subjektivität werden gesellschaftlich und kulturell notwendig wie funktional, das Ich mutiert zum „Sieb-Ich" (Gruner 2004, S. 92); sie treten als Instanzen auf, welche Normalität verbürgen, indem sie zur kulturellen und sozialen Existenzform werden. Das Subjekt und seine Subjektivität, Autonomie verlieren ihre Resistenz, den Zug des Oppositionellen, und werden vergesellschaftet – das Paradox besteht darin, dass die Subjekte sich dies als Subjekte selbst antun, um sich so in ihrer Subjektivität bestätigen zu wollen (Ehrenberg 1991). Sie betreiben aktive Selbst-Kolonialisierung (Fach 2000, S. 121), versprechen sich davon Erfolg und versuchen, andere zu diesem Modus zu überreden (vgl. Kessl 2005). Eine imaginierte Subjektivierung setzt sich durch, bei der sich das Subjekt in drei Leitbildern zu fassen versucht, im Unternehmer, im Leistungssportler und in dem Konsumenten, der der „version musclée de la vie en société" gehorcht (Ehrenberg 1991, S. 17); Konkurrenz wird zum Inhalt von individualisierter Subjektivität, bei der sich die Akteure nicht mehr an der Welt der verdinglichten sozialen und kulturellen Zusammenhänge abarbeiten, sondern den anderen zum Gegenstand machen, den man bearbeitet – das Mobbing hat so einen guten Grund in einer Konkurrenzgesellschaft der Individuen.

Normalisierte Subjektivität bietet aber eine Figur an, in welchen sich die Subjekte in einer Art und Weise selbst denken, in der sie sich nicht fremd vorkommen. Sie beginnen sich selbst zu regulieren, in der Entdeckung der *Sorge um sich selbst*; die Sorge um sich selbst bildet den zentralen Mechanismus, mit welchem sich Personen in ihrem Leben aufrechterhalten können. Sie gewinnt nun Gewicht, nachdem sie lange zu vernachlässigen war: Im sozialstaatlichen Projekt einer äußerlich normalisierenden Gesellschaft konnte man auf die Regelungen der Existenz vertrauen, welche der sorgende Staat für die Gegenwart und in Gestalt seiner Bildungseinrichtungen für die Zukunft bereitgehalten hat. In der Konsumgesellschaft schien die Not der Versorgung verloren, die alltägliche Befriedigung der physischen Bedürfnisse wurde thematisch irrelevant, sie konnte selbst in den Schichten verfeinert werden, die ökonomisch am unteren Ende der sozialen Schichtung lebte – symptomatisch dafür war und ist der bis in die Gegenwart anhaltende Diskurs darüber, dass es doch keine Armut gäbe. Nun wird sie von Politik und Medien sichtbar gemacht, die zwischen der guten Armut der Ein-Euro-Jobber und der bösen Armut unterscheiden, der die Sozialfahnder auf den Hals gehetzt werden. Sie wird noch evident in dem Übermaß an Verantwortung, das jedem Subjekt zugesprochen wird und es bis zur Erschöpfung quält, weil es doch selbst nichts bewirken kann (vgl. Ehrenberg 2000). Gewiss ist die eigene Existenz gefährdet, gewiss ist die Sorge um sich selbst mittlerweile existenziell wahr geworden und wird in der Kultur der postmodernen Gesellschaft als eine Verunsicherung begründet, in welcher die Beteiligten sich zunehmend mehr Bedrohungsszenarien ausgesetzt fühlen. Diese Sorge um sich selbst tritt nun als das Normalisierungsinstrument an: man ist Subjekt, arbeitet an sich als Subjekt, spielt seine Subjektivität, um den Anforderungen zu genügen, welche diese Gesellschaft und ihre Kultur stellen; man arbeitet an einer flexiblen Normalität, welche sich an undeutlichen Linien entlang bewegt, die zwischen hochgradiger Offenheit und neuen Disziplinierungsmechanismen, zwischen dem Sand einer Wüste sozialer und kultureller Möglichkeiten und den Steinkluften bestehen, in welche man abstürzen kann. So entsteht Müdigkeit gegenüber der eigenen Existenz (Ehrenberg 2000).

Genau dies aber könnte doch den Weg weisen: In der erzwungenen Subjektivität wird noch deutlich, wie diese eine Differenz hat; insofern ist die Sorge um das Selbst vielleicht der Schritt zu einer neuen Selbstvergewisserung gegenüber dem, was zugemutet wird. Der vermeintliche, nämlich erzwungene Egoismus belehrt darüber, was Subjektivität bedeuten kann; sie wird wichtig. Das Dilemma der Pädagogik besteht aber für diesen Lern- und Bildungsprozess einerseits darin, dass die gesellschaftlichen und kulturellen Prozesse selbst jene institutionellen Zusammenhänge destruieren, in welchen die Struktur der pädagogischen Praxis eingebunden war und diese Sorge um sich als Entdeckung von Subjektivität ermöglichten. Betroffen sind vor allem die als Familie empfundenen und organisierten Lebenszusammenhänge. Der Erosionsprozess tritt weniger dort hervor, wo die staatlichen Regulierungen dieser Verhältnisse und Beziehungen schwinden, wohl aber wenn die Struktur selbst labil oder auch bewusst aufgegeben wird; dass eine pädagogische Praxis etwa in einer Familie mit einem allein erziehenden Elternteil möglich bleibt, muss kaum bestritten werden, doch vermehrt sich der Aufwand dafür, die Praxis muss selbst reflexiver gestaltet werden und wird anfälliger für Störfaktoren. Damit wird das pädagogische Problem tatsächlich sichtbar – weniger als Zwang zur Aneignung, sondern eher als Problem, sich der gesellschaftlichen und kulturellen Mechanismen erwehren zu können.

Zum anderen schlagen die gesellschaftlichen und kulturellen Prozesse unkontrolliert auf die Individuen durch: Es gibt keinen klar, selbst noch sozial und kulturell definierten Ort der Erziehung mehr, der dies abmildern könnte. Gesellschaft wirkt damit wie noch nie, die Macht der Sozialisation beginnt Erziehung zu zerstören. Dabei wird Sozialisation zwar total, aber sie wird auch total verrückt, lässt die Subjekte irre werden oder nach Ressourcen suchen, mit welchen sie sich gegenüber dieser Zwangsvergesellschaftung zum Irresein erwehren können. Denn die gesellschaftlichen und kulturellen Anforderungen sind widersprüchlich, intransparent, brechen aber direkt in ihrer Widersprüchlichkeit auf das Subjekt durch, das selbst keine Chance hat, sich zu wehren.

Deutlich aber wird damit, dass und wie die *Struktur der pädagogischen Praxis* als solche zunehmend Gewicht gewinnt: Je unsicherer die Welt ist, um so mehr wird die Struktur als Bedingung der Möglichkeit eben auch zur Selbstsorge bedeutsam. Die pädagogische Praxis als solche wird ein Fundament der sozialen und kulturellen Situation und Entwicklung, aber man muss mit Ambiguität und Ambivalenz rechnen (Bernhard 1996), Erziehung in der Postmoderne ist ein Risikofall. Denn diese Gesellschaft zeichnet eine Normalität des Pathologischen, die Sozialisation zur De-Sozialisation aus. Denn selbstverständlich vergesellschaften postmoderne Gesellschaften – aber in einer Weise, die das Zusammenleben, soziale und kulturelle Integration schwierig werden lässt, vor allem Entwicklung und Lernen behindert, endlich die Möglichkeit der Autonomie infragestellt, weil sie diese schon vorab herstellt.

Das klingt vielleicht zu dramatisch, mithin zu pädagogisch; erregte Aufmerksamkeit spielt eine Rolle. Doch warum sollen jene sich nicht aufregen dürfen, die ihre Aufgabe darin sehen, das Geschäft der Erziehung zu betreiben?

„Es ist alles so schön bunt hier."
(Nina Hagen)

17 Im Feld der Erziehung

Gesellschaften und Kulturen verändern sich in der Bildung des Subjekts, als Spielraum für dieses wie auch durch subjektivierende Aneignung. Eine – wie Siegfried Bernfeld sie nannte – Instituetik muss also zeigen, was die Struktur der pädagogischen Praxis und der sie auszeichnende Wandlungsprozess zu bewältigen haben, wenn sie als Erziehung Selbsttätigkeit, Bildung organisieren: Felder der Erziehung stellen regelmäßige gegebene Normalformen des pädagogischen Handelns dar; in ihnen realisieren sich die konkreten Erziehungen, wie sie als pädagogische Praxis geschehen. *Systematisch* lässt sich jedes Erziehungsfeld mit zwei Vektoren beschreiben: Auf dem einen geht es um Selbständigkeit und Autonomie des Subjekts, auf dem anderen geht es um seine Verknüpfung mit Gesellschaft. Im Feld zeigen sich zugleich die Bedingungen des pädagogischen Handelns; nämlich die protopädagogischen Voraussetzungen, die *Regierung,* welche das dispositionelle Moment und deren Edukabilität an den beteiligten Akteuren bestimmen. Was stellen aber dann die Gesellschaften der Postmoderne mit den Bedingungen des Erziehens an? Was bedeuten sie für die Praxis der Pädagogik, wie verändern sie die Felder, welche historisch sozial und kulturell konstituiert und organisiert werden, um Erziehung zu leisten?

Zeitdiagnose zeigt, wie die das Feld aufspannenden Vektoren von Ambiguitäten geprägt werden. Die sozialen und kulturellen Veränderungen in den späten modernen Gesellschaften legen auf eine ebenso radikale wie komplizierte Art und Weise das Problem der Pädagogik frei – bislang vertraute Formen des pädagogischen Geschehens werden fragwürdig, zuweilen dementiert. Es mag an die Behauptungen von den pädagogischen Katastrophen erinnern, wenn man festhält, dass Eltern, manchmal auch (vermeintlich) professionelle Erzieher, schlicht zur Erziehung unfähig werden, weil sie elementare Bedürfnisse von Kindern nicht mehr erkennen, aber auch die Aufgaben nicht mehr begreifen, die sie mit ihnen bewältigen müssen; zuweilen bleibt noch die basale Versorgung auf der Strecke. Dass Eltern verzichten, für ein schwer krankes Kind das von der Apotheke bestellte Medikament am gleichen Tag abzuholen, gehört zu diesen irritierenden Beobachtungen. Dass sie den Elternsprechabend nicht nutzen, weil sie ihren wöchentlichen Skattermin ausfallen lassen müssten, kann ebenso dazu gerechnet werden – von Grausamkeiten ganz zu schweigen, die sie ihren Kindern antun. Die andere Seite stellen jene dar, die nicht nur verwöhnen, sondern überfordern, mit Leistungsansprüchen und Erwartungen, die kaum einer zu bewältigen vermag. Zugleich macht sich in den pädagogischen Handlungsfeldern der Eindruck breit, dass Kinder und Jugendliche schwieriger werden, sich den

Anforderungen entziehen, kaum mehr anzusprechen sind. Altvertraute Formen der Höflichkeit verschwinden – an die Stelle einer freundlichen Begrüßung tritt ein mürrisches *hi*. Zuweilen fehlen Grundfähigkeiten, manchmal verschwinden sie mit der Dauer des Aufenthalts im pädagogischen System. Ein Gefühl von Unbehagen entsteht, Katastrophen- und Notstandsempfinden eben. Unsicherheit und Ungewissheit herrschen in den pädagogischen Handlungsfeldern, welche die emotionale Ambivalenz übersteigen, die stets und unvermeidlich mit Erziehung einhergeht. Sie haben weniger mit dem Geschehen selbst zu tun. Vielmehr schmelzen die sozialen und kulturellen Hintergrundorientierungen, welche bislang das Erziehungsgeschehen faktisch wie in der reflexiven Kommunikation über dieses stützen. Während es bislang von den gesellschaftlichen Instanzen selbst schon geleistet und vollbracht worden ist, während bislang Erziehung sich auf Zustimmung stützen konnte, bricht dies weg: Es gibt keine Hintergrundnormen mehr, die Autoritäten im Hintergrund fehlen. Jede Erzieherin im Kindergarten kennt das Phänomen, dass bislang selbstverständliche Verhaltensweisen mühsam beigebracht werden müssen; nicht anders in der Schule: Stillsitzen, die Dinge in Ordnung halten, aufmerksam sein, die Bedingungen des Unterrichts müssen durch die Schule selbst erzeugt werden. Erziehung kann sich also nicht mehr auf das stützen, was als Vermittlung vorab geschah; Gesellschaft, durchaus im konkreten Sinne von anderen, von Erwachsenen allzumal, welche eine Situation als Umstehende rahmen, steht nicht mehr als Appellationsinstanz zur Verfügung. In der alten Moderne konnte man einem Kind sagen: „Das tut man nicht"; der Blick auf die Umstehenden verschaffte dem Nachdruck. Damit war Erziehung erledigt, weil dieses „man" übermächtig wirkte; hinter Eltern und Erzieherinnen wie Lehrerinnen stand die ganze Welt. In der späten Moderne glaubt kein Kind diesem „man". Viele Gegenbeispiele kann es nennen, denen es selbst in einer plural gewordenen Welt schon begegnet ist.

Pädagogik verliert ihre nur geborgte Autorität. Damit muss sie nun ihre eigenen Voraussetzungen, mithin die aus Vermittlung entstehende „pädagogische Bildsamkeit", die Disposition zur Erziehung, die Edukabilität selbst erzeugen. Das zieht eine paradoxe Folge nach sich: Verloren geht eine stillschweigende, selbstverständlich wirksame Einbettung in Gesellschaft und Kultur, die für das pädagogische Geschehen vorbereitet. Dieser Verlust einer Vorbereitung für Erziehung macht aber zugleich Platz für eine unmittelbare Vergesellschaftung der Subjekte: Spätmoderne Gesellschaften greifen die Struktur der Erziehung an und gewinnen einen unmittelbaren Zugriff auf die Subjekte, um sie gefügig zu machen – die Paradoxie steigert, dass diese gesellschaftlich nicht bloß abgerichtet werden, sondern sich selbst hingeben. Dass Pädagogik-Boom und eine Delegitimation von Pädagogik gleichzeitig auftreten, dass das Ende der Erziehung und ihre Wiedergeburt verkündet werden, signalisiert die Ambivalenz des Geschehens.

In den modernen Gesellschaften zeichnete sich dies schon ab. Je stärker Erziehung in Frage gestellt wurde, um so mehr versuchten dem Institutionalisierung und Professionalisierung zu begegnen. In der Postmoderne gerät dies zu einem pädagogischen Hase-und-Igel-Spiel. Denn die in ihrer Selbstverständlichkeit meist gar nicht wahrgenommene Bedingung des pädagogischen Geschehens geht verloren, dass nämlich die Institutionen als solche erziehen und so die subjektive Erziehbarkeit sichern. Die Orte, Settings und situativen Arrangements haben einen spezifischen Sinn in der Praxis der Erziehung. So trivial dies klingt: Auch wenn sie den Anforderungen moderner Gesellschaften folgen und organisatorischen Zwecken unterliegen, werden sie – manchmal – als pädagogisches Milieu explizit gestaltet und genutzt. Dabei wirken sie, wenn und weil sie als Teil eines sozial und kulturell verbindlich gemachten Lebensentwurfs die Zöglinge beeindrucken und deren Perspektiven beeinflussen: Kindergartenkinder nehmen die als normal vorgezeichnete und insofern kulturell vorbereitete Perspektive auf den künftigen Schulbesuch auf, verinnerlichen diese als eigene Entwicklungsperspektive – mit der Möglichkeit der Option: Während die einen sich den Übergang in die Schule wünschen, sehen die anderen – irritiert durch Erwachsene – dies nicht als wünschenswert an. In beiden Fällen bedeutet dies eine innere Haltung gegenüber der Schule, die zwar nicht unbedingt zu kalkulieren ist, aber als ein pädagogisches Kapital dient, auf das der weitere Bildungsprozess dann aufbaut. Die Kinder sind insofern schon für die Schule erzogen, diese ist Teil einer Perspektive.

Diese soziale und kulturelle Vorbereitung erodiert – nicht zuletzt, weil Schule einer kritischen Prüfung unterliegt, welche sie selten besteht. Darin wird Moderne reflexiv. Sie stellt ihre eigenen Institutionen zur Disposition, zunächst weil sie fragt, ob diese allein aus Tradition bestehen dürfen oder modernisiert werden müssten; sie schüttelt archaische oder ständische Elemente ab. Dies verläuft in den national unterschiedlichen Gesellschaften noch different, der Modernisierungsprozess vollzieht sich weniger eindeutig, als die große Formel von der Globalisierung behauptet: Das deutsche Bildungssystem war beispielsweise in seiner Verbindung von autoritärer Struktur und Fachlichkeit lange erfolgreich, während andere Kulturen mit einer anderen Mischung an Kontrolle und Liberalität haderten. Doch trotz solcher Abweichungen: der voranschreitende Modernisierungsprozess zerstört den Geltungsgrund der Institutionen und Pragmatiken, wie er von den Subjekten in ihren Bildungsprozessen aufgenommen wird. Dann verlieren sie ihre faktische Verbindlichkeit und werden – allzumal unter Bedingungen fortschreitender Liberalisierung – zu einer bloßen Möglichkeit, welche die zunehmend subjektivierten, aber nicht unbedingt selbstbewussten Subjekte wahrnehmen. Sie entscheiden über sie; noch deutet sich dies erst an, nämlich in der wachsenden Präferenz für Schulen in freier Trägerschaft oder in der Lösung von Residenz und Schulsprengel. Endlich unterliegen Institutionen einer kritischen Prüfung, an welcher insbesondere Wissenschaft mitwirkt – Expertenmeinung wird relevant, die aber den Zweifel zum Maßstab macht. Der Geltungssinn pädagogischer Institutionen, welchen diese als protopädagogisches Element ihrer Wirksamkeit voraussetzen, gerät durch den öffentlichen, wissenschaftlich angeheizten Diskurs in eine tödliche Falle: Je mehr Untersuchungen Zweifel wecken, um so mehr geht das Vertrauen in die pädagogischen Angebote und Einrichtungen verloren; Meinungsumfragen signalisieren dies deutlich. Damit aber bricht kulturelle Zustimmung zusammen: Man schickt seine Kinder nur noch mit einiger Skepsis in die Schule, sie entwickeln innere Distanz; je mehr Kritik an pädagogischen Einrichtungen geäußert wird, um so weniger können diese ihre pädagogische Aufgabe erledigen.

Im Ergebnis beklagen Schulen, Kinder seien nur mehr unzureichend für den Schulbesuch vorbereitet. Dabei hilft nur bedingt weiter, Eltern aufzufordern, sie mögen ihre Kinder besser erziehen. Im Einzelfall mag dies zutreffen, doch zeigt sich die familiäre Situation selbst brüchig und ist in ihrer institutionellen Qualität zumindest porös; Familie kann kaum erziehen, wenn sie in ihrem Bestand problematisch geworden ist – fürchten Kinder, dass sich ihre Eltern trennen, haben sie begriffen, wie fragil der Rahmen ihres Aufwachsens geworden ist. Noch die Debatten um pädagogische Institutionen streuen den Zweifel unter den „Adressaten" von Pädagogik. Entsprechend gefragt vermuten Jugendliche, dass Schule sie für die berufliche Ausbildung oder die Universität kaum vorbereite (worüber sie noch gar keine erfahrungsgestützten Aussagen machen können). Sie vertrauen nicht mehr dem durch die Institution gegebenen Versprechen einer Ausbildung für die Zukunft, während zugleich Schule als sozialer Ort der Begegnung mit Gleichaltrigen für sie sogar an Bedeutung gewinnt. Doch der Blick auf die Institutionen reicht nicht: man muss die Mentalitäten beobachten, mehr noch: die sozialen und kulturellen Bedingungen, welche die pädagogischen Felder bestimmen und möglicherweise weit über die Institutionen hinauswirken.

Apocalypse now? Kleine Phänomenologie des pädagogischen Feldes

Die Dramatik, mit der gesellschaftliche und kulturelle Veränderungen gegenwärtig auf die Erziehungsverhältnisse durchschlagen, lässt sich an einem ungewöhnlich erscheinendem Material erkennen; die Anzeige in einer Zeitschrift zeigt die neue Gestalt pädagogischer Dispositive und damit eine veränderte Realität, unter der pädagogische Praxis strukturiert werden muss:[13]

Man könnte sagen: die Anzeige zeigt *Pädagogik heute*, die Bedingungen, Strukturen, welche Erziehung auszeichnen: Nur zwei, also zwei isolierte Personen agieren in einem öffentlichen Raum: Im Vordergrund, dominant, ein Bub, etwa im Alter von acht Jahren. Im Hintergrund eine erwachsene Person, die ihre Konturen verliert und aus dem Rahmen fällt. Der Blick des Buben aktiviert den Kindchenschematismus und sein kulturelles Stereotyp: Kinder sind liebenswerte Personen, kleine Heilige – was in Dilemmata führt, wie die Ermordung des James Bulger zeigt (vgl. Honig 2001). Der Wiener Bub zeigt reflektierte Unlust;

---

[13] Die folgenden Interpretationen wurden zuletzt 2005 im Rahmen der 52. Tagung der österreischischen Jugendamtspsychologen in Wien erfolgreich „getestet"; ich danke für viele Anregungen und Hinweise.

Vielleicht hat auch die
Großzügigkeit Ihrer Kinder
einmal ihre Grenzen.

Über Ihre ganz persönliche Pensionsvorsorge informiert Sie gerne Ihr Berater bei
der Wiener Städtischen. Serviceline: 0800 / 208 800, www.wienerstaedtische.at

IHRE SORGEN MÖCHTEN WIR HABEN.

WIENER
STÄDTISCHE

(Aus: „Format" 2002, Ausgabe 29)

er verschließt sich, weil er in seinem Trotz nichts mehr erwartet: *Ich bleibe bis in die Fasern meines Körpers megacool.* Von seinem Regalbrett lässt er sich nicht so leicht wegbewegen, die Hand hält in der ganzen Schwere der Situation den Kopf fest. Wer mit Kindern zu tun hat, ahnt die Eskalation. Im öffentlichen Raum wird der Erwachsene erpressbar, weil die drastische körperliche Aktion unter Tabu steht – kluge Eltern und Erzieher entlassen das Kind in die Selbständigkeit. Alles lässt sich eher heilen als der Verlust der Contenance.

Rechts außen ein Erwachsener, unscharf, bedeutungslos, ohne die autoritätsheischenden patriarchalen Attribute älterer Männlichkeit. Wieder kontrastiert dies einer kulturellen Erwartung, denn weder wird der klassische Code beansprucht, nämlich das Verhältnis von Müttern zum Nachwuchs, noch die nie alternden, kaum ermüdenden, gut geschminkten und bestens gekleideten Frauen, die selbst mit Ketchup bekleckert Sex Appeal ausstrahlen. Der Erwachsene richtet seinen Blick auf das Kind, Blickkontakt gibt es aber keinen; keine Rede

227

vom pädagogischen Bezug. Sachen und Gegenstände gliedern den Raum, sie schaffen das Setting. Ein Supermarkt strukturiert die Beziehungen, aber auch Trennendes zwischen den Personen. Die Verbindungen stellen sich über die Regale her, eine Regalwange zerschneidet das Bild vertikal und trennt die Territorien. Dem Kind ist ein weiter Platz eingeräumt, der Erwachsene darf gerade noch auf ein Viertel der Bildaufteilung hoffen. Als erneut ambivalentes Objekt wirkt ein Einkaufswagen: Er symbolisiert das Instrument, mit welchem beide in gemeinsamer Arbeit die Welt aneignen. Nur: Dieses Instrument ist aus dem Bild geschoben, die Handlungsbeziehung also aufgehoben. Diese Tragödie im Generationenverhältnis zeigt, wie politische Ökonomie nur noch Einzelne kennt, die für sich stehen. Kinder treten als Individuen aus dem Generationenzusammenhang heraus, Zusammenhänge zwischen den Personen stellen Konsum und das Finanzkapital einer Versicherungsgesellschaft her. Denn: „Vielleicht hat auch die Großzügigkeit Ihrer Kinder einmal ihre Grenzen." Das knüpft an den alten Konflikt mit dem quengelnden Kind an. Doch der Familienfürst gewährt keine Gaben, er ist längst randständig geworden. An seine Stelle tritt ein Kind, das es den Erwachsenen heimzahlt oder möglicherweise gerade das nicht mehr tut. Denn es agiert mit einer Selbständigkeit, in der die Generationenbeziehung endet.

„Ihre Sorgen möchten wir haben." Die Unterzeile spielt mit einer in Österreich vertrauten idiomatischen Wendung; wörtlich erklärt sie, wie mögliche Belastungen abgenommen werden sollen, übertragen meint sie, dass man sich nicht aufregen soll. Sorge spricht sich in Aufmerksamkeit, Zuwendung, Pflege, im Gesamt eines Handelns ohne Gegenleistung aus. Für ein Kind zu sorgen, geschieht um seiner selbst willen, aus Zuneigung, Liebe, die rational gar nicht zu fassen ist. Demgegenüber verweist Sorge in negativer Konnotation auf Belastung, Kümmernis, auch Verärgerung. Wir machen uns Sorgen, weil wir nicht wissen, warum uns etwas nicht gelingt. Sorgen machen Kinder, die nicht so werden, wie wir wollen. Hier verspricht die Versicherung, dass sie all dies abnehmen will. Sie will uns unserer Sorgen entledigen. Darin aber verrät sich eine kleine Grundlagentheorie der Pädagogik unter Bedingungen der Postmoderne – man könnte sie als *Pädagogik der Entsorgung* bezeichnen.

- Freilich: Die Anzeige lügt, weil ihre Botschaft an Wohlstand, an Reichtum anknüpft. Zwar ist das verfügbare Geld begrenzt, doch lässt sich über Ausgaben noch unter Gesichtspunkten von Großzügigkeit debattieren. Für einen wachsenden Teil der Familien und jungen Menschen besteht aber längst das Problem darin, dass sie von Armut betroffen sind, die sich – negativ – auf ihre Bildungschancen wie – positiv – auf die Wahrscheinlichkeit auswirkt, Jugendhilfe in Anspruch nehmen zu müssen. Insofern gilt: zwar haben auch schon Kinder am gesellschaftlichen Reichtum teil, doch gibt es für viele nichts zu verteilen, niemand nimmt einem die Sorge ab. Im Gegenteil: Es sind Familien mit Kindern, die sich die kapitalgedeckte Rente nicht leisten können – oder sie sparen an den Ausgaben für Erziehung und Bildung.

- Die im Bild dargestellte Ordnung der Welt trifft nicht mehr zu. Alles wirkt ziemlich eindeutig, gut aufgeräumt, fast ein wenig statisch, die soziale und kulturelle Welt scheint fest gefügt, die Verhältnisse wirken totalitär. Was auch immer die Welt des Aufwachsens und der Erziehung charakterisiert, Kommerz und Konsum haben diese vollständig erfasst. Wer von dieser Welt ausgeschlossen ist, weil er über die materiellen Mittel für sie nicht verfügt, hat seinen Status in der Gesellschaft verloren. Er ist gesellschaftlich wertlos (vgl. schon Simmel 1992, bes. S. 512 ff). Dem steht eine Außenwelt gegenüber, die das Bild nicht zeigt: In der sozialen und kulturellen Wirklichkeit fehlt Ordnung. Die Verhältnisse sind längst fragil, brüchig geworden, der Ordnung steht ein Zustand hochgradiger Entropie gegenüber.
- Dann: ein *einsames* Kind tritt auf, letztlich kann es sich nur durch Trotz und Muffeligkeit beweisen. In alle Praxis der Pädagogik geht ein, dass Kinder selten geworden sind, gesamtgesellschaftlich gesehen, wie vor allem für einander. Der demographische Wandel berührt längst die pädagogischen Verhältnisse, denn mit ihm gehen eine absolute Verringerung der Kinderzahlen wie eine relative Schwächung ihres Gewichts in der Gesellschaft einher: Steigende Lebenserwartung bedeutet, dass der Anteil junger Menschen in dieser Gesellschaft zurückgeht. Das kann zu einem Aufstand führen. Es ist offen, ob die wenigen Jungen eine Gerontokratie tragen. Zugleich tritt ein: Die wenigen Kinder werden durch zu viele Erwachsene bestimmt. Zwar ist die frühe Entwicklung von Kindern auf sichere Beziehungen zu erwachsenen Bezugspersonen angewiesen, prekär wirkt sich aus, dass sie kaum differenzierte Verwandtschaftsbeziehungen und Bezüge zu Gleichaltrigen kennen lernen. Daher müssen mehr institutionelle Settings geschaffen werden, in welchen Kooperationen von ansonsten isolierten „Zöglingen" möglich werden. Werden solche künstlichen Gemeinschaften aber (bildungs-)politisch oder professionell angebahnt, dann gehen sie mit umfassenden, geordneten Strukturen und formalisierten Lernprogrammen auf Inseln einher (vgl. Zeiher/Büchner/Zinnecker, 1996; Geulen 1989). Sie bedeuten Kontrolle der Zöglinge als Zöglinge, curriculare Durchgestaltung.
- Die Anzeige zeigt: Kindheit, jede Lernsituation eines Zöglings, findet in einer vorstrukturierten, durch kommerzielle Konsumkultur geprägten Welt statt. Diese Welt ist in und auf Regale verteilt. Sie präsentiert sich in fertigen Verpackungen, die niedlich aufgestellt werden, aber nicht berührt werden dürfen – allzumal, wenn man sie nicht kaufen kann. Kindheit ist Konsumkindheit, geordnet und diszipliniert durch die Verhältnisse, die ihnen Halt geben, in welchen sie sich nur eingeschränkt bewegen können; faktisch bedeutet dies, dass sie in dieser Welt wenig bewirken – zuweilen sind sie ein Störfaktor, der die Ordnung durcheinander bringt. Der Hausdetektiv setzt sie vor die Türe, wenn nicht schon vorher darauf hingewiesen wurde, dass sie ohne Erziehungsberechtigte im Einkaufstempel nichts zu suchen haben – für alte Personen gilt dies freilich nicht minder (vgl. Winkler 2004a).
- Weniger die von Medienpädagogen beklagte „Welt aus zweiter Hand" verhindert, dass Kinder den Zugang zu einer authentischen Welt finden. In einer

Mediengesellschaft stellt eben die Medienwelt die Realität dieser Gesellschaft dar; Bildschirm und die auf ihm flimmernden Darstellungen sind die Wirklichkeit dieser Gesellschaft und ihrer Kultur. Tiefer geht wohl, wenn diese Welt inzwischen allein in der Warenform auftritt. Denn dann wird sie nicht nur als ein kommerzialisiertes Gut zugänglich, mit dem weder versuchsweise noch ändernd umgegangen werden kann. Vielmehr ist sie – dem Anschein nach – stets perfekt, bedarf keiner Veränderung. Sie verwehrt die Erfahrung von Wirksamkeit – vielleicht spricht sich diese nur noch dort aus, wo man vorgefertigte Güter wegwirft oder sie zerstört. Selbstwirksamkeit beschränkt sich auf den Kauf – und den Gedanken, dass man solche Großzügigkeit den eigenen Eltern nicht mehr gewährt. Dabei wird möglicherweise der Erwerb von Gütern bald nur noch als vorübergehender Zugang gestattet: Aneignung und die damit verbundene Konstitution der Persönlichkeit wird zu einem eigentümlich vorübergehenden Zustand; man bleibt bei sich nur für den Zeitraum, den man hat kaufen dürfen. Danach verschwindet man in eine Bedeutungslosigkeit, die das eigene Ich und seine Identität berührt – sie sind als solche gar nicht mehr zu denken (vgl. Bernhard 1999). Handlungsfähigkeit entfremdet sich an das vorübergehend gültige Konsumgut, wird in einer Art konsumeristischen Vampirismus ausgesaugt. Natürlich bleibt die Erinnerung, doch wird Selbstkonstitution als praktisches Weltverhältnis passager, vorübergehend; das Subjekt hält dies aus, weil es über ein Gedächtnis verfügt, schwieriger wird die Situation der Welt. Solange der *access* zu ihr als einträglich gilt, wird man sich um sie kümmern. Wenn sie ihren Tauschwert verliert und der Preis für sie nicht mehr gezahlt wird, droht sie zu verschwinden. Insofern gehört zu einer Pädagogik die Sorge um die geschichtliche Welt. Deshalb benötigt man die Diskussion um den Kanon. Wer nur Schlüsselqualifikationen, Kompetenzen oder Teilhabe will, zielt auf Performanz, auf Einübung in den vorübergehend zugestandenen Zugang, Bildung ist dann nur auf Abruf, *on demand* und vorübergehend verfügbar. Sie gehört uns nicht mehr, begründet keine Eigentümlichkeit.

- Die Beziehungen zwischen Erwachsenen und Kindern sind gebrochen, wenn nicht schon unterbrochen. Eine soziologisch inspirierte Kindheitsforschung diskutiert dies als *Modernisierung der Kindheit*, zuweilen sogar als ihre *Entpädagogisierung*. Entpädagogisierung folgt der Kinderrechtsbewegung und richtet sich gegen Formen einer Beherrschung von Kindern durch Erwachsene; eben dies wäre die überkommene pädagogische Denk- und Handlungsform. Paradoxerweise verschafft sie damit einem *Optimierungsprojekt* Raum. Gemeint ist eine neue Abhängigkeit der Kinder von ihren Eltern, die schon die Zeugung (vgl. Beck-Gernsheim 1988b), erst recht Erziehung technisch gestalten, um ein optimales Produkt zu erzeugen, das noch didaktisch bearbeitet wird, sozial aber sofort für sich steht und sich selbst sozialisiert. Weder für Widerständigkeit noch für Koproduktion, schon gar nicht für eigene Aneignungs- und Bildungstätigkeit ist hier Platz – es sei denn, sie lässt sich instrumentalisieren für die vorab gegebenen Aufgaben, die als Bildungsstandards behauptet werden.

Zöglinge gelten nun als Investitionsobjekte, deren Betrieb durch allerlei Umweltschmutz gefährdet scheint; daher sollen beste hygienische und pädagogische Rahmenbedingungen geschaffen, insbesondere die Ausbildungsanstrengungen so gestaltet werden, dass sie messbar guten Erfolg bringen. Selbstverständlich handelt es sich um ein Projekt der einzelnen Eltern wie auch ganzer Gesellschaften, die in einen Wettbewerb eintreten, wer am effektivsten den besten Nachwuchs herstellt – verräterisch genug, dass dieser als Humankapital bezeichnet wird, welches möglichst bald dem Arbeitsmarkt zur Verfügung steht und von international operierenden Unternehmen verwertet werden kann. So kann man zumindest das *Programme for International Student Assessment* auch lesen: Wertschöpfung durch punktgenau eingesetzte Optimierung des Menschenmaterials mit Techniken, die um Befindlichkeit sich wenig kümmern – bloß keine Schmuse-Pädagogik!

- Zugleich setzt sich *Individualisierung* durch. In den Gesellschaften der Gegenwart sind die einzelnen Mitglieder vorrangig als Individuen anerkannt und agieren so. Empirisch verlieren die vertrauten Formen einer Organisation von Gemeinschaft und Kollektivität an Gewicht; den Kirchen, den Gewerkschaften, den Parteien und Verbänden laufen die Mitglieder davon, angespornt durch Botschaften, nach welchen jeder Unternehmer seiner selbst sein, dabei gefälligst bleiben soll, wie er ist, weil er nur sich selbst verwirkliche. Dabei gelten die Einzelnen nicht mit ihrer eigentümlichen Lebensgeschichte, mit ihrer eigenen Art, die Welt, den dritten Faktor zu erfassen und so zu einer Form zu kommen, aus der sie ihre Bildung selbst organisieren könnten. Sie sind nicht als konkrete, sondern nur als abstrakte Individuen, sozusagen als Individuen sans phrase gefragt: Es wird sozial und kulturell unwichtig, ob Frauen oder Männer agieren, die Differenz zwischen Erwachsenen und Kindern verliert an Bedeutung. Im Prozess der Individualisierung gleichen sich alle formal an, während die alten Lebenslagen als Überbleibsel einer Vergangenheit mit ständischen Elementen beseitigt werden – in diesem Modernisierungsprozess spielen Sozialwissenschaften wie Medien eine wichtige Rolle, weil sie den überkommenen Positionierungen die Magie nehmen, sie aufklären als verdeckte Herrschaftsmechanismen, ohne deutlich zu machen, wie die neue Selbständigkeit als Dialektik auszeichnet, ebenfalls schon Herrschaftsmechanismus zu sein.

Der Preis für diese Reduktion auf *Individualität schlechthin* besteht darin, dass die Beziehungen zwischen Menschen neu geregelt werden. Das traditionelle Eltern-Kind-Verhältnis, bestimmt durch eine naturalistisch verklärte Hierarchie, schwächt sich ab und verschwindet. Pädagogische Felder mutieren zu Konferenzen, zu Verhandlungsorten mit gleichen Partnern, sie werden modernisiert zu Zufallsbündnissen, die auf Vereinbarung und Vertrag beruhen, aber keine Verbindlichkeit mehr aus sich selbst schöpfen.

- Was dies bedeutet, macht die Anzeige mit einem fast überraschenden Zynismus klar, der so nebenbei Karl Marx bestätigt: Lösen sich die Beziehungen zwischen Eltern und Kindern, bewegen sich nur noch getrennte Individuen in den Räumen, ohne noch miteinander zu tun zu haben, ohne einander anzublicken; ihr Verhältnis vermittelt allein die marktförmig geregelte Waren- und Konsumgesellschaft, die letzten Gemeinsamkeiten verschwinden – der Einkaufswagen rutscht an den Rand. Man geht seinen Weg allein, bezogen auf die präsentierten Waren – wer noch den anderen im Blick hat, wird undeutlich, zum Auslaufmodell. Menschliche Beziehungen sind ihrer humanen Qualität entkleidet und ihrer Sorgen enteignet. Menschliche Beziehungen, Substrat der Entwicklung und des Aufwachsens von Kindern, gehen an Versicherungsgesellschaften über, an das Finanzkapital, dem es um Rendite geht. Es sichert das Risiko unserer Existenz ab, sofern wir brav dafür zahlen, den Ertrag unserer Arbeit abliefern.

Die sozialen und kulturellen Bedingungen von Erziehung zerbrechen, das protopädagogische Moment löst sich auf, das als Disposition dem weiteren Geschehens vorausgeht. Die Beteiligten sind nur noch Individuen, verkauft an die Versicherungsgesellschaft, die sich ihrer Sorgen bemächtigt. Die Individuen brauchen keine Erziehung mehr, weil sie von Anfang an stark auftreten: Gesellschaft tut so, als ob es individuelle Subjektivität von vornherein gibt und nicht mehr an Entwicklungs- und Lernprozesse gebunden, im pädagogischen Zusammenhang erarbeitet und angeeignet werden muss; man ist von Anbeginn fertig, so fertig, dass man sich über die anderen, die Erzieher erheben kann. Ein Fernsehspot der Sparkassen setzt dies in Szene: Wieder ist die Mutter abwesend, wieder zeigt sich am Vater der Zusammenbruch patriarchaler Autorität, er wirkt nur noch peinlich. So begrüßt er seinen neugeborenen Sohn als Sicherung der Altersversorgung; der Säugling gibt aber ein abwertendes Geräusch von sich und tippt sich an die Stirne: Ein von Anbeginn souveränes Subjekt einer postmodernen Gesellschaft, in der jeder auf sich selbst verwiesen ist.

Pädagogische Felder in Spannungen

Sicher: Veränderungen der pädagogischen Felder lassen sich nicht eindeutig fassen; die pädagogische Situation zeichnen Undeutlichkeit und Mehrdeutigkeit aus, Unsicherheit und Ungewissheit schlagen sich in Beschreibungen und Analysen nieder. Pädagogik hat zu den größten Illusionen der Moderne gehört: Dass die Struktur der Erziehung gezielt zu nützen sei, war spätestens mit dem Bildungsdenken des beginnenden 19. Jahrhunderts dementiert; die Theoretiker der Bildung warnten – wie Humboldt – mit fragmentierten Entwürfen. Freilich hat die Pädagogik bis zuletzt die Illusion der Sicherheit gewahrt; sie hat funktioniert, um den Preis einer schwarzen Pädagogik, vielleicht weil der Staat sie regelte. Sie hat auch katastrophal funktioniert, indem sie weder den Nationalsozialismus noch den Stalinismus verhinderte. Nur dort, wo die Subjekte das Erziehungsgeschehen bewusst gegen diese gestaltet haben, entstand ein Potential von Widerstand.

Eine „Moderne ohne Illusionen" (Bauman/Tester 2001, S. 75) kommt in den Feldern der Erziehung und des Unterrichts an; die Bildungsaufgabe stellt sich in einer bislang unbekannten Weise, vielleicht (oder wahrscheinlich) weil sich die sie bislang stützenden ständischen Verhältnisse auflösen. Dass der diese bewahrende Staat sich ebenfalls aus dem Geschäft zurück zieht, verschärft die Problematik – in seiner gewiss illiberalen Weise hat er Erziehung in ihrem dispositionellen Moment gestützt, durch die Ausdehnung ihrer Institutionen und die an Kontrolle ausgerichtete Professionalisierung ihrer Praktiken ein Lebenslaufregime errichtet, das strukturierend wirkte. Dies löst sich mit dem Ende des Postfordimus und der Disziplinargesellschaft auf – freilich nicht ganz widerspruchsfrei: Denn vor diesem Hintergrund überrascht die jüngere, vor-aufklärerische Gestaltungswut, die das pädagogische System durch Techniken modernisieren will. Angesichts der systematischen Unsicherheit taugen solche Strategien wenig, sie lässt sich nicht mehr mit den Methoden beherrschen, die in der alten Moderne gegolten haben. Im Zeitalter der unerwarteten Nebenfolgen muten sie abenteuerlich an. Selbst wenn sie Pädagogik dem Kalkül einer kapitalistischen Ökonomie unterwerfen wollen, geht dies schief, weil die unverhohlen ergebnis- und ertragsorientierte Strategie ihre eigenen Voraussetzungen beschädigt.

Mehrdeutig ist die Situation freilich auch, weil Gesellschaften sich nicht nur in Spannungen und Widersprüchen entwickeln, sondern weil die beteiligten Subjekte sich gegenüber diesem Geschehen verhalten können. Sie können es beschleunigen und verschärfen, sie können sich ihm verweigern, ihm entgegenwirken – wenngleich man nicht zuviel Hoffnung auf sie setzen darf. Denn sie haben anderes gelernt, kollektiv wie individuell. Die staatliche Organisation des Bildungssystems hat ihrer Subjektivität schon immer Widerstand entgegengesetzt, zugleich aber kaum verhindert, dass sich in diesem die Spaltungen einer Klassengesellschaft widerspiegeln. Weder der Zugriff des Staates noch die von ihm miterzeugten Spaltungen lockern sich in der Gegenwart; sie verändern sich allerdings, weil eine Tendenz zur Reprivatisierung des pädagogischen Geschehens entsteht. Ihr korrespondiert die Etablierung neuer Kontrolltechniken, welche die Umsteuerung vom *input* zum *output* vollzieht. Das Prinzip ist einfach – manche großen Worte verbergen Trivialität. Ein Kanzler der Republik hielt für entscheidend, was hinten heraus käme. Er pflegte gut zu speisen.

Angesichts dieser Unübersichtlichkeit müssen alle Überlegungen zu den pädagogischen Feldern als mögliche Tendenzen gelesen werden, vielleicht als eine Heuristik des vermeidbaren Schreckens. Die Verhältnisse bestehen und ihre Veränderungen vollziehen sich als soziale Tatbestände, gegenüber welchen selbst die Eigenmächtigkeit des Pädagogischen Schwäche zeigt. Deutlich wird dies an dem machtvollsten Prozess, dem die Industriegesellschaften als einem säkularen Trend unterliegen, nämlich dem demographischen Wandel: Geburtenraten gehen zurück, während die Lebenserwartung ansteigt – bis Umweltbelastungen und die Effekte einer zunehmenden Auszehrung der Menschen allzumal durch ihre Arbeitsbedingungen sich auswirken. Lange Arbeitslosigkeit und Elend lassen Alter und Tod wieder früher eintreten, die lebensverlängernde medizinische

Versorgung wird kaum erhalten bleiben, wie die Versorgung alter Menschen in Großbritannien schon zeigt.

Man muss sich damit abfinden, dass sich die Felder der Erziehung nur als Spannungen darstellen lassen, zerrissen in gegenläufigen, meist in sich widersprüchlichen Tendenzen:

- *Institutionalisierung und Verlust der institutionellen Stabilität*: Die Felder der Erziehung unterliegen einer *fortschreitenden Institutionalisierung*, die zunehmend größere Bereiche des Aufwachsens und der Entwicklung erfasst. Eine Trendwende könnte aber eintreten: Institutionalisierung gehört nämlich zu dem Projekt der Moderne. In ihm steckt ein Element des Demokratischen und des Egalitären, weil alle in ein staatlich geordnetes System des Aufwachsens und der Bildung eingebunden werden sollen, verbunden mit einem Qualifizierungs- und einem Disziplinierungsanspruch. Es geht um Mitwirkung wie um Zurichtung der Subjekte für eine moderne Gesellschaft, die auf solche Subjekte angewiesen ist. Daraus entstand und entsteht eine Tendenz, eine Form der institutionellen und pragmatischen Struktur des Pädagogischen als Infrastruktur zu etablieren und zu professionalisieren. Im Beschäftigungssystem konnten die sozialen und pädagogischen Berufe daher fast bis zuletzt als Wachstumsbranche selbst in einem schrumpfenden Arbeitsmarkt gelten. Für die Profession entsteht die Nachfrage nach Pädagogik, nach Praktiken der Erziehung und des Unterrichts von einem Gesellschaftssystem, das die angesichts seiner steigenden Komplexität wachsenden Integrationsprobleme lösen muss, dabei hin und her getrieben wird zwischen disziplinierenden und ausgrenzenden Mechanismen einerseits, Eigenleistung und Flexibilität unterstützenden und durchaus provozierenden Bildungsambitionen andererseits.

Nach der Etablierung des Schulsystems im Laufe des 20. Jahrhunderts ergreifen Institutionalisierung und Professionalisierung alle Bereiche des Aufwachsens: So werden Kindheit und Jugend scholar definierte Lebensphasen, wird dann in einem objektiven, auf vergesellschaftete Organisation des Aufwachsens gerichteten Sinne des Ausdrucks gesellschaftlich eine „Sozialpädagogik" verwirklicht. Paradoxerweise wirkt sich Institutionalisierung selbst dort noch aus, wo eine unmittelbare Evidenz für sie fehlt: Manche Gesellschaften betonen einen Primat der Familienerziehung und überlassen Erziehung den Eltern. Faktisch vollzieht auch dies Institutionalisierung und Professionalisierung, nämlich eine Beschränkung der Familie auf eine pädagogische Funktion, welche durch Frauen ausgeübt wird; sie agieren als Professionelle, längst in Anspruch genommen vom scholaren System. (Dies gilt selbst dort, wo Ganztagsschulen eingeführt worden sind, wie zum Beispiel in Großbritannien.) Bislang bricht nichts diese Tendenz der Institutionalisierung, obwohl sie nicht mehr das Maß erreicht, in welchem die realsozialistischen oder kasernen-kommunistischen Staaten sie verfolgten; selbst das französische System wird sich kaum mehr durchsetzen, weil andere Gesellschaften kaum den Nachwuchs einer *grande nation* zuführen. (Zumal die französische Gesellschaft normalisierende Inklusion zu Lasten derjenigen betreibt, die als arm oder als Zugewanderte an den Rand der Gesellschaft, in die *banlieus* gedrängt worden sind.) Gleichwohl dehnt sich das pädagogische System aus, ergreift in zunehmend früherem Alter den Nachwuchs, wie es zugleich schon den Blick auf diejenigen richtet, welche am Ende des Lebens stehen: Es werden mehr Felder der Erziehung geschaffen, die institutionellen und professionellen Imperativen unterliegen; ein Lebenslauf-Reglement droht, an dem sich eine Lebenslaufwissenschaft beteiligt. Die Debatten um einen früheren Eintritt in einen verpflichtenden Vorschulbereich, wie die weitgehende Einführung von Ganztagsangeboten zeigen eine solche Ausdehnung an. Selbst wenn sich Versuche abzeichnen, die Schulzeit zu verkürzen, greift dieser Institutionalisierungsprozess von Pädagogik auf alle Lebensbereiche aus – er führt in eine Normalisierung des institutionellen und professionellen pädagogischen Geschehens. Erziehung wird insofern Infrastruktur von Gesellschaft. Dabei darf den Blick nicht verstellen, dass diese Institutionen häufiger kommerziell und marktförmig organisiert sind, Pädagogik systemisch wird, da sie sich aus dem Zusammenhang einer Lebenswelt löst – sie wird Teil einer in modernen Gesellschaften unverzichtbaren Gesamtpädagogik, die vorgehalten werden muss, um Biographien sozial und kulturell den Verhältnissen angemessen zu konstituieren. Aus organisatorischen Gründen, freilich auch als Kontrolltechniken gewinnen die pädagogischen Felder im Institutionalisierungsprozess Festigkeit und Macht über die Beteiligten (damit auch über die pädagogische Praxis); sie versteinern und verhärten, so dass die strukturellen Möglichkeiten eingeschränkt werden, die in der Praxis der Erziehung prinzipiell gegeben sind. Institutionen und ihre Praktiken behandeln die Beteiligten als „triviale Maschinen"; ihr Output wird normiert und gemessen, als ließen sich die Subjekte ein- oder ausstellen. Manche nennen das Qualitätsstandards. Wer als Endprodukt dem nicht genügt, wird selektiert.

Die Mehrdeutigkeit des Geschehens besteht darin, dass zugleich die Sicherheiten verloren gehen, welche durch Institutionen wie durch professionelle Techniken geschaffen werden; am Ende taugen nicht einmal die erzwungenen Zertifikate: Der Institutionalisierung steht ein eigentümlicher Verlust von institutionellen Funktionen gegenüber; die Institutionen werden *strukturell de-institutionalisiert*. Ein Verlust, den Lehrer und Schüler als Widerspruch zwischen liberaler Pädagogik und verhärtetem Apparat erleben (Rupf u. a. 2001), der Zöglinge dazu bringt, sich auf das pädagogisch institutionelle Arrangement nur noch bedingt einzulassen: Aufgeregt, mit Ängsten und Vorbehalten, die Stress erzeugen und scheitern lassen, weil man kaum gute Behandlung erwartet, cool, nachlässig, mit der Hoffnung, dass Eltern selbst noch die schulischen Ankündigungen und Drohungen dementieren, ironisch oder gar zynisch, wenn man den Betrieb endgültig durchschaut hat. Natürlich lässt man sich genügend Schlupflöcher, um das Zertifikat im Notfall noch zu erreichen.

Ironischerweise merken die Institutionen dies nur subkutan. Sie können sich nicht so recht entscheiden. Entweder agieren sie schlampig, so dass die Kritik an ihnen recht behält; manche Schule, mancher Kindergarten tendiert zur Nachlässigkeit gegenüber den pädagogischen Erfordernissen, dass sie schon wieder affirmativ werden; der fehlende Zwang, der Mangel an Verbindlichkeit und Forderung richten denn auch ab, weil sie zur Kritik und Selbstständigkeit so nicht befähigen. Oder sie reagieren gegen alle Versprechen auf Individualisierung schematisch, rufen nach Diagnosen und Methoden, um die Zöglinge zu sortieren und sich von den schwierig erscheinenden Fällen zu befreien; Instruktionspädagogik verrät die Schwäche des Betriebs. Längst unmöglich geworden, hält er exzessiv an Verfahren fest, die wenig taugen. Abgesehen von aller daraus entstehenden Kritik an den pädagogischen Institutionen wird ihre Schwächung aus zwei Richtungen betrieben:

Zum einen sprengt der Modernisierungsprozess selbst ihre Stabilität. Schule, aber auch Familie werden modernisiert (vgl. Meyer 1992), verlieren ihre durch den Staat aufrechterhaltene Geltung und werden Teil einer fragmentierten, in gleichgültige Milieus aufgelösten Gesellschaft; in ihr schwächen sich die hierarchischen Gliederungen gesellschaftlicher Funktionssysteme ab, während von freien Wahlentscheidungen abhängige Sphären an ihre Stelle treten. Freilich: Schule bleibt machtvoll, weil sie über Lebenschancen entscheidet. Dennoch schmilzt ihre Geltung, wie auch Familie ihren Status als ein verbindliches Modell verliert. *Zum anderen* sind es die Subjekte in den Institutionen selbst, die sich gegen diese stellen. In der öffentlichen Debatte über Pädagogik wird dies gern als Folge jener Emanzipation dargestellt, die von den sogenannten 68ern verursacht sei. Abgesehen davon, dass so einer kleinen Gruppe eine ungewöhnliche Macht zugeschrieben wird, klammert diese Behauptung die Objektivität der sozialen Prozesse selbst aus. Es ist eine gesellschaftliche Entwicklung, wenn Familien unterschiedlichste Gestalten gewinnen und eher als gemeinsame Lebensformen wahrgenommen werden, welche ohne verbindlichen Positionen auskommen. Kinder und Jugendliche sind zu Subjekten aufgewertet, unterstützt von Medien, welche die kindlichen Entscheidungen als wichtig unterstützen. Das trifft nicht nur für den Kauf des Autos und die Entscheidung für den Familienurlaub zu. Längst erklärt die Tochter dem alternativ lebenden Vater, dass sie denn doch lieber Spießer sein möchte, um nicht im Bauwagen, sondern in vier Wänden mit einem eigenen Kinderzimmer zu wohnen, die über eine Bausparkasse finanziert wurden – während andere erleben, dass es denn doch eher uncool sei, noch in fortgeschrittener Jugend bei den Eltern zu leben.

Wenig anders die schulische Situation: Zwar halten die Jugendlichen Schule als Treffpunkt der Peer Group für wichtig, denn Jugendkultur ist selbstreferenziell geworden und lässt sich von der Institution nicht mehr beeindrucken. Auch hier sind die Jugendlichen Subjekte geworden, die den schulischen Raum zur Begegnung mit Gleichaltrigen nutzen, aber zugleich ihre Bildungsprozesse extra-institutionell selbst steuern. So baut sich neben dem institutionalisierten System einer Parallelstruktur auf, in der das pädagogische Geschehen durch die Subjekte gesteuert, dabei kontingent und diskontinuierlich, jenseits von Zertifizierungen stattfindet. Diesen Prozess verstärkt, wenn die Öffnung der pädagogischen Institutionen für größere Bevölkerungsgruppen zu einer Entwertung der verteilten Zertifikate führt: Je mehr das Abitur erreichen, umso weniger ist es wert und dient kaum mehr als Eintrittskarte in weiterführende Bildungsprozesse. Dabei führt diese Entwertung der Zertifikate dazu, dass der Druck sich im System erhöht. Neben die generalisierten Zertifikate treten neue, die von veränderten Kriterien abhängen; in der Regel sind dies materielle und ökonomische Voraussetzungen: Die Zertifikate der billigen Hochschulen taugen dann nichts mehr, diejenigen der teuren eröffnen den Zugang zu den guten Positionen – übrigens ganz unabhängig von der Leistung der Studierenden. Sie sind Elite, weil sie das Geld für die jeweilige Spitzenuniversität aufgebracht haben.

- *Optimierung als Ideologie:* Diese innere Dynamik von Institutionalisierung und Deinstitutionalisierung mündet in eine *Strategie der Optimierung.* Sie stützt sich auf eine legitimierende Tradition. Schon die Aufklärungspädagogik wollte Optimierung, für Nützlichkeit und Brauchbarkeit durfte die Subjektivität schon aufgeopfert werden, die Bildung zur Bestalität diente einem sozial und kulturell edlen Zweck; schon damals war Optimierung eingebunden in die Konkurrenz um Lebenschancen. Optimierung ist von daher Marktpädagogik, Erziehung bedingt durch das Dispositiv des Marktes und für diesen. Optimierung hängt mit einer Aufwertung professioneller Strategien und szientifischer Wissensbestände zusammen, die darauf reagieren, dass Erziehung schwierig wird, diesen Prozess aber noch verschärfen, indem sie die überlieferten Alltagsvorstellungen beschädigen oder verschwinden lassen. Die Dialektik des Geschehens besteht darin, dass damit eine Optimierungslawine losgetreten und zur Methode der Erziehung schlechthin wird.

Die Felder der Erziehung und die an ihnen üblichen Praktiken ändern sich, indem eine auf Autonomie gerichtete Bildungsvorstellung zurück- und eine Optimalideologie in den Vordergrund tritt. Der Begriff der Erziehung dient dabei einer Dramatisierung sozialer Zustände wie individueller Befindlichkeit, um Notwendigkeit und Bedarf an „Maßnahmen" zu kalkulieren und dann zu organisieren. Was muss getan werden, um die Zöglinge zu optimieren – stets gemessen an jenen Überhöhungen von idealer Persönlichkeit und Lebensführung, welche durch mediale Darstellungen angeboten und durch Trendforscher nachgebetet werden? Diese Optimalideologie verspricht die schönste aller Figuren, den besten Geist – gerne wird mit dem Begriff der Exzellenz operiert, der im adligen und katholischen Zusammenhang überlebt hatte. Wer nicht das Ziel der Optimierung verfolgt, sich ihm verweigert, gilt als Modernisierungsverlierer; er wirkt nicht in dem Spiel mit, das der Pädagogik gesellschaftlich verschrieben wird. Als eine neue Pädagogik, die daran arbeitet, Menschen so zu optimieren, dass sie selbst begreifen, wie sie sich optimieren können, ihren ganzen Lebenslauf, beginnend in der Kleinkindphase bis zu einem sauberen Abgang, der niemanden zur Last fällt.

Dabei schwankt diese Optimierungspädagogik zwischen unterschiedlichen Techniken: Eindeutig zeigt sich nur die gentechnologisch begründete und diagnostizierte Herstellung von idealen Kindern oder die Verhinderung von genetisch „suboptimalem" Nachwuchs; darüber spricht man nicht offen, weil gerade noch als anstößig gilt, jenen die Existenzberechtigung abzusprechen, die von – nie diskutierten – Normen abweichen. Der neue Trick besteht übrigens darin, den Nicht-Normalen zur Mitwirkung und zur Verantwortung zwingen zu wollen. Die zweite Strategie der Optimierung richtet sich auf den gelehrigen Körper. Sie verlagert sich lebensgeschichtlich zunehmend nach vorne, nähert sich schon dem Versuch an, das genetische Ausgangsmaterial zu verbessern; wenigstens soll pränatale Diagnostik das Risiko des genetischen Defekts verringern und so die Versicherungsfähigkeit des Nachwuchses bewahren. Schönheitsoperationen werden vorgenommen, um mögliche Belastungen zu vermeiden, die im Alter auftreten könnten; allzumal die Korrektur vorgeblicher Zahnfehlstellungen wird so begründet. Der Zugriff gilt aber längst dem ganzen Körper – Medien machen eine ganze Operationskultur populär, welche schon früh nicht nur von Mädchen in Anspruch genommen wird. Wer noch auf das Skalpell verzichtet, nimmt die unterschiedlichen Formen des motorischen Trainings in Anspruch, die der Gesundheit, dem sicheren Auftreten und endlich der Verfeinerung von Bewegung dienen – unbestritten auch hier die Dialektik, dass all dies einerseits notwendig erscheint, um gegen die Normalität einer Gesellschaft anzutreten, die mit ihren Konsumangeboten dem Körper schadet, durch Nahrung ebenso wie durch Lebensformen, welche motorischer Tätigkeit wenig Raum geben. Andererseits drückt es Körperkontrolle aus, eine Kontrolle durch die Haut des Körpers hindurch, die Beherrschung durch Einübung der Selbstbeherrschung, Training einer Motorik bedeutet, welche der sozialen und kulturellen Dynamik entspricht. Der Grat bleibt schmal: Manche bringen den Nachwuchs in eine Bewegung, die am Ende so stark ausfällt, dass sie schon wieder als pathologisch bearbeitet werden muss. Die Tragik des Optimierungsgeschehens liegt denn darin, keine innere Stop-Regel zu kennen; es geht um Selbstübersteigung, darum, einen Körper zu gewinnen, der die Grenzen ständig überschreiten kann.

Eine dritte Strategie der Optimierung nutzt legale Drogen. Seit Jahrzehnten nehmen die medizinische Pathologisierung wie die Medikamentisierung von Kindern und Jugendlichen zu (vgl. Voss 1987). Zu Beginn eines jeden Schuljahres versprechen Angebote der Pharmaindustrie, Aufmerksamkeit steigern, das Lernen erleichtern und den Prüfungsstress mindern zu wollen. Zugleich mildert die medizinische Krankheitsfeststellung die Erwartungen, welche das pädagogische System selbst stellt; wer als Legastheniker diagnostiziert ist, entkommt dem Urteil, dass er zu faul, zu unwillig oder zu wenig leistungsfähig gewesen sei (vgl. Bühler-Niederberger 1991). Die Ambivalenzen dieser Medikamentisierung zeigen sich im Zusammenhang von ADS und ADHS: Zwar kann im Erziehungsfeld die medizinische Diagnose zur Ausgrenzung führen; aber die Medikamentengabe eröffnet auch eine Möglichkeit, in einer Weise zu leben, mit der sich die vorgeschriebenen Bildungsprozesse dann bewältigen lassen; zuweilen wachsen Zöglinge aus dem Zustand heraus, der ihnen als Krankheit attestiert worden ist. Ritalin kann manchen helfen – zieht aber für andere bittere Konsequenzen nach sich. Doch offensichtlich hat das Aufwachsen eine Qualität gewonnen, die bislang unvorstellbare Problemlösungen verlangt. Verwirren, schädigen und zerstören diese Gesellschaften die Bedingungen des Aufwachsens so weit, dass die Subjekte zu Entwicklung und Lernen unfähig werden, weil sie die nötigen Rahmenbedingungen nicht mehr vorfinden? Stellen sie vor die Wahl zwischen der Scylla einer chemisch-medikamentösen Bearbeitung und der Charybdis von disziplinierenden Strategien? Sichert das Medikament die prekär gewordenen vorpädagogischen Dimensionen? Muss mit Chemie der Zugriff auf die Natur vorgenommen werden, wenn Gesellschaft und Kultur Erziehung nicht mehr bewahren? Die Grenzen der Optimierung sind jedenfalls noch lange nicht erreicht – sie werden sozial und kulturell immer weiter hinaus geschoben, je stärker der Konkurrenzdruck auf den Subjekten lastet, zugleich eröffnen sich technisch neue Möglichkeiten: Die neuen Gentechnologien verführen mit ihren Reizen, gute und böse Verfahrensweisen lassen sich schwer trennen. Wie der Eingriff in die Gene von Allergien befreit, kann man vielleicht die neuronalen Trigger des Pubertätsgens nutzen. Sie ein bisserl länger als Kinder im Zustand des Kindes zu halten, passt besser zu einem Lehrplan, der in die Pubertätsphase Aufgaben legt, für die Pubertierende wenig Lust entwickeln.

Die Optimierungsideologie löst die späte Moderne aus einem herrschaftstechnischen Dilemma: Sich zu steigern und zu übersteigen wird einerseits *Selbstzweck*, es gibt keinen Zustand, den erreicht zu haben sich lohnen würde – das Wiener Kabarett der sechziger Jahre hat dies antizipiert: ich weiß zwar nicht, wo ich hin will, Hauptsache, ich bin schneller dort. Performanz lautet das Schlüsselwort, in dem Kompetenztheorie als Modell einer Black Box, ein ästhetisches Modell und endlich ein Ausdruck der Computerbewertung koalieren. Andererseits wird die Optimierungsstrategie dem Subjekt selbst auferlegt, genauer: dieses lernt, sich selbst optimieren zu wollen. Optimierung wird zu einem infiniten Geschehen, Prozess schlechthin, den das Subjekt erzeugt und dem es sich unterwirft. Die Verlagerung auf Selbststeuerung, welche die Moderne durch Auferlegung und erzwungene Verinnerlichung eines Über-Ich realisierte – und dabei eben noch die Balance im Subjekt zwischen diesem, dem Ich und dem Subjekt ermöglichte – gewinnt nun eine neue Dynamik. Nicht mehr strukturell, in der Auseinandersetzung mit Umwelt und sich selbst steuert man sich, sondern man zwingt sich zu dauernder Veränderung; Selbstbildung lautet der pädagogische Euphemismus, der sich deshalb erfolgreich gegen das Subjekt richtet, weil es nicht mehr um dieses geht. Die Konstitution des Subjekts wird als dessen eigene Leistung erwartet, wenn nicht sogar vorausgesetzt. Das traditionelle Lebenslaufregime geht in ein Lebenslaufmanagement über, das die Akteure selbst zu bewältigen haben. Eine modernisierte Pädagogik verspricht genau dies.

Das klingt erneut paradox, erinnert aber an die veränderte Subjektkonstellation in der späten Moderne. Wenn diese nicht prinzipiell Subjekte und deren Subjektivität infragestellt, indem sie diese als nicht mehr gesellschaftsfähig ausgrenzt und über den Rand der neuen, die globalisierten Verhältnisse konterkarierenden Scheibenwelt hinausschiebt, dann kennt sie nur noch eine Subjektivität, die von vornherein, in Liberalität zugestanden wird und nicht mehr als Ergebnis einer Arbeit an sich selbst, durch Auseinandersetzung mit Welt und ihrer Aneignung entsteht. Der Subjektbegriff, der in der beginnenden Moderne geltend gemacht wurde, indem Subjektivität als ontologischer Sachverhalt behauptet und zunächst in eine naturrechtliche Bestimmung umgeschmolzen wurde, wird nun als Ausdruck eines gegebenen Sachverhalts ernst genommen; ursprünglich kämpferisch gemeint, um Emanzipation zu rechtfertigen, zeigt er sich nun als soziale Kategorie, die durch Gesellschaft selbst beansprucht und politisch wie ökonomisch instrumentalisiert werden kann.

Die gesellschaftlich erzeugte frühe Subjektivität verleitet dazu, den pädagogischen Prozess beschleunigen und vielleicht sogar verkürzen zu wollen. Der Blick auf Optimalzeiten, den die psychologische und pädagogische Debatte mit der Einsicht in sensible Phasen geöffnet hat, wird nun rational genutzt. Die öffentliche und politische Debatte erklärt dies zur Maxime des Bildungssystems, meist aus ökonomischen Gründen, die mit Wettbewerbsfähigkeit argumentieren. Deutsche Jugendliche kämen demnach viel zu spät und viel zu alt auf den Arbeitsmarkt – ob dies bei der Differenz der Ausbildungssysteme wirklich zutrifft und welche Folgen es nun hat, hat so recht keiner erklärt. Neuerdings wird verlangt, dass der scholare Zugriff früher einsetzen müsse, vielleicht schon mit vier Jahren, spätestens aber mit fünf. Nebenfolgen werden nicht einmal diskutiert, die reflexive Moderne ist in der Pädagogik noch nicht angekommen. Der Vorschlag fruchtet wenig, man möge Eigentümlichkeiten der Kinder, ihre unterschiedlichen Entwicklungsgeschwindigkeiten gelten lassen. Denn längst werden die Statistiken über die erwarteten durchschnittlichen Leistungen dem Neugeborenen in die Wiege gelegt: Wer will sich damit begnügen, dass das nach vielen Mühen gestartete Projekt Kind nun möglicherweise länger schläft als der Durchschnitt der Kinder, wenn Forschung verrät, wie ein geringes Schlafbedürfnis als Indiz von hoher Intelligenz gelten darf?

Vor allem aber zielt die pädagogische Optimierungstechnologie darauf, sich rasch den Zugang in die innere Welt der Subjekte zu verschaffen, um sie so von innen beherrschen zu können; sie sollen sich selbst dem Druck aussetzen und unterwerfen, sie sollen sich optimieren (lassen) wollen. Die klugen Maschinen wünschen leistungssteigerndes Tuning – *pimp my ride* heißt in netter Doppeldeutigkeit eine Kultsendung von MTV. Selbstübersteigerung wird zu einem Grundmotiv, das zugleich mit der Körpergestaltung einhergeht – die Sportifizierung der Gesellschaft, die Verinnerlichung eines Wettbewerbs, der kein Mittel scheut, gehen mit diesem Projekt einher. Symptomatisch dafür ist, wie die Subjekte sich nicht nur dem Sport unterwerfen, sondern noch symbolisch signalisieren, wie Gesellschaft in ihren Körper eindringt. Die Subjekte unterwerfen sich mit Tattoos und Piercing einem *branding*, mit dem Gesellschaft und Kultur nun wirklich in die Seelen eindringen.

- *Besserwissen und Nichtwissen:* Kinder und Jugendliche erfahren schon früh, wie angeeignete Welt sich ihnen wieder entzieht: Das mögen im schlimmeren Fall tatsächlich die Bezugspersonen sein, die nach Trennung und Scheidung nicht mehr zur Verfügung stehen. Im günstigeren Falle handelt es sich nur um die Spielkonsole, auf der sie Meisterschaft entwickelten und die nun nicht mehr zur Verfügung steht. In jedem Fall frustriert dies und provoziert die Einstellung, sich auf die Dinge nicht mehr einzulassen. Wenn die Welt auszeichnet, dass sie regelmäßig verschwindet, dass sie flüssig bleibt, dann bezieht man sich besser nicht auf sie. Folgt man der traditionellen Identitätstheorie, lassen sich wieder günstigere von weniger günstigen Fällen unterscheiden: Im günstigen Fall konzentrieren die Subjekte sich auf sich selbst, gewiss mit einer Tendenz zum Egozentrismus, möglicherweise mit einer, in der die Arbeit an sich selbst einsetzt. Das kann zu Bildungsprozessen führen. In einem weniger günstigen Fall entstehen Dis-Engagement, Nicht-Involviert-sein. Immerhin bekommt man die Subjekte so noch zu fassen, wenn sie nicht mit lockerer Geste abwinken. Schwieriger wird die Situation, wenn sie sich den einzelnen Ereignissen verpflichten, sie aber nicht verknüpfen. Im schlimmen Fall zerbrechen die Akteure – von Subjekten lässt sich nicht mehr sprechen. Psychiater beobachten jedenfalls die Zunahme von pathologischen Zuständen, in welchen Zerrissenheit dominiert.

Dabei zeichnet sich ein mehrfaches Dilemma ab: Auf der einen Seite werden die Subjekte durch die Verhältnisse der Welt, durch Gesellschaft und Kultur mehr auf sich zurückverwiesen. Denn in einer *Ordnung im Zwielicht* (Waldenfels 1987) werden die vertrauten, für eine geregelte Lebensführung der Subjekte konstitutiv gewordenen Ressortierungen der sozialen Wirklichkeit, mithin die gesellschaftlichen und biographischen Orte, Funktionen und Leistungen, am Ende auch ihre Träger undeutlich. Die Welt entzieht sich, wird fragmentiert und flüssig, verlangt daher, dass die Subjekte sich aus sich heraus selbst zu Subjekten organisieren. Das ist eine Chance, die der pädagogisch relevanten Vermittlung nahe kommt. Der Fluch der Situation liegt darin, dass sie ein gesellschaftlich gegebenes Spiel betreiben müssen, das vor allem in der Welt des Konsums abläuft. Wenn sie von diesem ausgeschlossen werden, ahnen sie vielleicht, wie verkürzt schon ihre Subjektivität in Wirklichkeit war. Denn: In einem merkwürdigen Zirkel des Objektverlustes werden sie von vornherein in ihrer Subjektivität gefordert, die aber zugleich substanzlos wird. Sie müssen schon immer Subjekte sein, ohne sich jedoch dem dafür erforderlichen Bildungsprozess stellen zu können, lernen zu dürfen, was sie zur Ausübung der Subjektivität benötigen, um gebildet in ihrer „Eigentümlichkeit" bei sich bleiben und sich als sinnhaft handelndes Subjekt erleben zu können. Sie sind vielmehr einem Zustand voranschreitender Weltfremdheit ausgesetzt – sowohl einer Entfremdung der Welt als Bedingung ihres Seins wie auch einer Weltfremdheit als sozialem und psychischem Habitus. Dass Kinder als Überflieger auftreten, Jugendliche cool gegenüber Zumutungen abwinken, Erwachsene Züge der Beliebigkeit zeigen, hat darin einen Grund – und lässt die Rhetorik so schal klingen, nach welcher Erziehung bedeute, mit Zumutungen zu konfrontieren. Diese Rhetorik hat recht, wenn man funktional die Logik pädagogischer Praxis betrachtet, sie irrt, wenn man die Empirie der sozialen und kulturellen Verhältnisse betracht, deren Zumutung vorrangig darin besteht, dass sie sich selbst nicht mehr verpflichtend sehen wollen; Medien und Werbung zielen auf eine vorübergehende Vereinnahmung, die das Subjekt als solches schon anspricht und zugleich auf vorübergehende Dauer angelegt ist. Der dritte Faktor, Gesellschaft und Kultur werden zwar noch in ihrer Gegenständlichkeit behauptet, sind aber dieser schon entkleidet und in den Fluss gebracht – eine liquid society präsentiert sich nur in einem Vorübergehen, das doch schon in Lethe sich vollzieht. Vielleicht gehört deshalb zu den entscheidenden Aufgaben von Erziehung, sich um Sicherung ihrer Struktur willen auf eine „Entschleunigung" einzulassen, mühsam einen Weg zu gehen, der stabile Verhältnisse sichert – weshalb Familien und anderen pädagogischen Institutionen eine immense, gleichwohl kontrafaktisch zu erhaltende Bedeutung zukommt, in der auch eine Kultur des Bewahrens, der Sicherung eines kulturellen Gedächtnisses praktiziert wird.

Dennoch: der Zynismus des Geschehens ist noch gar nicht vollständig erfasst. Denn zugleich wächst die Erwartung, dass Zöglinge mehr und besser über die Welt Bescheid wissen mögen. So fehle den Siebenjährigen das Weltwissen (Elschenbroich 2001) – wobei gar nicht nach dem gefragt wird, was sie vielleicht doch schon wissen. Es könnte mehr sein, als die Beiträge zur Debatte behaupten. Doch geht es nicht um das Weltwissen schlechthin, sondern um ein bestimmtes Weltwissen, verwertbares, naturwissenschaftlich-technisches, auch ökonomisches, weniger jedenfalls historisches und sozialkundliches wie politisches. Dass dieses den Jugendlichen fehlt, ist empirisch belegt. Zugleich aber wird genau das Wissen verlangt und erwartet, das am stärksten den Beschleunigungsprozessen unterliegt. In hilfloser Reaktion vergrößern die politischen Organisatoren pädagogischer Prozesse schlicht die Menge des Wissens und verschärfen das Problem, indem sie die Zeit des Erwerbs verkürzen. Sie unternehmen den Versuch, die Informationen flüssiger zu machen – weil dies auf der Seite des Objektiven nicht so recht gelingt, versuchen sie die Subjekte zu beschleunigen, sie in eine Haltung zu bringen, die der geübte Internet-Nutzer bald eingeübt hat: Die Seite aufrufen und schon im Aufbau beurteilen, ob man sie zur Kenntnis nimmt; das world wide web zwingt dazu, dies zur Grundhaltung mit dem Effekt zu machen, dass man alles gesehen und nichts zur Kenntnis genommen hat.

Der Wunsch bleibt, dem Problem zu entgehen, indem man auf Haltungen und Einstellungen, wenigstens auf Fähigkeiten und Fertigkeiten, auf Schlüsselqualifikationen zielt; vorgeblich sind die allgemeinen, zur Lebensbewältigung erforderlichen Kompetenzen gefragt. Doch fällt es schwer, solche tatsächlich in überschaubarer Zahl zu benennen; für die Welt benötigt man Schlüssel in der Menge, in der sie Harry Potter auf dem Weg in die Kammer des Schreckens Schmetterlingen gleich umflattern. Genauere Betrachtung zeigt diese Kompetenzen schon definiert durch die Eployability der modernen Arbeitskraft; im Dienst des Kapitals zu jeder Stunde des Tages an vorgegebenen Projekten zu arbeiten, um auszuhalten, wenn man nicht benötigt wird. Deshalb fehlt der Debatte alle Glaubwürdigkeit, zumal sie abgleitet in eine Auseinandersetzung über all das, was man wissen müsse; in die kommunikative Wirklichkeit drängt die Tendenz, möglichst viel und detailliertes Wissen abfragen zu wollen – nur so erreicht man die Million bei Günther Jauch. Deshalb muss man dankbar sein für jede Resistenz einer Idee des Objektiven, wie sie sich in den Debatten um einen neuen Bildungskanon niederschlägt. Sie stammt aus einer überholten Welt, transportiert aber noch ein Moment der Kritik mit, das aus Selbständigkeit gegenüber einer Welt gewonnen wird, um die man weiß und die man entweder zu kontrollieren oder sich vom Leibe zu halten versucht.

Aber eben dies soll nicht mehr der Fall sein. Bildung als kritische Instanz wird in Frage gestellt, verflüssigt. Das stellt allerdings vor das kontroll- und herrschaftstechnische Problem, dass die Subjekte möglicherweise völlig entgleiten. Mit einer flüssigen Welt konfrontiert und so zur Weltfremdheit verurteilt, geraten sie leicht aus den Fugen. Dem begegnet die Universalisierung des Pädagogischen. Sie sichert Regierung und vermeidet, dass diese zur Bildung voranschreitet; indem sie Subjektivität erzeugt, auf die Struktur der Pädagogik aber verzichtet und so Subjektivität schon wieder verschlingt. Ein spannender Trick!

- *Verallgemeinerung von Pädagogik:* „Heute können die Kinder aus Draht und Pappe einen Menschen basteln", klingt es deshalb aus dem Lautsprecher des Museums; „selbstverständlich unter Betreuung durch einen echten Pädagogen": Den Verlust einer institutionell gebundenen und so dispositionell relevanten Protopädagogik kompensiert eine Universalisierung von Pädagogik, die mit einer Disloziierung einhergeht, um endlich von optimierungswilligen Subjekten selbst getragen zu werden. Informelle und non-formale Bildung findet überall statt, ist nicht mehr an Orte gebunden und wird von den Subjekten selbst realisiert, lange bevor sie mit ausgewiesenen Instruktoren zu tun haben. Gegenüber den bislang noch machtvollen Prozessen der sozialen Arbeitsteilung und der funktionalen Differenzierung zeigen sich mithin Formen einer Art Hyper-Integration, die das Pädagogische aus seiner Spezialisierung zum System löst und mit Entgrenzungen von Lernen, Leben und Arbeiten einhergeht, welche die spätmoderne Gesellschaft auszeichnen. Das Erziehungssystem sprengt dabei den – modernen – Bezug auf Kindheit und Jugend, verwandelt sich in ein Management des ganzen Lebenslaufes, das zuerst institutionell getragen und dann subjektiviert wird – die späte Moderne zeichnet eine „Allgemeinheit der Bildungsgesellschaft" aus (Kade/Hornstein/Lüders 1993), die noch die Grenzen überscheitet, welche das Definitionsmonopol des Staates gezogen hat. Die möglichen Bildungswelten sind nicht mehr präzise definiert, eher finden „lokale Vermittlungen" (Kade/Lüders 1997) statt, so dass der universalisierten Pädagogik ein Zug der „Verstreuung" eignet (Lüders 1994). Sie wird zugleich zu „unreiner Pädagogik" (Kade 1999), weil sie die Ordnung der modernen Pädagogik verlässt und sich mit dem Leben schlechthin vermischt, dieses verseucht und von ihm kontaminiert wird. So entsteht eine Allgemeinheit vonr Pädagogik, die zugleich lokal und einzeln in den Subjekte auftritt. Die verallgemeinerte Pädagogik wird zur Privatsache, insofern fügt sie sich ein in das gouvernementale Konzept des Liberalismus (Foucault 2004).

Pädagogische Projekte und Angebote finden sich an allen Ecken und Enden des sozialen und kulturellen Lebens. Die Subjekte können ihnen kaum widerstehen, weil diese Verallgemeinerung und Disloziierung des Pädagogischen zum einen verwirklicht, was Anliegen eines auf Humanisierung, auf Teilhabe an Kultur und Zivilisation gerichteten Versprechens, Moment eines sozialen Kampfes bildete; der Traum der Bildung wird wahr, obgleich Verallgemeinerung und Disloziierung darauf antworten, dass Gesellschaft und Kultur selbst ihre – zuletzt doch staatlich gesicherte – Selbstverständlichkeit verloren haben. Dabei scheint noch Subjektivität auf, weil die Zwangsapparate verschwinden, Erziehung und Bildung eben universal und zugleich individuell möglich werden. Zum anderen tritt die Verallgemeinerung von Pädagogik, die Universalisierung eines Diskurses über Erziehung und Bildung in die Spuren der Religion ein. Dies lässt sich in der Gegenwart als eigentümliche Ambivalenz beobachten: Der pädagogische Diskurs schlüpft in die Rolle des Religionsersatzes und wird zur Lösungsinstanz für die sozialen und kulturellen Spannungen und Widersprüche der Gegenwart; von der Zukunft der Kinder verspricht man sich das Heil, das man selbst nicht mehr findet. Sie sind die Projektion der Hoffnung auf Rettung – der Entlastung dienen sie ohnehin. Nicht nur, dass gefälligst *sie* sich anstrengen sollen, um die Sünden abzutragen, die ihre Vorfahren auf sich geladen haben – gelingt dies nicht, sind sie noch selbst schuld daran. Die magische Beschwörung des pädagogischen Zukunftsmythos erzählt von dieser Religion, der fatalerweise die Träger ausgehen. Bildung und Erziehung steigern sich zu Bekenntnisformeln, die mit rituellen Praktiken und ihrem Transzendenzversprechen auf einen paradiesischen Wirtschaftsstandort verweisen, wenngleich das öffentliche Bildungssystem zu einem Bettelorden verkommt. Zugleich rettet dieser Mythos von den peinlichen Misserfolgen, welche die Technik der Zwangsbekehrung so nebenbei trägt. Denn die neuen pädagogischen Diagnose- und Instruktionsschemata treffen auch nur die Unterscheidung zwischen jenen, welche zur Hölle verdammt, und solchen, die in den Himmel der Bildung aufsteigen. Erziehung und Bildung predigen die Erlösung – am Ende auch noch von den Gebrechen, die um ihrer willen erzeugt werden.

Die Dialektik des Geschehens (vgl. Kirchhöfer 2005) lässt sich an dem trojanischen Pferd der verallgemeinerten Pädagogik erkennen: Der Gesundheitsbereich stellt nämlich das Feld einer spätmodernen Pädagogik schlechthin dar; von der Bewegungs-, über die Ernährungs- bis hin zur Atemschule schleicht sich unter dem Etikett der Prävention eine umfassende Pädagogisierung ein, die sich zwischen therapeutischen Ansätzen und stärker schulorientierten Modellen aufspannt. Jene begegnen im Management-Training, bei der Suche nach betrieblicher *Corporate Identity* wie im erlebnispädagogischen Angebot. Elemente der Scholarisierung machen sich in weiten Bereichen der Freizeitgestaltung breit. Diese reichen von Schulungen und Sicherheitstrainings für Motorrad- und Autofahrer, über die von Heimwerkermärkten angebotenen Kurse für den richtigen Umgang mit Werkzeug, bis hin zur Schule im Reisesektor; der Anbieter heißt *studiosus*.

- *Kapitalisierung der Pädagogik*: In dieser Universalisierungstendenz schlägt sich ein Prozess des Systemischwerdens von Pädagogik nieder (vgl. Rauschenbach 1999). Pädagogik geht auf den Markt und verhält sich nach dessen Gesetzen. Sie erobert Nischen, besetzt Bereiche in der Kultur wie im gesellschaftlichen Leben. Dazu buhlt sie um Kunden, macht neugierig auf sich, um sie für die Inanspruchnahme zu motivieren. Diese Konkurrenz bedroht das öffentliche, staatliche Bildungswesen, weil dieses zwar infrastrukturelle Bedeutung hat, gleichwohl den Kunden vorgestellt wird, als wäre es nach einem falschen Prinzip organisiert. Das beschreibt die Formel, mit der Tony Blair die Politik von Margaret Thatcher noch übertrifft: *Best value for our money*; kostenloser Zugang verspricht demgegenüber nur ein wertloses Produkt.

Indem aber das pädagogische Geschehen zum Gegenstand des Kaufes, bezahlbare Ware wird, verliert es seine Aura, mit der es geschützt werden konnte gegenüber allen Verwertungsprozessen; sie sicherte sowohl die protopädagogische Funktion wie auch die ganze Struktur der Erziehung selbst unter den Bedingungen eines weit vorangeschrittenen Kapitalismus. Ungeschützt entstehen neue Abhängigkeitsverhältnisse zwischen den Erziehern und den Zöglingen; wenn diese für Erziehung und Bildung bezahlen, können sie eine gute Leistung fordern. Aber sie müssen nicht notwendig selbst dazu beitragen; man kauft die Ware, die als Dienstleistung erbracht und gefälligst vollständig abgeliefert werden sollte, auch wenn die Dienstleistungsökonomik vorsichtig darauf hinweist, wie das nur in Koproduktion zu leisten wäre. Der Lehrer hat zu lehren; wenn nichts gelernt wird, dann trägt er die Schuld. Mit Studiengebühren laufen die Universitäten in diese Falle: Das Examen muss gut benotet werden; andernfalls käme man in die Situation eines Autokäufers, dem nach Bezahlung das Gefährt nicht ausgehändigt wird, weil der Verkäufer Zweifel an dessen fahrerischen Qualität hat.

Als Ware treten die modernisierten Bildungsprozesse mit dem Versprechen an, *easy, hip* und *cool* zu wirken, als *fun and event* organisiert zu sein. Verraten werden so die Anstrengung der Aufklärung, die Arbeit an sachgerechtem Verständnis und die Befähigung zur Kritik. Die von negativer Utopie geprägten Analysen zum Verhältnis von Massenkultur und Subjekten bestätigen sich, doch interessiert sich keiner für die eingetretene repressive Entsublimierung. Die Leichtigkeit des Seins gewinnt, da die Subjekte im Paido- und Eductainment sich mit der Veränderung ihrer selbst beschäftigen, die der Gesellschaft und Kultur nicht mehr thematisieren, schon gar nicht praktizieren. Die kritische Dimension von Bildung, die dem Ganzen einer Gesellschaft gilt, wird in das Belieben der Einzelnen gestellt. Es ist dann jedermanns Privatvergnügen, ob man sich in einem vierzehntägigen Grundkurs in Sachen Ökosysteme beim Bund Naturschutz oder in einem Schleuderkurs weiterbildet, den ADAC und BMW gemeinsam veranstalten. Eine Hypertrophie von Subjektivität führt an das Ende des Subjekts in der emphatischen Bedeutung des Ausdrucks.

Subjektiv verankerte Pädagogik

In der postmodernen Fassung der pädagogischen Felder wird der pädagogische Optimierungscode an die Subjekte herangetragen, in einem Kontinuum, das von den Instruktionsexperten über die Ganzheitsmystiker bis hin zu abstrakten, wabernden Ideenschwaden reicht; die pädagogischen Experten treten an allen Ecken und Enden an und auf, die vertrauten Settings mutieren zu einer Art von pädagogischem Code, der zur Begleiterscheinung sozialer und kultureller Instabilität wird; man muss mit einer Art frei flottierenden Pädagogik rechnen, mit einem schwebenden, dunstartigen „Pädagogischen", das dann eine prekäre, distanzlose Edukabilität sichert. Das scheint manchmal den Ratgebern verwandt, welche uns zum besseren Leben befähigen oder uns wenigstens dazu anhalten, endlich Ordnung in unser Messie-Leben zu bringen. Dabei werden Reflexionsformen verwandt, in welchen es um ein lernendes Subjekt geht, für dessen Entwicklungs- und Veränderungsprozesse Arrangements getroffen werden. Um entgrenzte Pädagogik handelt es sich bei Handlungs- und Reflexionsmodellen, die dieser Beschreibung folgen, ohne jedoch an die institutionellen und professionellen Rahmenbedingungen gebunden zu bleiben. Nur nebenbei: im Blick auf die Systematik der Disziplin der Erziehungswissenschaft zeigt sich, wie so ein Allgemeines von Pädagogik soziale und kulturelle Wirklichkeit gewinnt. Allgemeine Pädagogik, dereinst darauf konzentriert, die grundlegenden Begriffe und prinzipiellen Zusammenhänge systematisch zu erörtern, findet sich nun damit konfrontiert, das Allgemeinpädagogische als eine gegenständliche Realität mit Evidenz begreifen zu müssen.

Die Macht der pädagogischen Expertise entgrenzt das pädagogische System. Die Felder werden geöffnet; das gehört noch selbst zum Programm. Aber weder ein pädagogisches System, noch eine normalisierte, zur Infrastruktur gewordene Organisation des Erziehungsprozesses reichen hin, um das Ganze der pädagogischen Aufgabe zu lösen, wie sie sich in den späten modernen Gesellschaften stellt. Die Organisation der Pädagogik greift weiter aus und öffnet sich – niedrigschwellige Angebote in der Sozialpädagogik, die Öffnung der Schule zur Gemeinde hin, Mitwirkung von Eltern in der Schule um den Preis, dass die pädagogischen Experten in den alltäglichen Lebenswelten auftreten dürfen, ohne als Eindringlinge empfunden zu werden. Alltagswelt, Lebenswelt, Sozialraum auf der einen Seite, die offene Bürgerschule, das Haus des Lernens auf der anderen Seite stellen die Antwort auf die Notwendigkeit dar, eben besser für Erziehung und Bildung zu sorgen. Diese Öffnung hilft, Ressourcen wieder zu entdecken, um das pädagogische Geschäft zu betreiben – als Strategie nennt man das *Empowerment* und *ressourcen-orientierter Ansatz*. Daran wird das Verfahren deutlich: Auflösung der Institutionen und Versenkung in die zur Selbstbildung (oder Selbstabrichtung) provozierten Subjekte; die wollten das ohnehin immer schon. Die Pointe lautet nun: die Subjekte sollen sich selbst erziehen, ohne dass der Aufwand für die Struktur der Erziehung betrieben werden muss. Diese war ohnehin unbeliebt, weil sie als Struktur und somit als Widerstand und Mühsal auftrat, auch wenn sie erst die Möglichkeit zur Subjektivität eröffnete. So geben sich postmoderne Sozialpolitik und Pädagogik die Hand: Eigenverantwortung und Eigenleistung fördern und fordern – wer nicht mitkommt, hat selbst Schuld. Dass man über materiell-ökonomische Mittel verfügen, psychische, emotionale und kognitive Ressourcen erst erwerben, entwickeln muss, dass man lernen und vielleicht üben muss, bleibt unter den veränderten Vorzeichen der pädagogischen Felder unberücksichtigt. Die Subjekte selbst merken nicht, dass sie als Subjekte gefordert sind, aber nur mitspielen, ohne Subjekte sein zu können.

Dies wird möglich, weil sich die pädagogische Kommunikation als Semantik verbreitet; vorsichtshalber erlernt man sie, um mithalten zu können. Nicht zuletzt die Medien übernehmen eine Form der pädagogischen Aufklärung und Anregung sowohl zum Lernen wie auch zur Selbststeuerung. Insbesondere das Optimierungsversprechen wird nun als szientifisches und professionelles Wissen generiert, das seine eigenen Räume verlässt und in Alltagswelten einsickert, dabei in eine eigentümliche Spannung von Exklusivität und Nicht-Exklusivität gebracht wird. Es tritt in seiner Grundlinie populär auf – noch in der Kritik an den pädagogischen Institutionen und Pragmatiken, welchen fehlende pädagogische Qualität vorgeworfen wird; es bleibt zugleich spezielles Wissen von Experten, die den Laien erklären, wie wenig angemessen sie das pädagogische Geschäft betreiben.

Damit setzt sich ein pädagogischer Code durch, den man auf sich selbst bezieht und an sich praktiziert. Eine entgrenzte Pädagogik wird wirkungsvoll, weil und wenn sie zur Habitualisierung eines pädagogischen Codes in den Subjekten selbst führt: Wir lernen uns selbst nach einem pädagogischen Muster zu thematisieren, erzeugen dabei die Disposition zur Erziehung in und durch uns selbst, im Rückgriff auf ein medial vermitteltes Angebot, als Technik des Selbstprozedierens. Selbsterziehung, Selbstbildung, Selbstunterrichtung stellen die Schlüsselworte dafür dar, die schon den Status normativer Verbindlichkeit gewinnen. Die Medien der Informationsgesellschaft machen solche Modelle in der lokalen Vermittlung, buchstäblich im Wohnzimmer und deshalb hautnah zugänglich; die in den Zustand der Edukabilität gebrachten Subjekte eignen sie dekontextualisiert und de-institutionalisiert an: Sie konstituieren sich, indem sie ihre eigenen Orientierungen und biographisch relevanten Entwürfe mit „Medienmaterial" reflexiv aufbauen; ohne dass sie das Präservativ nutzen könnten, das eine Struktur, mithin die Ordnung bietet, welche durch die andere Person und den durch Doppelperspektive distanzierten Gegenstand entsteht. Sie nutzen diese Modelle als Muster einer Lebensgestaltung, die noch in die körperliche Verfasstheit hineinreicht (Bette 1989). Zugleich aber geht ihnen die Möglichkeit verloren, das so selbst erzeugte protopädagogische Moment zu einem Moment in einem subjektiven Bildungsprozess zu machen oder sich ihm wenigstens ironisch zu nähern. Der Grund dafür klingt eigentümlich: In dem Moment, in welchem Pädagogik universalisiert wird, wird sie als Ganze, werden wenigstens aber ihre Reflexionsformen delegitimiert. Sie werden gleichsam aus dem Bewusstsein genommen, weil Erziehung in einer technischen Form als ein Apparat der normalen Selbstbearbeitung des Menschen zur Anwendung kommt – vorgetragen als *applied development science*. So vergesellschaftet sich der Mensch, aber darf darüber nicht nachdenken, was er sich antut, entweder in medial vermittelter Selbstgestaltung oder durch den Zugriff der Psychologen. Die auf Strukturen bedachte Pädagogik wird hingegen als „Welterklärungspädagogik" zur Seite geschoben; dass sie immerhin die Welt zu erklären wusste, also auf kritisches Bewusstsein zielte, wird nicht ausgesprochen, weil man eben diese Potenz treffen will.

Doch bilden vor allem die modernen Massenmedien nach ihrer vollständigen Kommerzialisierung das Feld und die Form der spätmodernen Pädagogik. Sie konstituieren ein völlig neues Verhältnis, vielleicht das Verhältnis des Nicht-Verhältnisses unter den Subjekten, wohl aber deren Beziehung zu den Medien selbst. In dieser Unmittelbarkeit bahnen sie den Weltzugang – sie sind die neue Welt, mit der die Subjekte vergesellschaftet werden, oft in unerwarteten didaktischen Arrangements, die reformpädagogischem Unterricht ähneln. Denn mit großer Breitenwirkung schaffen sie hochmoralische Settings, die zugleich in minimalisierte, familiäre Rezeptionskontexte eingebaut sind; sie werden wirkungsvoll, weil sie universelle Normen debattieren, von den Subjekten aber intim dekodiert werden. Talk-Shows, Gerichtssendungen machen die Grenzen zwischen zulässigem und sanktioniertem Verhalten kommunizierbar (Kade 1999; Plake 1991). Den „Auftritt" einer spätmoderne Pädagogik in den Medien zeichnet aus, dass sie sich nebenbei, subkutan und sublim vorstellt, als ein untergründiger Effekt von Inszenierungen, die vordergründig anderes vortragen: Der Code der Pädagogik organisiert die Show – und stellt so das Einvernehmen zu den Zuschauern überhaupt erst her. Sie unterhalten sich und werden darin erzogen – oft genug noch, indem sie die Absurdität der gezeigten Fälle als absurd erkennen; dass sie über diese sprechen, sich mit ihnen auseinandersetzen, zeigt subjektive Aneignungstätigkeit mit gebrochenem Widerstand gegenüber den Zumutungen. Gebrochen ist der Widerstand, weil kritische Distanzierung gar nicht mehr möglich ist: Dazu ist man zu sehr in die Programme eingebunden, die das vorpädagogische Moment durch Glaubwürdigkeitsinszenierungen wie durch Entspannung erzeugen. Solche Glaubwürdigkeit entsteht durch die Plausibilität, dass das hinter dem Paravent verborgen Gezeigte doch möglich wäre. Entlastend wirkt, wie das Unwahrscheinliche in alltäglich vertraut erscheinende Lebenssituationen eingebettet wird; man muss nicht denken, also keine Differenz bearbeiten.

Mit dem medial vermittelten Code lernt das Subjekt seine individuelle Subjektivität so zu gestalten, dass nur noch diese den Inhalt und das Zentrum der Aktivität bildet; zugleich wird es durch das Medium geformt, erfährt sich so in einem gesellschaftlichen Zusammenhang, der aber doch nur prozedural bleibt, dauernd bestehende Durchgangsform. Das Verhältnis zum dritten Faktor löst sich damit auf.

Wieder kann ein Beispiel dies illustrieren: „Ab heute wird alles anders", titelt die Zeitschrift „Shape", einschlägige andere „Medien-Produkte" schlagen vergleichbare Strategien vor; der Männerwelt versprechen sie mit Testosteron angereichert und offenkundiger auf Sexualität abzielend „Man's health". „Shape", wörtlich als *Umriss*, weiter als *Bild* zu übersetzen, steht für das neue, säkular gewordene Bildungsverständnis, bei dem Frauen „in Form sein wollen"; der Titel macht deutlich, mit welchen Problemen man zu kämpfen hat, wenn Bildung eben nicht mehr mit Inhalten einhergeht: Denn im Mittelpunkt steht, wie man an Selbstprozedierung und Selbstprozessualisierung, an der Verinnerlichung der Optimierung scheitert: „Leben Sie doch, wie Sie wollen. Ganz nach Wunsch. Klappt nie – weil Sie ihre Vorsätze nicht durchhalten? Klappt doch – wenn Sie ein paar Punkte beachten" (Shape 2000, S. 116). Der Beitrag entwirft einen Stufengang, doch die Schritte führen nicht mehr in die Welt hinein. Vielmehr wird ein Programm vorgestellt, das kontrollierbar operiert und auf Sanktionen nicht verzichtet: „Bereiten Sie den Weg in ihr neues Leben so vor wie eine Reise. Überlegen Sie sich genau, wie die Route verläuft, wo Sie Rast machen, welchen unangenehmen Orten sie begegnen werden und was Sie ins Survival-Kit packen" (Shape 2000, S. 118). Für die Arbeit an der eigenen Veränderung empfiehlt sich, das eigene Ziel und den Grund der Veränderungsabsicht klar zu benennen sowie den rechten Zeitpunkt zu wählen; ein Contracting mit sich selbst liegt nahe: „Keine Belohnungen. Schließlich tun Sie schon etwas Gutes, indem Sie sich für Ihre Ziele einsetzen! Wenn Sie dafür noch ein Extrabonbon brauchen, ist Ihnen Ihr Plan nicht wichtig genug. Besser: darauf achten, was sich schon verändert hat." Das Verfahren ist verhaltenstherapeutisch angelegt: „Werden Sie Heldin. Geizen Sie nicht mit Lob an sich selbst. Gelegentlich von Ihnen inszenierte Medaillenverleihungen können nicht schaden" (Shape 2000, S. 118).

Belegt dies nun die neue Form, in welcher sich die pädagogischen Felder in der spätmodernen Gesellschaft ausgestalten? Sicher ragt „Shape" kaum aus dem Angebot des Zeitschriften- und Buchmarktes heraus, auf dem Psycho- und Verhaltenstrainingsratgeber längst zu den umsatzstärksten Produkten gehören, zumal sie biographisch schon früh in Anspruch genommen werden. Die einschlägigen Seiten von „Bravo" erfüllen eine der wichtigsten Aufklärungsfunktionen für pubertierende Teenager; Dr. Sommer liegt in den Betten deutscher Jugendlicher. Auf den zweiten Blick zeigt sich jedoch bei „Shape" ein Programm, das auf eine Veränderung von Haltungen und ein Ensemble von *Selbsttechniken* zielt. Für die so vermittelte Selbsttechnologie wird Selbsterfahrung angerufen, um die Betroffenen *abzuholen, wo sie gerade stehen*. Oder anders: Gesellschaft und Kultur sprechen ihre Erwartungen an die Subjekte nicht mehr explizit aus, sondern teilen sie implizit als Konsens der Subjekte mit, dass sich doch alle verändern wollen.

Dies erfüllt den Tatbestand der verstreuten Pädagogik. Denn damit entsteht Autorität aus dem Druck eines Settings, das zwar nur angedeutet und durch die Leserin erzeugt, dabei durch einen latent gehaltenen Informationsvorsprung bestätigt wird – dass man auf absurde Veränderung verzichten könnte, bleibt unzulässig, weil Fitness sowohl zu erfolgreicher Lebensbewältigung gehört, wie auch ein besseres Gefühl vermittelt. Hinzu kommt, dass der Erwerb des Produkts wenigstens eine zustimmende Geste verlangt; umgekehrt bedient die Zeitschrift die Interessen ihrer Käufer: Wir sind bereit für den Veränderungsprozess. Die mit-geteilte Erfahrung des Scheiterns legitimiert das Projekt und begründet die Verbindlichkeit eines schon vermittelten Über-Ich. „Shape" gibt Anstoß zur Selbsttätigkeit und spricht eine der Postmoderne sich fügende Theorie der Bildung aus: Es geht um Modifikation des Subjekts als Leistung des Subjekts selbst. So zeigt sich eine gesellschaftlich verordnete, über Medien transportierte und von den Individuen selbst exekutierte „Pädagogisierung der Lebensführung" (vgl. Pollak 1989; Kade/Seitter 1996). Das Subjekt aber implementiert sich selbst ein infinites Wandlungsmodell, einen Code.

Die postmoderne Erziehung, die als pädagogische Kommunikation sich im medial inszenierten Zusammenhang und den dort vermittelten Programmen ausspricht, vollzieht sich somit in einer generalisierten sozialen Konfiguration; das Feld der Erziehung ist nicht mehr topographisch, als ein pädagogischer Ort zu identifizieren, sondern gleicht einem allgemein gewordenen Geist, wie Hegel in seinem Idealismus ihn beschrieb. Die Macht der Ideen wächst, nähert sich an die trüben Fantasien Wilhelm Reichs an, die von Orgonschwaden erzählten, welche die Großstädte durchfluten. Dabei arbeitet diese Pädagogik nicht nur mit dem Körper, sondern trägt stets eine sexuelle Konnotation mit sich; es geht um Attraktivität. Die psychoanalytische Deutung kommt den Mechanismen vermutlich ziemlich nahe. (Wenn ihr Deutungspotenzial gegenwärtig zu Gunsten der im klinischen Experiment gewonnenen Daten verdrängt wird, lässt dies befürchten, dass sie recht hat.) Erziehung wird dabei endgültig unsichtbar und wirkt überall mit solcher Macht, dass der pädagogische Code noch die motivationale Dimension von Erziehung verschiebt. Das Erziehungssystem wird als Institution überflüssig, weil es seine Klientel nicht mehr ansprechen muss; vielmehr bewegt der verinnerlichte pädagogische Code die bisherigen „Konsumenten" von Erziehung dazu, nicht nur nachfragend aktiv zu werden, sondern auch noch das Erziehungssetting selbst zu gestalten. Es entbehrt dann jeder Ironie, wenn der vierzehnjährige Heimjugendliche nach seiner „Hauptbezugsperson" fragt und von sich aus verlangt, ordentlich erzogen zu werden. Noch weniger überrascht, wie das informelle und non-formale Lernen überhand nimmt. In all dem fühlen die Beteiligten sich als Subjekte, die sich selbst zum pädagogischen Geschehen herausfordern.

Moderne Gesellschaften organisieren sich in dem sozialen Code des Pädagogischen; sie bauen Erziehung und Unterricht als elementare Parameter in ihre Struktur und in ihre Kommunikation ein. Die Akteure sind – auf die eine oder andere Weise – Pädagogen, Erzieher und Lehrer, welche von der Welt noch erwarten, dass sie pädagogisch mit ihnen verfährt. Pädagogik sinkt in Mentalitäten ab, verankert sich als ein generelles Merkmal im Habitus der späten, individualisierten Moderne und hält als Kitt zusammen, dass die Subjekte an der eigenen Optimierung arbeiten, bis hin zum Erschöpfungszustand derjenigen, die im Triathlon sich verausgaben oder in ihrer Arbeit zusammenbrechen. Vielleicht entsteht rettender Trost daraus, wenn die Produktion wieder in den alten tayloristischen Formen reorganisiert wird. Die postmodernen Subjekte aber gehorchen dem Imperativ der Selbsttranszendenz: In einer Konsumgesellschaft treibt er sie erst von einem Gegenstand zum anderen, lässt daran zweifeln, ob das eben erworbene Gut und das erreichte Ziel ausreichen oder doch überschritten werden muss. Befriedigung bietet nur noch das *work out*. Man muss über sich hinausgehen, der Zustand der Selbstprozedierung verwandelt sich in Sucht – vielleicht erklärt sich diese so.

Eben dies erlaubt eine Vergesellschaftung, die die Desintegrationsprozesse überwindet, welche aus der Dynamik und Fragmentierung spätmoderner Gesellschaften entstehen: Die Individuen der postmodernen Gesellschaften sind nämlich nicht mehr angepasst, sondern verfügen über die *Kompetenz* sich anzupassen; diese gibt ihnen eine sie in ihrer Individualität charakterisierende Disposition zur Dispositionsentwicklung und -veränderung. Eine spätmoderne Pädagogik löst das Problem der sozialen Integration dadurch, dass sie den Modus selbstreflexiver Aneignung der eigenen Subjektivität entstehen lässt. Überall treten daher Lern- und Bildungsangebote hervor, die *Schulung* als ein Management der Person verbindlich machen. Sie bringen den Subjekten das Pädagogische penetrant bei, weil dieses das zentrale Muster der Organisation einer gesellschaftlich anerkannten und funktionalen Subjektivität darstellt: Selbsterziehung und Selbstbildung lauten die höflichen Stichworte. Sie funktionieren in der Gestalt selbstreflexiver Vergewisserung, in welcher sich die Subjekte unter den Ansprüchen des Pädagogischen thematisieren und organisieren: Weil aufgrund von Informalisierung die normativen Muster der alltäglichen Lebensführung nicht mehr hinreichen, um die komplizierten Interaktionen zu bewältigen, statten sich die Subjekte mit Modellen aus, die sie zu reflexiver Handlungssteuerung befähigen. Weil jedoch diese biographische Selbstorganisation über generell zugängliche, durch die Institutionen und die Medien verallgemeinerte Formen pädagogischen Wissens und pädagogischer Deutungsmuster fokussiert wird, zieht dies einen gesellschaftlichen Effekt nach sich: Die Subjekte finden so ein gemeinsam geteiltes Muster biographischer Artikulation vor. Insofern vergesellschaften sie sich in einem abstrakt pädagogischen Code, einem gemeinsamen, abstrakten Verarbeitungsprogramm für Informationen und moralische Reflexionen, das sie befähigt, sich zu verändern. So entsteht eine sehr formale, hochgradig reduzierte Form von Gesellschaftlichkeit, die zwar eine gemeinsame soziale Verständigungsbasis stiftet, subjektive Identität aber nur als Programm zulässt, das die Selbstbildungsprozesse steuert. Erziehung als pädagogischer Code mutiert also zu einem konstitutiven Element ihres Selbst, kann und braucht nicht mehr institutionell identifiziert werden, sondern realisiert sich subjektiv als ein Modus moderner Verfasstheit; das Pädagogische tritt als ein dispositionelles und operatives Zentralmoment eines – eingeschränkten, weil schon übertölpelten – Bewusstseins auf, mit dem die Akteure sich ihrer selbst gewahr und gewiss werden.

Doch mündet dieser Prozess in einen prekären Sozialisationstypus. Denn die Auflösung der strukturellen und durch diese objektivierten, Distanz ermöglichenden normativen Ansprüche führt in eine außerordentliche Belastung für die Subjekte. Sie müssen gegenüber sich selbst Kontrollstrategien aufbauen. Solche Prozesse erzeugen Unsicherheit, weil Kinder und Jugendliche, auch Erwachsene ohne Sicherheitsnetz und ständig an ihrer eigenen Entwicklung arbeiten. Sie entwickeln und integrieren Orientierungsmuster in ihren Bildungsentwurf, auf deren Geltung sie sich nicht verlassen können. Das Risiko eines Scheiterns droht. Denn jede entscheidungsbegründete Bindung bleibt labiler als Bindungen, welche aus struktureller Ordnung oder traditionsgestützter Üblichkeit entstehen; Selbstbindung bleibt flüchtig und setzt voraus, dass die Obligationen, welchen man sich unterwirft, als Informationen zugänglich sind und reflexiv verarbeitet werden können. Zusätzlich prekär macht sie, wie sie nun von Maßstäben szientifisch-rationaler Prüfung abhängen und somit kritikbelastet sind. Informationsgestützte Selbststeuerung wird also irrtumsanfällig, was nicht nur ihre Verbindlichkeit schwächt, sondern die Trotzreaktion des Fundamentalismen provoziert. Es bleibt – optimistisch – die Möglichkeit, sich als „Ego-Taktiker" zu bewähren, der den Widerstand umgeht und sich der Zumutung von Solidarität entzieht (vgl. Deutsche Shell 2002). Pessimistisch gesehen drohen aber Zustände einer Verrücktheit, vielleicht Tendenzen des unkontrollierten Ausagierens, mit welchem man den fragilen Selbstzwängen zu entkommen sucht. Beobachtet werden jedenfalls eine Zunahme psychischer Krankheitszustände, vor allem aber Situationen exzessiven Ausagierens.

Die Pädagogik der späten Moderne fügt sich also einer Gesellschaft der Individuen; sie reguliert nicht mehr, sondern zieht Strukturen und normative Erwartungen zurück. Das Subjekt soll zu seiner Subjektivität ermuntert werden. So präsentiert es sich im Zusammenhang des „enabling state", der die Voraussetzungen für Eigenkompetenz und Eigenleistung zu bieten versucht, empowerment verspricht. Wer dem nicht genügt, übernimmt keine Verantwortung für sich und fällt aus den Maßnahmen des Förderns und Forderns. Indes: Behinderung bleibt bestehen, gesundheitliche Belastung kann der Forderung nicht standhalten und lässt sich nicht fördern; damit ist Ausgrenzung erlaubt. Nicht anders mit Schwangeren, nicht anders mit Familien. Wollen sie den Notwendigkeiten nicht gerecht werden, die ein gutes Aufwachsen verlangt, sind sie nicht flexibel genug. Dass Eltern nicht flexibel und mobil sein können, dass die Ausdehnung der Arbeitszeiten zu Lasten der Betreuung von Kindern geht, bleibt dem hohlen Geschwätz mancher Politiker verborgen. Wie soll die Verkäuferin in dem unbefristet geöffneten Kaufhaus ihr Kind ins Bett bringen, vorher noch eine Geschichte vorlesen, eine ruhige Situation schaffen?

Subjektivierung findet so objektiv als Entsubjektivierung statt, weil Subjektivität die *Form* der Vergesellschaftung ist; die Einzelnen unterwerfen sich dem Veränderungs- und Optimierungscode. Deshalb funktioniert Erziehung dem Anschein nach, in ihrer Tiefe aber ist sie beschädigt, weil das im dritten Faktor in seiner Objektivität festgehaltene Moment nicht mehr als solches besteht; die Individuen haben es sich als ihre eigene Formbestimmung schon auf sich und in sich genommen. Die Struktur der Erziehung hat sich also auf die Individuen und ihre Individualität reduziert. Vielleicht fallen so Erziehung und Bildung in eins. Weil aber die Struktur des Geschehens verloren geht, liefern sich die Individuen ungeschützt der gesellschaftlichen Einflussnahme aus. Damit trifft der Befund der Selbstsozialisation zu, doch arbeitet diese Sozialisation mit dauernder Veränderung; sie übersetzt die Dynamik des Sozialen und Kulturellen in eine Performativität des Einzelnen, der so nie mehr bei sich sein kann. Er steht vor der Alternative, ebenfalls ständig im Fluss zu sein, um so gesellschaftlich und kulturell dabei und „in" zu sein, oder aber nur noch als brüchige Existenz zu leben. Identität, bislang idealisiert als lebensgeschichtliche Kontinuität, realistischer als Spannung von Kontinuität und biographischer Entwicklung gesehen, zerbricht erst zur patch-work-Identität, dann zu einer Existenzform der Performanz, in welcher sie verschwimmt – nur gelegentlich behauptet sich das Ich in seltsamer Gewalttätigkeit. Zu den Paradoxien gehört, dass eben diese Performanz noch als Kompetenz behauptet wird.

Die Entgrenzung des Pädagogischen geht also mit einer fundamentalen Veränderung menschlicher Selbstthematisierung einher; Entgrenzung und Subjektivierung von Pädagogik korrellieren der Erwartung, nach welcher der Einzelne Unternehmer seiner selbst sein soll. Die Subjekte betrachten sich als ein Projekt, das über die Gestaltung des Körpers, allzumal die Formung von Sexualität weit in die reflexive Bearbeitung ihrer Aspirationen reicht. Die Vorstellung von Bildung wirkt dabei als ein bindender Fokus und als Leitbegriff, um die sozial und kulturell angebotenen und – meist kommerziell – verfügbar gemachten Lebensformen und deren Deutungsmuster aufzunehmen. Eine durch Medien gebundene pädagogische Selbstreflexion dient so als ein „dynamisierendes Moment einer Steigerungsbiographie" (Kade/Seiters 1996, S. 41 f); sie findet ihr Ende, wo die nötigen materiellen Mittel fehlen: Das spätmoderne Subjekt bewegt sich einerseits als Konsumsubjekt in einer Werbewelt, deren Szenen und Produkte es sich zu eigen macht, so lange es dies kann; seine ökonomischen Verkehrsfähigkeit entscheidet, gelegentlich wird sie zwangsweise abgestellt. Andererseits aber ist es sogleich als Produktionssubjekt in die Wirtschaftsprozesse eingebunden, deren Logik es sich ebenfalls zu eigen gemacht hat, nämlich im Denken als Unternehmer. Auch hier tut sich als Grenze auf, dass das Subjekt nicht verwertet werden kann.

Aber: Diese nahezu vollständige Umstellung von Gesellschaft und Kultur wie individueller Subjektivität auf Dynamik und Flüssigkeit, auf selbstgesteuerte Prozesse und Performanz ruft neue Probleme der Integration hervor; sie macht Gesellschaft wie zugleich auch individuelles Leben zu hochfragilen Angelegenheiten, die nur noch bedingt zu kontrollieren sind. Kontrolle wie Disziplinierung werden heikel. In der Informalisierung der Beziehungen gibt es keine normativen Sicherheiten mehr, die von allen geteilt werden, in selbstreflexiver Vergewisserung über die gültigen Normen entsteht Instabilität. Deshalb bricht eine Gegenbewegung auf, die auf eigentümliche Weise das „big brother is watching you" bewahrheitet: Überwachung erfolgt nicht mehr in dem Gestus des Väterlichen, gebunden an ein Generationenverhältnis oder einen übermächtigen Vater Staat. Zwar korrespondiert der universalisierten Pädagogik ein Gefängnissystem, aber entscheidend bleibt doch das Spiel in einem changierenden Raum: Zero tolerance und liberality, Härte und Flüssigkeit, Sichtbares und Unsichtbares – das Subjekt muss sich selber denken, steuern und bestätigen in den Ungewissheiten, in welchen es doch schon immer übermannt wird: Von einem gesellschaftlichen Code des Pädagogischen, der ihm Optimierung, Selbstübersteigerung abverlangt, es zwingt, die Grenzen zu überwinden; von einem Fundamentalismus, der hinter den Grenzen die Hölle erwarten lässt. All das aber geschieht in der Banalität des Alltäglichen: Der Scooter oder die Roller Blades sollen gekauft, aber nicht im Raum der Reputierlichkeit genutzt werden; die Farbdosen werden mit immer neuen Farbmischungen hergestellt und mit technischen Hinweisen für Sprayer versehen; aber verwenden sollte man sie besser nicht. Gleichwohl: der eine oder andere hat es mit seinen *Tags* zum Status des anerkannten Künstlers gebracht. Was also ist denn eigentlich das Böse, wie genau lauten die Normen?

Zügel für die apokalyptischen Reiter?

Kulturkritische Überlegungen färben alle Überlegungen, Annahmen und Vermutungen über Tendenzen, welchen die pädagogischen Felder ausgesetzt sind; sie sind vielleicht zu schwarz gezeichnet. Insofern tut Ironie vermutlich gut, allzumal wenn man auf eine Persistenz von Erziehung hofft, die mit ethischer Begrifflichkeit und Reflexion einzuholen ist – auch wenn dies den Vorbehalt derer weckt, die mehr auf Techniken und Technologien setzen. Effizienz ist gefragt, zielführende Arbeit, punktgenaue Lösungen. Längst zeichnet sich ab, wie das System aus öffentlicher Verantwortung genommen und dem Markt wie den privaten Investoren übergeben wird; Microsoft macht ungeniert Werbung dafür. Die öffentlichen Bildungsanstalten verkümmern und trocknen aus, sofern sich nicht finanzstarke *supporters* finden, während die Pädagogen selbst als Unternehmer des Pädagogischen tätig werden.

Die apokalyptischen Reiter pflügen also nicht nur durch die Analyse, sondern galoppieren durch pädagogische Felder, die ihre Funktion als protopädagogisch bedeutsame Einrichtungen verlieren. Das gesellschaftliche System der Erziehung verändert sich, beginnend bei seinen strukturellen Bedingungen. Die alten pädagogischen Institutionen und Praktiken werden ausgedünnt. Sie lösen sich auf, geben damit ihre Aufgabe preis, als Institutionen zu erziehen. Dies bedeutet allerdings, dass die individuellen Subjekte, die Zöglinge nicht mehr auf das pädagogische Geschäft vorbereitet werden, wie dieses bislang betrieben worden ist; Edukabilität, das vorpädagogische Moment geraten in einen kritischen Zustand. Die Entgrenzung der Pädagogik hebt den seit der Aufklärung bestehenden Zusammenhang zwischen Staat und pädagogischem System auf. Eine Kapitalisierung des Geschehens ist offenkundig; warum sollte es auch dem Bildungssystem anders gehen als dem Rest des öffentlichen Sektors? Schon will ein großer Versicherungskonzern die Arbeitslosenversicherung übernehmen, für die Pflegeversicherung zeichnet sich dies ebenfalls ab; der öffentliche Transport wurde an amerikanische Konzerne verkauft, um von diesen zurückgeleast zu werden. Immerhin gibt dies einen Trost: Offensichtlich kann man mit den Infrastrukturen Geld verdienen. Ähnlich wird Pädagogik kapitalisiert, für die Sozialpädagogik vollzieht sich dies schon, durch Outsourcing kommunaler Leistungen und privatem Unternehmertum, das auf Aufträge aus ist. Mit der Entkoppelung von Staat und Pädagogik verschwindet aber der – nie eingelöste – Anspruch, Chancengleichheit geben zu wollen, um Erziehung und Bildung als bürgerliche Rechte zu wahren. Dabei taugt das Argument nicht, das an die Reformer des beginnenden 19. Jahrhunderts anknüpft, welche gesellschaftliche und öffentliche Verantwortung für das pädagogische System, nicht aber seine staatliche Regelung wollten; dieses Argument trägt nur für eine Gesellschaft, deren Mitglieder sich ihrer Gesellschaftlichkeit als Aufgabe und Verpflichtung bewusst sind und Öffentlichkeit daher wahrnehmen wie gestalten. In der kapitalisierten Gesellschaft der Individuen ist keine Rede davon. In ihr verschärft ein privatisiertes Bildungssystem die soziale Ungleichheit; es schließt die Unvermögenden aus und lässt die Schere zwischen diesen und jenen immer weiter aufgehen, welche zu Bildungsinvestitionen für ihren Nachwuchs in der Lage sind. Während diese für ihre Kinder Nachhilfeangebote, Computerkurse, endlich den Zugang etwa zum Internet erwerben, haben jene kaum eine Chance, einen vernünftigen Deutschunterricht zu erhalten.

Endlich ein kaum diskutierter Nebeneffekt der Lösung von Staat und Pädagogik: Das staatliche Bildungssystem sicherte in der Moderne eine säkulare, weltanschaulich neutrale, auf Aufklärung zielende Pädagogik, der es um die Erziehung von politisch mündigen, dem Freiheitsversprechen und der Autonomie verpflichteten Bürgern ging. Dieser Anspruch ließ sich nicht trennen von der Konfrontation mit Bildungsinhalten, die aus dem Spektrum kultureller Möglichkeiten selegiert und oftmals konflikthaltig präsentiert wurden. Schule, Erziehung und Bildung waren insofern anspruchsvolle, mit Zumutungen verbundene Veranstaltungen, welche Kinder und Jugendliche auch befähigten, in Widerspruch zu dem zu treten, was ihnen so zuweilen auch angetan wurde. Gerade die systematische Fremdheit des Pädagogischen gegenüber Alltagskulturen löste Lernerfahrungen aus, begründete biographische Selbstfindung aus der Differenz gegenüber der pädagogischen Zumutung, eine Differenz, in der nicht zuletzt der Grund für ein Emanzipationsbegehren lag. Aber genau dies verschwindet: Nicht bloß, dass der Selbständigkeitsanspruch keine Rolle mehr spielt, vielmehr droht, dass die Inhalte der pädagogischen Prozesse selbst fundamentalistische Züge erhalten. Sie zeichnen sich schon in Spezialschulen und Spezialinternaten ab: Wo die Abrichtung für den Sport erfolgt, erspart man sich andere Inhalte; dass dies den weniger verwertungsfähigen zuerst widerfährt, liegt auf der Hand. Wozu Geschichte, wenn es um künftige Olympiateilnehmer geht? Wozu Klassiker-Lektüre an einer Mathematik-Spezialschule?

Unter diesen Prämissen wird das pädagogische System umgebaut: Was von ihm übrig bleibt, nimmt Züge der Elendsverwaltung und des Gefängnissystems an; die Restbestände an staatlich geforderter und öffentlich verantworteter Bildung dienen der Aufbewahrung und der Disziplinierung. Für die Jugendhilfe lässt sich dies schon ahnen; die geschlossene Unterbringung von Kindern und Jugendlichen, für einige wenige Kinder vielleicht unabweisbar und zu verantworten, nimmt in den öffentlichen Debatten einen vorderen Rang ein, obwohl sie empirisch einen statistisch zu vernachlässigenden Fall darstellt. Der Jugendstrafvollzug gibt den Resozialisationsgedanken auf; manche plädieren für eine Annäherung an das englische System. Für die Schulen wird der Gefängnischarakter selbst dann zur Wahrheit, wenn diese noch ihrem pädagogischen Anspruch gerecht werden wollen. Die Bilder amerikanischer Schulen lassen dies ahnen, mit ihren Überwachungsanlagen und Sicherheitsdiensten, die dennoch nicht davor schützen, dass Jugendliche mit Waffen die Gebäude betreten. Mehr noch: Während eine in die Subjekte schon verlagerte Pädagogik zulässt, dass die kustodialen und fürsorglichen Elemente verschwinden, welche ein sorgender Staat bereitgehalten hat, werden Forderungen laut, nicht in der pädagogischen Aufsicht der Unterschichten nachzulassen. Dafür mag es Gründe geben: das Dilemma der Situation besteht nur darin, dass die Verpflichtung auf Selbstbildung den auf den anderen gerichteten Affekt zerstört, nämlich als bloß moralisch motiviert delegitimiert, dass man doch für eine Praxis der Erziehung zu sorgen habe, die zwei Akteure umfasst. Das hatte die Antipädagogik vorbereitet, nun wird es gesellschaftliche Realität in einer Form, die den Atem stocken lässt: wer sich nicht selber bilden kann, ist selbst schuld. Wer von sich aus an den anderen denkt, Erzieher sein will, gilt als ein Auslaufmodell, es sei denn, er bekennt sich als ein gekaufter Dienstleister.

Noch subtiler vollzieht sich die neue Abrichtung der Subjekte, wo und wenn das pädagogische System in seiner Substanz preisgegeben und durch – vorgeblich verpflichtende – Standards ersetzt wird. Verdächtig wirkt dabei, wie die ganze Debatte schnell davon absieht, dass Standards nicht bloß für Ergebnisse gelten müssen, sondern auch für deren Bedingungen und die in ihnen praktizierten Verfahren. Diese werden schlicht vergessen: Verkürzte Schulzeit, ausfallende Stunden, wenig Lehrer, fehlende Kindergartenplätze, eine Sozialpädagogik, die Kürzungen in den Angeboten erfährt, welche von weiten Kreisen der Kinder und Jugendlichen genutzt werden. Alles kein Problem. Die Subjekte müssen sich gefälligst selbst darum kümmern, dass die Standards gewahrt bleiben. Man kann Erziehung und Bildung völlig kapitalisieren und privatisieren; zugleich gelingt es sogar, die individuellen Subjekte einem Diktat zu unterwerfen, bei dem sie sich frei fühlen und selbst den Maßstäben beugen. Dass sie diese nicht gesetzt haben, entgeht ihnen ebenso wie der Umstand, dass sie nun die Selbsterziehung und Selbstbildung zwar perfekt betreiben, gleichwohl zu einem Ende hin, mit dem sie gar nichts mehr zu tun haben. Das ist die spätmoderne, durch die OECD induzierte Pädagogik-Konzeption, die Gouvernementalité vollzieht. Denn nüchtern betrachtet reduziert sich die Suche nach Standards auf die Entwicklung von Tests. Die Vereinbarungen um das Berliner *Institut zur Qualitätsentwicklung im Bildungswesen* folgen einer Vorstellung, nach der Unterricht allein in Lernprozessen besteht, die man optimieren könnte. Eine Optimierung, die dann den wundersamen Pfeildiagrammen folgt, welche das pädagogische Geschehen illustrieren, von dem einen oder anderen aber für die empirische Wirklichkeit und mögliche Kausalitäten in ihr gehalten werden.

Das gesellschaftliche System der Erziehung verändert sich vor allem in seinen inhaltlichen Dimensionen. Etwas paradox formuliert zeigt sich, wie eine pädagogisch gewordene Gesellschaft nicht mehr erziehen kann; besser als jede Theorie macht die schräge Grammatik von Pink Floyd dies deutlich „We don't need no education": *Erziehung in der Moderne kennzeichnet, wie sie unmöglich wird, weil die Gesellschaft als solche eine substantiell pädagogische ist, deren Mitglieder sich selbst im Zustand der Erziehung thematisieren. Erziehung wird als ein vergesellschaftendes, durch die Subjekte selbst aktiviertes Optimierungsprogramm funktional, kann aber nicht mehr reflexiv eingeholt werden. Die Struktur der Pädagogik bleibt also auf halbem Wege stehen. Dabei geht ihr eine bislang geliehene Autorität verloren. Eine Autorität, die sich in der Verbindlichkeit von Strukturen gezeigt hat und die gerade darin die Möglichkeit von Widerstand und Selbständigkeit eröffnete. Dies war das Bildungswunder in einer modernen Erziehung: Sie hat zumindest die Freisetzung, die Emanzipation erlaubt – auch wenn dies vielleicht nur von wenigen genutzt wurde.*

So verschwindet die Differenz von Erziehung und Nicht-Erziehung, mithin die von protopädagogischer Voraussetzung und Erziehung. Trotz aller Universalisierung von Pädagogik kann man nicht mehr sicher stellen, dass die Subjekte erzogen werden. Das klingt wie die Realisierung des antipädagogischen Traums, stellt aber den Alptraum dar, weil weder die Bedingungen des Geschehens zu organisieren sind, noch aber die Subjekte zu Subjekten werden, die den Ausdruck verdienten. Erziehung wird unmöglich *und* unabweislich, kann nicht gelingen und muss doch allgegenwärtig sein, sich in unserem Alltag und in diesen hinein auflösen. Denn weder Familie noch Schule können die Vermittlungs- und Bildungsprozesse der Subjekte rahmen und dispositionell ermöglichen; diese sind vielmehr selbst in ein Verhältnis der Unmittelbarkeit zu den „großen" gesellschaftlichen Prozessen gestellt – wenngleich diese nicht eindeutig, sondern in sich brüchig sind und diese Fragmentierung wie Fragilität an die Subjekte weitergeben. Es fehlt also das dispositionelle Element zu einer Erziehung, die dem Muster und den Üblichkeiten entspricht, die in den ausklingenden modernen Gesellschaften noch verbindlich waren. Dramatik liegt darin, dass die Subjekte damit zugleich unmittelbar dem Einfluss gesellschaftlicher und kultureller Ansprüche ausgesetzt sind wie nie zuvor. Nicht zuletzt der Einfluss von Medien, vermittelt mit diesen eine geradezu wütend vereinnahmende kommerzielle Konsumkultur treffen auf die Individuen und unterwerfen sie sich. Sie werden früh als Akteure angesprochen, um ihren Willen auf die Produkte zu richten, sie sollen süchtig gemacht, ausgezehrt und dann weggeworfen werden; manche Kinder beginnen dann zu leiden, wenn die Spielkonsole nicht mehr erweitert werden kann, für die sie sich Techniken und Raffinessen angeeignet haben. Sie antizipieren damit nur das Dilemma, das einer Gesellschaft droht, wenn sie ihre innere Ausrichtung auf Konsum verliert. Nach ihrem konsumeristischen Kannibalismus speit sie die Schalen der Subjekte aus.

Weil aber die Verankerung des pädagogischen Codes selbst kontingent geschieht, nämlich individualisiert und immer schon subjektiviert, auf die eigene Leistung des Einzelnen angewiesen, kann dieser das Geschehen nicht kompensieren. Die Unmittelbarkeit der Vergesellschaftung als Subjekt in einem ungeschützten Prozess vollzieht sich riskant und zu einer riskanten Existenz hin, die noch in ein inneres Chaos führen kann. Wie die Postmoderne sich als Risiko-Gesellschaft für die Einzelnen darstellt, die gar nicht anders als Individuen sich denken können und dürfen, bewegt sich noch die Erzeugung dieses neuen, pädagogischen Sozialtypus in Ungewissheit. Es kann sein, dass die Einzelnen diesen aufnehmen, es muss aber nicht sein; vielleicht geraten sie zufällig an ein Computer-Spiel, das im Handeln den Einzelnen lehrt, als Killer zu agieren; Gegenstimmen sprechen nur eine Möglichkeit unter anderen aus, für die der Optimierungscode dann zwar taugt, die aber zu einem universalisierten Modell nicht erhoben werden kann. Der Fluch einer Performanzpädagogik besteht darin, dass sie ein Übersteigerungsmodell für alle denkbaren Fälle anzubieten vermag, aber keine Entscheidung ermöglicht, um Besseres von Schlechterem zu trennen.

Was bedeutet dies? Die spätmoderne Gesellschaft realisiert *einerseits* zum ersten Mal tatsächlich so etwas wie nachdrückliche und massive Sozialisation. Sie tut dies erfolgreich, weil sie die individuellen Subjekte schon früh an sich anschließt, jenseits aller institutionellen Beschränkungen, die diese an andere, nun wenig plausibel erscheinende Inhalte noch zu binden versucht. Aber warum soll man Bücher lesen, wenn das Fernsehen unmittelbar einsichtige Unterhaltung bietet, wenig Anstrengung verlangt und sich aus sich selbst belohnt? Dabei verweist noch das residual gewordene pädagogische System auf solche flüchtigen Medien, indem es Schüler zur Nutzung des Internet anhält. *Andererseits* aber zerstört diese Gesellschaft den sozialisatorischen Prozess. Sie lässt kaum mehr Spuren von Prinzipien des Sozialen, von einer Struktur des kollektiven Gedächtnisses, von Gemeinsamkeit zu. In ihrer Dynamik und dem damit verbundenen dauernden Versuch, alles kommerziellen Zwecken zu unterwerfen, frisst sie ihre eigenen Grundlagen auf. Sie kann weder ein überkommen Gültiges, kein für sich Stehendes, noch ein Bleibendes aushalten – diese Unerträglichkeit des Seins wird als Motiv früh und tief in den Seelen verankert. Zugleich werden die Subjekte mit hoher Verbindlichkeit an die heteronomen Zwecke, Absichten und Inhalte gebunden, welche eine marktförmig organisierte Unordnung in Milieus und Parallelkulturen bereithält; beides kann als problematisch angesehen werden: Die Pluralisierung und Fragmentierung, wie vor allem der nachdrückliche Zwang, den diese erzeugen. Das soziale und kulturelle Chaos, die Pathologie des Sozialen, ergreifen die Subjekte mit der Folge, dass diese innerlich zerrissen sind; sie spiegeln in ihrem seelischen Chaos ihre Gesellschaft und ihre Kultur wider: So erzwingen die spätmoderne Gesellschaft und ihre Kultur auf der einen Seite, dass Subjektivität aus sich selbst konstituiert wird; auf der anderen Seite aber dementieren sie diese Möglichkeit, indem sie mit starkem Druck nur einen für die gesellschaftlichen Prozesse erforderlichen Anschein von Subjektivität erlauben, welche doch nicht das Quantum an Widerständigkeit übersteigt, das noch gesellschaftlich nützlich ist. Der neue Typus besteht wohl darin, ein Subjekt zu sein, dem doch alle Subjektivität in einem emphatischen Sinne des Ausdrucks fehlt. Man geht wohl nicht fehl, wenn man vermutet, dass die Kritikfähigkeit zerstört werden soll. Dass das seelische Leiden, die psychische Erkrankung zunehmen, scheint unbestritten – so mancher Reparaturbetrieb wird schon eingerichtet. Zugleich zerbricht die Macht der Institutionen. Das schafft Freiheitsräume (Beck 1997), steigert aber Unsicherheit und Instabilität, eben weil die sichernde Dimension verloren geht, welche die Institutionen im pädagogischen Prozess geschaffen haben: Das pädagogische Problem wird somit tatsächlich freigelegt und muss neu bewältigt werden.[14]

Denn die pädagogische Problemlage zeichnet aus, dass es keine Voraussetzungen mehr gibt, auf welche die Beteiligten zurückgreifen könnten. Die Struktur der Erziehung verliert ihre Bedingungen, zumindest so weit diese von Gesellschaft und Kultur schon immer gesichert waren. Für die *Theorie* bedeutet dies, dass sie „erst jetzt in diesem Stadium der Vergesellschaftung von Bildung auf ihren irreduziblen historisch-systematischen Kern [stößt]. Das führt zu einer Si-

---

[14] Beck und Lau diskutieren dies zuletzt als Entgrenzung und Entscheidung (vgl. Beck/Lau 2004).

tuation, in der Bildung so entschieden wie nie zuvor lebens- und bereichsübergreifend gefordert wird, aber weniger denn je nach Inhalt und Form gewiss und gesichert ist. Bildung ist somit radikal auf sich bezogen, damit aber als auf sich bezogen radikalisiert" (Euler 2003, S. 417). In der *Praxis* verweist dies die beteiligten Akteure in einem Maße auf sich, wie es zwar schon zu ahnen war, aber nicht als Regelfall auftrat. Wenn Gesellschaften und Kulturen die Grundlagen von Erziehung nicht mehr sichern, sind die Subjekte auf eine gewiss tragische Weise gefordert – tragisch deshalb, weil sie kaum gewinnen können, sondern die Unsicherheit und Ungewissheit der Situation so thematisieren müssen, dass sie sich allemal als verantwortlich erleben. Der Vorgang lässt sich analog zu dem stellen, was Ulrich Beck als eines der Kennzeichen der Risikogesellschaft nennt: In ihr wird alles politisch, jede Beziehung von Subjekten steht zur Disposition, muss verhandelt werden. Als und für die Struktur der Erziehung gilt auch dies: jede Position muss thematisiert und begründet werden, sie ist von den Beteiligten und für diese zur Disposition gestellt. Erziehung wird so in der Tat reflexiv, Pädagogik muss kommunikativ geleistet werden.

Das pädagogische Geschehen wird somit subjektiviert und muss radikal in sich selbst begründet werden, ohne dass man auf sichernde Instanzen zurückgreifen könnte. Wer erzieht, lässt sich auf dieses Geschäft ein; die Angelegenheit ist ernst. Dies wird eben gesellschaftlich und kulturell auferlegt; man wählt tatsächlich zwischen unterschiedlichen Lebensformen und hält dies in bittere Konsequenz hinein durch. Erziehung ist eine der möglichen Lebensformen. Das ist nicht frei von Zynismus, weil sich Gesellschaft und Öffentlichkeit entziehen. Wer sich für Kinder, wer sich für den Umgang mit Zöglingen entscheidet, trägt dafür die Verantwortung – andere Lebenswege fallen aus. Man hat eine Alternative: vielleicht ein Porsche, vielleicht die Traumreise, vielleicht auch den unternehmerischen Erfolg. Oder eben Erziehung, die Arbeit an der Struktur der Pädagogik, mit Kindern, mit Erwachsenen, mit alternden Menschen – oft genug gegen eine Pädagogik, welche die Beteiligten schon selbst betreiben, weil sie ihnen als universalisierte auferlegt wird. Um nicht missverstanden zu werden: Verantwortung für Pädagogik, für die Struktur der Erziehung zu übernehmen – das ist nicht moralisierend gemeint. Es geht vielmehr um einen empirischen Befund. Spätmoderne Gesellschaften funktionieren so – sie bieten die von vielen gewählte Alternative, sich der pädagogischen Aufgabe zu entziehen.

Wer sich auf die Struktur einlässt, trägt die Konsequenzen. Sie bestehen in einer eigentümlichen Schutzlosigkeit der Pädagogen, der ein neues Ausmaß an Verantwortung für das Lernen und Aufwachsen korrespondiert: Sie sind unmittelbar und aktuell als Personen betroffen, sie können sie nur unmittelbar als Personen selbst bewältigen. Insofern beginnt Erziehung unter der Bedingung, dass sie sozial und kulturell nicht mehr geerdet ist, mit der Herstellung von schützenden, bergenden Rahmungen. Man kann von pädagogischen Orten sprechen, davon, ein Setting zu schaffen, das den Beteiligten eine Grundlage und einen Horizont schafft, eine Form von Verlässlichkeit gibt. Vielleicht geht es um eine „Erweiterung professioneller Kompetenzen in Richtung auf eine Pädagogik des Raums" (vgl. Seitter 2000, S. 93). Neil Postman sprach einmal von einer klösterlichen Atmosphäre; eine Überlegung, die ihm Spott auch von Erziehungswissenschaftlern eingebracht hat. Vermutlich hat er dennoch recht. An den Orten tritt die Aufgabe hervor, soziale Zusammenhänge, Gemeinschaft zu schaffen (Bauman 2001). Künstliche Gemeinschaften, mit all der Prekarität, dass sie gerade als solche eben auch nicht selbstverständlich sind und aufrechterhalten werden müssen. Das deutet auf eine „Rehabilitierung und pädagogische Neuakzentuierung des Begriffs der Geselligkeit" hin (Seitter 2000, S. 92 f), um sich gegenüber den schon immer stattfindenden Vergesellschaftungsprozessen zur Wehr zu setzen. Vielleicht muss Pädagogik beginnen, die Struktur der Erziehung zu sichern, indem sie Gegenwelten eröffnet – als Struktur und in solchen.

Man kann gegenüber dieser Radikalisierung der Erziehungsproblematik skeptisch sein; in der Tat werden damit Traditionen geschwächt, verliert das bislang vordergründig selbstverständlich Überlieferte seine Wirkmächtigkeit. Objektiv überrascht eher, wie viel Normalität, wie viel Konsens in den spätmodernen Gesellschaften in den alltäglichen Praktiken realisiert werden. Auch wenn zuweilen der Eindruck entsteht, dass Devianz zum Normalfall, Verbrechen zur Massenbedrohung werden, sprechen die Daten gegen eine solche Vermutung. In weiten Bereichen der deutschen Gesellschaft ist das Leben sicherer geworden – in anderen Gesellschaften trifft dies nicht mehr zu, weder in den USA noch in Großbritannien oder in Frankreich. Vor allem verlieren mit dem Vorgang der Individualisierung und Liberalisierung Dogmatismen und Fundamentalismen ihre Wirkung auf große Kollektive. Zweifellos verschreiben sich Einzelne und vielleicht sogar noch Gruppen deren Formeln, wenig wahrscheinlich aber ist, dass eine ganze Gesellschaft einer Ideologie verfällt. Den meisten ist deutlich, dass es um eine Lüge geht, von der man sich in einer Weise distanzieren kann, in der dem Individuum eine große Rolle zukommt. Allerdings: auch hier lehren die USA, dass und wie die Form des Fundamentalismus, etwa das Bekenntnis zur Bibeltreue, zu einem Motor der Gesellschaft werden kann; dass ihr Präsident sich auf göttliche Eingebung und göttlichen Rat beruft, um einen Krieg zu führen, dass seine Reden und die des britischen Premiers eine alttestamentarische Semantik aussprechen, sollte als Warnzeichen gelesen werden.

Das verlangt freilich auch, dass Werte, die prinzipiell als universalistisch begründet gelten, Thema und Gegenstand einer bewussten pädagogischen Arbeit werden. Sie verlieren ihren Grund in einer kollektiven Tradition, werden mithin auf eine schmerzhafte Weise beliebig, da sie kontingent und individualisiert erscheinen. Insofern besteht allerdings eine Gefahr für die als universell geltenden Werte und als allgemein angenommenen Normen. Die Verfechter einer Werterziehung haben daher prinzipiell recht, wenn sie darauf insistieren, dass diese einer besonderen Aufmerksamkeit in pädagogischen Prozessen bedürfen. Sie müssen in diese eingebracht werden – aber können nur individuell als Möglichkeit verteidigt werden.

Für die Sache der Erziehung zieht dies nach sich, dass die Erzieher sich einerseits auf institutionellen Schutz, auf ihre klassischen Rollen und Distanzierungsmodelle, auf ihre Strategien der Vermittlung nicht verlassen können; irritierenderweise droht ihnen dies besonders noch in den sich verdichtenden Institutionen. Sie werden geradezu ungebremst als pädagogisch handelnde *Personen* gefragt – von den Zöglingen, die aber zugleich die Pädagogen als anstrengend empfinden. Die Fachleute der Erziehung befinden sich in einem prekären Status, weil sie *authentische Pädagogen* sein müssen, für die Struktur der Erziehung einzugestehen, dies aber als eine entinstitutionalisierte Fachlichkeit betreiben müssen. Dies gelingt nur, wenn sie ihren Lebensentwurf präsentieren und repräsentieren; sie selbst sind es, die sich zugleich auch als dritter Faktor zur Disposition stellen, insofern in Aushandlungsprozesse eintreten, sowohl als Erzieher wie als Zöglinge. Nicht nur sind Erwachsene unmittelbar gefordert und können sich auf keine Instanz berufen, welche ihnen die pädagogischen Fragen abnimmt. Vielmehr sind die Zöglinge, die Kinder und Jugendliche von vornherein Subjekte, welchen Subjektivität zuzubilligen ist. Erzieher können zwar noch trotz ihrer Unsicherheit Anregung geben, fordern und unterstützen, aber sie müssen zuallererst die Voraussetzungen schaffen, dass Zöglinge, dass Kinder und Jugendliche selbst agieren können; *Selbstwirksamkeit* ist das Schlüsselwort. Dieses Schlüsselwort aber besagt, dass Kinder an der Gestaltung ihrer Lebensverhältnisse mitwirken können und dies müssen. Dies hält die Formel von der Partizipation fest, die aber nicht verschleiern darf, wie sie doch selbst an Lernprozesse gebunden ist. Das Problem des dispositionellen und vorpädagogisch gesicherten Elements als Erziehung löst sich mithin nicht in Luft auf, sondern muss auch hier wiederum gesichert werden. Oder umgekehrt: wo dies nicht getan wird, geraten Kinder (oder auch ältere Menschen) in fatale Gefahrensituationen.

Von einem Ende der Pädagogik zu sprechen, ist also falsch. Erziehung bedarf aber einer Reflexion auf sich selbst, wobei die beteiligten Subjekte diese reflexiv werdende Pädagogik gleichsam selbst aufrufen müssen. So eigentümlich dies wirkt: Eben weil Erziehung sozial und kulturell verstreut wird, weil selbst die kindlichen Subjekte, also die Zöglinge einer gesellschaftlich zugemuteten Pädagogik ausgesetzt sind, müssen sie beginnen, die Struktur der Erziehung selbst zu wollen. Vielleicht kann dem eine Pädagogik entgegenkommen, welche die öffentliche Verantwortung explizit reklamiert; sie kann und muss für sich eine Sphäre fordern, die jenseits der Privatisierung im Elternhaus, unabhängig auch von den zunächst verarmten, dann kapitalisierten ehedem staatlichen Bildungseinrichten zu sehen ist; schon zu Beginn des 19. Jahrhunderts haben Herbart und Schleiermacher eine solche öffentliche Erziehung gesehen, am Anfang des 20. Jahrhunderts sprach Dewey von ihr. Gegenwärtig zeichnet sich erneut eine Tendenz ab, eine solche öffentliche Verantwortung deutlich zu machen, in Kooperation mit Eltern, die selbst Unterstützung brauchen (vgl. Bundesministerium für Familien, Senioren, Frauen und Jugend 2002) – wenn sie sich denn noch zur Elternschaft entschließen. Pädagogik bedeutet somit ständige Vergewisserung, Reflexivität des Individuums, im Blick auf die gegebenen Anforderungen und Möglichkeiten, sowie in dem auf die sozialen und kulturellen Veränderungen, welche noch in den Subjekten selbst als pädagogischer Code zur Wirkung kommen; die Beteiligten müssen Aufmerksamkeit entwickeln, „Awareness" (Dreitzel 1992) zeigen, um sich in den pädagogischen Prozess hineinzubewegen oder diesen doch zu beherrschen. Es kommt nicht nur darauf an, jene gesellschaftlichen und kulturellen Prozesse zu zivilisieren, sondern das Pädagogische selbst muss kontrolliert werden – und bietet aber durchaus so schon Anknüpfungspunkte. Denn so viel steht auch fest: der pädagogische Code kann als ein vorpädagogisches Moment wirken, das die Struktur der Erziehung erlaubt. Aber diese im Prinzip richtige Einsicht verfehlt, dass und wie das Subjekt aus dem Zusammenhang von Strukturen entsteht, in welchen und an welchen es sich erarbeiten kann. Deutlich wird, dass Struktur konkret zu fassen ist, dass die pädagogische Situation gegliedert und geordnet werden muss.

Gleichwohl können Erzieher den Zöglingen nur noch eine Welt präsentieren, von der *sie selbst* – und fatalerweise *nur* sie selbst – meinen, dass sie eine taugliche Welt ist. Sie präsentieren und repräsentieren eine Lebensform, von der nur sie wissen, dass sie wichtig, bedeutsam und lebenswert war und ist; sie kann kaum mehr als ein Vorschlag sein, für den die subjektiven Akteure einstehen. Deshalb müssen sich Pädagogen um ethische Fragen, um Weltzustände kümmern, engagiert sein, ohne jedoch erwarten zu dürfen, dass ihre Vorstellungen verallgemeinerungsfähig sind; noch ihre eigene Lebensgeschichte kann ein Modell gelebten Lebens sein. Das verlangt auch, die Rolle des Erwachsenen anzunehmen – eine schwierige Herausforderung angesichts einer Gesellschaft, die sich hochgradig juvenil gibt.

Für alle Beteiligten wird das Erziehungsgeschäft mühsam und anstrengend; Pädagogen sehen sich mit einer Verantwortung belastet, an der sie schnell zerbrechen, ihr Geschäft zeigt sich als eine dauernde Aufgabe, die sofort wieder verblasst. Man muss mehr erziehen als je zuvor, konkurriert aber mit sozialen und kulturellen Anforderungen allzumal der inszenierten Konsumangebote. Dabei werden die Zusammenhänge des pädagogische Geschäfts eigentümlich diffus; man muss eigentlich überall erziehen und kann dies gar nicht. Wer erzieht, gerät in die verrückte Spannung, die Voraussetzungen für sein Geschäft, allzumal eine Form von Gemeinschaft zu erzeugen, die auf Offenheit hin interpretiert werden muss. Die Dispositionen benötigen eine perspektivische Dimension, die aber nicht zu stark werden darf, weil sie andernfalls das Geschäft schon wieder verhindert; ohnedies überzeugt sie die Zöglinge kaum mehr. Damit tritt erneut eine Spannung hervor, die schon Schleiermacher gesehen hat: Erziehung muss sowohl für die Gegenwart wie auch für die Zukunft hin angelegt sein. Die Institutionen hatten in der modernen Gesellschaften kaum einen Gegenwartsbezug, während sie in der Postmoderne vorrangig diesen haben. Beide Möglichkeiten müssen nun ausgeglichen werden.

Pädagogik der Postmoderne rechnet daher unvermeidlich mit Subjektivität. Ihre Aufgabe besteht darin, die eigene Struktur und die Voraussetzungen zu sichern, in welchen das vorpädagogische Moment und die Disposition zur Erziehung, Bildsamkeit entstehen. Aber sie kann sich nicht mehr darauf beziehen, dass sie diese vorfindet oder erzeugt, um so den Prozess der Bildung von Subjektivität auszulösen. Unter den Bedingungen einer gesellschaftlichen und kulturellen Unsicherheit auf der einen Seite, hochgradiger Individualisierung auf der anderen Seite, endlich der gesellschaftlichen Erzeugtheit einer prekären, weil nämlich vereinnahmten Subjektivität, geht es nun darum, das pädagogische Geschehen so zu gestalten, dass genau diese Voraussetzung aufgenommen wird. Erziehung muss gewollt werden, bezogen auf Subjekte, die sich ihrer selbst inne werden, im Horizont von Möglichkeiten, welche ihnen andere Subjekte eröffnen, oft genug gegen eine schon verallgemeinerte Pädagogik, in welche die Subjekte sich selbst einsozialisieren.

Die pädagogische Sorge bekommt so eine eigentümliche Richtung. Zivilisierung und Kultivierung der Pädagogik, Aufrechterhalten ihrer Qualität zielen darauf, dass Subjekte sich um sich selbst sorgen können. Das ist mehr als die bislang vertretene Erwartung, die Zöglinge des Erziehungsgeschehens als konkrete Individuen in ihrer besonderen Verfassung zu sehen und sie an gesellschaftliche und kulturelle Gegebenheiten anzuschließen. Jetzt geht es vor allem darum, dass sie sich in ihrer Subjektivität selbst bemächtigen und verteidigen können, gegenüber dem, was ihnen gesellschaftlich und kulturell auch angetan wird – dass sie sich selbst bestimmen können, weil sie mit anderen Individuen gelernt haben, wie dies zu leisten ist. Insofern muss Pädagogik als Disziplin und Profession sich ihrer selbst besinnen und Kritik von Vergesellschaftungsprozessen leisten. Die als Subjektivität erscheinende Sorge um sich selbst verlangt nämlich von Pädagogik, sich gegen eine Subjektivitätszumutung zu wehren, die eben diese Subjektivität noch stellt. Darin liegt die neue Dialektik der Pädagogik: Mit ihrem Insistieren auf die eigene Struktur wird dem sozial erzeugten Subjekt die Möglichkeit gegeben, als Subjekt sich selbst zu schaffen, gegen das, was ihm angetan wird. Pädagogik leistet Sicherung einer reflexiven Subjektivität, in der das Subjekt sich gegen gesellschaftlich verordnete Subjektivit wendet und sich in der Möglichkeit selbst erkämpft, die das pädagogisch organisierte Vermittlungsgeschehen zugänglich macht.

> „Natürlich bedarf da einiges der Klärung, aber Ihre
> Erklärungen sind alle noch unglaublicher als das
> eigentliche Problem. [...] Sie halten diese Leute auf der
> einen Seite für viel zu raffiniert und auf der anderen
> Seite für viel zu dumm. Die Lösung, wie sie auch
> immer aussieht, muß einfacher sein – großzügiger –,
> nicht so beengt. Verstehen Sie nicht, was ich meine?
> Sie konstruieren hier nur einen Fall und sonst nichts."
> „Ich verstehe, was Sie meinen", sagte Wimsey."
> (Dorothy Sayers)

18 You don't need a weatherman to know which way the wind blows. Oder: die Unvermeidlichkeit der großen Ambition im pädagogischen Zusammenhang

Zu den letzten Fragen der Pädagogik gehören die der ethischen Begründung von Erziehung sowie jene der pädagogischen Normativität. Diese Problemstellung weist mancher lächelnd mit lässiger Handbewegung ab; Erziehung sei zwar moralische Kommunikation, gleichwohl dürfe ihre Theorie nicht moralisch werden; manche tun so, als ob Moral etwas Unanständiges wäre. Doch nicht nur, dass sie schlicht Fragen der Ethik mit solchen der Moral verwechseln; vielmehr erzwingt gerade die Offenheit der gesellschaftlich und kulturell gegebenen Situation, sich über normative Grundlagen zu vergewissern. Der Zynismus der gegenwärtigen Debatte nicht nur in der Erziehungswissenschaft besteht durchaus darin, ethische Fragen zugunsten von Beschreibungen und Kausalitätsannahmen beseitigen zu wollen, mit Kompetenzdefinitionen und Tests aber hinterrücks wieder einzuführen; diese hängen allemal von normativen Entscheidungen ab, die aber nicht allein in den Testlabors getroffen werden dürfen – es sei denn, man verfolgt Bemächtigungsstrategien.

Pädagogische Theorie entkommt also nicht den Problemen, die – in der Philosophie – dem Anfang gelten, zugleich auch dem Ende, sofern es in ihnen darum geht, wie ein Handeln zu bestimmen ist, in welche Richtung es zu wenden sei, was mit ihm erreicht werden soll. Ihr Gewicht bekommen diese Problemstellungen, weil in ihnen ein religiöses Motiv nachklingt, das spätestens mit der Reformation, dem Calvinismus allzumal, auf Menschen zurückbezogen wurde. Welche Zukunft diesen eröffnet sei, steht in Beziehung mit ihren weltlichen Tätigkeiten. Säkularisiert geht dieser Gedanke in das neuzeitliche Selbstverständnis ein, nach welchem Menschen sich selbst entwerfen können, indem sie Projekte angehen; sie können ihre Gegenwart transzendieren, sich selbst überschreiten, mithin aus einer Zukunft begreifen, die sie noch selbst bestimmen. Damit zeichnet sich das höchste denkbare Privileg ab, das der menschlichen Gattung zukommt: sie kann sich einen Entwurf von sich selbst machen, dem sie sich in der Kritik der eigenen Verhältnisse unterwirft. Insofern wird eigene Normativität zum Schlüssel des Humanen; als Autonomie erweist sich, eigene Ziele zu benennen und auszusprechen. Spätestens die Aufklärung weist hier der Erziehung eine zentrale Rolle zu; die Aufladung durch utopische Energie gibt ihr die eigene Aura und belastet sie mit großen Erwartungen und Ambitionen. Muss und soll, kann man die Menschheit durch Erziehung retten? Ist die Humanisierung des Humanen die Aufgabe, welche im Alltag des pädagogischen Geschehens zu bewältigen ist? Vorsicht vor schnellen Antworten ist angebracht: Abgesehen davon, dass es vielleicht grundlegend darum geht, die Naturmöglichkeit des Gattungsmenschen zu realisieren, muss man auch in der Banalität des Alltagslebens gelegentlich den einen oder anderen jungen Menschen durch Erziehung die Möglichkeit eröffnen, „ganz menschlich" zu werden; der ironische Unterton verrät tiefere Wahrheit.

Selbstverständlich wird die Frage nach einer ethischen Begründung der Erziehung auch durch die Faktizität des Geschehens beantwortet, prima facie durch den pädagogischen Alltag selbst. Es gibt diesen, er muss nicht mehr gerechtfertigt und begründet werden, vor allem: seine Trivialität überwältigt – der Fall aus den Höhen des Heiligen in die Hölle der Banalität ist ziemlich tief: Denn Erziehung zeigt sich in der vergeblichen Nachdrücklichkeit, mit der zum Zähneputzen aufgefordert wird (und bei Älteren, dass sie doch mehr Flüssigkeit zu sich nehmen sollen). Sie vollzieht sich mit dem Hinweis darauf, das Messer in die rechte Hand und die Gabel in die linke zu nehmen; sie spricht sich aus mit dem Rat, Kartoffeln nicht zu schneiden, obwohl doch die Messer längst aus rostfreiem Stahl gefertigt sind. Sie geschieht in dem Kampf, *Sex and the City* erst nach dem 16. Geburtstag sehen zu dürfen – den gegen das Rauchen entscheidet die Industrie, indem sie dem Tabak jene Stoffe entzieht, welche bei Erstkonsumenten Übelkeit erzeugen.

In all den genannten, trivialen wie auch weniger trivialen Beispielen spielen Normen mit, strenger sanktionierte wie milder geahndete, strafrechtlich bewehrte wie nur konventionell gestützte. Sie wirken so stark, dass wir ihnen gar nicht entkommen (Hondrich 1997). Dabei wirken kulturelle Hintergrundannahmen, die als Orientierungsmuster in professionelles Handeln und disziplinäre Reflexionen eingehen, als kulturelle Selbstverständlichkeit und Weltanschauung gar nicht bemerkt werden. Man kann von einem kollektiv Unbewussten ausgehen (Bühl 2000), das als *Menschenbild* kommuniziert wird – möglicherweise findet sich sogar eine tiefliegende, archaische Intuition in Sachen Pädagogik. Vielleicht ist diese an ethologische Muster gebunden. Das könnte den Befund der pädagogische Professionsforschung erklären, dass die Beteiligten meinen, weniger von ihrer Ausbildung und mehr von den Vorstellungen zu profitieren, die sie in das Geschäft schon mitgebracht haben (Thole/Küster-Schapfl 1997). Bei aller Gefahr eines nativistischen Missverständnisses, darf man an einen geborenen Erzieher denken. Damit ist nicht die Formel gemeint, die Kerschensteiner und Spranger nutzten – ein Erzieher müsse agieren, als wäre er dazu geboren. Vielmehr heben jüngere Überlegungen auf genetische Dispositionen ab, welche das Erziehungsgeschäft erleichtern (Neumann 2003) – vermutlich handelt es sich um die Fähigkeit, Lärm zu ertragen.

Erziehung passiert jedenfalls – und sie passiert mit einer Notwendigkeit, die zwar keiner Naturkausalität entspricht, aber mit der Erzeugtheit der menschlichen Existenz und dem Zwang zu tun hat, diesen in einem Vermittlungsprozess zu erhalten. Zu begründen wäre, wenn man auf Erziehung verzichtet. Normative Erörterungen lassen sich aber unterscheiden in pragmatische und solche, welche das Problem der Erziehung und ihrer Grundstruktur insgesamt berühren; die Übergänge zwischen beiden verfließen, verklammert werden sie im Grundsatz, dass Erziehung sein soll. Dieser macht Absicht und ein Handeln nötig, das sich seiner eigenen Aufgaben vergewissert, ohne den Widerspruch aufzuösen. Auch pragmatische Normen schießen sich zuweilen logisch aus. *Pragmatische Normen* sprechen daher kaum einsinnige Handlungsanweisungen aus; sie sind einerseits auf Verständigungsprozesse angewiesen, in welchen sich die Beteiligten das Geschehen zu eigen machen. Sie markieren letztlich ein Spannungsfeld der Auseinandersetzung, einen diskursiven Raum, der im Erziehungsgeschäft selbst auszuloten ist und praktisch mit Takt auszuhalten ist; wider alle Vorbehalte wird mit Kindern und Jugendlichen raisonniert. Andererseits zeichnet pragmatische Normen aus, dass sie dem Wissen um Strukturen und Vorgänge folgen, welche die Sache der Erziehung auszeichnen, jedoch stets im Blick auf Individuen bedacht werden müssen. Die Normen dienen mithin als Prüfregeln, deren Verallgemeinerungsfähigkeit vermutet wird, eingeschränkt freilich für eine historisch gegebene gesellschaftliche und kulturelle Konfiguration. Nicht immer werden diese Regeln in Diskurse eingebracht. Wo dies nicht gelingt, kann man dem von Herbart vorgeschlagenen Kriterium folgen, nach welchem der Zögling als ein Erwachsener die Zustimmung zur erfahrenen Erziehung geben könnte. Prüfen lässt sich daran, ob sie Zukunftsmöglichkeiten eröffnet, über welche junge Menschen später selbst entscheiden können. Sie wäre dann als Sicherung von Autonomie ausgezeichnet.

Eine Dimension von Normativität steckt schon in der Sache selbst. Jedes Handwerk erzeugt sie aus sich heraus, weil es mit dem vorhandenen Wissen und Können seine Aufgaben gut erledigen möchte (MacIntyre 1987). Der *state of the art* ist einzuhalten, ohne ihm blind zu verfallen. Dennoch: in der Unsicherheit eines jeden Wissens, das wissenschaftlich generiert wird, bleibt doch an seiner aktuellen Gültigkeit festzuhalten – es gibt mehr basale Grundsätze über gute Bedingungen des Aufwachsens, als dies wahrgenommen wird, möglicherweise sogar mit Zügen des Universalen. Damit rücken allerdings pragmatische Überlegungen in die Nähe der Erziehungsratgeber, die von nicht wenigen verachtet werden. Doch was macht eigentlich solche Ratgeber erforderlich? Sicher spielt die Unsicherheit mit, welche sie oftmals selbst noch verstärken, weil sie Expertenwissen behaupten, das gerade als solches kaum eindeutig sein kann. Nicht minder sind Ratgeber gefordert, weil die Disziplin sich vornehm zurückhält. Warum sie sich nicht in die Nähe der Anwendung bewegen will, bleibt ein Rätsel – man kann nur hoffen, dass die Negativbeispiele sie dazu veranlassen. Dennoch: andere Disziplinen – so die Psychologie – wie vor allem andere Gesellschaften verhalten sich weniger skrupulös. In den USA und in Großbritannien erscheinen Empfehlungen nicht als anstößig; ob sie Erfolg haben, bleibt dahingestellt. In der Regel verkennen sie nämlich die Grundstruktur der Praxis des Erziehens. Gleichwohl: dass Erzieher Sicherheit haben wollen, stellt ein legitimes Anliegen dar, das nicht unbeantwortet bleiben soll. Vor allem: Pragmatische Normen und Regeln dienen dem Schutz für alle Beteiligten, sie sichern nicht nur, dass man man mit einer Situation umgehen, in ihr weiter handeln kann, sondern vor allem, dass man dies unterlässt – dann, wenn Handeln übergriffig wird, wenn es zu zerstören beginnt, wenn es selbst Optionen verstellt.

Endlich muss man sich vielleicht gegenüber falscher Zustimmung wehren. Denn die Empfehlung pragmatischer Normen, welche sich an dem aktuell verfügbaren Wissen über das Aufwachsen und das Lernen, über Vermittlung und Aneignung orientieren, erinnert an John Dewey. So plädieren manche für eine Erziehung für Demokratie und Öffentlichkeit; sie tun dies in Distanzierung gegenüber dem „linken" Veränderungsprojekt. Das macht sie ein bisserl verdächtig, weil sie die Augen gegenüber dem verschließen, was an realer Veränderung gegenwärtig betrieben wird und nicht minder pädagogisch sach- und sinnwidrig geschieht. Immerhin reizt an diesem Ansatz, dass er Abschied nehmen will von den großen Ambitionen und den falschen Propheten sozialer und kultureller Veränderung, um umgekehrt die Aufmerksamkeit auf die Gegenwart und ihre aktuellen Probleme zu richten. Wenigstens eine der Grundideen des Pragmatismus Dewey's bestand darin, das Nachdenken auf die Lösung solcher Probleme zu richten, dabei nicht blind gegenüber den verfügbaren, allerdings revisionsfähigen wissenschaftlichen Befunden zu werden, sie aber nicht überbewerten zu wollen. Vielleicht könnte man die Idee so formulieren: Wo man den Eindruck hat, dass etwas geschehen müsse, sollte man versuchen, die Möglichkeit einer Veränderung wahrzunehmen. Dabei sollte aber der Horizont nicht vergessen werden, den eine andere Grundidee des Pragmatismus gegeben hat: Er wollte sein Denken und Handeln ausrichten an einem Verständnis von Öffentlichkeit, das mit Gemeinde, mit Kommunalität, vielleicht mit dem zu tun hat, was der antike Begriff der Polis bezeichnete: tua res agitur, wäre die Formel dafür, die man auch als Grundvorstellung des Bürgerschaftlichen bezeichnen könnte, wäre dieser Begriff nicht schon so abgenutzt.

Dass Erziehung sein soll!

Die fundamentale pragmatisch relevante Norm der Pädagogik lautet, *dass Erziehung sein soll*. Das Paradox besteht darin, dass Erziehung eben auch nicht geschehen oder gar verhindert werden kann, weniger aus explizit böser Absicht, bedingt aber durch die soziale und kulturelle Realität selbst. Die Norm erinnert daher an das evolutionär eingetretene Datum der Konstitution menschlicher Existenz in ihrer historischen, sozialen und kulturell spezifischen Lebensweise durch Vermittlung; diese ist nicht zu hintergehen, muss aber praktisch immer wieder bewältigt werden. Der Sinn pragmatischer Normativität besteht also vorrangig darin, zu einer Prüfung zu befähigen, welche sowohl die Aufmerksamkeit auf das pädagogische Problem richtet, wie danach sucht, ob und inwiefern die Struktur der Erziehung noch bewahrt oder organisiert wird. Lassen eine Gesellschaft und ihre Kultur die Praxis der Erziehung in ihrer eigenen Qualität, in ihrer strukturellen Logik und Funktionalität zu, mit dem Maß an Autonomie, das sich in diesen eröffnet?

- Dass Erziehung sein soll, knüpft an ein ethisches Prinzip an, das Hans Jonas in seiner Ethik der Verantwortung entwirft (Jonas 1979); es hat eine eigentümliche Dringlichkeit in einigen fortgeschrittenen Industriegesellschaften gewonnen. Jonas spricht davon, dass Menschen sein sollen – dies gibt ihm den Maßstab: Nicht Maschinen, nicht Aktien, nicht das wirtschaftliche Wachstum dürfen Vorrang vor der elementaren Anforderung haben, der Existenz von Menschen Genüge zu tun. Das ist zu konkretisieren: Zwar sind die Folgen des demographischen Wandels umstritten. Doch zeichnet sich ab, dass sich in der absoluten und relativen Zunahme älterer Menschen eine tiefreichende (und langfristig wirkende) Veränderung von Gesellschaft abzeichnet. Diese wird man hinnehmen und bewältigen. Im Kern aber muss man sich darüber im Klaren sein, dass die Prozesse der Einigung von Natur und Geist, dass Vermittlung als ein Konstitutivum des Humanum an Gewicht verlieren. Wenn keine Menschen mehr geboren werden, wird die Aufgabe der Erziehung abgeschwächt, wenn ältere Menschen ausgegrenzt werden, verstärkt sich dieser Prozess sogar.

Freilich muss man nicht Erziehung um ihrer selbst wollen – darauf liefe nämlich diese Norm heraus. Gleichwohl steht sie als Imperativ zu einer Prüfung am Anfang. Man muss fragen, ob zutrifft, dass die Intuition schwindet, dass es entwicklungsfähige Subjekte in einer Gesellschaft, mithin vor allem Kinder geben müsse. Diese Prüfung ist dabei nötig im Blick darauf, was sie gesellschaftlich und kulturell bedeutet. Dies kann abstrakt wohl kaum entschieden werden; konkret aber nähert sich dies vielleicht einem Szenario des Schreckens an, wenn Orte alt werden, in jeder Hinsicht des Lebens, das an ihnen geführt wird.

- Die Forderung nach Erziehung stützt sich auf die Einsicht, dass die späte Moderne riskant für das Aufwachsen und die Entwicklung von Menschen wird und, bei aller Forderung nach Lernen, nach angepasstem und zugleich flexiblem Verhalten, die Voraussetzungen dafür in keiner Phase des Lebens mehr gewährt. Man kann einwenden, dass hierin Kulturkritik anklinge. In der Tat: so ganz originell ist die Mahnung der als Bedenkenträger Denunzierten nicht; sie haben schon öfters die soziale und kulturelle Fähigkeit zur Erziehung bezweifelt und Sorge gegenüber einer gesellschaftlichen Verfassung vorgetragen. Indes: Man ist mit pädagogischer Sorge nicht nur kulturkonservativer Pessimist, zumal wenn man die Befunde zur Möglichkeit des Aufwachsens und zur Entwicklung von Menschen aufnimmt; im Gegenteil: als – wie das im Wienerischen so schön heißt – Raunzer bleibt man Optimist, sowohl weil man das eigene Überleben glaubt (andernfalls würde man nicht klagen), wie auch gerade darin Alternativen denkbar macht. Raunzen spricht Opposition aus, gefährlicher sind die, die glücklich lächelnd mitspielen. Vor allem: Wir wissen mehr über die (fehlende) Kultur des Aufwachsens, als dies in früheren Zeiten der Fall war. Dabei zeigen diese Befunde weniger (wenngleich auch), dass Gesellschaften in ihrer sozialisatorischen Qualität schwächer werden und als eine Seite der Individualisierung zur Desintegration tendieren. Vielmehr belegen sie, wie die moderne Prekarität des Aufwachsens darin liegt, dass Gesellschaften ein zunehmendes Gewicht gegenüber den individualisierten Individuen gewinnen, diese in Anspruch nehmen, ohne ihnen Möglichkeiten zur Distanzierung zu gewähren. Das normativ entscheidende Dilemma liegt darin, dass die Gesellschaften gerade in der Desintegration übermächtig werden (vgl. Honneth 1994). Sie sind daran interessiert, die Menschen zu vereinnahmen – in produktiver Hinsicht, indem sie ihnen *employability* abverlangen, als Konsumenten, die gezwungen werden, sich an Produktzyklen anzuschließen, welche sich immer stärker beschleunigen. Vielleicht liegt sogar in dieser Konsumorientierung die Achillesferse des globalisierten Kapitalismus – der *consumer society* als moderner Form der Vergesellschaftung scheint eine kürzere Lebensdauer beschieden, als man ursprünglich vermutet hat. Insofern überraschen die zwanghaften Versuche nicht so sehr, die Programmatik schnell von einer Nicht-Erziehung, in welcher der Konsum vergesellschaftet, umzustellen zu einer radikalen Abrichtung der work force. Deshalb muss die Forderung, dass Erziehung sein soll, immer die Bestimmung folgen, dass Autonomie nicht vergessen werden darf.

- Dass Erziehung sein soll, muss verlangt werden, weil die historisch gegebene Dynamik und Komplexität sozialer und kultureller Bedingungen der Moderne die Selbstverständlichkeit pädagogischer Praxis unwahrscheinlich werden lässt. Der Prozess der Vermittlung von Natur und Geist lässt sich weder stillschweigend voraussetzen, noch darf er ohne Bruch und ohne Widerstand erwartet werden. Ein weit fortgeschrittener Kapitalismus, der sich noch der Menschen als eines überflüssigen Ballasts zu entledigen versucht, stellt sich der Erziehung in den Weg: überflüssig und zu teuer. Wer sie will, wird mit dem gesamten Nachwuchs darauf verwiesen, dass es sich um eine Privatangelegenheit handelt. Es geht also nicht nur um geteilte Verantwortung; Öffentlichkeit, mithin die Instanzen der Politik und der Medien, dann das öffentlich unterstützte pädagogische System, Schule, Kinder- und Jugendhilfe auf der einen Seite, Familien in ihren unterschiedlichen Formen auf der anderen Seite müssen diese Verantwortung aufnehmen – man muss sie ihnen auch geben. Das setzt ein gemeinsam geteiltes Einverständnis, eine kollektive Mentalität voraus. Solange der Gesetzgeber ebenso wie die Mehrzahl der Unternehmen, solange fast alle Institutionen so tun, als ob ihre Entscheidungen und Praktiken nichts mit dem Aufwachsen und der Entwicklung zu tun haben, so lange sie nicht begreifen, dass und wie sie die Gegenstände der Aneignung, den dritten Faktor also bestimmen und gestalten, kann man von einer Kultur des Aufwachsens nicht ernsthaft reden.

- Dies legt nahe, an der Forderung nach Erziehung ganz besonders angesichts einer euphorischen (oder eher: euphorisierenden) Bildungsdebatte festzuhalten. Gewiss: nach Erziehung zu fragen, wirkt ein wenig überholt und jenseits der aktuellen Debatten. Indes liegt jedoch genau darin ein Grund dafür, auf Erziehung zu achten: Der in den öffentlichen Debatten genutzte Begriff von Bildung hat wenig mit dem zu tun, was dieser in seiner großen Zeit meinte. Ursprünglich nicht philosophisch gedacht, dann aber doch als explizit philosophischer Begriff gegen eine utilitaristische Denkweise gerichtet, entwarf er ein großes Projekt der Humanisierung der Humanen, der Veredelung des Menschengeschlechts. Nüchtern betrachtet blieb davon nur das deutsche Gymnasium übrig, dann jene Kontamination, dass eine Bildungs- und Kulturnation dem Faschismus keinen Widerstand geboten hat. Im Guten wie im Schlechten hat sich davon die aktuelle Debatte weit entfernt; ihre Malaise besteht nur darin, von Bildung allein im Blick auf Schule zu reden. Gemeint ist Ausbildung, eigentlich Qualifikation. Letztlich versteckt sich im öffentlichen und politischen, leider auch im fachlichen Diskurs heute eine Bestialisierung, wenn nicht sogar Barbarisierung; da sie aber unter ökonomischen Vorzeichen geschieht, merkt dies kaum einer. Vor allem: Diese Bildungsdebatte hat sich in der Vergangenheit, erst recht aber in der Gegenwart nie um die Voraussetzungen gekümmert, welche das Bildungsgeschehen bestimmen. Gleich, ob die große, philosophisch begründete Bildung oder die banale, scholare, längst curricular zurechtgestutzte Instruktionspädagogik gemeint ist, immer ist Erziehung vorausgesetzt, in der sie auszeichnenden Spannung, Vermittlung zur Aneignung zu ermöglichen, die Autonomie des Subjektes gegenüber den Vereinnahmungen zu verteidigen, welchen es sich aussetzen muss. Die *Debatten um Bildung* denken darüber nicht nach, sie sind esoterisch, arrogant, wollen vielleicht mit der schmutzigen schwarzen Pädagogik nichts zu tun haben – *spiel nicht mit den Schmuddelkindern!*

Fünfzehn Pragmatische Normen: Wie Erziehung sein soll[15]

Bildung ist nicht voraussetzungslos möglich. Das kann man sogar bei den Bildungstheoretikern lernen, besonders bei jenen, die über Pädagogik als einen ganzen Zusammenhang nachdachten. Hegel erinnert, wie Bildung auf Erziehung angewiesen ist, die den Willen des Einzelnen überhaupt erst dazu bringt, sich auf das mühsame Geschäft einer Selbstentfremdung einzulassen, welches für ihn den Bildungsprozess auszeichnet. Herbart erkennt, wie Bildsamkeit der Bil-

---

[15] Die folgenden Überlegungen sind wiederholt im Rahmen der Fortbildungsangebote des Thüringer Fröbel-Seminars vorgetragen worden. Für Anregungen und Kritik danke ich den „Praktikerinnen".

dung vorausgeht und im Zusammenhang von Regierung, Unterricht und Zucht hervorgebracht oder wenigstens – in der vorsichtigeren Formulierung der Fichteaner gesprochen – einen Anstoß bekommt, der dann zur Selbsttätigkeit führt. Das konkrete Problem könnte aber banaler sein, wie die pragmatischen Normen noch belegen; fünfzehn werden hier genannt, es könnten wohl mehr sein:

1. Die erste Grundnorm scheint hochtraditionell und typisch pädagogisch, dementsprechend abgenutzt und verbraucht. Denn sie lautet schlicht und übermächtig zugleich, dass es in jeglichem pädagogischen Geschehen um den Menschen als Menschen geht. Dieser zählt. Das klingt wie ein schlechter Werbespot des Fernsehens, ähnelt den politischen Reden, an die keiner mehr glaubt. Ethische Grundsätze, allzumal in solcher Allgemeinheit sind längst verdorben, zerstört. Aber man kann nicht hinter sie zurück; sie bleiben gültig und sprechen aus, was die pädagogische Haltung charakterisiert, im Blick auf die gegebene Situation: Diese Norm sollte daher stets konkretisiert werden; man soll Auskunft geben, was sie bedeuten soll und anderen abverlangt. Das kann zu einer Justifizierung und Verregelung führen – vielleicht lässt sich diese gar nicht vermeiden, wenn man mit den grundlegenden Ansprüchen Ernst machen will, welche Erziehung bestimmen und begleiten sollen.

Mensch sein heißt in diesem Sinn, dass Vermittlung sich vollziehen kann; niemand darf ausgeschlossen werden davon, an den Möglichkeiten teilzuhaben, die eine Gesellschaft bietet und den einzelnen auch abverlangt. Mensch sein heißt zugleich, zu begreifen, wie sich diese Praxis der Vermittlung in individuell eigenartiger Weise vollzieht und in einer Vielzahl von Lebensweisen sich äußert; darin liegt das Problem der Heterogenität, wie es gegenwärtig diskutiert wird, freilich weit unter der notwendigen Radikalität: Denn es muss begriffen werden, dass es einen Universalismus des Humanen gibt, der sich in einer Vielzahl eigener Lebensformen äußert, die als solche Geltung haben, Vermittlung schon aussprechen und zugleich darauf angelegt sind, den pädagogischen Prozess fortzusetzen. Es gibt also keine Minus-Varianten des menschlichen Lebens, sondern nur Möglichkeiten, dieses auf eine eigene Weise hin zu dem Universum dessen fortzuführen, welches eine Gesellschaft und Kultur den Einzelnen eröffnen. Vorsichtshalber sollte man auch nicht mit Plus-Varianten rechnen. Nicht nur, weil sich die berühmten Alpha-Männchen zuweilen als arge Nieten erweisen. Vielmehr liegt in diesem Erfolgsmodell eine Vereinseitigung; nicht zu wissen, wie es einem geht, der als elend sich fühlt, bedeutet das Humanum nicht zu kennen.

2. Diese zentrale pädagogische Norm erweitert, dass das individuelle Subjekt in seiner individuellen Subjektivität, als ein sich selbst entwickelndes, seine Bildung aktiv gestaltendes und passiv erleidendes menschliches Lebewesen begriffen wird. Wie Menschen im Allgemeinen nur aus dem Prozess der Vermittlung zu begreifen sind, wie Menschen tief von den sozialen und kulturellen Verhältnissen geprägt sind, in welchen sie versuchen, ihr Aufwachsen zu bewältigen, wie sie von ihrer eigenen Natur schon immer überwältigt, getrieben und geplagt, aber auch befördert werden: Der pädagogische Impetus geht auf dieses Individuum, das Handeln muss sich von ihm leiten lassen, muss versuchen, seine Eigenart zu begreifen und zu ermöglichen, die es selbst verfolgen will. Unter

dieser Norm betrachtet, denkt Erziehung an die individuelle Entwicklung, daran, dass und wie diese in schrägen Bahnen verläuft, scheitern kann, ohne das individuelle Subjekt zu diskreditieren.

Sicher klingt diese Norm allzu heroisch, edel, menschelnd, sie macht blind gegenüber den sozialen und kulturellen Verhältnissen, sie wirkt moralisch – aber auch nicht mehr. Wenig sagt sie von den Aufforderungen, die an Entwicklungs- und Bildungsprozesse zur richten sind, kaum nimmt sie Bezug auf die Leistungen, welche man jetzt von jungen Menschen, künftig auch von Älteren erwartet, nichts verrät sie von den Einstellungen, Fähigkeiten und Fertigkeiten, Tugenden, die erworben, von den Pflichten, die beachtet werden sollten. Vor allem scheint sie so vergeblich ausgesprochen. Welcher Lehrer berücksichtigt sie? Welche Erzieherin wird ihr gerecht? Gibt es Eltern, die sie beachten? Dennoch: diese Norm markiert den Ausgangspunkt pädagogischer Vergewisserung, mithin den Anfang eines jeden Denkens, das sich der Erziehung in ihrer Empirie ebenso vergewissern will wie der theoretischen Bestimmungen, die aus dieser zu gewinnen sind. Sie erst fordert auf, nach den Strukturen, den Bedingungen und Gegebenheiten von Erziehung, von Bildung und Unterricht zu suchen. Sie macht die Differenz der pädagogischen Fragen gegenüber jenen aus, welche aus der Psychologie oder der Soziologie, aus der Theologie oder auch der Philosophie gestellt werden.

Wie wenig diese Norm beachtet wird, erstaunt. Denn sie erinnert an die Eigenart von Menschen in ihrer Entwicklung, in Erziehung und Bildung, macht deutlich, dass hierin eine Aufgabe liegt, welche wissend und praktisch zu bearbeiten ist. Diese Norm lässt sich geradezu handwerklich formulieren: Das finnische Bildungssystem leitet der Begriff *hyvinvointi*; er lässt sich mit *Wohlbefinden* übersetzen, wobei dieses subjektiv empfunden wie auch an objektiven Daten festzustellen sein muss. Gesellschaft versteht ihre Initiativen im Zusammenhang des Bildungssystem als den Versuch, jungen Menschen eben dieses Wohlbefinden zu garantieren; der deutsche Begriff des *Kindeswohls* hat es zu solcher Prominenz nie gebracht, vielleicht wäre dies aber geboten.

3. Die nächste Norm eröffnet eine vollständig differente Perspektive. Sie lautet, etwas verdreht: Pädagogisches Handeln muss darauf achten, dass die Voraussetzungen von Erziehung sicher gestellt sind; dahinter dürfen sogar die pädagogischen Erwartungen zurücktreten. Der aktuellen Not, der pädagogischen Katastrophe muss man nämlich kaum mit Erziehung beikommen, man wird sie auch nicht mit organisierter Bildung bewältigen. Pädagogisches Handeln in der Moderne braucht nicht prioritär Erziehung als die Interaktion des Erziehers und des Zöglings, um dessen Aneignungstätigkeit zu fördern. Es sieht sich vielmehr darauf angewiesen, diese Praxis erst zu *ermöglichen*, das vorpädagogische Element sicher zu stellen. Das entscheidende Problem aller Erziehung in der Gegenwart liegt wohl darin, dass – um eine dramatisierende Formel aufzugreifen – die Globalisierung ihre Kinder frisst (Kunz 2002): Die Armutsbelastung von jungen Menschen und ihren Familien, die Bedrohung durch Verelendung nehmen in einem gefährlichen Ausmaß zu; sie lassen die Wahrscheinlichkeit wachsen, dass auf Kinder verzichtet wird, wie zugleich die Belastung derjenigen unerträglich

wird, die schon Familien gegründet haben. Begleitet von der schlechten Individualisierung vernichtet Globalisierung zunehmend die in Generationenverhältnisse eingelagerten Sozialbeziehungen, das in diesen gesicherte soziale Kapital. Wer die Existenz der Einzelnen ausschließlich an ihre eigene Vorsorge bindet, dabei auch noch diese selbst angreift, muss damit rechnen, dass es keinen Nachwuchs gibt – und nicht minder sind dann diejenigen bedroht, welche das Alter erreicht haben. Ohne materielle Grundlagen, ohne Sicherheiten durch ein sozialstaatliches System bleibt nur der Kampf des Einzelnen, der seiner Arbeitsexistenz verpflichtet ist und diese bewahren muss; eine Existenz, die schon immer gefährdet wird, weil die Bedingung (abhängiger) Beschäftigung schmilzt. Globalisierung und Individualisierung lassen keinen Platz für Prozesse der Entwicklung.

Nötig und erforderlich ist es, gute *Bedingungen* für das Aufwachsen zu schaffen. Viel spricht sogar dafür, weniger Aufwand für didaktische Raffinesse, allzumal für Tests zu betreiben (die folgenlos bleiben, wenn eine praktische Kultur der Förderung fehlt), statt dessen aber einigermaßen nüchtern auf die Voraussetzungen zu achten, unter welchen Menschen ihre Entwicklungs- und Lernprozesse aufnehmen können. Armut, Arbeitslosigkeit der Eltern, Mangel an Wohnraum, dauerhaft und unmittelbar konkret in ein belastetes Alltagsleben eingebunden zu sein, es schlicht hören und ertragen zu müssen, wie das Fernsehgerät ständig plärrt, über keinen eigenen Arbeitsplatz zu verfügen, eben das macht eine moralische Ökonomie aus, in der eine Praxis der Erziehung nicht stattfinden kann; hier sind Bildungsprozesse nicht möglich. Erst wenn der Rahmen gesichert ist und faire Verhältnisse für Familien, Jugendliche wie Kinder geschaffen sind (wie auch für lernende Erwachsene und alte Menschen), kann das pädagogische Arrangement und Setting befragt und gestaltet werden. Um hier gleich dem beliebten, absichtsvollen Missverständnis zu begegnen: Dass faire Lebensbedingungen bestehen, welche die Unterschiede in den Ausgangslagen und Möglichkeiten menschlichen Handelns und menschlicher Bildungsprozesse ausgleichen, besagt wenig darüber, ob und inwiefern die pädagogische Praxis als solche scheitert oder erfolgreich für die Beteiligten und von diesen „gehandelt" wird. Auch unter guten Bedingungen kann Erziehung misslingen. Jene sind mithin für diese als notwendig, aber eben nicht als hinreichend anzusehen.

Man wird einwenden, dass solches zu banal und trivial sei; es klingt verdächtig nach dem Versuch, an einem sozial- und wohlfahrtsstaatlichen Modell festhalten zu wollen, das vielen überholt erscheint. Vielleicht ist aber weniger ein Grundmodell obsolet, das eine Infrastruktur schafft, um die Teilnahme an Gesellschaft und Kultur, wie vor allem auch die Chance für eine selbstständige Sicherung der eigenen Reproduktion zu sichern. Vielleicht sind mehr die Pfründen fragwürdig, welche sich die sogenannte Wirtschaft und die Professionellen des politischen Systems sich mit diesem Modell verschafft haben. Dafür spricht, wie wenig sie in der Lage sind, wenigstens diese Rahmenbedingungen für das Aufwachsen von Kindern und Jugendlichen einerseits, für Lernprozesse im Alter andererseits zu schaffen. Dabei geht es um ethische und politische Entscheidungen, nicht um die Naturgesetze des Marktes: Andere Gesellschaften haben sich dafür entschieden, ihre ebenfalls knapp gewordenen Mittel so zu konzentrieren, dass die materiellen Bedingungen der menschlichen Entwicklung gesichert sind.

An den schwierigen Fällen der Erziehung lässt sich gut erkennen, wie die Wahrscheinlichkeit steigt, dass Hilfen nötig werden, wenn depravierte soziale Verhältnisse gegeben sind; dass Erziehung scheitert, wenn alltägliche Situationen, das Mittagessen, die Hausaufgaben, die Bettzeremonie nicht gesichert werden, belegt dies ebenso. Die vergleichenden Studien zu Bildungssystemen machen deutlich: Wo das schulische System früh mit Selektion beginnt, wirken sich die soziale und Bildungsbenachteiligung dramatisch aus; wobei nicht verschwiegen sein soll: Kein Bildungssystem verzichtet auf Selektion, nur werden die lebensgeschichtlich entscheidenden Ausscheidungsprozesse meist erst am Übergang zum tertiären System vorgenommen, wenn zwischen billigen und als hochkarätig geltenden Hochschulen entschieden wird. Der soziale Status, vor allem aber das Bildungskapital der Eltern schlagen auf die Noten durch, verwirbelt nur durch die Zugehörigkeit zum Geschlecht. Mädchen erhalten immer noch weniger und andere Aufmerksamkeit als Jungen, die gleichwohl schlechter abschneiden. Das männliche Geschlecht schrammt an sozialen und kulturellen, allzumal an intellektuellen Katastrophen knapp vorbei; allein die Daten zur Leselust deutscher und österreichischer männlicher Jugendlicher geben Zeugnis davon ab, wie Väter ihre Illiteralität weitergeben – ein ärgerlicher Beleg dafür, dass Erziehung funktioniert.

Umgekehrt geht es also um eine pädagogische Aufgabe in einem weiten Sinne, um Sozialpädagogik, welche sich der sozialpolitischen Aufgaben bewusst ist. Will man die Förderung und Unterstützung von Menschen in ihren Entwicklungsprozessen, dann setzt alle Erziehung Sozialpolitik voraus, die sich auf Armutsbekämpfung gerichtet. Eine solche Sozialpädagogik wird in der Moderne unabweisbar, um Erziehung sicher zu stellen. Wie dringend diese Norm ist, mag ein Beispiel illustrieren: „Wir brauchen", so sagt nach dem Bericht einer Boulevard-Zeitung die Hamburger Sozialsenatorin Birgit Schnieber-Jastram, „eine Änderung im Anspruchsdenken". Erziehung sei Aufgabe der Familien, nicht des Staates, deshalb werde sie – so mit Blick auf die Finanzierung der Kinder-Tagesstätten – „keiner Vereinbarung zustimmen, die nicht die Kosten pro Kind senkt" (Meissner/Schäfer 2004, S. 10). Die Kosten pro Kind zu senken – das weist auf Stückpreise, auf Erhöhung der Produktivität im pädagogischen Geschäft hin. Das Dilemma könnte darin liegen, dass auf die Erzeugung des Gutes ganz verzichtet wird. Nach der Logik mancher börsennotierten, allein von Renditegrundsätzen ausgehenden Unternehmen bedeutet dies, das Kerngeschäft vielleicht aufzugeben.

4. Noch einmal muss an die mit *Bildung* drohenden Verengungen erinnert werden. Wahrscheinlich war es kein Zufall, dass Humboldt nur die Fragmente einer entsprechenden Theorie zu formulieren vermochte; mit Systematik ist da wenig drin, zumal der Bildungsbegriff stets Ausweichmanöver zulässt. Symptomatisch dafür sind noch die Versuche des Schulsystems, sich aller Aufgaben zu entledigen, welche nicht unbedingt mit dem Erwerb kognitiver Fähigkeiten und des Wissens zu tun haben. Schon Familien und Eltern, erst recht aber alle außer-

schulischen Bereiche, Kinder- und Jugendarbeit, Jugendhilfe geraten schnell aus dem Blick – dabei nützt wenig, wenn dann energisch behauptet wird, dass Familien wie sozialpädagogische Einrichtungen doch auch Bildung betreiben, von allem informellen und non-formalen Geschehen abgesehen. Die Krake Schule umfasst schnell alles und schreibt mit ihrer Tinte *Schule* in alle sozialpädagogischen Aktivitäten.

Demgegenüber gilt es an dem Ganzen der pädagogischen Aufgabe festzuhalten; deshalb steht Erziehung im Vordergrund, als die gemeinsame Figur, welche das pädagogische Geschehen umfasst. Dabei ist dies erneut pragmatisch und konkret gemeint: Denn die Forderung nach Erziehung hebt darauf ab, dass es um eine Aufgabe geht, an der alle beteiligt sind, welche mit Entwicklung und Aufwachsen zu tun haben. Das bedeutet, dass die Aufteilung in unterschiedliche Segmente des Geschehens, in die Säulen Familie, Schule, Jugendhilfe kritisch befragt werden muss. Kann man den Prozess zerteilen? Müssen sich nicht alle gemeinsam verantwortlich fühlen für das Geschehen? Die Forderung nach einer Kultur des Aufwachsens macht dies zum Thema – sie zieht wenig Konsequenzen nach sich, wenn sie nur abstrakt bleibt, nicht in die Konsequenz der politischen Regelung verfolgt, vor allem aber nicht mit Erziehung thematisiert wird. Die Forderung zieht aber solche konkreten politischen Überlegungen nach sich: Es könnte sein, dass der Blick auf Erziehung als ganzes Geschehen nach anderen Trägern und organisatorischen Zusammenhängen fragen muss, als dies bislang der Fall ist. Denn die Forderung, dass Erziehung als Praxis realisiert wird, hebt auf kleinere Einheiten ab, nicht auf das staatliche Schulsystem, auf kein System der Jugendhilfe, sondern auf lokale Netzwerke, Bündnisse, wie sie sich vielleicht aus einem neuen Verständnis von intergenerativer Zusammenarbeit ergeben und den lokalen Vermittlungen der modernen Pädagogik strukturierend gegenüberstehen könnten. Vielleicht führt die alte Formel von der *Erziehung unter öffentlicher Mitwirkung* aus den Dilemmata heraus, welche das „zerlegte" Erziehungsgeschehen erzeugt. Denn sie verlangt eine andere Qualität der Verantwortung wie aber auch eine erfahrungsgesättigte Nähe.

5. Aufmerksamkeit! Menschen in Entwicklungsprozessen, im Gang der Vermittlung zur Aneignung, benötigen ihrerseits Menschen, als Kinder Kinder und Erwachsene, als Erwachsene andere Erwachsene, im Alter sicher Jüngere, die nicht den Blick abwenden, sondern auf die anderen aufpassen. Das klingt missverständlich nach Kontrolle und Disziplinierung. Gemeint ist ein Aufpassen, wie es üblich ist, wenn man mit wertvollen Gegenständen umgeht; dem Vorwurf der Bewahr- und Behütepädagogik sollte man sich ruhig aussetzen. Es ist ein Aufpassen gemeint, vergleichbar dem, wenn wir in eine andere Kultur eintreten. Wer sich das erste Mal im Straßenverkehr der britischen Inseln bewegt, braucht schon jemanden, der vor dem Überqueren der Straße daran erinnert: *first look to the right*. Moderne Gesellschaften mit ihrer hohen Entwicklungsdynamik bringen uns regelmäßig in diese Situation, zum Einwanderer in einer anderen Kultur zu werden. Wir sind langsamer als diese Veränderungsdynamik, weil wir unsere eigene, unmittelbare Lebenssituation kontrollieren und stabil halten, daher nicht merken, was sich in der Welt „draußen" verändert. Deshalb wird

Aufmerksamkeit im Erziehungssachverhalt nötig; seine Organisation und Inszenierung setzen geradezu einen Attentismus in einer Gesellschaft und Kultur voraus, die nicht mehr aus sich heraus das Aufwachsen und die Entwicklung ermöglichen.

6. Menschen in Entwicklungsprozessen sind auf andere *Personen* angewiesen. Dies trifft zunächst empirisch zu – das zoon politicon kann ohne soziale Beziehungen zu anderen Mitgliedern seiner Gattung kaum überleben. Das bestätigen die Befunde über *Wilde Kinder*. Die Norm lautet aber stärker: sie brauchen *bedeutungsvolle* Personen, Kinder benötigen signifikante Erwachsene. Gleichwohl gilt wieder der Grundsatz einer Prüfregel. Denn nicht immer dürfen diese Personen jenen zu nahe kommen, welche sich im Entwicklungsprozess befinden. Um ein Beispiel zu nehmen: In den Hilfen zur Erziehung gilt zwar auch, dass Kinder verlässliche, bedeutsame Erwachsene vorfinden sollen, welche kontinuierlich Beziehungen eingehen. Deshalb zieht man gegenüber Unterbringungen in stationären Zusammenhängen, in Heimen, die Betreuung durch eine Pflegefamilie vor, meist in der – erklärten Absicht – zur Herkunftsfamilie zurückführen zu wollen. Dies bewahrt vor den Belastungen, vor der Anonymität allzumal, welche mit einem organisierten Ablauf in Institutionen einhergehen. Dennoch zeigt sich, dass es für manche, hochgradig familiär traumatisierte Kinder befreiend wirken kann, wenn sie mit Erwachsenen nur distanziert umgehen müssen.

7. Erziehung bedeutet, Kontinuität vorzufinden. Auf Kontinuität sind Zöglinge in zweierlei Hinsicht angewiesen, nämlich materiell und im engeren Sinne psychisch: In der einen Hinsicht ist noch einmal an die materiellen Voraussetzungen zu erinnern. Armut, belastende Situationen sind die maßgebenden Prädikatoren dafür, dass das Aufwachsen scheitert, dass Subjekten die Entwicklungs- und Bildungsprozesse entgleiten, sie selbst an diesen scheitern. Anders formuliert: Erziehung darf nicht unter Armut geschehen, weder materiell noch ideell, als armseliger, anregungsarmer Umwelt. In der Unsicherheit des Aneignungsprozesses, bei aller unvermeidlichen Gefahr des Scheiterns in ihm benötigt man Schutz, bergende Verhältnisse, Orte, an welchen man sich wohlfühlen kann; vor allem Lebenszusammenhänge, in welchem der Irrweg sogar eine positive Möglichkeit eröffnet und als Alternative erfahren wird, die zu nutzen, nicht in Diskreditierung, Missachtung oder gar Verachtung mündet. Entwicklungsprozesse gelingen nur in einer Atmosphäre des Positiven. Sie brauchen Orte, an welchen man sich verstecken, zu welchen man fliehen kann.

Vielleicht kann man auf diese Norm verzichten – indem man Kuschelpädagogik attackiert. Das verrät schon, dass weder die materiellen Bedingungen noch die psychischen Sicherheiten eine große Rolle spielen. Gelegentlich wird höhnisch auf die Eltern verwiesen, die all das gewähren sollen. Man kann sicher auch an Resilienz denken, daran also, dass Kinder und Jugendliche, Erwachsene unter Lebensumständen ihre Integrität bewahren wie ihre Entwicklung erfolgreich gestalten, die als zerstörend gelten müssen: Kriege, Verfolgung, Flucht, Naturkatastrophen und vor allem auch gesellschaftliche Katastrophen, die Entwertung etwa aller Lebensverhältnisse werden von manchen überstanden, ohne dass sie – wie die einfältige Formel lautet – Schaden an Leib und Seele nehmen;

selbst die Extremsituation des KZ haben manche bewältigen können, indem sie über diese geschrieben haben. Dennoch: wie wahrscheinlich sind der Fall eines „invulnerable child" und die Fähigkeit der Resilienz? Kann man sie zum Maßstab des Geschehens machen?

8. Menschen in Entwicklungsprozessen brauchen Verhältnisse und Beziehungen, auf die sie sich verlassen können – dass dies für frühe Kindheit gilt, belegt die Bindungsforschung, dass Jugendliche auf die beste Freundin und den besten Freund angewiesen sind, lässt sich kaum bestreiten, aber für Erwachsene gilt dies auch: Die Krisen des Aneignungsprozesses, wie sie im Zentrum des Erziehens stehen, lassen sich bewältigen, wenn andere Menschen begleiten; dabei geht es sehr wohl um die Eltern für Kinder, dann um „andere", um „dritte" Personen, die als Wächter das Geschehen beobachten und flankieren, sowie in ihm zur Verfügung stehen. Vielleicht hat das alte Amt des Paten, wie er sich dem getauften Kind verpflichtet, einen pädagogischen Sinn, der bislang noch kaum beachtet wurde. Es führt jedenfalls dazu, dass eine pädagogische Praxis nicht reduziert wird auf eine dyadische Beziehung, sondern gerade gegenüber der in ihr drohenden Bemächtigung Öffnungen erlaubt. Zudem: Auch in Beziehungen müssen Differenzen erkennbar werden. Die klassische pädagogische Theorie hat vorrangig an Beziehungen als das Medium gedacht, in welchem die persönliche Begegnung, der Dialog, dann eben auch Leidenschaft als tragend erlebt werden. Aber dies reicht nicht hin. Die Praxis der Erziehung muss eingebettet sein in differenzierte soziale und kulturelle Netze, die noch weitgespannt sein können. Wer sich in Entwicklungsprozessen befindet, darf nicht das Gefühl einer Ausschließlichkeit empfinden, obwohl doch zugleich wichtig scheint, dass man die Beziehungen zu anderen, zu relevanten Erwachsenen als exklusiv erfährt; es geht um Verhältnisse, welche man aus einmalig und unvergesslich erleben kann. Dennoch dürfen andere Beziehungen und Verhältnisse nicht fehlen. Astrid Lindgren zeigt, wie eine Tante Lotta als eine Person anerkennt, die ihre eigenen Wege gehen kann. Entwicklungs- und Bildungsprozesse sind auf andere Personen angewiesen, mit welchen man seine Beziehungen, seine pädagogische relevante Handlungssituation gestalten kann. Auch hier geht es um die Umwege, welche Kultur auszeichnen, nämlich um die Vielfalt von sozialen Beziehungen, welche in einer größeren Familie selbstverständlich sind. Dass aber weder Kinder noch Erwachsene unter Bedingungen der späten Moderne mit solchen komplizierten Netzen rechnen können, macht die Norm notwendig wie auch eine praktische Antwort auf sie.

9. Es muss eine Kultur geben, die mit genügend Ernst sich präsentiert; ein Zug der Didaktisierung wirkt in Erziehungsverhältnisse hinein. Er bedeutet zunächst, dass eine solche Kultur mit dem Anspruch auf Dauerhaftigkeit auftritt, mithin angebunden ist an eine länger zurückreichende kollektive Erinnerung, die als bedeutsam erfahren wird. Wer sich in Entwicklungs- und Bildungsprozessen befindet, muss im dritten Faktor einen Zusammenhang entdecken können, der für einen selbst Gewicht hat, weil man mit ihm ein soziales und kulturelles Netz identifizieren kann, in welchen man eingebunden ist und in welches man sich selbst verstricken kann. Darin steckt eine merkwürdige Dialektik: es könnte

sein, dass diese lange Tradition empirisch wie symbolisch so viel Gewicht haben kann, um zu provozieren, sie zu verletzen; mit dem Effekt vielleicht, gerade durch die absichtsvolle Negation und Ironisierung erhalten zu werden. Man muss sich verstricken, die Verstrickungen lösen, um zu wissen, wie man in sie eingebunden ist. Familiengeschichten erfüllen eine solche Funktion, aber auch große, kollektive und nationale Identitäten – zuweilen, wie in Deutschland, bergen sie die Schwierigkeit, dass sie eine schlechte Geschichte erzählen müssen.

Der dritte Faktor benötigt eine Dimension des Historischen, als Fortsetzung wie auch als Bruch der Kontinuität. Darin liegt eine der Schwierigkeiten später moderner Gesellschaften; sie sind häufig Wegwerfgesellschaften, welche in ihren Objekten kaum Dauer begreifen lassen. Einerseits zieht dies nach sich, dass die Artefakte, die mit ihnen verbundenen Regeln von den Subjekten nicht mehr als wichtig angesehen und deshalb vernachlässigt werden; überspitzt formuliert: Vandalismus kann auch signalisieren, dass man seinen Ort in einer Gesellschaft nicht findet, die auf Geschichte und Kontinuität verzichtet. Andererseits nehmen diese Gesellschaften den Subjekten selbst die Chance, sich historisch zu verorten, ein Gefühl eines eigenen Gewichts, vielleicht auch einer Notwendigkeit zu entwickeln. Dafür gibt es viele Indizien, beginnend bei einer zunehmenden inneren Distanzierung von Berufen und Betrieben, nicht endend dort, wo Menschen mit dem Wunsch nach anonymer Beerdigung signalisieren, dass sie keine Zeichen ihrer Existenz hinterlassen wollen, vielleicht, weil sie das Gefühl haben, selbst wertlos geworden zu sein.

Der dritte Faktor benötigt Seriosität und verträgt keine Spaßgesellschaft. Wer den Event in den Mittelpunkt stellt, das Leben der Menschen um diesen organisiert, erlaubt keine Ordnung. Events lösen Geschichte auf, obwohl sie doch Geschichte machen wollen; aber sie verlangen die Übersteigerung und negieren damit die eigene Bedeutung. Fun als kulturelles Zentrum signalisiert, dass das Erlebte eben nur als Erlebnis Wert hat, nicht darüber hinaus. Fun verbietet Reflexion, sonst würde man kaum Spaß daran haben. Dieses Muster breitet sich zunehmend aus, verändert dabei die Beziehungen zwischen Erwachsenen und jungen Menschen. Denn die Fun- und Eventgesellschaft ebnet systematisch die Differenz zwischen den Beteiligten ein. Das ermöglicht zwar Kooperation; die Organisation der pädagogischen Praxis ist daraufhin angelegt. Ein Dilemma entsteht dann, wenn ein dritter Faktor nicht mehr als ernste Angelegenheit zu identifizieren ist. Dies scheint zunehmend der Fall, wenn eine alberne, künstlich juvenil gewordene Kultur dominiert. Sie schließt aus, dass das Moment eines „ernsten" dritten Faktors an den Personen erfahren und erkannt werden kann, mit welchen Aneignungsprozesse zu tun haben. Noch dramatischer könnten die Effekte jener eigenartigen comedy-Kultur sein, in der die Seriosität der Sprache einem Lachen geopfert wird, das aus dem *off* eingespielt wird.

10. Weniger um Vorbilder geht es, wohl aber darum, dass Aneignung und Bildung auf deutliche Erwachsene angewiesen sind; eine Kultur des Aufwachsens verlangt mithin eine vernünftige Kultur des Erwachsenseins, als Gegenpol, als Objekt des Widerstands, als Perspektive, auf die hinzuarbeiten sich lohnen könnte, für junge Menschen mithin als Zeugnis davon, dass der Erwachsenenstatus

eine Option für sie darstellt. Eine solche Erwachsenenkultur scheint nötig als ein Modell, an welchem man für sich selbst arbeiten kann. Eine solche distinkte Erwachsenenkultur hat zugleich die Funktion einer Rahmung. Sie ist Rahmung für die Pluralität, welche Kultur unter Bedingungen der Moderne auszeichnet. Vielleicht besteht sie sogar nur als fast schon fiktionaler Mythos der Ernsthaftigkeit. Sie bedeutet jedenfalls, dass in der Erwachsenenkultur noch ein Wissen davon besteht, dass es den Anspruch der Normativität in einer Gesellschaft gibt, auch wenn sie diesem nicht mehr genügt, dass wenigstens aber von Erwachsenen selbst Differenzen zwischen wertvollem und weniger Wertvollem gesetzt werden. Unterscheidungen müssen sichtbar gemacht werden, die als Leitlinien in jenen Zusammenhängen gelten, welche die Praxis des Erziehens wenigstens begründen. Vielleicht nur in den einzelnen Fällen, zu verantworten dann von den beteiligten Erwachsenen. Dass auf eine Erwachsenenkultur Wert gelegt werden muss, markiert noch eine weitere Differenz. Sie ist notwendig gegenüber einer schon – pädagogisierten – Kultur für das Aufwachsen, für die der Spruch gilt: man ahnt die Absicht und ist verstimmt. Entwicklungs- und Bildungsprozesse (nicht nur) im Kontext einer Praxis des Erziehens sind aber darauf angewiesen, dass die Akteure sich Aufgaben suchen, solche auch selbst finden können, ohne auf sie schon verwiesen zu sein. Dazu benötigen sie eine Kultur, die sich aus sich selbst begründet und rechtfertigt, eben als Erwachsenen-Kultur besteht. Kinder und Jugendliche müssen Aufgaben und Probleme finden und entdecken, die nicht von vornherein auf sie zugeschnitten worden sind, möglicherweise um den Preis zu lernen, dass sie bei der Bewältigung der Aufgabe um Hilfe bitten müssen, fast immer aber mit der Konsequenz, dass sie diese Welt anders interpretieren, als dies ihre Gründer taten: Eben darin liegt eine Bedingung von sozialer und kultureller Veränderung durch die Praxis der Erziehung.

11. Erziehung ist auf Handlungen *aller* Beteiligten angewiesen, der populäre Begriff der Erziehung erliegt einer Tendenz, Aktivitäten vor allem auf Seiten der Erzieher zu sehen. Eine auf Empirie gestützte Theorie widerspricht dem allerdings. Eine der zentralen normativen Forderungen muss daher lauten, dass Handlungen möglich sein müssen, in welchen sich die Subjekte des Entwicklungs- und Bildungsprozesses ihre Existenz praktisch und folgenreich beweisen. Pädagogisches Handeln muss seinen Ausdruck in dem gewinnen, was neuerdings als Selbstwirksamkeit bezeichnet wird, in der selbst noch praktischen Erfahrung, auf die Umstände Einfluss nehmen zu können, unter welchen man lebt und lernt.

Pädagogisches Handeln muss Handeln ermöglichen. So banal klingt diese Norm und wird doch regelmäßig missachtet. Struktur und Prozess der Erziehung gewinnen ihre Schließung (und Öffnung) nur dort, wo die Beteiligten sich in ihrer eigenen Tätigkeit, in Wirksamkeit erleben. Systematisch ergibt sich das aus der strukturellen Parallelität von Arbeit und Erziehung, davon also, dass es um die Vermittlung (und Aneignung) des gesellschaftlichen und kulturellen Erbes geht. Sie gelingen nur in der Produktion von Welt, darin also, dass man Spuren erzeugt, auf welche man sich beziehen kann: Dies sind meine Spuren, ich habe diese Fährte gelegt, diese Welt habe ich geschaffen, ich kann mich und muss mich dazu bekennen: Indem Selbstwirksamkeit reklamiert werden kann, ist eine Zuschreibung von Handlungen möglich, in welcher das Subjekt sich als freies erfassen und beschreiben kann. Ich bin der Täter, vielleicht sogar ein wenig schuldig, aber dies ist mir auch wichtig.

12. Strukturell zeigt sich die Praxis der Erziehung als ein Geschehen, das durch Aneignung bestimmt ist; ihr treten die unterschiedlichen Formen zur Seite, mit welchen diese organisiert wird, nämlich zunächst initiiert, dann inszeniert, letztlich vor allem als Unterstützung realisiert wird. Erziehung benötigt daher zuerst Herausforderungen, Momente, welche als dritter Faktor angeeignet werden können, bei welchen auch der Eindruck entsteht, dass es lohnen könnte, sich mit ihnen auseinander zu setzen. Aneignung ist nämlich mit Lernprozessen verbunden. Das bedeutet auf der einen Seite, dass es möglich sein muss, Fehler machen zu können. Jedes pädagogische Handeln, alle Erziehung ist mithin auf Zusammenhänge angewiesen, welche als *fehlerfreundlich* gelten müssen; in einem strengen Sinne sind Aneignungsprozesse, wie auch solche der Bildung stets mit Experimenten verbunden, in welchen nicht nur die Aneignung sich vollzieht, sondern das schon Erworbene erprobt wird. Insofern erzeugt die populäre Vorstellung, nach welcher man Grenzen setzen müsse, eine missliche Situation. Sinnvoll kann sie nur bedeuten, dass ein Rahmen entsteht, in welchem Aneignung geschehen kann, ausgelöst vielleicht durch Problemstellungen, welche zu bewältigen sind. Aber in dieser müssen Irrtümer möglich sein, Fehlversuche gleichsam – die vielleicht auch dazu führen, eine neue Form des Handelns und der Existenz zu etablieren, in welcher das Subjekt seine Aneignungstätigkeit zu leben beginnt. Selbst unterrichtliche Prozesse sind darauf angewiesen, dass die lernenden Subjekte eigene Wege finden, um das vor sie gestellte Problem zu bearbeiten und zu lösen – es gehört zu den Fehlkonstruktionen des deutschen Schulsystems, dass Lehrerinnen und Lehrer zu gut ausgebildet sind, über zuviel festes Wissen verfügen, um die mühsamen Prozesse des Verstehens und Lernens überhaupt noch begreifen zu können. Aneignung vollzieht sich in Vorgängen, die als irrend bezeichnet werden müssen, ohne deshalb von vornherein als falsch gelten zu dürfen.

Dem korrespondiert, dass sie immer mit *Übung* einhergeht. Lernen im pädagogischen Zusammenhang erwirbt und sichert Fähigkeiten, Fertigkeiten, Handlungsweisen. Sie sind nicht von vornherein in Vollendung gegeben – der pädagogische Prozess vollzieht sich als ein mühsames Geschehen, das mit Kompetenzzuwächsen einhergeht, die sogar wieder verloren werden, ehe sie gesichert sind. Man muss sie Stück für Stück erwerben – in Phasen, welche einander folgen. Insofern zeichnet Erziehung strukturelle Analogien zu unterrichtlichen Prozessen aus. Wie in diesen muss man Präsentation und Repräsentation artikulieren, den dritten Faktor gegliedert zugänglich machen. Man mag allen alles umfassend beibringen – es gelingt aber nicht, dies gleichzeitig zu tun. Umgekehrt aber verlangt dies, dass Übung möglich ist – weniger als Einübung, wohl aber als Wiederholung, als selbsttätige Sicherung des Angeeigneten und Erworbenen, ehe dieses in Ernstsituationen realisiert wird.

Dies hat den Ruch des Altmodischen und steht in Gefahr, belächelt oder gar verworfen zu werden. Manche institutionell gebotenen Settings wurden in der

Vergangenheit als bloßer „Übungsverein" abgetan: Formen etwa der Mitwirkung in der Schule, öffentlich heruntergestuft von der Schülerselbstverwaltung zur Schülermitverwaltung, bis nur noch die Mitverantwortung herauskam – in jenem bekannten Zynismus, dass Verantwortung für Dinge zu übernehmen war, die man nicht beeinflussen konnte. Gleichwohl ist Übung notwendig, das spielerisch und insofern weltfremd erscheinende Tun-als-ob. Darin deutet sich ein Missverständnis mancher Versuche an, Partizipation zu verwirklichen: Dass diejenigen, die in Entwicklungs-, Aneignungs- und Bildungsprozessen tätig sind, an diesen mitwirken und sie gestalten müssen, trifft zwar zu. Gleichwohl muss der Prozess der Gestaltung sozialer und vor allem politischer Beziehungen und Verhältnisse erlernt und geübt werden. Wer nicht die Rituale, die Strategien und Taktiken, auch die notwendigen Tricks in solchen Geschehnissen kennt, wird in ihnen untergehen; zumindest sind Enttäuschungen vorprogrammiert.

13. Erziehung ist darauf angewiesen, dass Bildungsprozesse in ihr sich selbst gehorchen können. Auf Kinder bezogen steht mithin der Norm der Aufmerksamkeit gleichwertig und in dialektischer Spannung gegenüber, dass sie sich auch selbst überlassen bleiben müssen. Rousseau hat dies schon mit seiner Empfehlung einer negativen Erziehung und indirekten Einflussnahme angedeutet, der therapeutische Grundsatz der Nicht-Intervention betont ein solches Muster für die psychische und seelische Gesundheit. Damit sind weder Nachlässigkeit noch Ignoranz gemeint, noch sind in vermeintlich liberaler Haltung Aneignung, Entwicklung und Bildung auf sich selbst verwiesen. Aber die Subjekte müssen ihre Verhältnisse und ihre Situation selbst gestalten; sie sind darauf angewiesen, nicht beständig aufgestört, irritiert und angeregt zu werden.

Wiederum zeigen sich in den Erziehungszusammenhängen andere Tendenzen. In diesen macht sich ein Muster breit, nach welchem alle Einwirkung frühzeitig zu beginnen habe, keine Sekunde ohne Einflussnahme verstreichen dürfe. Kinder sollen nicht spielen, sondern frühzeitig mit pädagogischen Programmen konfrontiert und zum systematisierten Lernen angehalten werden. Manche Gesellschaften tendieren dazu, solche Empfehlungen ernst zu nehmen – im asiatischen Raum wohl Korea, dann trifft das Programm für manche Kreise in den USA zu. Die hierzulande geführte Debatte um die nur kurzfristig geöffneten neuronalen Lernfenster weist in eine ähnliche Richtung.

Pädagogische Prozesse aber benötigen eine Eigenzeit, welche sie aus der eigenen Logik selbst konstruieren und verfolgen; sie muss sich selbst hervorbringen und realisieren, ohne identisch mit Zeitrahmungen zu sein, welche gesellschaftlich vorgegeben werden. Subjekte brauchen die Möglichkeit, sich mit sich selbst, in ihrer Aneignungstätigkeit, vielleicht in ihrer bloßen Existenz beschäftigen zu können, möglicherweise sogar in der Form einer Leere, in der das Aneignungsgeschehen gleichsam vorreflexiv sich vollzieht, fast sogar der Subjekte sich bemächtigt. Psychoanalytisch könnte man dies als ein tätiges Unterbewusstsein beschreiben. Entscheidend bleibt, dass darin die Unverfügbarkeit von Subjektivität anklingt.

14. Entwicklungsprozesse sind auf den Austausch mit Gleichaltrigen angewiesen, mit Schicksalsgefährten. Erneut geht es um eine Norm, die auf empiri-

schen Befunden aufruht. Schon kleine Kinder steuern durch Kooperation ihre Entwicklungsprozesse selbst und profitieren von dem Miteinander; dies reicht noch in die messbare Entwicklung von Intelligenz hinein. Gemeinsamkeit, Koordination von Tätigkeiten, Kooperation bilden zentrale Momente der Praxis der Erziehung, sie sind durch pädagogisches Handeln zu ermöglichen. Dies gilt in allen Phasen menschlicher Entwicklung: Aneignungs- und Bildungsprozesse sind darauf angewiesen, dass diejenigen sich austauschen, welche gemeinsame, ähnlich gelagerte, vergleichbare Erfahrungen machen; sie müssen sich die unterschiedlichen Wege erklären und verdeutlichen, welche sie sich wählen. Emphatisch könnte man sagen, dass darin Kultur entsteht, faktisch aber zeichnen sich die Rudimente einer sozialen Organisation ab, in welcher unterschiedliche Handlungsweisen miteinander erprobt werden. In der Aneignung als einem gemeinsamen Prozess entsteht erst Gesellschaft.

Die Gemeinsamkeit mit den Gleichaltrigen, welche in einer ähnlichen Situation der Aneignung und der Bildung sich bewegen, schließt eine zusätzliche Anforderung ein. Die den sozialen Zusammenhang und gesellschaftliche Erfahrung konstituierende Differenz entsteht nur dort, wo – um es paradox zu formulieren – *verschiedene Gleiche* miteinander und zusammen wirken. Erst in der Praxis Unterschiedlicher entsteht eine komplexe Situation, die als Möglichkeit voranschreitender Bildungsprozesse erfahren wird. Deshalb kann die Anforderung formuliert werden, in der Organisation pädagogischer Situationen und Prozesse mit Heterogenität umzugehen, diese systematisch aufzusuchen und sogar herstellen zu wollen.

15. Urie Bronfenbrenner spricht von den *Universalien der Erziehung*, die sich nicht umgehen lassen. Er meint damit ihre Strukturen, bezieht diese auf Dimensionen der seelischen, der psychischen Gesundheit, der Integration und Identität, die Erziehung hervorzurufen hat. Als eine Grundlage von Erziehung sieht er aber, dass jedes Kind eine Person benötige, die schlicht verrückt nach diesem Kind ist: *Somebody has got to be cracy about that kid* (Bronfenbrenner 1992, S. 51): Nötig ist eine Form der Leidenschaftlichkeit in der Zuwendung, die vielleicht mit einem Verzeihen einhergeht und dennoch immer begrenzt sein muss. Denn: so wichtig diese Regel sein kann, sie kollidiert mit der Norm, dass die Integrität, die Selbstbestimmung niemals verletzt werden darf. Es lässt sich nicht ausschließen, dass pädagogisches Handeln, professionelles zuallererst, aber auch das von Eltern durch eine Norm bestimmt werden muss, nach der Erziehung ein Ende durch Regelungen findet, welche ein Verbot der Berührung, schon der Annäherung enthalten. Darin liegt doch das Problem: Verrückt zu sein nach einer Person, Beziehungen zu ihr eingehen wollen, hat mit Leidenschaft zu tun, damit vielleicht auch (und sogar wahrscheinlich) mit sublimierter Sexualität, mit Erotik auch.

Vielleicht lässt sich dies nicht verhindern; Kontrollen und Schranken aber müssen errichtet werden. Wenn es nämlich eine Konsequenz aus Erfahrungen mit Pädophilie, mit Missbrauch und Misshandlungen von Menschen in Entwicklungsprozessen gibt, dann die: es gehört noch zur pädagogischen Reflexion, selbst den Vorbehalt gegenüber einer Praxis der Erziehung zu haben, die eine

Nähe sucht, welche von den so berührten Subjekten nicht kontrolliert werden kann. Ein Ende aller Erziehung ist vielleicht selbst dort vorzuziehen, wo die für sie nötigen Beziehungen zur Ausübung von Macht führen. Gewiss also: man muss verrückt nach diesem Kind sein. Dennoch bedeutet eben diese Verrücktheit, dass man sich ihm nicht nähern darf. Deshalb irritieren Ratschläge auch, wie sie in manch populärem Buch gegeben werden: Dass man mit Kindern und Jugendlichen kuscheln soll, sie körperlich berühren, weil dies gar ihr Wachstum stimuliere. Vielleicht wird hier der Satz verbindlich: was in der Theorie sein mag, darf für die Praxis nicht gelten.

Prinzipielles oder: warum Erziehung sein soll

Normativität von Erziehung im Prinzipiellen fragt nach den ersten und den letzten Gründen für sie, vor allem zeichnen sich die Grenzen der Erziehung ab. Möglicherweise lassen sich diese Fragen nicht wirklich beantworten. Es lässt sich nicht ausschließen, dass – wie in ethischen Diskussionen schlechthin – Universalität beansprucht wird, die doch nur ausspricht, was der weiße Mann seit einigen Jahrtausenden in Europa zu sagen und weltweit durchzusetzen versucht. Man wird besser die Relativität des Prinzipiellen eingestehen und erneut nur vorsichtige Empfehlungen aussprechen. Im Unterschied zu den pragmatischen Forderungen sind Prinzipien nur als Warnzeichen zu begreifen. Dennoch müssen sie von den einzelnen Subjekten bedacht und verhandelt werden; wer sie für sich als nicht zutreffend betrachtet, kann dies mitteilen.

Gleichwohl steht wieder die Norm am Anfang, dass Erziehung sein soll. Eigentümlicherweise kann sie zunächst als Hinweis gefasst werden, dass Erziehung meistens geschieht: Sei nicht zu besorgt! Wenn auch die Veränderungen spätmodernerer Gesellschaften dramatisch wirken, bleibt zugleich festzuhalten: Das Potential an Möglichkeiten, das aus Erziehung, aus der sie bestimmenden Vermittlung erwächst, besteht weiterhin; sonst wäre eine kritische Theorie vergebens. Mehr noch: es gibt ein gerüttelt Maß an Normalität in Gesellschaften und Kulturen, auf das man vertrauen kann. Die Subjekte entdecken sich und ihre Möglichkeiten, vielleicht sogar gerade in dem Irrsinn, dem sie ausgesetzt sind. Denn dieser stellt einen Möglichkeitsraum dar – jene, welche Erziehung beherrschen wollen, sollen und müssen wissen, dass sie eben selbst dann noch mit Erziehung zu tun haben, wenn sie diese in Tests, in Abrichtung und Dressur zu ersticken suchen. Anders gesagt: Das ethisch Allgemeine der Pädagogik zeigt sich vor allem in Normen der Begrenzung und vielleicht sogar der eines Endes der Erziehung.

Grenzen sind schon durch die empirische Verfasstheit gegeben, also durch „die naturbestimmte Individualität" (Frischeisen-Köhler 1976), durch gesellschaftliche Schranken und jene Triebhaftigkeit, die – wie Bernfeld erinnert – uns zur Erziehung bringt. Diese Grenzen der Erziehung sind aber *nicht* dort gegeben, wo Zöglinge als nicht mehr erziehbar gelten, weil sie den Zumutungen der Pädagogik sich entgegenstellen. Sie entstehen mehr aus einer Einsicht: „Denn das unterliegt keinem Zweifel, dass wir das, was den Gehalt eines individuellen Seelenlebens ausmacht, grundsätzlich in der Hand haben" (Frischeisen-Köhler 1976, S. 31). Darin deutet sich eine solche Ungeheuerlichkeit des Geschehens an, dass alle Erziehung darauf beschränkt sein könnte, auf den Anruf des anderen zu warten (vgl. Griesebach 1924), auf die Bitte des Kindes, des Jugendlichen, des Erwachsenen in seinen Anstrengungen, die Welt zu meistern, des Alten, der um sein Sterben schon kämpft.

Gibt es dennoch einen ethischen Grund, Erziehung prinzipiell zu wollen, jenseits der Feststellung, wie sie unabdingbar mit menschlicher Existenz verbunden ist und nicht revidiert werden kann? Man kann zunächst im Rückgriff auf Theodor Litt damit argumentieren, dass es weniger um ein *Sollen* oder *Müssen*, sondern um ein *Dürfen* geht; *Erziehung ist erlaubt*: „Die Älteren dürfen lehren und fordern, nicht weil sie als Personen so viel einsichtiger und vortrefflicher wären als das nachwachsende Geschlecht, sondern einfach deshalb, weil die Abfolge der Geschlechter sie früher des Wissens teilhaftig, der Haltung mächtig werden ließ" (Litt 1947, S. 8 f). Dennoch findet sich wenigstens für das Verhältnis der Erwachsenen zu Kindern, also in dem Bereich des Erziehungsgeschehens, das dem populären Begriff folgt, ein starkes Argument für Erziehung, das zugleich eine deutliche Grenze zieht. Auf den ersten Blick verblüfft es sogar, weil es nämlich eher gegen Erziehung spricht, wenigstens dann, wenn man ein technisches Erziehungsverständnis aufnimmt: Indem Erwachsene die Praxis der Erziehung wollen und sie realisieren, tragen sie eine Schuld ab. Sie tragen die Schuld gegenüber dem Nachwuchs ab, die daraus entsteht, dass Kinder ohne eigene Zustimmung in die Welt treten müssen.

Man mag dem Leben einen eigenen Willen zusprechen; einige Mediziner behaupten, dass das menschliche Leben sich für sich selbst entscheidet. Die Häufigkeit, mit der ein spontaner Abortus eintritt, obwohl nach den medizinischen Befunden ein biologisch gutes Umfeld gegeben war, lässt vermuten, dass eine Form des freien Willens schon (oder vielleicht nur) in der frühesten Stufe menschlichen Lebens gegeben ist. Gleichwohl bleibt der moralischen Reflexion aufgegeben, dass Kinder eine erzwungene Existenz leben; den Beginn unseres Lebenslaufes markiert ein Gewaltakt. Ihn verschlimmert noch, dass er mit Liebe und Lust verbunden sein mag. Erwachsene machen sich in der Zeugung gegenüber dem gezeugten Leben schuldig und müssen dies in einer Form ausgleichen, die ihren eigenen Status restituiert. Erziehung als der von Natur zwar ausgelöste Zwang, mit dem zu vermitteln, was Menschen ihr Leben als Menschen zu führen befähigt, versucht selbst dem Zwang zu entkommen, der am Anfang der Existenz steht. Vermittlung eröffnet die Optionen zur Entscheidung, sie löst aus der Determination; Vermittlung zielt auf Autonomie. Diese zeigt sich im pädagogischen Zusammenhang mithin nicht bloß als neuzeitlich nicht mehr zu umgehende Kategorie, sondern als das Anliegen, der Brutalität zu entkommen, mit welchen wir in die Welt gesetzt werden. Erziehung hat insofern tatsächlich die Bedeutung, menschliche Freiheit zu beweisen.

Dass manche sie dennoch mit Gewalt exekutieren, darf kaum als Gegenargument gelesen werden; es belegt nur, wie prekär die menschliche Situation noch in dem ist, wo sie ihre eigene Freiheit begründen muss. Barbarei ist eben möglich, sie zeigt sich noch darin, wie diejenigen sich rächen, welchen die Freiheit zu schaffen wäre: Kinder und Jugendliche, aber auch alte Menschen stellen zuweilen auf eine grausame Weise auf die Probe; sie hassen, sie lassen verzweifeln, an ihnen, an jenen, die ihnen die Freiheit sichern wollen. So lange es darum geht, eine Praxis der Erziehung aufrechtzuerhalten, sind die Beziehungen zwischen den Generationen nur selten von Glück geprägt, Eltern, die sich frei von Ambivalenzen fühlen, benötigen mit ziemlicher Gewissheit eher psychologischen Rat als jene, die mit Ernüchterung, vielleicht sogar selbst mit einem Gefühl der Abneigung kämpfen. Dass und wie Kinder und Jugendliche eigene Lebenspläne zerstören, darf nicht verschwiegen werden. Nicht minder gilt dies, wenn das Alter zu versorgen ist und die Lebenswege der erwachsenen Generation sich wiederum als Lernwege zeigen. Man darf sich nichts vormachen: Das pädagogische Geschehen, Erziehung, begleitet eine tiefe Ambivalenz, die noch verstärkt, dass die Präsentation und Repräsentation, das Zeigen des dritten Faktors mit Dringlichkeit geschieht. Hinzuweisen auf die Möglichkeiten, welche eine Gesellschaft und eine Kultur ihren Subjekten eröffnen, damit sie Subjekt werden können, wiederholt schon wieder das Zwangsgeschehen.

Mit der Norm der Freiheit geht erneut die Forderung nach Aufmerksamkeit einher, die sich nun als Verantwortung zeigt: Wir müssen aufmerksam die Entwicklung, die Bildung des anderen verfolgen, weil wir aus dem durch uns erzeugten Zwangsverhältnis heraus verantwortlich für sie sind. Noch einmal wird der Protest laut, weil Aufmerksamkeit mit Kontrolle zu tun hat. Aber das ist eine einigermaßen törichte Auffassung, die durch eine antipädagogische Attitüde kultiviert wurde, ohne jedoch einen rationalen Sinn zu gewinnen. Aufmerksamkeit gilt der Möglichkeit einer Praxis des Erziehens, erst mittelbar den sich bildenden Subjekten. Gleichwohl dürfen diese nicht aus dem Blick geraten. Dies weist zurück in die Sphäre des Pragmatischen: Als größte Gefahr droht in den Gesellschaften der Moderne, dass ganze Menschengruppen wie eben auch Einzelne aus den Augen und aus dem Sinn verschwinden, in Vergessenheit geraten. Möglicherweise entsteht ein Oblivionismus: Manche werden nicht mehr wahrgenommen, verschwinden hinter vernagelten Fenstern, treten in ein Dunkel ein, obwohl (oder weil) ihr Elend offensichtlich und sie zuweilen sogar öffentlich präsent sind. Zu den neuen Techniken der Verdunkelung gehört die Änderung der statistischen Erfassung; wer aus dieser fällt, verliert seine Existenz. Dahinter steckt der neue sozialisatorische Mechanismus der Repräsentanz, verschärft durch die Bedingungen fortschreitender Verarmung. Im Zusammenspiel der Inszenierungszwänge, welche spätmoderne Gesellschaften charakterisieren und sich in ihrem Zug zum Eventcharakter aussprechen, entsteht eine neue Form des (Selbst-)Darstellungszwanges, welche dem Sensationsbedürfnis einer erregten Gesellschaft entspricht; Reputierlichkeit konstituiert sich vorrangig dadurch, dass man das entsprechende Aspirationsniveau erreicht. Wer dies nicht kann, der verliert die Aufmerksamkeit, damit die Daseinsberechtigung. Bitter bleibt: wer sich den Auftritt nicht leisten kann, wird aus dem System ausgeschlossen.

Nicht nur die notorisch kulturkritischen Schwarzmaler weisen auf solche Entwicklungen hin; das Geschehen zeichnet längst Dramatik aus: Die Arbeitslosenstatistiken werden zunehmend von den Personen bereinigt, die keine Arbeit suchen können, weil ihnen die Ausbildung zu solcher fehlt; manche Länder streichen aus der Wahrnehmung die Personen, die wegen ihres Alters nicht mehr aufwendig durch das Gesundheitssystem versorgt werden können oder prinzipiell als nicht mehr geschäftsfähig gelten. Niklas Luhmann hat in einem späten Aufsatz bemerkt, wie die Gesellschaften der Gegenwart eben nicht mehr auf Integration und Inklusion zielen, sondern mit Ausgrenzung, mit dem Vergessen des Offensichtlichen bestehen (Luhmann 1996); Zygmunt Bauman hält fest, wie in einer flüssigen Moderne die Eliten das alltägliche Elend nicht mehr sehen; eine Jet-Set-Gesellschaft weht über die Not hinweg, weil sie diese nicht mehr benötigt (Bauman 2000). Es gibt weder Bedarf an industriellen Ersatzarmeen noch an gedungenen Krawallmachern; Menschen werden überflüssig. Wenn schon ganze Bevölkerungsgruppen aus dem kollektiven Bewusstsein gestrichen werden, braucht man mit Aufmerksamkeit nicht zu rechnen, die sich auf junge Menschen oder – allgemeiner – auf diejenigen richtet, für die eine Praxis der Erziehens zu organisieren wäre. Dann hat antipädagogisches Denken Erfolg gehabt. Mit der Pädagogik kann man jene vergessen, die sie meinte.

Gewiss gibt es einen charmanten Einwand gegen zu viel Aufmerksamkeit. Jegliche Form des Attentismus stellt die Betroffenen unter Kuratel. Besser könnte wieder von einer Dialektik gesprochen werden. Aufmerksamkeit, das Bewusstsein von der Existenz des anderen und das Bewusstsein, dass sich diese allein nicht vollziehen kann, verfolgt eine doppelt paradoxe Intention: Sie richtet sich einerseits nicht unmittelbar auf den anderen. Zwar geht es konkret und pragmatisch allerdings um die Aufmerksamkeit für den Einzelnen, die konkrete Zuwendung, vielleicht wirklich um Liebe in einem Sinne, wie sie nicht zuletzt das Christentum aussprechen wollte – mit viel Vergeblichkeit und regelmäßig korrumpiert. Auf der Ebene einer Überlegung mit universellem Anspruch zielt das Argument jedoch sehr viel mehr darauf, dass die Bedingung der Möglichkeit des Einzelnen gesichert wird. Aufmerksamkeit gilt mithin dem Ganzen einer Gesellschaft und einer Kultur, in welcher nicht nur der Einzelne zu existieren hat und durch die er existieren kann. Dass dem Einzelnen seine Individualität möglich wird, als Individualität, die er subjektiv – in jedem Sinne dieses Wortes – zu bestreiten vermag, um so überhaupt erst seine Subjektivität zu beweisen, ist mit Aufmerksamkeit gemeint. Es geht sowohl um den Einzelnen wie auch darum, dass das Ganze einer Gesellschaft und einer Kultur der Pflege bedarf; es braucht eine Kultur der Kultur, zumindest im Blick auf die pädagogischen Prozesse, die in ihr stattfinden und auf sie bezogen werden. Daraus entsteht zugleich schon die andere, nicht minder paradoxe Intention: Die Aufmerksamkeit richtet sich nicht positiv auf den Einzelnen, verfolgt und betrachtet nicht diesen, sondern will gerade sicher stellen, dass er unverfügbar bleibt. Insofern zeichnet eine solche Aufmerksamkeit in modernen Gesellschaften eine juridische Figur aus. Es ist die Würde des Menschen, die Unverletzlichkeit seiner Person gemeint, seltsamerweise auch gegenüber einem Zugriff, der sich als pädagogisch bezeichnt. Die universelle Norm lautet also, dass der Einzelne unverfügbar ist (mit der Konsequenz im übrigen, dass aus einem selbst als pädagogisch nachgewiesenen Grund manchen Aktivitäten ein rechtlicher Riegel vorzuschieben ist, für die sich vielleicht psychologische oder gar pädagogische Gründe angeben lassen; man kann dies als Interferenz bezeichnen, die in rechtsstaatlichen Gesellschaften zu Gunsten grundrechtlicher Normen entschieden werden muss).

Diese Grenze der Unverfügbarkeit deutete sich schon als ein prinzipieller Gedanke an, der die Grenze der Nichtberührbarkeit ausspricht. Sie lässt sich nicht überschreiten, es sei denn, man bedient sich der Gewalt. Nicht zu berühren, weder körperlich noch seelisch, markiert diese Grenze. Sie bezieht sich streng genommen nur auf das unmittelbare Miteinander von Personen, während sie dort nicht gilt, wo die Souveränität auf Seiten der individuellen Subjekte bewahrt bleibt, die im Aneignungsprozess sich bilden; dass diese mit einer Wirklichkeit konfrontiert sind, welche sie rührt, anrührt und berührt, darf und kann nicht ausgeschlossen werden. Vielleicht wird pädagogisches Handeln eben dies sogar inszenieren, präsentierend mehr das Erhabene, aber auch Erfahrungsmöglichkeiten, die sich tief in die Seele eingraben; dennoch muss das Subjekt dies selbst zulassen, darf sich dem nicht verschließen. Wenn es dies tut und tun will, darf man es nicht zwingen; es muss ihm möglich sein, den Blick abzuwenden, um seiner Unverfügbarkeit willen, die nach außen auch als Härte erscheinen mag. Denn ein anderer kann möglicherweise nicht entscheiden, was die Einzelne oder der Einzelne zu ertragen vermag, wobei gesellschaftliche und kulturelle Härtungsprozesse, soziale und kulturelle Kälte eine Rolle spielen. Doch bleibt es bei dem Grundsatz, dass über den anderen nicht verfügt werden darf – selbst in dem Moment, in welchem er über sich selbst zu verfügen sucht. Darin liegt eine der Grenzen der Pädagogik, über die man nicht entscheiden kann. Vielleicht erreicht sie hier den Punkt, an welchem sich die Frage stellt, was man selbst auszuhalten vermag. Dennoch: wenn Kinder und Jugendliche schon aus Zwang entstehen, dann müssen sie wenigstens die Freiheit haben dürfen, über ihre Existenz zu entscheiden. Das klingt schrecklich, erfüllt mit Angst und Trauer. Ausgesprochen hat diese Norm der Nichtverfügbarkeit in aller denkbaren Radikalität Janusz Korczak: Er billigt den Kindern noch das Recht auf den eigenen Tod zu. Vielleicht stand ihm vor Augen, was dann grausame Realität wurde: Als sie aus dem Warschauer Ghetto in das Vernichtungslager abtransportiert wurden, blieb ihnen nicht einmal der eigene Tod zugestanden. Jegliche Verfügung wurde ihnen genommen. Die Grenze der Pädagogik liegt irritierenderweise in dem, was sie will: Humanität bedeutet, die Möglichkeit zu eröffnen, noch den eigenen Tod zu suchen, als Leistung, in welcher man seine Menschlichkeit bewahrt.

Unverfügbarkeit spricht aus, dass im Zusammenhang pädagogischer Prozesse mit doppelter Kontingenz zu rechnen ist: Wir wissen nicht, wie der andere denkt, fühlt, handelt, wir wissen nicht einmal, wie es uns selbst ergeht; noch weniger weiß man, wie der andere auf die Art und Weise reagiert, mit der wir versuchen, unser Unwissen zu bewältigen. Solche doppelte Kontingenz gründet darin, dass Menschen einander auf eine dramatische Art und Weise fremd, gegeneinander abgeschlossen bleiben. Vielleicht müssen sie als Monaden betrachtet werden, die mit einer letztlich unbekannt bleibenden inneren Resonanz auf das reagieren, was um sie passiert. Man mag viel über Gesellschaften, Kulturen, die Psychen der Mitmenschen wissen, man wird sich oft in seinen Ressentiments bestätigt sehen; häufig haben wir weniger mit Intuitionen, sondern mit sedimentierter, schon vergessener, unbewusst gewordener Erfahrung zu tun. Sie gründet darin, dass Menschen in einer Regelhaftigkeit agieren, die ihnen überhaupt erst Erkenntnis in geschichtliche Praxis verschafft, wie schon in der Renaissance Gianbattista Vico erkannte. Dennoch bleibt im Einzelnen ein zuweilen erschreckendes und manchmal wieder beglückendes Maß an Unerwartetem; wir können miteinander nicht rechnen. Das macht die andere Seite des Kantschen Imperativs aus, den anderen nur als Zweck seiner selbst und nicht als Mittel für die eigenen Absichten zu sehen. Selbst langjährige Lebenspartner bleiben einander ein wenig fremd; sie teilen zwar gemeinsame Erfahrungen, tauschen Erinnerungen und Erzählungen aus, entwickeln gleichwohl Züge des Rätselhaften. (Vielleicht geben die so möglichen Überraschungen Beziehungen erst die nötige Spannung.) Kaum anders geht es mit Kindern, den eigenen vor allen anderen. So vertraut sie einem sind, sie bleiben unbekannt; ein vollständiges Verstehen wird sich nie einstellen, vielleicht sollte dies auch nicht der Fall sein: Was man aus dem Umgang mit psychischer Krankheit lernen kann, gilt für viele Bereiche des menschlichen Lebens; es empfiehlt sich zu lernen, mit Befremdung umzugehen, zu wissen oder wenigstens zu ahnen, dass andere fremd bleiben, mithin nicht in einen Verstehenskontext einzuholen sind, der auf den anderen die eigenen Erfahrungszusammenhänge projiziert und ihn umgekehrt in den Horizont des eigenen Lebens einholt. Sich befremden zu lassen, verlangt nicht in ihm aufzugehen, sondern mit ihm umzugehen, im Wissen darum, nicht zu wissen. So schmerzlich dies klingt: Die prinzipielle Fremdheit muss als Prämisse angenommen werden – mehr noch: vielleicht sind wir uns selbst fremd, verstehen uns nicht.

Gesellschaften und Kulturen agieren deshalb weise, wenn sie vom Erziehungsgeschehen nicht erwarten, dass sich dieses den Seelen der Beteiligten nähert. Sie wollen dann eine äußerliche Formung, ohne zu erwarten, dass die anderen in ihrem Inneren (an-)getroffen werden. In der britischen Kultur des Umgangs mit jungen Menschen besteht die Erwartung darin, dass sie gut funktionieren. Das hat zumindest den Vorteil, dass Erziehung nicht auf das Innere sich erstreckt – und vielleicht tut sie das dann auch nicht, bleibt liberal, auf die äußeren Verkehrsformen und die zu testenden kognitiven Leistungen beschränkt.

Jedenfalls erwächst aus der Unverfügbarkeit eine unbedingte Norm, die das pädagogische Geschehen überschreitet: Eben weil wir nicht umeinander wissen, einander fremd sind, muss man aufeinander hören, einander mit Respekt, mit Achtung begegnen. Die Existenz des Andern verdient die Achtung, weil sie schon seine genuine Leistung ist; sie ist zugleich immer ein Beitrag zu dem Ganzen einer Gesellschaft und Kultur. Dies gilt noch, wenn der andere abweicht. Diese Norm verlangt also Anerkennung dessen, was der andere tut, Anerkennung für sein Handeln und seine Lebensform – just for being here. Anerkennung gilt daher in einem ganz dramatischen Sinne: Es ist die Achtung vor dem anderem in seiner Leiblichkeit, die Ehrfurcht vor seinem Antlitz zu bewahren, wie man in Anlehnung an Levinas sagen kann. Genau darin liegt ein vorsichtiger Anspruch auf Sorge für den anderen, in seiner vordergründig banalen, leiblichen Existenz, vor allem aber im Blick auf die Möglichkeit und Fähigkeit, für sich selbst sorgen zu können. Anerkennung bedeutet auch, dem anderen die Möglichkeit zu eröffnen, seinen eigenen Weg zu finden und gehen zu können – wobei man vielleicht bitten sollte, mit ihm gehen zu dürfen.

Anerkennung umfasst mithin mehrere Stufen; manchem werden sie trivial, wenn nicht sogar ein wenig kitschig erscheinen; vielleicht liegt darin schon ein Problem: Anerkennung beginnt elementar damit, anderen das Recht der Anwesenheit zu signalisieren und deutlich zu machen, dass sie in ihrer bloßen Existenz willkommen sind. Sie müssen das Gefühl haben, nicht von vornherein abgelehnt zu sein; sie müssen begrüßt werden. Anerkennung hat dann damit zu tun, dass man der Art und Weise des Lebens anderer den Respekt nicht verweigert, einem Respekt, der zuerst dem erneut banal wirkenden Befund gilt, dass sie ihr Leben bewältigen, so, wie es sich ihnen stellt, so, wie sie meinen, es leben und aushalten zu können. Anerkennung hat somit mit der Achtung gegenüber Lebensverhältnissen zu tun. Anerkennung von Lebensverhältnissen heißt nicht, dass man sich der Hilfe verweigert, wo sie gefordert und notwendig wird, es heißt nicht, in zynischem Positivismus zu verharren, wenn andere trotz schwierigster Situation immer noch nicht verzweifeln. Es heißt gewiss auch nicht, die Augen zu verschließen.

Anerkennung benötigt Leistungen, die man vielleicht nicht versteht. Man mag einwenden, dass damit Delinquenz, sogar Mord geachtet werden könnten. Vielleicht darf man dies nicht von der Hand weisen, denn das Gerichtsverfahren über einen Mörder stellt eine Form dar, in welcher ihm mit Achtung begegnet wird und die Anerkennung seiner Tat als Zurechnung erfolgt. Dies ist ein Geschehen, in welchem die Würde gewahrt und sogar wieder hergestellt wird, die mancher vor sich selbst verwirkt hat. Jemandem mit Achtung zu begegnen, heißt nicht, die Taten zu billigen, die er begeht. Aber es schließt ein, dass man ihn nicht willkürlich verurteilt, sondern ein Verfahren eröffnet, in welchem er seine Position behaupten kann und nicht von vornherein diskreditiert ist.

Diskreditierung könnte aber inzwischen notorisch geworden sein. Richard Sennet weist darauf hin, wie bei wachsender Ungleichheit und Ungerechtigkeit auf eine Haltung nicht verzichtet werden darf, in der und durch die Leistungen anderer ganz besonders dann Würdigung finden, wen wir sie nicht begreifen (Sennett 2004); vielleicht verschließen sie sich uns. In der Tat liegt hierin ein besonderes Problem sicher nicht nur der deutschen Gesellschaft – wenngleich hier ein kultureller Wandel sich vollzieht, der als zunehmender Verlust von Achtung und Anerkennung erlebt wird. Denn anders als die angelsächsischen Gesellschaften, welche traditionell utilitaristisch, auf Einkommensmaximierung ausgerichtet wie über eine Kultur gewürdigter Freiwilligenarbeit verfügen, bestand in Deutschland eine Vorstellung insbesondere beruflicher Würde und daraus erwachsender innerer Verpflichtung, die mit der besonderen Ausprägung des protestantischen Ethos zusammen hängt. Dies darf nicht idealisiert werden, weil Pflichtgefühl kaum gegen politischen Irrsinn immunisiert; noch einmal ist an Eichmann zu denken. Gleichwohl verliert (nicht nur die deutsche) Gesellschaft in weiten Bereichen, besonders bei ihren vorgeblichen Eliten und Meinungsführern die Fähigkeit, Anerkennung auszusprechen. Die hegemoniale Kultur moniert zunehmend bei anderen fehlende oder ungenügende Leistung. Man folgt einer Sportberichterstattung, die nur den Sieger kennt und nicht begreift, wie labil Erfolg ist, noch weniger aber sieht, dass selbst die letzten Ankömmlinge im Ziel Leistungen vollbracht haben. Mehr noch: In diesem Land geht die Einsicht verloren, dass die überwiegende Mehrzahl der Menschen ihre Arbeit in einer Weise vollbringen, in der sie das Beste geben, weniger den Eigennutz, sondern das Gemeinwesen vor Augen haben. Dass längst Leistung vollbracht wird, gerät aus dem Blick einer Debatte, die mehr Leistung fordert, in Wirklichkeit aber Ausbeutung meint. Daraus entsteht eine Situation der Mutlosigkeit; die Kultur tendiert dazu, die Leistungen zu missachten, dann Verletzungen zuzufügen. Neu hinzugekommen ist die Tendenz, Nicht-Anerkennung durch Ausschluss von Diskussionsprozessen zu politisieren. Dabei wirkt sich die Macht von Leerformeln aus: Innovation und Reform, die Schlüsselwörter der Debatte haben eine Wertungsgewalt bekommen, die direkt proportional dem fehlenden Wissen darüber entspricht, was sie eigentlich besagen. Wer sich ihnen verweigert, gilt als Bedenkenträger; wer nur auf mögliche Konsequenzen hinweist, diskreditiert sich selbst.

Dabei darf Anerkennung nicht auf Personen beschränkt bleiben. Der herrschenden Innovations- und Reformwut fallen mittlerweile Institutionen und Pragmatiken zum Opfer, die das kulturelle Gedächtnis der Gesellschaft ausmachen und zentrale Integrationsleistungen in ihr erbringen. Ihnen die Achtung zu verweigern, sie in ihrer Bedeutung zu tilgen, ohne nach Folgekosten zu fragen, überrascht ein wenig. Diese Tendenz zur Nicht-Anerkennung wirft jedenfalls dunkle Schatten über die pädagogische Situation: Schon vor der Veröffentlichung der international vergleichenden Studien konnte man erkennen, wie junge Menschen negativ charakterisiert wurden und dies in ihr Selbstbild übernommen haben. Die pädagogischen Institutionen wurden in ihrer Existenzberechtigung dementiert, ihr Personal öffentlich beschimpft; das Wort von den Lehrern als den faulen Säcken hat Spuren hinterlassen. Solche Nichtanerkennung greift um sich. Wenn es einen Bereich gibt, in welchem von gefährlicher Nachhaltigkeit gesprochen werden muss, dann ist dies sicher mit dem Feld der Erziehung gegeben. Die Nichtanerkennung spricht sich dabei in gesellschaftlichen, öffentlich artikulierten Zumutungen, in Erwartungen und Ängsten allzumal von Eltern aus; das Vertrauen in die Leistungsfähigkeit pädagogischer Institutionen wie in alle an diesen wirkenden Akteure schwindet; dazu gehört, dass die Beteiligten selbst, eben Eltern, sogar Kinder und Jugendliche den härteren Zugriff, die strenge Kontrolle, die Selektion wünschen. Dahinter verbirgt sich der längst verinnerlichte Mechanismus der Konkurrenz: wo die Lebensaussichten knapp werden, den individuellen Subjekten aber nur der individuelle, testierte Erfolg als Ressource zur Verfügung steht, auf den sie zurückgreifen könnten, um ihre Position zu behaupten und zu beweisen, muss man gegeneinander kämpfen. Man tut dies, indem man andere zurückstößt oder selbst nach strengeren Maßstäben verlangt, welche man zu beweisen glaubt. Dem korrespondiert, wie eine dranghafte Kontroll- und Disziplinierungsmentalität das Land überzieht. Pädagogik ist so eigentlich nicht mehr möglich, die Schäden sind gravierend. Eine andere Methode des Missachtung besteht darin, Maßstäbe zu formulieren, die nicht erreicht werden können, vielleicht sogar irreal sind. Wenn etwa in einer Gesellschaft Elite zum Leitthema mit dem Effekt gemacht wird, dass Abiturienten das Gefühl der Wertlosigkeit empfinden, dann liegt der Verdacht massiver Krankheitszustände nahe; ihnen ist nur mit einem Satz zu begegnen, wie ihn Wilhelm Tell ausgesprochen hat.

Diese Politik der Nicht-Anerkennung zielt auf Institutionen und auf Individuen, aber sie meint vor allem menschliche Praxis, auch die der Erziehung. Damit scheint sie konkret zu werden, auf Täter hinzuweisen, die Dinge beim Namen zu nennen. Sie wendet den Blick ab von Gesellschaft und Kultur als Ganzen, ignoriert deren Existenz. Margaret Thatchers Behauptung, sie kennen nur Individuen und keine Gesellschaft, wird hier zum Prinzip gemacht – ideologisch verbrämt sie nur, dass einer Ökonomie des Marktes Platz gemacht werden soll. Ob dafür gute Gründe anzuführen sind, darf jedoch bezweifelt werden. Zwar gilt: Seit es eine Vorstellung von Moderne gibt, spätestens aber seit der Auseinandersetzung um die Alten und die Moderne, wird diese mit der Hoffnung auf Fortschritt verbunden, mit der Erwartung allzumal, dass Rationalität auch in moralischer Hinsicht, dass endlich Humanität eine größere Chance haben; der Fortschritt zum Besseren war als Projekt einer Humanisierung des Humanen verstanden. Rousseau hat sich demgegenüber schon skeptisch gezeigt. Seitdem haben sich die Zweifel an den Fortschritten der Moderne nie so ganz ausräumen lassen. Doch erst das zwanzigste Jahrhundert, das der Extreme, hat die großen Ambitionen und die mit diesen verbundenen Hoffnungen wohl endgültig zerstört. Man muss kein Zyniker sein, um festzustellen, dass der Massenmord zum charakteristischen Merkmal wurde. Dabei wurde, wie George Steiner festhält, erstmals eine Schwelle überschritten: Im Nationalsozialismus wurden Menschen vernichtet, weil sie Menschen waren, weil sie existierten (Steiner 2000). Kein Moment vorgeschobener oder nachträglicher Rationalisierung spielte hier eine Rolle.

Dies bildet die Zäsur schlechthin und macht aufmerksam darauf, dass die Gesellschaften der Gegenwart stets ein Moment der Barbarei in sich bergen; Thorstein Veblen hat gezeigt (Veblen 1986), wie dieses sich in der Lebenssituation der Vermögenden, der leisure class verbergen kann, Bauman erinnert daran, wiederum am Beispiel des Holocaust, dass in aller technischen Intelligenz ein Zug von Amoralität zum Tragen kommt (Bauman 1992); es geht dann nur mehr darum, die Verfahren der Vernichtung menschlichen Lebens zu optimieren. Doch das barbarische Temperament beschränkt sich nicht auf den Fall des Nationalsozialismus; dieser stellt eher die Probe aufs Exempel dar und mahnt, dass niemand vor ihm gewahrt sei. Die Moderne birgt in sich die Möglichkeit der Barbarei, die späte Moderne, der diffuse Zustand der Postmoderne leistet dem noch Vorschub (Meštrović 1993).

So ernüchtern die Gegenwartsgesellschaften, wenn man sie in ethischer wie in moralischer Hinsicht befragt; ihr Potenzial an Zerstörung, an Beschädigung und Verletzung, Missachtung von Menschen, an Verlust von Anständigkeit ihnen gegenüber, übertrifft noch alles, was an technischen Möglichkeiten in ihnen geschaffen und gegeben wurde. Die Politik der Missachtung, wie sie gegenwärtig alles überzieht, signalisiert diese Veränderung, die als Demoralisierung, als – um den alten Ausdruck zu gebrauchen – Verlust von Sittlichkeit voranschreitet. Anderen die Bedingungen des Lebens zu entziehen oder vorzuenthalten, die alltägliche Grausamkeit endlich in einem Umgang, der den Ausdruck Miteinander nicht verdient, machen schier sprachlos.

Man kann einwenden, dies alles habe mit Pädagogik nichts zu tun. Aber schon dieses, dass nämlich der Tod nicht thematisiert werden konnte, verweist zurück auf das pädagogische Problem. Bisher jedenfalls gibt es keine andere Möglichkeit, menschliches Denken und Handeln zu zivilisieren, zu kultivieren und eben auch zu moralisieren, als durch das Festhalten an ethischer Verbindlichkeit und moralischer Reflexion. Nicht nur in der Erziehung, aber eben auch in dieser. Solange man keine absolute Sicherheit hat, wie Gesellschaften und Kulturen vor der ihnen möglichen Barbarei zu bewahren sind, wird man tunlichst daran denken, jene Praxis behutsam und sorgfältig zu gestalten, über die man verfügen kann. Im Falle der Erziehung ist dies der Fall, wenn man sie in ihrer eigenen Logik betreibt. Zu dieser gehört die Anerkennung. Mehr noch besteht eine ihrer Aufgaben darin, wenigstens sicher zu stellen, dass weiterhin erzogen werden kann – und dies verlangt, eine Praxis der Erziehung zu bewahren, die verhindert, dass sich die Subjekte gegen sie stellen. Das kann gegenwärtig bedeuten, Erziehung noch gegen die zu verteidigen, die sie in Anspruch nehmen. Was eben als wiederentdeckte Pädagogik, was an technischen Konzepten auf den Markt gebracht wird, was die „Super-Nanny" den Zuschauern von RTL II demonstriert, ruft im Gegenzug nach einer Pädagogik, die an die Sache der Erziehung erinnert. Denn: Wer Erziehung als Grausamkeit betreibt, darf kaum hoffen, dass die so Erzogenen sie weiter schätzen. Bittere Empirie zeigt freilich, wie sie diese als Ritual weiter betreiben und tradieren. Es kann nicht ausgeschlossen werden, dass das pädagogische Geschehen selbst, die Praxis der Erziehung zivilisiert werden muss. Insofern lautet die zweite, einigermaßen verzwickte Norm: Erziehung selbst muss immer wieder zivilisiert, kultiviert und moralisiert werden. Zivilisieren meint, dass die Praxis der Pädagogik verteidigt werden muss gegenüber Ansprüchen, welche in einer Gesellschaft ihr gegenüber geltend gemacht werden. Erziehung zu kultivieren heißt, die strukturellen Möglichkeiten ihrer Praxis so zu realisieren, dass alle beteiligten Subjekte das Geschehen als einen Bildungsprozess erleben, in welchem sie ihre Souveränität gegenüber Gesellschaft und Kultur gewinnen, indem sie über diese verfügen, sie achten können als eine Form des Lebens, das sie gerne führen, für sich und mit anderen – diese schließt ein, den anderen, gleich ob er als Zögling oder als Erzieher zu handeln pflegte, zu achten und anzuerkennen. Moralisieren aber heißt, dass dies aus Freiheit, in der bewusst wertenden Entscheidung geschieht. Die Norm verlangt sicherzustellen, dass Gesellschaften und ihre Subjekte in der Offenheit noch weiter erziehen können, die als charakteristisch für pädagogische Situationen gezeigt wurde, durchaus mit einer an diese geknüpften Ambition, die andere als Mündigkeit und Autonomie bezeichnen – obwohl es am Ende vielleicht um ein sehr viel Bescheideneres geht, nämlich um die Frage danach, was wir gemeinsam tun können, damit alle, wir selbst und künftige Generationen, ein gutes Leben führen können. Insofern gilt dann doch, dass Erziehung Bildung zur Subjektivität zu ermöglichen hat – sie kann das, aber sie muss so auch gewollt werden. Gegenwärtig stehen hier die Gesellschaften einmal mehr am Scheideweg.

Literatur

Alanen, L.: Modern Childhood? Exploring the »Child Question« in Sociology. Jyväskyla 1992.

Alanen. L: Zur Theorie der Kindheit. Die „Kinderfrage" in den Sozialwissenschaften. In: Sozialwissenschaftliche Literatur Rundschau 17 (1994), Heft 28, S. 93–112.

Alt, R.: Vorlesungen über die Erziehung auf frühen Stufen der Menschheitsentwicklung. Berlin 1956.

Andresen, S.: Familie und Erziehung als Verfallsgeschichten. Naive Zugänge, literarische Dramatisierungen, banale Reden. In: Zeitschrift für pädagogische Historiographie 8 (2002), Heft 1, S. 3–6.

Ariès, P.: Geschichte der Kindheit. München, Wien 1976.

Arnett, J. J.: Emerging Adulthood: The Winding Road from Late Teens through the Twenties. Oxford University Press 2004.

Asendorpf, J.: Keiner wie der andere. Wie Persönlichkeits-Unterschiede entstehen. München 1988.

Assmann, Aleida: Druckerpresse und Internet – von einer Gedächtniskultur zu einer Aufmerksamkeitskultur. Archiv und Wirtschaft 1/2003. http://www.wirtschaftsarchive.de/zeitschrift/m_assmann.htm [11.11.2004].

Assmann, A.: Erinnerungsräume. Formen und Wandlungen des kulturellen Gedächtnisses. München 1999.

Assman, J.: Das kulturelle Gedächtnis. Schrift, Erinnerung und politische Identität in frühen Hochkulturen. Zweite Auflage. München 1999.

Augé, M.: Die Sinnkrise der Gegenwart. In: Kuhlmann, A.: Philosophische Ansichten der Kultur. Frankfurt am Main 1994.

Baron-Cohen, S.: Vom ersten Tag an anders. Düsseldorf, Zürich 2004.

Barsch, A./Hejl, P. M. (Hrsg.): Menschenbilder. Zur Pluralisierung der Vorstellung von der menschlichen Natur (1850–1914). Frankfurt am Main 2000.

Bauman, Z.: Dialektik der Ordnung. Die Moderne und der Holocaust. Frankfurt am Main 1992.

Bauman, Z.: Tod, Unsterblichkeit und andere Lebensstrategien. Frankfurt am Main 1994.

Bauman, Z.: Moderne und Ambivalenz. Das Ende der Eindeutigkeit. Frankfurt am Main: 1995.

Bauman, Z.: Liquid Modernity. Cambridge: Polity 2000.

Bauman, Z.: Community. Seeking Safety in an Insecure World. Cambridge: Polity 2001.

Bauman, Z./Tester, K.: Conversations with Zygmunt Bauman. Cambridge: Polity 2001.

Becchi, E./Julia, D. (Directeurs): Histoire de l'enfance en occident. De l'antiquité au XVIIe Siècle. Paris: Seuil 1998 (a).

Becchi, E./Julia, D. (Directeurs): Histoire de l'enfance en occident. Du XVIIIe siècle a nos jours. Paris: Senil 1998 (b).

Beck, U.: Risikogesellschaft. Auf dem Weg in eine andere Moderne. Frankfurt am Main 1986.

Beck, U.: Vom Veralten sozialwissenschaftlicher Begriffe. Grundzüge einer Theorie reflexiver Modernisierung. In: Görg, C. (Hrsg.): Gesellschaft im Übergang. Perspektiven kritischer Soziologie. Darmstadt 1994, S. 21–43.

Beck, U. (Hrsg.): Kinder der Freiheit. Frankfurt am Main 1997.

Beck, U./Beck-Gernsheim, E.: Das ganz normale Chaos der Liebe. Frankfurt am Main 1990.

Beck, U./Lau C. (Hrsg.): Entgrenzung und Entscheidung. Frankfurt am Main 2004.

Beck-Gernsheim, E.: Die Kinderfrage. Frauen zwischen Kinderwunsch und Unabhängigkeit. München 1988 (a).

Beck-Gernsheim, E.: Die neue Elternpflicht: Genetik vor Bildung. In: Sozialwissenschaftliche Literatur Rundschau 11 (1988), Heft 16, S. 83–91 (b).

Benjamin, W.: Einbahnstraße. Frankfurt am Main: Suhrkamp 1972.

Benner, D.: Allgemeine Pädagogik. Eine systematisch-problemgeschichtliche Einführung in die Grundstruktur pädagogischen Denkens und Handelns. 4. Auflage. Weinheim und München 2001.

Berger, P. L./Berger, B./Kellner, H.: The Homeless Mind. Harmondsworth: Penguin 1974.

Berger, B./Berger, P.: The War over the Family. Capturing the Middle Ground. Harmondsworth: Penguin 1983.

Berger, P./Luckmann, T.: Die gesellschaftliche Konstruktion der Wirklichkeit. Eine Theorie der Wissenssoziologie. Frankfurt am Main 1980.

Berger, P./Luckmann, T.: Modernität, Pluralismus und Sinnkrise. Gütersloh 1995.

Berg, J. H. van den: Metabletica. Über die Wandlung des Menschen. Grundlagen einer historischen Psychologie. Göttingen 1960.

Berman, M.: Kultur vor dem Kollaps. Wegbereiter Amerika. Frankfurt am Main 2002.

Bernhard, A.: Bildung in einer Epoche der Ambivalenz. Frankfurt am Main 1996.

Bernhard, A.: „Multiple Identität" als neues Persönlichkeitsideal. In: Neue Sammlung 39 (1999), S. 291–305.

Bernfeld, S.: Sisyphos oder die Grenzen der Erziehung. Frankfurt am Main 1973.

Bette, H. H.: Körperspuren. Zur Semantik und Paradoxie moderner Körperlichkeit. Berlin, New York 1989.

Bloom, H.: The Western Canon. The Books and Scholl of the Ages. New York: Riverhead 1995.

Blumenberg, H.: Die Sorge geht über den Fluss. Frankfurt am Main 1987.

Bollenbeck, G.: Bildung und Kultur. Glanz und Elend eines deutschen Deutungsmusters. Zweite Auflage. Frankfurt am Mainz und Leipzig 1994.

Bollnow, O. F.: Die pädagogische Atmosphäre. Untersuchungen über die gefühlsmäßigen zwischenmenschlichen Voraussetzungen der Erziehung. 3. Auflage, Heidelberg 1968.

Bollnow, O. F.: Existenzphilosophie und Pädagogik. Stuttgart, Berlin, Köln. Mainz 1959.

Borst, E.: „Anerkennung" als konstitutives Merkmal sozialpädagogischer Bildungsvorstellungen. In: Neue Praxis 34 (2004), S. 259–270.

Bourdieu, P.: La misère du monde. Paris: Seuil 1993.

Bourdieu, P.: Wie die Kultur zum Bauern kommt. Über Bildung, Schule und Politik. Schriften zu Politik und Kultur. Band 4. Hamburg 2001.

Bourdieu, P.: Gegenfeuer. Wortmeldungen im Dienste des Widerstands gegen die neoliberale Invasion. Konstanz 1998.

Bourdieu, P./Passeron, J.-C.: Grundlagen einer Theorie der symbolischen Gewalt. Frankfurt am Main 1973.

Bovenschen, S.: Über-Empfindlichkeit. Spielformen der Idiosynkrasie. Frankfurt am Main 2000.

Brachmann, J.: Friedrich Schleiermacher. Ein pädagogisches Porträt. Weinheim und Basel 2002.

Brandt, R.: Können Tiere denken? In: Information Philosophie 33 (2005), Heft 2, S. 88–89.

Breuer, S.: Die Gesellschaft des Verschwindens. Von der Selbstzerstörung der technischen Zivilisation. Hamburg 1992.

Bröckling, U./Krasmann, S./Lemke, T. (Hrsg.): Gouvernementalität der Gegenwart. Studien zur Ökonomisierung des Sozialen. Frankfurt am Main 2000.

Bronfenbrenner, U.: Gibt es Universalien in der Kindererziehung. Ein Interview mit Urie Bronfenbrenner. In: Diskurs 2 (1992). Heft 1, S. 51–52.

Bruner, J.: Die Sprache der Erziehung (1982). In: Zeitschrift für Pädagogik 48 (2003), S. 485–498.

Bühl, W. L.: Das kollektiv Unbewusste in der postmodernen Gesellschaft. Konstanz 2000.

Bühler-Niederberger, D.: Glück und Geheimnis – die Garderoben des gesellschaftlichen Akteurs. In: Sozialwissenschaftliche Literatur Rundschau 25 (2002), Heft 44; S. 71–86

Bühler-Niederberger, D.: Legasthenie. Geschichte und Folgen einer Pathologisierung. Opladen 1991

Bühler-Niederberger, D. (Hrsg.): Macht der Unschuld. Das Kind als Chiffre. Wiesbaden 2005

Bundesministerium für Familie, Senioren, Frauen und Jugend (Hrsg.): Zehnter Kinder- und Jugendbericht. Bericht über die Lebenssituation von Kindern und die Leistungen der Kinderhilfen in Deutschland. Bonn 1998.

Bundesministerium für Familie, Senioren, Frauen und Jugend (Hrsg.): Elfter Kinder- und Jugendbericht. Bericht über die Lebenssituation junger Menschen und die Leistungen der Kinder- und Jugendhilfe in Deutschland. Berlin 2002.

Burckhardt, M.: Metamorphosen von Raum und Zeit. Eine Geschichte der Wahrnehmung. Frankfurt am Main, New York 1994.

Burke, P.: Die Geschichte des „Hofmann". Zur Wirkung eines Renaissance-Breviers über angemessenes Verhalten. Berlin 1996.

Cassirer, E.: Geist und Leben. Schriften. Hrsg. v. E. W. Orth. Leipzig 1993.

Chartier, R.: Die kulturellen Ursprünge der Französischen Revolution. Frankfurt am Main, New York 1995.

Christakis, D. A./Zimmermann, F. J./DiGuiseppe, D. L./McCarty, C. A.: Early Television Exposure and Subsequent Attentional Problems in Children. In: Pediatrics Vol. 113, No. 4, April 2004, S. 708–713.

Christie, A.: Mrs. McGinty's Dead. Harmondsworth: Penguin 1974 (deutsch 1978).

Cohn, J.: Geist der Erziehung. Pädagogik auf philosophischer Grundlage. Leipzig, Berlin 1919.

Comenius, J. A.: Große Didaktik (1638). Neubearbeitet und eingeleitet v. H. Ahrbeck. Berlin 1961.

Copei, F.: Der fruchtbare Moment im Bildungsprozess. Dritte Auflage. Heidelberg 1955.

Cowan, M. W.: Die Entwicklung des Gehirns. In: Gehirn und Nervensystem. Spektrum der Wissenschaft, 9. Auflage 1988, S. 101–110.

Danner, S.: Erziehung als reflektierte Improvisation. Bad Heilbrunn 2001.

Davis, M: Ecology of Fear. Los Angeles and the Imagination of Disaster. New York: Vintage Books 1999.

Davis, M.: City of Quartz. Excavating the Future in Los Angeles. New York: Vintage Books 1992.

Dawkins, R.: Das egoistische Gen. 2. Auflage. Reinbek 1998.

Deutsche Shell (Hrsg.): Jugend 2002. Zwischen pragmatischem Idealismus und robustem Materialismus. Frankfurt am Main 2002.

Deutsches PISA-Konsortium (Hrsg.): PISA 2000. Basiskompetenzen von Schülerinnen und Schülern im internationalen Vergleich. Opladen 2001.

Deutsches Pisa-Konsortium (Hrsg.): Der Bildungsstand der Jugendlichen in Deutschland. Ergebnisse des zweiten internationalen Vergleichs. Münster, New York 2004.

Diamond, M. C.: What are the Determinants of Children's Academic Successes and Difficulties? New Horizons for Learning 1999, 2000, 2001. http://www.newhorizons.org/neuro/diamond_determinants.htm [10.4.2003]

Dörner, A.: Politainment. Politik in der medialen Erlebnisgesellschaft. Frankfurt am Main 2001.

Donner, S.: Forscher schlagen Alarm: In den Industrieländern ist der IQ auf Talfahrt. http://www.wissenschaft.de/wissen/hintergrund/drucken/253016 … [27.6.2005] (a).

Donner, S.: Stress, Freude, Trauer: Wie Umwelteinflüsse die Aktivität der Gene beeinflussen. http://www.wissenschaft.de/wissen/hintergrund/drucken/252543 [27.6.2005] (b).

Dreitzel, H. P.: Reflexive Sinnlichkeit. Mensch-Umwelt-Gestalttherapie. Köln 1992.

Du Bois-Reymond, E.: Vorträge über Philosophie und Gesellschaft. Hrsg. v. S. Wollgast. Berlin 1974.

Duby, G.: Eine andere Geschichte. Stuttgart 1992.

Dülmen, R. van (Hrsg.): Entdeckung des Ich. Die Geschichte der Individualisierung vom Mittelalter bis zur Gegenwart. Köln 2001.

Durkheim, E.: Die Regeln der soziologischen Methode. Neuwied und Berlin 1970.

Durkheim, E.: Éducation et Sociologie. Paris: Presses Universitaires de France 1973.

Durkheim, E.: Sociologie et Philosophie. Paris: Presses universitaires de France 1974a.

Durkheim, E.: L'Éducation morale. Paris: Presses universitaires de France 1974b.

Dux, G.: Historisch-genetische Theorie der Kultur. Instabile Welten. Zur prozessualen Logik im kulturellen Wandel. Weilerswist 2000.

Eagleton, T.: Was ist Kultur. München 2001

Ebmeier, J.: Vom Grund und Gegenstand der Erziehung. Einleitung zur Kritik der pädagogischen Vernunft. In: Leviathan. Zeitschrift für Sozialwissenschaft 29 (2001) Heft 4, S. 411–426

Eco, U.: Apokalyptiker und Integrierte. Zur kritischen Kritik der Massenkultur. Frankfurt am Main 1987.

Ehrenberg, A.: Le culte de la performance. Paris (Hachette Litératures. Pluriel Sociologie) 1991

Ehrenberg, A.: L'individu incertain. Paris (Hachette Litératures. Pluriel Sociologie) 1995

Ehrenberg, A.: La Fatique d'être soi. Dépression et société. Paris (Odile Jacob, Poches) 2000

Elias, N.: Über den Prozess der Zivilisation. Soziogenetische und psychogenetische Untersuchungen. Zwei Bände. Frankfurt am Main 1977.

Elias, N.: Engagement und Distanzierung. Arbeiten zur Wissenssoziologie I. Frankfurt am Main 1983.

Elias, N.: Über die Zeit. Arbeiten zur Wissenssoziologie II. Frankfurt am Main 1984.

Elias, N.: Über Menschen und ihre Emotionen. Ein Beitrag zur Evolution der Gesellschaft. In: Gebauer, G. (Hrsg.): Anthropologie. Leipzig 1998, S. 143–175.

Elias, N.: Die Gesellschaft der Individuen. Frankfurt am Main 1991

Elias, N./Dunning, E.: Sport und Spannung im Prozess der Zivilisation. N. Elias: Gesammelte Schriften. Bd. 7. Frankfurt am Main 2003.

Elias, N.: „Figuration". In: Schäfer, B. (Hrsg.): Grundbegriffe der Soziologie. Leverkusen 1986, S. 88–91.

Ellenberger, H. F.: Die Entdeckung des Unbewussten. Geschichte und Entwicklung der dynamischen Psychiatrie von den Anfängen bis zu Janet, Freud, Adler und Jung. Zürich 1985.

Elschenbroich, D.: Weltwissen der Siebenjährigen. Wie Kinder die Welt entdecken können. Frankfurt am Main, Wien, Zürich 2001.

Ende, M.: Jim Knopf und Lukas der Lokomotivführer. Stuttgart 1960.

Euler, P.: Bildung als „kritische" Kategorie. In: Zeitschrift für Pädagogik 49 (2003) S. 413–421.

Evers, E. A.: Über die Schulbildung zur Bestialität (1807). In: Dokumente des Neuhumanismus I. Kleine pädagogische Texte, hrsg. v. E. Blochmann, H. Nohl, E. Weniger. Heft 17. Langensalza, Berlin, Leipzig o. J., 46–87.

Fach, W.: Staatskörperkultur. Ein Traktat über den schlanken Staat. In: U. Bröckling/S. Krasmann/T. Lemke: Gouvernementalität der Gegenwart. Studien zur Ökonomisierung des Sozialen. Frankfurt am Main 2000, S. 110–130.

Febvre, L.: Das Gewissen des Historikers. Frankfurt am Main 1990.

Ferguson, N.: Politik ohne Macht. Das fatale Vertrauen in die Wirtschaft. München 2003.

Fichte, J. G.: Zweite Einleitung in die Wissenschaftslehre (1797). In: J. G. Fichtes Werke. Hrsg. v. F. Medicus, Dritter Band. Leipzig o. J. (1911) S. 35–102.

Fiedler. L.: Überquert die Grenze, schließt den Graben. In: W. Welsch (Hrsg.): Wege aus der Moderne. Schlüsseltexte der Postmoderne-Diskussion. Weinheim 1988, S. 57–78.

Flitner, W.: Allgemeine Pädagogik. (1950) In: Flitner, W.: Gesammelte Schriften. Hrsg. v. K. Erlinghagen/A. Flitner/U. Herrmann. Bd. 2. Pädagogik. Paderborn, München, Wien, Zürich 1983, S. 123–297.

Folkerts, S.: Verabschiedete Vergangenheit. Ein Beitrag zur unaufhörlichen Selbstdeutung der Moderne. In: D. Baecker u. a. (Hrsg,): Theorie als Passion. Niklas Luhmann zum 60. Geburtstag. Frankfurt am Main 1987, S. 46–83.

Fontenelle, B.: Philosophische Neuigkeiten für Leute von Welt und für Gelehrte. Ausgewählte Schriften. Leipzig 1989.

Forster, G.: Philosophische Schriften. Mit Einführung und Erläuterungen herausgegeben von G. Steiner. Berlin: Akademie 1958.

Foucault, M.: Überwachen und Strafen. Die Geburt des Gefängnisses. Frankfurt am Main 1976.

Foucault, M.: Die Sorge um sich. Sexualität und Wahrheit 3. Frankfurt am Main 1997

Foucault, M.: Die Anormalen. Vorlesungen am Collège des France (1974–1975). Frankfurt am Main 2003.

Foucault, M.: Hermeneutik des Subjekts. Frankfurt am Main 2004.

Frischeisen-Köhler, M.: Über die Grenzen der Erziehung (1919). In: Das Problem der pädagogischen Anthropologie im deutschsprachigen Raum. Darmstadt 1976, S. 23–33.

Fuhr, T.: Erziehung – Zur Definition des Begriffs. In: Pädagogische Rundschau 54 (2000), S. 431–445.

Fuhrmann, M.: Bildung. Europas kulturelle Identität. Stuttgart 2002.

Fuhrmann, M.: Der europäische Bildungskanon. Frankfurt am Main/Leipzig, Erweiterte Neuausgabe 2004.

Freud, S.: Drei Abhandlungen zur Sexualtheorie (1905). In: S. Freud: Studienausgabe Bd. V. Frankfurt am Main 1972, S. 37–145.

Gardner, H. S.: Der ungeschulte Kopf. Wie Kinder denken. Stuttgart 1991.

Gaschke, S.: Die Erziehungskatastrophe. Kinder brauchen starke Eltern. Stuttgart/München 2001.

Gehlen, A.: Die Seele im technischen Zeitalter. Sozialpsychologische Probleme in der industriellen Gesellschaft. Reinbek 1957.

Geremek, B.: Geschichte der Armut. München und Zürich 1988.

Gerster, P./Nürnberger, C.: Der Erziehungsnotstand. Wie wir die Zukunft unserer Kinder retten. Berlin 2001.

Geulen, D. (Hrsg.): Kindheit. Neue Realitäten und Aspekte. Weinheim 1989.

Giddens, Anthony: Die Konstitution der Gesellschaft. Grundzüge einer Theorie der Strukturierung. Frankfurt am Main, New York 1988.

Giddens, A.: The Consequences of Modernity. Cambridge: Polity 1991.

Giddens, A.: Wandel der Intimität. Sexualität, Liebe und Erotik in modernen Gesellschaften. Frankfurt am Main 1993.

Giddens, A.: Runaway world. How Globalisation is Reshaping our Lives. London: profile Books 2002.

Giesen, B.: Die Entdinglichung des Sozialen. Eine evolutionstheoretische Perspektive auf die Postmoderne. Frankfurt am Main 1991.

Giesecke, H.: Wozu ist die Schule da? Die neue Rolle von Eltern und Lehrern. Stuttgart 1996.

Giesecke, H.: Das Ende der Erziehung. Neue Chancen für Familie und Schule. Stuttgart 1985.

Giesecke, M.: Der Buchdruck in der frühen Neuzeit. Eine historische Fallstudie über die Durchsetzung neuer Informations- und Kommunikationstechnologien. Frankfurt am Main 1991.

Gillis, J. R.: Geschichte der Jugend. Tradition und Wandel im Verhältnis der Altersgruppen und Generationen in Europa von der zweiten Hälfte des 18. Jahrhunderts bis zur Gegenwart. Weinheim und Basel 1980.

Gogtay, N.: Dynamic Mapping of human cortical development during childhood through early adulthood. PNAS 2004. Internetpublikation: doi:10.1073/pnas.0402680101.

Golombok, S.: Parenting, What really counts? London und Philadelphia: Routledge 2000.

Goody, J./Watt, I.: Konsequenzen der Literalität. In: Goody, J. (Hrsg.): Literalität in traditionalen Gesellschaften. Frankfurt am Main 1981, S. 45–104.

Gräfe, H.: Allgemeine Pädagogik. In drei Büchern. Zwei Bände. Leipzig 1845.

Grass, G./Dahn, D./Strasser, J. (Hrsg.): In einem reichen Land. Zeugnisse alltäglichen Leidens an der Gesellschaft. Frankfurt am Main, Wien, Zürich 2002.

Greenspan, S. I./Benderly, B. L.: Die bedrohte Intelligenz. Die Bedeutung der Emotionen für unsere geistige Entwicklung. München 2001.

Griechische Atomisten. Texte und Kommentare zum materialistischen Denken der Antike. Übersetzt und herausgegeben von F. Jürß, R. Müller und E. G. Schmidt. 4. Auflage. Leipzig 1991.

Griesebach, E.: Die Grenzen des Erziehers und seine Verantwortung. Halle 1924.

Gross, P.: Die Multioptionsgesellschaft. Frankfurt am Main 1994.

Gruner, S. T.: Die egolose Gesellschaft. Vom systematischen Ich-Schwund und der darauffolgenden Irrklage über Selbstbesessenheit. In: Büchergilde Gutenberg (Hrsg.): Eine egoistische Gesellschaft? Leben zwischen Individualismus und Solidarität. Frankfurt am Main, Wien, Zürich 2004, S. 76–98.

Gruschka, A.: Funktionalisierung von Mündigkeit. In: Jahrbuch für Pädagogik 1998. Bildung nach dem Zeitalter der großen Industrie. Frankfurt am Main u. a. 1998, S. 99–116.

Grzesik, J.: Was kann und soll Erziehung bewirken? Möglichkeiten und Grenzen der erzieherischen Beeinflussung. Münster u. a. 1998.

Habermas, J.: Der philosophische Diskurs der Moderne. Zwölf Vorlesungen. Frankfurt am Main 1985.

Halsey, A. H./Lauder, H./Brown, P./Wells, A. S. (Eds.): Education. Culture, Economy, Society. Oxford: University Press 1997.

Harris, J.: The Nurture Assumption. Why Children Turn out the Way They do. New York, London, Toronto, Sydney, Singapore: The Free Press 1998

Harvey, D.: Die Postmoderne und die Verdichtung von Raum und Zeit. In: Kuhlmann, A.: Ansichten der Kultur der Moderne. Frankfurt am Main 1994, S. 48–78.

Herbart, J. F.: Allgemeine Pädagogik. Aus dem Zweck der Erziehung abgeleitet. In.: J. F. Herbarts Sämtliche Werke in chronologischer Reihenfolge herausgegeben v. K. Kehrbach. Zweiter Band. Langensalza 1887.

Herbart, J. F.: Umriß pädagogischer Vorlesungen. In: J. F. Herbarts Sämtliche Werke in chronologischer Reihenfolge herausgegeben v. K. Kehrbach. Zehnter Band. Langensalza 1902, S. 65–135.

Herder. J. G.: Ideen zur Philosophie der Geschichte der Menschheit. Neuausgabe. Bodenheim 1995.

Helsper, W./Hörster, R./Kade J. (Hrsg.): Ungewissheit. Pädagogische Felder im Modernisierungsprozess. Weilerswist 2003.

Herzog, W.: Die Banalität des Guten. Zur Begründung der moralischen Erziehung. In: Zeitschrift für Pädagogik 37 (1991), Heft 1, S. 41–64.

Herzog, W.: Zeitgemäße Erziehung. Die Konstruktion pädagogischer Wirklichkeit. Weilerswist 2002.

Herzog, W.: Pädagogik und Psychologie. Eine Einführung. Stuttgart 2005

Heydorn, H. J.: Über den Widerspruch von Bildung und Herrschaft, Bildungstheoretische Schriften Band 2, Frankfurt/Main 1979

Hildenbrand, B.: Die Ehe und die Konstruktion der Wirklichkeit – Überlegungen zu einem Aufsatz aus dem Abstand von 30 Jahren. In: Wicke, M. (Hrsg.): Konfigurationen lebensweltlicher Strukturphänomene – Soziologische Varianten phänomenologisch-hermeneutischer Welterschließung. Opladen 1997, S. 104–123

Höffe, O.: Menschenrecht und Rauschgerechtigkeit. In: P. Fischer (Hrsg.): Freiheit oder Gerechtigkeit. Leipzig, S. 20–39

Hofer, M./Reinders, H./Fries, S./Clausen, M.: Der Einfluss des Wertewandels auf die Entwicklung im Jugendalter. Ein deduktiver Ansatz. In: Zeitschrift für Pädagogik 51 (2005), S. 81–100.

Hondrich, K.O.: Wie werden wir die sozialen Zwänge los? Zur Dialektik von Kollektivierung und Individualisierung. In: Merkur. Deutsche Zeitschrift für europäisches Denken 51 (1997), S. 283–292.

Hondrich, K. O.: Zur Dialektik von Individualisierung und Rückbindung am Beispiel der Paarbeziehung. In: Aus Politik und Zeitgeschichte, B 53/98, 1998, S. 3–8.

Honig, M.-S.: Entwurf einer Theorie der Kindheit. Frankfurt am Main 1999.

Honig, M.-S.: Das böse Kind. Eine Auseinandersetzung mit pädagogischen Kritikern der neueren Kindheitsforschung. In: Zeitschrift für pädagogische Historiographie 7 (2001). Heft 1., S. 35–43.

Honneth, A.: Integrität und Mißachtung. Grundmotive einer Moral der Anerkennung. In: Merkur. Deutsche Zeitschrift für europäisches Denken 44 (1990) S. 1043–1054.

Honneth, A.: Desintegration. Bruchstücke einer soziologischen Zeitdiagnose. Frankfurt am Main 1994.

Hopfner, J.:. Das Subjekt im neuzeitlichen Erziehungsdenken. Ansätze zur Überwindung grundlegender Dichotomien bei Herbart und Schleiermacher. Weinheim und München 1999.

Huizinga. J.: Homo Ludens. Vom Ursprung der Kultur im Spiel. Reinbek 1987.

Hüther, G.: Biologie der Angst. Wie aus Stress Gefühle werden. 4. Auflage. Göttingen 2001.

Hüther, G.: Die Bedeutung innerer und äußerer Bilder für das Strukturierung des kindlichen Gehirns. In: A. Neider (Hrsg.): Lernen. Stuttgart 2004, S. 55–77 (a).

Hüther, G.: Die Bedeutung sozialer Erfahrungen für die Strukturierung des menschlichen Gehirns. Welche sozialen Beziehungen brauchen Schüler und Lehrer. In: Zeitschrift für Pädagogik 50 (2004), S. 487–494 (b)

Iser, W.: Das Fiktive und das Imaginäre. Perspektiven literarischer Anthropologie. Frankfurt am Main 1993

Jameson, F.: A Singular Modernity: Essay in the Ontology of the Present. London, New York: Verso 2002.

Jantzen, W.: Materialistische Behindertenpädagogik als basale und allgemeine Pädagogik. In: A. Bernhard, A. Kremer, F. Rieß: Kritische Erziehungswissenschaft und Bildungsreform. Programmatik – Brüche – Neuansätze. Band 1. Theoretische Grundlagen und Widersprüche. Baltmannsweiler 2003, S. 104–125.

Johnston, W.M.: The Austrian Mind. An Intellectual and Social History 1848–1938. Berkeley, Los Angeles, London 1983.

Jonas, H.: Das Prinzip Verantwortung. Versuch einer Ethik für die technologische Zivilisation. Frankfurt am Main 1979.

Jütte, R.: Geschichte der Sinne. Von der Antike bis zum Cyberspace. München 2000.

Jung-Beemann, M. u. a.: Neural Activity When People Solve Verbal Problems with Insight. In: PLOS Biology, Volume 2, Issue 4, April 2004. (doi: 10.1371/journal.pbio.0020097)

Kade, J.: Irritationen – zur Pädagogik der Talkshows. In: I. Gogolin/D. Lenzen (Hrsg.): Medien-Generation. Beiträge zum 16. Kongress der Deutschen Gesellschaft für Erziehungswissenschaft. Opladen 1999, S. 151–182

Kade, J.: "Tatort" und "Polizeiruf 110". Zur biographischen Kommunikation des Fernsehens in beiden deutschen Staaten. In: BIOS. Zeitschrift für Biographieforschung und Oral History 8 (1996), Heft 1., S. 114–126.

Kade, J./Lüders, C.: Lokale Vermittlung. Pädagogische Professionalität unter den Bedingungen massenmedialer Vermittlung. In: A. Combe/W. Helsper (Hrsg.): Pädagogische Professionalität. Frankfurt am Main 1997.

Kade, J./Seitter, W.: Lebenslanges Lernen. Mögliche Bildungswelten. Opladen 1996.

Kade, J./Lüders, C./Hornstein, W.: Die Gegenwart des Pädagogischen – Fallstudien zur Allgemeinheit des Bildungsgesellschaft. In: Pädagogisches Wissen. Zeitschrift für Pädagogik. 27. Beiheft. Weinheim und Basel 1991, S. 39–65.

Kade, J./Nittel, D./Seitter, W.: Einführung in die Erwachsenenbildung/Weiterbildung. Stuttgart, Berlin, Köln 1999

Kamp, J.-M.: Kinderrepubliken. Geschichte, Praxis und Theorie radikaler Selbstregierung in Kinder- und Jugendheimen. Opladen 1995.

Kapferer, J.-N.: Gerüchte. Das älteste Massenmedium der Welt. Leipzig 1996.

Kant, I.: Über Pädagogik. In: Kant, I.: Werkausgabe. Hrsg. von W. Weischedel. Bd. XII. Frankfurt 1974, S. 693–761.

Kessl, F.: Der Gebrauch der eigenen Kräfte. Eine Gouvernementalität Sozialer Arbeit. Weinheim und München 2005.

Keupp, H.: Bedrohte und befreite Identitäten in der Risikogesellschaft. In: A. Berkhaus u. a. (Hrsg.): Identität, Leiblichkeit, Normativität. Neue Horizonte anthropologischen Denkens. Frankfurt am Main 1996, S. 380–403.

Kirchhöfer, D.: Grenzen der Entgrenzung. Lernkultur in der Veränderung. Frankfurt am Main u. a. 2005.

Klemperer, V.: LTI. 12. Auflage. Leipzig 1993.

Koerrenz, R.: Stufentheorie der Erziehung. Studien zur Theorie der Erziehung unter besonderer Berücksichtigung der operativen Grundlage und strukturellen Gestaltungsmöglichkeiten von Erziehung. Habilitationsschrift. MS. Tübingen 1995.

Koerrenz, R.: Otto Friedrich Bollnow. Ein pädagogisches Porträt. Weinheim und Basel 2004.

Koch, L: Eine pädagogische Apologie des Negativen. In: D. Benner (Hrsg.): Erziehung – Bildung – Negativität. Zeitschrift für Pädagogik 49. Beiheft. Weinheim und Basel 2005, S. 88–104.

Koselleck, R.: Kritik und Krise. Frankfurt am Main 1976.

Koselleck, R.: Vergangene Zukunft. Zur Semantik geschichtlicher Zeiten. Frankfurt am Main 1984.

Krappman, L.: Sozialisation und Entwicklung in der Sozialwelt gleichaltriger Kinder. In: Schneewind, K. A. (Hrsg.): Psychologie der Erziehung und Sozialisation. Enzyklopädie der Psychologie – Pädagogische Psychologie Bd. 1, Göttingen 1994, S. 495–524.

Krappmann, L./Kleineidam, V.: Interaktionspragmatische Herausforderungen des Subjekts. Beobachtungen der Interaktionen zehnjähriger Kinder. In: H. R. Leu/L. Krappman (Hrsg.): Zwischen Autonomie und Verbundenheit. Bedingungen und Formen der Behauptung von Subjektivität. Frankfurt am Main 1999, S. 241–285.

Krause, H.-U.: Fazit einer Utopie. Heimerziehung in der DDR – eine Rekonstruktion. Freiburg 2004.

Kunz, T.: Die Globalisierung frisst ihre Kinder. 2002 http://www.oeko-net/kommune/kommune07–02/tkunz.htm [23.04.2004].

Kurz, R.: Der Kollaps der Modernisierung. Frankfurt am Main 1991.

Kurz, R.: Die Welt als Wille und Design. Postmoderne, Lifestyle-Linke und die Ästhetisierung der Krise. Berlin 1999.

Lamprecht, K.: Alternative zu Ranke. Schriften zur Geschichtstheorie. Leipzig 1988

Langeveld, M. K.: Einführung in die theoretische Pädagogik. 7. Auflage. Stuttgart 1969.

Laslett, P.: Verlorene Lebenswelten. Geschichte der vorindustriellen Gesellschaft. Wien, Köln, Graz 1988.

LeGrand R. A.: Jenseits der Psychologisierung der amerikanischen Erziehungswissenschaft. In: W. Böhm/ A. Wemger-Hadwig (Hrsg.): Erziehungswissenschaft oder Pädagogik? Würzburg 1998, S. 289–300.

Lenzen, D.: Handlung und Reflexion. Vom pädagogischen Theoriedefizit zur Reflexiven Erziehungswissenschaft. Weinheim und Basel 1996.

Lenzen, D.: Bildung neu denken. Opladen 2003.

Lévy-Strauss, C.: Das wilde Denken. 2. Auflage. Frankfurt am Main 1977.

Lévy-Strauss, C..: Traurige Tropen. Leipzig 1988.

Libet, B.: Mind Time. Wie das Gehirn Bewusstsein produziert. Frankfurt am Main 2005.

Lischewski, A.: „Tod des Subjekts"!? Zum Selbstverständnis Pädagogischer Anthropologie zwischen „Subjekt" und „Postmoderne". Würzburg 1996.

Liedtke, M.: Warum hat Pestalozzi keinen exakten Erziehungsbegriff? Anmerkungen über injunktive Begriffe. In: Pädagogische Rundschau 34 (1980), S. 109–120.

Liedtke, M.: Evolution und Erziehung. Ein Beitrag zur integrativen Pädagogischen Anthropologie. Göttingen 1972.

Liegle, L.: Ein neuer Meilenstein auf dem Weg zu einer „Biopädagogik"? In: Sozialwissenschaftliche Literatur Rundschau 25 (2002), Heft 44, S. 5–27.

Litt, T.: Die gegenwärtige Lage der Pädagogik und ihre Forderungen (1926). In: T. Litt: Pädagogik und Kultur. Bad Heilbrunn 1965, S. 58–98.

Litt, T.: Das Verhältnis der Generationen ehedem und heute. Wiesbaden 1947.

Loch, W.: Lebenslauf und Erziehung. Essen 1979.

Locke, J.: The Educational Writings of John Locke. A Critical Edition with Introduction and Notes by. J. L Axtell. Cambridge: At The University Press 1968.

Lüders, C.: Verstreute Pädagogik – Ein Versuch. In: Horn, K.-P./Wigger, L. (Hrsg.): Systematiken und Klassifikationen in der Erziehungswissenschaft. Weinheim 1994, S. 103–127.

Ludwig, P.: Einwirkung als unverzichtbares Konzept jeglichen erzieherischen Handelns. In: Zeitschrift für Pädagogik 46 (2000), S. 585–600.

Luhmann, N.: Liebe als Passion. Zur Codierung von Intimität. Vierte Auflage. Frankfurt am Main 1982.

Luhmann, N.: Die Wissenschaft der Gesellschaft. Frankfurt am Main 1992.

Luhmann, N.: Gesellschaftsstruktur und Semantik. Studien zur Wissenssoziologie der modernen Gesellschaft. Band 1. Frankfurt am Main 1993.

Luhmann, N.: Jenseits von Barbarei. In: M. Miller/H. G. Soeffner (Hrsg.): Modernität und Barbarei. Soziologische Zeitdiagnose am Ende des 20. Jahrhunderts. Frankfurt am Main 1996, S. 219–230.

Luhmann, N.: Vertrauen. Ein Mechanismus der Reduktion sozialer Komplexität. 4. Auflage. Stuttgart 2000.

Luhmann, N.: Das Erziehungssystem der Gesellschaft. Hrsg. v. D. Lenzen. Frankfurt am Main 2002.

Luhmann, N.: Schriften zur Pädagogik. Herausgegeben v. D. Lenzen. Frankfurt am Main 2004.

MacIntyre, A.: Der Verlust der Tugend. Zur moralischen Krise der Gegenwart. Frankfurt am Main, New York: Campus 1987

Mannschatz, E.: Erziehungsmethodik. Über den erzieherischen Umgang mit Kindern. Berlin 2005.

Markowitz, J.: Verhalten im Systemkontext. Zum Begriff des sozialen Epigramms. Diskutiert am Beispiel des Schulunterrichts. Frankfurt am Main 1986.

Marrou, H. I.: Geschichte der Erziehung im klassischen Altertum. München 1977.

Maturana. H. R.: Biologie der Realität. Frankfurt am Main 1998.

Meier, H. (Hrsg.): Zur Diagnose der Moderne. München 1990.

Meissner, S./Schäfer, S.: Tumulte im Plenarsaal. Hamburger Morgenpost v. 28. Okt. 2004, S. 10.

Mennemann. H.: Krise als ein Zentralbegriff der (Sozial-)-Pädagogik. Eine ungenutzte Möglichkeit. In: Neue Praxis, 30 (2000), S. 207–226.

Mercier, R.: L'énfant dans la société du XVIIIe siècle (Avant L'Émile). Dakar 1961.

Merten, R.: Aufwachsen in Armut – Belastungen und Belastungsbewältigung. Einführung in den Thementeil. In: Zeitschrift für Pädagogik 51(2005), S. 149–153.

Meštrović, S.: The Barbarian Temperament. Toward a Postmodern Critical Theory. London, New York: Routledge 1993

Meyer, T.: Modernisierung der Privatheit. Differenzierungs- und Individualisierungsprozesse des familialen Zusammenlebens. Opladen 1992

Meyer-Drawe, K. Illusionen von Autonomie. Diesseits von Ohmacht und Allmacht des Ich. München 1990.

Meyer-Drawe, K.: Das „Ich als die Differenz der Masken". Zur Problematik autonomer Subjektivität. In: Vierteljahrsschrift für wissenschaftliche Subjektivität 67 (1991), S. 390–400.

Miller, M./Soeffner H. G. (Hrsg.): Modernität und Barbarei. Soziologische Zeitdiagnose am Ende des 20. Jahrhunderts. Frankfurt am Main 1996.

Mollenhauer, K.: Erziehung und Emanzipation. 5. Auflage. München 1971.

Mollenhauer, K.: Vergessene Zusammenhänge. Über Kultur und Erziehung. München 1983.

Mills, C. W.: Kritik der soziologischen Denkweise. Darmstadt und Neuwied 1973.

Moore, B.: Ungerechtigkeit. Die sozialen Ursachen von Unterordnung und Widerstand. Frankfurt am Main 1982.

Muchembled, R.: Die Erfindung des modernen Menschen. Gefühlsdifferenzierung und kollektive Verhaltensweisen im Zeitalter des Absolutismus. Reinbek 1990.

Muhri, J. G.: Normen von Erziehung. Analyse und Kritik von Herbert Spencers evolutionistischer Pädagogik. München 1982.

Müller, H. P.: Differenz und Distinktion. Über Kultur und Lebensstile. In: Merkur. Deutsche Zeitschrift für europäisches Denken 49 (1995), S. 927–934.

Müller, H. P.: Sozialstrukturen und Lebensstile. Der neuere theoretische Diskurs über soziale Ungleichheit. Frankfurt am Main 1992.

Münch, R.: Die Kultur der Moderne. Frankfurt am Main 1986.

Münch, R.: Offene Räume. Soziale Integration diesseits und jenseits des Nationalstaats. Frankfurt am Main 2001

Negt, O.: Kindheit und Schule in einer Welt der Umbrüche. Göttingen 1997.

Nelson, B.: Der Ursprung der Moderne. Vergleichende Studien zum Zivilisationsprozess. Frankfurt am Main 1977.

Neumann, D.: Erziehernaturen. In: T. Gabriel/M. Winkler (Hrsg.): Heimerziehung. Kontexte und Perspektiven. München 2003, S. 74–83.

301

Niemitz, C.: Erbe und Umwelt. Zur Natur von Anlage und Selbstbestimmung des Menschen. Frankfurt am Main 1987.

Nietzsche, F.: Nachgelassene Fragmente 1869–1874. Kritische Studienausgabe. Hrsg. v. G. Colli und M. Montinari. Band 1. München und Berlin/New York 1988 (a)

Nietzsche, F.: Nachgelassene Fragmente 1869–1874. Kritische Studienausgabe. Hrsg. v. G. Colli und M. Montinari. Band 7. München und Berlin/New York 1988 (b)

Nießeler, A.: Bildung und Lebenspraxis. Anthropologische Studien zur Bildungstheorie. Würzburg 2005.

Nijhout, H. F.: Der Kontext macht's! In: Spektrum der Wissenschaft, April 2005, S. 70–77.

Nolte, P.: Generation Reform. Jenseits der blockierten Republik. München 2004.

OECD (Hrsg.): Wie funktioniert das Gehirn? Auf dem Weg zu einer neuen Lernwissenschaft. Stuttgart, New York 2005.

Oelkers, J.: Intention und Wirkung: Vorüberlegungen zu einer Theorie pädagogischen Handelns. In: N. Luhmann/K. E. Schorr (Hrsg.): Zwischen Technologie und Selbstreferenz. Frankfurt am Main 1982, S. 139–194.

Oelkers, J.: Erziehen und Unterrichten. Grundbegriffe der Pädagogik in analytischer Sicht. Darmstadt 1985.

Oelkers, J.: Theorie der Erziehung – Ein vernachlässigtes Thema (Einleitung zum Schwerpunkt). In: Zeitschrift für Pädagogik 37 (1991), Heft 1, S. 13–18.

Oelkers, J.: Einführung in die Theorie der Erziehung. Weinheim und Basel 2001.

Oelkers, J.: Erziehung. In: D. Benner/J. Oelkers (Hrsg.): Historisches Wörterbuch der Pädagogik. Weinheim, Basel 2004, S. 303–340.

Orme, N.: Medieval Children. New Haven and London: Yale University Press 2003.

Palentien, C.: Aufwachsen in Armut – Aufwachsen in Bildungsarmut. Über den Zusammenhang von Armut und Schulerfolg. In: Zeitschrift für Pädagogik 51 (2005), S. 154–169.

Palentien, C./Klocke, A./Hurrelmann, K: Armut im Kindes- und Jugendalter. In: Aus Politik und Zeitgeschichte, B 18/1999, S. 33–38.

Pauen, S.: Zeitfenster der Gehirn- und Verhaltensentwicklung: Modethema oder Klassiker? In: Zeitschrift für Pädagogik 50 (2004), S. 521–531.

Paulsen, S.: Eltern – ein unentrinnbares Schicksal? In: Geo Wissen Heft 34, Sep. 2004 http://www.geo.de/GEO/medizin_psychologie/psychologie/2004 [30.11.2004]

Pestalozzi, J. H.: Meine Nachforschungen über den Gang der Natur in der Entwiklung des Menschengeschlechts. (Zürich 1797). In: J. H. Pestalozzi: Sämtliche Werke. Kritische Ausgabe. Hrsg. v. A. Buchenau, E. Spranger, H. Stettbacher, Band 12. Schriften aus der Zeit von 1797 bis 1799. Berlin 1938

Petersen; P.: Führungslehre des Unterrichts. 10. Auflage. Weinheim, Berlin, Basel 1971.

Peukert, U.: Der demokratische Gesellschaftsvertrag und das Verhältnis zur nächsten Generation. Zur kulturellen Neubestimmung und zur gesellschaftlichen Sicherung frühkindlicher Bildungsprozesse. In: Neue Sammlung 37 (1997), S. 277–293.

Pico della Mirandola: De hominis dignitate – Über die Würde des Menschen. Stuttgart 1997.

Plake, K.: Reformpädagogik. Wissenssoziologie eines Paradigmenwechsels. Münster/New York 1991.

Plake, K.: Talkshows. Die Industrialisierung der Kommunikation. Darmstadt 1999.

Pogrell, L. von: „Erziehung" im historischen Kontext. Beispiele für die Verwendung des Begriffs zu Beginn der Neuzeit. Erweiterte Fassung der Diss. Berlin/Bern 1998, digitales Dokument. Berlin 2004.

Pongratz, L. A.: Pädagogikgeschichte als Dekonstruktion – Zur Entwicklung der pädagogischen Historiographie. In: Vierteljahrsschrift für wissenschaftliche Pädagogk 65 (1981), S. 1–14.

Pollak, G.: Pädagogische Wissensformen in der Lebensführung – „Pädagogisierung der Lebensführung"? In: König, E./Zedler, P. (Hrsg.): Rezeption und Verwendung erziehungswissenschaftlichen Wissens in pädagogischen Handlungs- und Entscheidungsfeldern. Weinheim 1989, S. 205–229.

Postone, M.: Zeit, Arbeit und gesellschaftliche Herrschaft. Eine neue Interpretation der kritischen Theorie von Marx. Freiburg 2003.

Radkau, J.: Das Zeitalter der Nervosität. Deutschland zwischen Bismarck und Hitler. München und Wien 1998.

Rauschenbach, T.: Grenzen der Lebensweltorientierung – Sozialpädagogik auf dem Weg zu „systemischer Effizienz"? Überlegungen zu den Folgen der Ökonomisierung Sozialer Arbeit. In: Fatke, R. u. a. (Hrsg.): Erziehung und sozialer Wandel. Brennpunkte sozialpädagogischer Forschung, Theoriebildung und Praxis. Zeitschrift für Pädagogik. 39. Beiheft, Weinheim und Basel 1999; S. 223–244.

Rauschenberger, H.: „Durch die Kinder lernt man erst die Zeit begreifen". Über den Wandel von Erziehungsvorstellungen im 20. Jahrhundert. Frankfurt am Main 1988.

Rauschenberger, H.: Erziehung im Wandel. Vier Bände. Weinheim und München 2001.

Rauschenberger, H.: Erziehung – Handeln in sozialen Situationen. In: Zeitschrift für Sozialpädagogik 1 (2003), S. 368–381.

Reder, J.: Bildung als Selbstverwirklichung. Zur Rehabilitierung eines postmodernen Bildungsbegriffs. Würzburg 2004.

Reichenbach, R.: Pädagogischer Kitsch. In: Zeitschrift für Pädagogik 49 (2003), S. 775–789.

Renninger, S.-V./Wahl, K.: Gene und Sozialisation: Eine neue Runde in einem alten Streit. In: Sozialwissenschaftliche Literatur Rundschau 23 (2000), Heft 40, S. 5–16.

Rieger-Ladich, M.: Pathosformel Mündigkeit. Beobachtungen zur Form erziehungswissenschaftlicher Reflexion. In: Vierteljahrsschrift für wissenschaftliche Pädagogik 78 (2002), S. 153–182.

Rifkin, J.: Access. Das Verschwinden des Eigentums. Warum wir weniger besitzen und mehr ausgeben werden. Frankfurt am Main 2002.

Roessler, W.: Pädagogik. In: Brunner/Conze/Koselleck (Hrsg.): Geschichtliche Grundbegriffe. Band IV. Stuttgart 1978, S. 623–647.

Rodari, G.: Grammatik der Phantasie. Die Kunst, Geschichten zu erfinden. Leipzig 1992.

Rorty, R.: Solidarität oder Objektivität. Drei philosophische Essays. Stuttgart 1988.

Roth, G.: Fühlen, Denken, Handeln. Wie das Gehirn unser Verhalten steuert. Frankfurt am Main 2001

Rousseau, J. J.: Emil oder über die Erziehung. Vollständige Ausgabe. In neuer deutscher Fassung besorgt v. L. Schmidts. Paderborn 1971.

Rupf, M./Bovier, E./Boenke, K.: Linke Lehrer – rechte Schüler? Eine empirische Studie bei Neuntklässler und ihre Lehrer. In: Zeitschrift für Pädagogik 47 (2001), S. 297–312.

Rutschky, K.: Erregte Aufklärung. Kindesmissbrauch: Fakten und Fiktionen. Hamburg 1992.

Sachser, N.: Neugier, Spiel und Lernen: Verhaltensbiologische Anmerkungen zur Kindheit. In: Zeitschrift für Pädagogik 50 (2004), S. 475–486.

Savater, F.: Darum Erziehung. Was wir Kindern geben können. Frankfurt am Main, New York 1998.

Sarasin, P.: Reizbare Maschinen. Eine Geschichte des Körpers 1765–1914. Frankfurt am Main 2001.

Schlaffer, H: Die kurze Geschichte der deutschen Literatur. München, Wien 2002.

Schlaffke, W.: Wie wird unsere Schule wieder Weltklasse? München 2002.

Schleiermacher, F.: Texte zur Pädagogik. Kommentierte Studienausgabe. Band 2. Hrsg. v. M. Winkler und J. Brachmann. Frankfurt am Main 2000.

Schlegel, F.: Der Historiker als rückwärts gekehrter Prophet. Leipzig 1991.

Schultz, J. A.: The Knowledge of Childhood in the German Middle Ages, 1100–1350. Philadelphia: University of Pennsylvania Press 1955

Schulze, G.: Die Erlebnisgesellschaft: Kultursoziologie der Gegenwart. Frankfurt a. M., New York 1992.

Schurz, G.: Sind Menschen Vernunftwesen? In: Information Philosophie 2003, Heft 5, S. 16–27.

Schwenk, B.: Erziehung; in: D. Lenzen/K. Mollenhauer (Hrsg.): Enzyklopädie Erziehungswissenschaft, Band I, Theorien und Grundbegriffe der Erziehung und Bildung, Stuttgart, 1983, S. 386–394.

Seitter, W.: Lesen, Vereinsmeiern, Reisen. (Vergessene) Elemente einer Theorie lebenslangen Lernens. In: Zeitschrift für Pädagogik 46 (2000), S. 81–96.

Selman, R. L.: Die Entwicklung des sozialen Verstehens. Entwicklungspsychologische und klinische Untersuchungen. Frankfurt am Main 1984

Sennett, R.: Der flexible Mensch. Die Kultur des neuen Kapitalismus. Frankfurt am Main, Wien, Zürich 1998.

Sennett, R.: Respekt im Zeitalter der Ungleichheit. Berlin 2004.

Shape – Ausgabe Juni 2000.

Shatz, C. J.: Das sich entwickelnde Gehirn. In: Gehirn und Bewusstsein. Spektrum Akademischer Verlag 1994, S. 2–11.

Simmel, G.: Soziologie. Untersuchungen über die Formen der Vergesellschaftung. In: G. Simmel: Gesamtausgabe Bd. 11. Hrsg. v. O. Rammstedt. Frankfurt am Main 1992.

Simmel, G.: Philosophische Kultur. Gesammelte Essais. In: G. Simmel: Gesamtausgabe Bd. 14. Hrsg. v. O. Rammstedt. Frankfurt am Main 1996, S. 159–459.

Singer, W.: Der Beobachter im Gehirn. Essays zur Hirnforschung. Frankfurt am Main 2002.

Singer, W.: Verschaltungen legen uns fest: Wir sollten aufhören, von Freiheit zu sprechen. In: Christian Geyer (Hrsg.): Hirnforschung und Willensfreiheit. Zur Deutung der neuesten Experimente. Frankfurt am Main 2004, S. 30–65

Snyders, G.: Die große Wende der Pädagogik. Die Entdeckung des Kindes und die Revolution der Erziehung im 17. und 18. Jahrhundert in Frankreich. Paderborn 1971.

Spitzer, M.: Lernen. Gehirnforschung und die Schule des Lebens. Heidelberg und Berlin 2002.

Spitzer, M.: Gehirnforschung für lebenslanges Lernen. Einführung. In: OECD (Hrsg.): Wie funktioniert das Gehirn? Auf dem Weg zu einer neuen Lernwissenschaft. Stuttgart, New York 2005, S. 1–20.

Starobinski, J.: Das Rettende in der Gefahr. Kunstgriffe der Aufklärung. Frankfurt am Main 1992.

Stehr, N.: Die Zerbrechlichkeit moderner Gesellschaften. Die Stagnation der Macht und die Chancen des Individuums. Weilerswist 2000.

Steiner, G.: Exterritorial. Schriften zur Literatur und Sprachrevolution. Frankfurt am Main 1974.

Steiner, G.: Grammars of Creation. New Haven and London: Yale University Press 2001.

Stichweh, R.: Professionalisierung, Ausdifferenzierung von Funktionssystemen, Inklusion. Betrachtungen aus systemtheoretischer Sicht. In: B. Dewe/W. Ferchhoff/F.-O. Radtke (Hrsg.): Erziehen als Profession. Opladen 1992, S. 36–48.

Sünkel, W.: Erziehung – Vom Übergang der Natur in den Geist. In: Pädagogische Rundschau 43 (1989), S. 75–80.

Sünkel, W.: Im Blick auf Erziehung. Reden und Aufsätze. Bad Heilbrunn 1994.

Sünkel, W.: Phänomenologie des Unterrichts. Grundriss der theoretischen Didaktik. Weinheim, München 1996.

Swaan, A. de: Der sorgende Staat. Wohlfahrt, Gesundheit und Bildung in Europa und den USA der Neuzeit. Frankfurt am Main, New York 1993.

Tawney, R. H.: Religion and the Rise of Capitalism. Harmondsworth: Penguin 1972.

Taylor, C.: Multikulturalismus und die Politik der Anerkennung. Frankfurt am Main 1993.

Taylor, C.: Das Unbehagen in der Moderne. Frankfurt am Main 1995.

Taylor, C.: Quellen des Selbst. Die Entstehung der neuzeitlichen Identität. Frankfurt am Main 1996.

Tenorth, H.-E.: „Alle alles zu lehren". Möglichkeiten und Perspektiven allgemeiner Bildung. Darmstadt 1994.

Tenorth, H. E.: Technologiedefizit in der Pädagogik. Zur Kritik eines Missverständnisses. In: T. Fuhr (Hrsg.): Zur Sache der Pädagogik. Bad Heilbrunn 1999, S. 252–266.

Tenorth, H. E.: Grenzen der Indoktrination. In: P. Drewek u. a. (Hrsg.): Ambivalenzen der Pädagogik. Zur Bildungsgeschichte der Aufklärung und des 20. Jahrhunderts. Weinheim 1995, S. 335–350.

Tenorth, H.-E.: Dogmatik als Wissenschaft – Überlegungen zum Status und zur Funktionsweise pädagogischer Argumente. In: D. Baecker u. a. (Hrsg,): Theorie als Passion. Niklas Luhmann zum 60. Geburtstag. Frankfurt am Main 1987, S. 692–719.

Tetens, J. N.: Über den Ursprung der Sprachen und der Schrift. Eingeleitet und herausgegeben von Hannelore Pallus. Berlin: Akademie 1966.

Thole, W./Küster-Schapfl, E. U.: Sozialpädagogische Profis. Opladen 1997.

Thompson, E. P.: The Making of the English Working Class. Harmondsworth: Pelican 1968.

Thompson, E. P.: Plebeische Kultur und moralische Ökonomie. Aufsätze zur englischen Sozialgeschichte des 18. und 19. Jahrhunderts. Frankfurt am Main, Berlin, Wien 1980.

Tight, M.: Mythologies of Adult/Continuing/Lifelong Education. Paper presented at Scutreae, 29th Annual Conference, 5–7 July 1999, University of Warwick. http://wwwleeds.ac.uk/educol/documents/000001021.htm (21.1.2003).

Tomasello, M.: Die kulturelle Entwicklung des menschlichen Denkens. Frankfurt am Main 2002.

Torney-Purta, J./Lehmann, R./Oswald, H./Schulz, W.: Citizenship and Education in Twenty-eight Countries: Civic Knowledge and Engagement at Age Fourteen. Executive Summary. http:// www.gew.de/aktuell/frame_pisa.html (30.1.2003).

Toulmin, S.: Kosmopolis. Die unerledigten Aufgaben der Moderne. Frankfurt am Main 1991.

Treml, A. K.: Einführung in die Allgemeine Pädagogik. Stuttgart u. a. 1987

Treml, A. K.: Evolutionäre Pädagogik – Umrisse eines Paradigmenwechsels. In: Zeitschrift für Pädagogik 48 (2002), S. 652–669.

Treml, A. K.: Evolutionäre Pädagogik. Eine Einführung. Stuttgart 2004.

Trilling, L.: Das Ende der Aufrichtigkeit. Frankfurt am Main, Berlin, Wien 1983.

Türcke, C.: Erregte Gesellschaft. Philosophie der Sensation. München 2002.

Vaihinger, H.: Die Philosophie des Als-Ob. System der theoretischen, praktischen und religiösen Fiktionen der Menschheit auf Grund eines idealistischen Positivismus. Leipzig 1923.

Veblen, T.: Theorie der feinen Leute. Eine ökonomische Untersuchung der Institutionen. Frankfurt am Main 1986.

Veith, H.: Kompetenzen und Lernkulturen. Zur historischen Rekonstruktion moderner Bildungsleitsemantiken. Münster/New York 2003.

Vereinigung der Bayerischen Wirtschaft: Bildung neu denken! Das Zukunftsprojekt. http://www.vbw-bayern.de/pdf/Zusammenfassung_Bildungsstudie pdf [25.6.2004].

Vester, M.: Soziale Milieus im gesellschaftlichen Strukturwandel. Ein Interview mit Michael Vester. In: Diskurs. Studien zu Kindheit, Jugend, Familie und Gesellschaft. 6 (1996), Heft 2, S. 58–61.

Vigarello, G.: Wassser und Seife, Puder und Parfüm. Geschichte der Körperhygiene seit dem Mittelalter. Frankfurt am Main, New York 1988.

Voland, E./Voland, R.: Erziehung in einer biologisch determinierten Welt – Herausforderung für die Theoriebildung einer evolutionären Pädagogik aus biologischer Perspektive. In: Zeitschrift für Pädagogik 48 (2002), S. 690–706.

Voß, R.: Anpassung auf Rezept. Die fortschreitende Medizinisierung auffälligen Verhaltens von Kindern und Jugendlichen. Stuttgart 1987.

Wacquant, L.: Elend hinter Gittern. Konstanz 2000.

Waldenfels, B.: Ordnung im Zwielicht. Frankfurt am Main 1987.

Weber, M.: Die protestantische Ethik und der Geist des Kapitalismus. In: M. Weber: Gesammelte Aufsätze zur Religionssoziologie I. 9. Auflage. Tübingen 1988.

Wenzel, U./Bretzinger, B./Holz, K. (Hrsg.): Subjekte und Gesellschaft. Zur Konstitution von Sozialität. Weilerswist 2003.

Weingart, P.: Die Stunde der Wahrheit? Zum Verhältnis der Wissenschaft zu Politik, Wirtschaft und Medien in der Wissensgesellschaft. Weilerswist 2001.

Weinrich, H.: Lethe. Kunst und Kritik des Vergessens. München 1997.

Wilhelm, E.: Rationalisierung der Jugendfürsorge. Die Herausbildung neuer Steuerungsformen des Sozialen zu Beginn des 20. Jahrhunderts. Bern, Stuttgart, Wien 2005.

Willis, P.: Spaß am Widerstand. Gegenkultur in der Arbeiterschule. Frankfurt am Main 1979.

Winkler, M.: Zeit und Pädagogik. In: Sozialwissenschaftliche Literatur Rundschau 9 (1986), Heft 13, S. 92–102.

Winkler, M.: Eine Theorie der Sozialpädagogik. Stuttgart 1988.

Winkler, M.: Stinken Heimkinder? Anmerkungen zu Peter Strucks "Die Kunst der Erziehung". In: Der pädagogische Blick. Zeitschrift für Wissenschaft und Praxis in pädagogischen Berufen. 5 (1997), Heft 1, S. 20–32.

Winkler, M.: Klaus Mollenhauer. Ein pädagogisches Portrait. Weinheim und Basel 2002.

Winkler, M.: Sozialpädagogik im Ausgang der Freiheit. Versuch einer Annäherung an üblicherweise nicht gestellte Fragen. In: C. Schweppe (Hrsg.): Alter und Sozialpädagogik. Weinheim und München 2004 (a).

Winkler, M.: Lesen – Über Schwierigkeiten der Reformpädagogik mit einer Wirklichkeit aus zweiter Hand. Jena 2004 (b)

Wisskirchen, H.: Die wiederentdeckte Erziehung. Kinder suchen Autorität und Orientierung. München 1996.

Wolf, A.: Does Education Matter? Myths about Education and Economic Growth. London: Penguin 2002.

Wolf, A.: Mehr Bildung bedeutet noch lange nicht mehr Wohlstand. In: Neue Züricher Zeitung – NZZ Online, 28. Oktober 2004 http://www.nzz.ch/2004/08/28/th/page-article9T41B.html (28.10. 2004).

Wygotski/Vygotskij, L. S.: Geschichte der höheren psychischen Funktionen. Münster 1992.

Wygotski/Vygotskij, L. S.: Defekt und Kompensation. In. W. Jantzen (Hrsg.): Jeder Mensch kann lernen – Perspektiven einer kulturhistorischen (Behinderten-)Pädagogik. Neuwied, Kriftel, Berlin 2001, S. 88–108.

Wygotski, L.: Ausgewählte Schriften. Bd. 1. Arbeiten zu theoretischen und methodologischen Problemen der Psychologie. Köln 1985.

Wygotski, L.: Ausgewählte Schriften. Bd. 2. Arbeiten zur psychischen Entwicklung der Persönlichkeit. Köln 1987.

Wygotski, L. S.: Denken und Sprechen. 5. Auflage. Frankfurt am Main 1974.

Wouters, C.: Informalisierung. Norbert Elias' Zivilisationstheorie und Zivilisationsprozesse im 20. Jahrhundert. Opladen/Wiesbaden 1999.

Wulf, C.: Einführung in die Anthropologie der Erziehung. Weinheim und Basel 2001.

Youniss, J.: Soziale Konstruktion und psychische Entwicklung. Frankfurt am Main 1994.

Zeiher, H./Büchner, P./Zinnecker, J. (Hrsg.): Kinder als Außenseiter? Umbrüche in der gesellschaftlichen Wahrnehmung von Kindern und Kindheit. Weinheim und München 1996.

ZSE – Zeitschrift für Soziologie der Erziehung und Sozialisation: Schwerpunkt: Entgrenzungen von Lernen, Leben, Arbeiten? ZSE 20(2000), Heft 2.

Peter J. Brenner

Schule in Deutschland

Ein Zwischenzeugnis

2006. 220 Seiten. Kart.
€ 22,–
ISBN 3-17-019085-7

Entgegen dem verengten Blick der PISA-Studien zeigt diese umfassende und kritische Bestandsaufnahme die wirklichen Probleme der Schule in Deutschland: Die Schule hat keine klare Vorstellung mehr von ihrer eigentlichen Aufgabe, die sie für den Bildungsweg des Einzelnen wie für den Zusammenhalt der Gesellschaft erbringen muss. Die aktuellen Reformmaßnahmen – vom „offenen Unterricht" über die „Schlüsselqualifikationen" bis zur „Ganztagsschule" und zur „selbständigen Schule" – lösen die Probleme nicht, sondern vervielfältigen sie. Abseits von den gängigen Trends in der Bildungsdiskussion plädiert das Buch für eine Schule, in der Unterricht erteilt, Wissen vermittelt und zivilisiertes Verhalten eingeübt wird. Es plädiert aber auch für eine Schule, die für alle da sein muss: für die Starken wie die Schwachen, die Begabten wie die weniger Begabten. Und schließlich erinnert es daran, dass sich die Zukunft nur gestalten lässt mit einer Schule, die kulturelle Traditionen zu bewahren und soziale Bindekräfte zu stärken weiß.

W. Kohlhammer GmbH · 70549 Stuttgart
Tel. 0711/7863 - 7280 · Fax 0711/7863 - 8430

Bernd Ahrbeck

Kinder brauchen Erziehung

Die vergessene pädagogische Verantwortung

2004. 172 Seiten. Kart.
€ 19,80
ISBN 3-17-017973-X

Erziehungsschwierigkeiten, Verhaltensstörungen und psycho-
soziale Beeinträchtigungen sind bei Kindern und Jugendlichen
weit verbreitet. Sie resultieren wesentlich aus einer tiefen
Verunsicherung der Erwachsenengeneration, die sich in Erziehungs-
fragen reserviert verhält und Erziehungsaufgaben nur ungern
wahrnimmt. Die Gründe für die offenen und versteckten Formen
dieser Erziehungsvermeidung werden in diesem Buch provokant
analysiert. Sie finden sich nicht zuletzt in wissenschaftlichen
Neuerungen, die den Erziehungsbegriff leichtfertig schwächen.
Dem wird gegenüber gestellt, was Erziehung auch heute zu
leisten vermag und was sie leisten muss. Erst durch Erziehung
können Kinder und Jugendliche ihre Potenziale wirklich ent-
falten und Entwicklungsziele erreichen, die ihnen ansonsten
verschlossen bleiben.

W. Kohlhammer GmbH · 70549 Stuttgart
Tel. 0711/7863 - 7280 · Fax 0711/7863 - 8430

Alfred Treml

Pädagogische Ideengeschichte

Ein Überblick

2005. 326 Seiten. Kart. € 21,–
ISBN 3-17-017277-X

Das Buch gibt einen komprimierten Überblick über die (abendländische) pädagogische Ideengeschichte – angefangen bei der altägyptischen Hochkultur, der griechischen und römischen Antike über das christliche Mittelalter, die Reformation und den Humanismus bis in die Moderne, die mit der Aufklärung im 18. Jahrhundert zu sich kommt. Der Schwerpunkt der Darstellung liegt auf den einflussreichen Ideen – also auf jenen, die eine langanhaltende kommunikative Resonanz gefunden haben. Ausführlich und verständlich werden die dominanten Ideen und die exemplarischen Topoi behandelt, die bis heute die Basis des pädagogischen Selbstverständnisses bilden, wobei vor allem die geschichtlichen Übergänge und Wendepunkte der (Ideen-) Geschichte herausgearbeitet werden. So wird deutlich, wie und vor welchem geschichtlichen Hintergrund neues pädagogisches Denken und Handeln bahnbrechend wurde.

W. Kohlhammer GmbH · 70549 Stuttgart
Tel. 0711/7863 - 7280 · Fax 0711/7863 - 8430

Kohlhammer
Urban-Taschenbücher

Hans-Christoph Koller

Grundbegriffe,
Theorien und
Methoden der
Erziehungs-
wissenschaft

Hans- Christoph Koller

Grundbegriffe, Theorien und Methoden der Erziehungswissenschaft

Eine Einführung

2004. 248 Seiten. Kart. € 17,–
ISBN 3-17-017181-X

Das Buch vermittelt, ohne besondere Vorkennnisse vorauszusetzen, die wichtigsten Grundbegriffe, theoretischen Ansätze
und methodischen Zugriffsweisen der Erziehungswissenschaft.
Im ersten Teil werden die Grundbegriffe Erziehung, Bildung und
Sozialisation sowie darauf bezogene Theorien vorgestellt und
anhand von Fallbeispielen in ihrer Bedeutung für pädagogische
Handlungssituationen verdeutlicht. Im zweiten Teil geht es um
die Frage, was Aussagen über Erziehung, Bildung und Sozialisation zu wissenschaftlichen Aussagen macht. Zu diesem Zweck
werden verschiedene Wissenschaftsverständnisse vorgestellt und
anhand von Beispielen auf ihre Relevanz für das pädagogische
Handeln geprüft. Die Konzeption des Buches wurde vor dem
Hintergrund der Diskussionen um ein „Kerncurriculum Erziehungswissenschaft" entworfen. Das Buch bildet so nicht nur ein
Lehrbuch für Studienanfänger, sondern auch eine Einführung in
die Allgemeine Erziehungswissenschaft.

W. Kohlhammer GmbH · 70549 Stuttgart
Tel. 0711/7863- 7280 · Fax 0711/7863- 8430